Brennpunkt TQM

SCHÄFFER
POESCHEL

Christian Malorny
Kristian Kassebohm

Brennpunkt TQM

Rechtliche Anforderungen
Führung und Organisation
Auditierung und Zertifizierung
nach DIN ISO 9000 ff.

1994
Schäffer-Poeschel Verlag Stuttgart

Die Deutsche Bibliothek – CIP-Einheitsaufnahme

Malorny, Christian:
Brennpunkt TQM: rechtliche Anforderungen, Führung und Organisation, Auditierung und Zertifizierung nach DIN ISO 9000 ff. / Christian Malorny; Kristian Kassebohm. – Stuttgart:
Schäffer-Poeschel, 1994
ISBN 3-7910-0808-0
NE: Kassebohm, Christian:

ISBN 3-7910-0808-0

Einbandgestaltung: Willy Löffelhardt
Satz: multimedia, Konstanz
Druck: Franz Spiegel Buch GmbH, Ulm
Printed in Germany

Schäffer-Poeschel Verlag Stuttgart

Ein Tochterunternehmen der Verlagsgruppe Handelsblatt
und der Spektrum Fachverlage GmbH

Dieses Buch widmen wir unseren Familien, die uns in aufopfernder Weise unterstützt und gefördert haben.

Es ist auch für unsere Freunde und Kollegen geschrieben, die von ihrer täglichen Arbeit, »Menschen zum Erfolg zu führen«, so in Anspruch genommen werden, daß sie ihre Stimme kaum mehr schaffen zu erheben.

Ohne sie alle hätten wir nicht die Kraft gehabt, diese Arbeit zu beenden.

Vorwort

»Der Mensch hat dreierlei Wege, klug zu handeln: erstens durch Nachdenken, das ist der edelste; zweitens durch Nachahmen, das ist der leichteste; drittens durch Erfahrung, das ist der bitterste.«

Konfuzius

Gibt es heute für das unter Beschuß geratene deutsche Management eine größere Herausforderung als diejenige der japanischen Unternehmenserfolge? Haben unsere Führungskräfte unter den Wettbewerbsbedingungen des Wirtschaftsstandorts Deutschland überhaupt eine realistische Chance, der asiatischen Konkurrenz Paroli zu bieten? Wir meinen, ja. Dafür braucht es nicht viel mehr als das Verstehen der japanischen Führungsphilosophie und das Streben nach ihrer konsequenten Anwendung. Es ist ein Trugschluß zu glauben, daß hierbei deutsche Traditionen oder Besonderheiten hinderlich seien. Sie geben dem Management vielmehr die begründete Möglichkeit, die japanischen Strategien weiter auszubauen und zu verfeinern. Hierdurch kann sogar ein direkter Standortvorteil gegenüber anderen Industrienationen gewonnen werden.

Die Verantwortung hierfür kann der Führung eines Unternehmens niemand abnehmen. Sie muß sich darin ausdrücken, sich den Herzen der Menschen zu öffnen. Denn allein Kunden und Mitarbeiter können die Antworten geben, wie ein Produkt und ein Unternehmen nach ihren Vorstellungen und Wünschen beschaffen sein soll. Die Qualität der Führung eines Unternehmens findet damit ihren Ursprung in den Menschen selbst. Dort wo sich Mitarbeiter nicht entfalten können, um Qualität zu liefern, manövriert sich ein Unternehmen aus dem Markt heraus. Letztlich avanciert damit das gesamte Unternehmen zu einem Qualitätsmanagementsystem, das die Geschäftsführung je nach Funktionsbereich und Hierarchieebene in unterschiedlichen und immer wieder neuen Variationen dirigieren muß.

Eben dieses Managementverständnis und -verhalten schreibt sich gerade auch die deutsche Rechtsprechung in zunehmendem Maße auf ihre Fahne. Es geht ihr dabei weniger um wirtschaftliche Prämissen als vielmehr um die Erfüllung des gesellschaftlichen Anspruchs auf fehlerfreie Prozesse und Produkte. Aus der Gesamtheit der Gerichtsentscheidungen finden sich deutliche Gestaltungskriterien zur Unternehmensführung. Diese lassen sich nutzen, um sie mit der japanischen Führungsphilosophie abzustimmen. Hierdurch ergibt sich ein handfester Wegweiser, wie das Management wirtschaftlichen und juristischen Herausforderungen unserer Zeit gleichermaßen gerecht werden kann. Die Manager sollten hierbei eines klar vor Augen haben: Im Ergebnis rentiert sich nur eine streng qualitätsorientierte Unternehmensführung, wie sie das Führungsmodell Total Quality Management beschreibt.

Auf diese, wie auch dem Buch insgesamt zugrunde liegenden Gedanken sind wir in zahlreichen Gesprächen mit unseren Freunden und Kollegen gestoßen. Nicht selten mußten wir dabei aber feststellen, daß die unternehmerische Praxis von einer Umsetzung dieser Erkenntnisse noch weit entfernt ist, obgleich sich die wirtschaftliche Notwendigkeit hierzu förmlich aufdrängt.

Daß wir dieses Buch so vorlegen können, haben wir vielen Personen zu verdanken. Herzlicher Dank gebührt Herrn Prof. Dr.-Ing. G. F. Kamiske, Inhaber des Lehrstuhls Qualitätswissenschaft am Institut für Werkzeugmaschinen und Fertigungstechnik der Technischen Universität Berlin, und Herrn Rechtsanwalt und Notar Dr. H.-J. Rust, die uns in ihrer jeweiligen Profession prägende Wertvorstellungen mit auf den Weg gegeben haben. Ihre langjährige Erfahrung haben sie mit viel Einfühlungsvermögen an uns weitervermittelt. Ebenso verbunden sind wir Herrn Prof. Dr.-Ing. L. Müller, Sprecher des Vorstands der Berliner Kraft und Licht- (BEWAG) Aktiengesellschaft, und Herrn Dipl.-Ing. H. Michael, Geschäftsführer der FMTÜV GmbH, für ihren freundschaftlichen Rat und ihre tatkräftige Unterstützung. Ihre Förderung war für uns wertvolle Hilfestellung und Ansporn zugleich. Herrn Dipl.-Kfm. H.-J. Hanssen, Senatsrat a.D., danken wir besonders für die vielen Hinweise und Anregungen sowie die Redigierung des Manuskripts.

Unserer letzter Dank gilt Antje, deren Geduld und Verständnis uns wertvoller Rückhalt waren.

Berlin, Januar 1994 Christian Malorny Kristian Kassebohm

Inhaltsübersicht

Inhaltsverzeichnis

Abbildungsverzeichnis

1. Kapitel

Chancen und Perspektiven für den Wirtschaftsstandort Deutschland

Japan, TQM und die Rechtsprechung – Wegweiser zu höherer Qualität und Produktivität

1.1
Die Situation des Wirtschaftsstandorts Deutschland war noch nie so ernst

1.1.1 Einführung – Das Klima zwingt zum Kurswechsel

Die wirtschaftliche und politische Lage der Bundesrepublik Deutschland war noch nie zuvor in ihrer Geschichte derart angespannt. Die gegenwärtige Stimmung ist sowohl im Westen wie im Osten Deutschlands beileibe nicht zum besten bestellt.[1] In weiten Teilen der Unternehmenslandschaft vollzieht sich spätestens seit 1989 ein Abwärtstrend in ungemein rapidem Tempo. Betroffen ist dabei nicht nur die Großindustrie, sondern mittlerweile auch der Mittelstand.[2] Pessimismus und Fatalismus nehmen in der Diskussion um die Zukunft des Wirtschafts- und Industriestandorts Deutschland einen breiten Raum ein.[3] Publikationen mit so reißerischen Titeln wie *»Deutschland droht der Niedergang. – Doch im Osten und Westen will es keiner begreifen«*[4], *»Angst vor dem Niedergang«*[5], *»Der Trend geht in Richtung Zweitligist«*[6] oder *»Rezession und Strukturkrise: Weshalb die Bundesrepublik zurückfällt – Aus für das Modell Deutschland«*[7] sind fast schon an der Tagesordnung. Diese Situation wird nicht zuletzt vom Ausland registriert.[8] Dabei hatte sich doch gerade die Bundesrepublik Deutschland nach dem zweiten Weltkrieg zum Motor der wirtschaftlichen Entwicklung im europäischen Raum entwickelt.

Es erscheint den Verfassern, die das Wirtschaftswunder der fünfziger und sechziger Jahre selbst nicht miterlebt haben, faszinierend, wie branchenspezifische Qualitätsstandards gesetzt wurden,[9] die international über das Label des »Made in Germany«[10] zum Markenzeichen deutscher Leistungsfähigkeit avancierten.[11] Es muß deshalb um so betroffener machen, daß sich unser Qualitätsempfinden nicht über die Produktqualität hinaus weiterentwickelt hat.[12] Diese Fixierung fordert ihren Tribut: Vielen Kunden wird ein Produkt »Made in Germany« schlicht zu teuer, zumal dann, wenn asiatische Wettbewerber gleiche bzw. bessere Qualität zu niedrigeren Preisen anbieten.[13] Ein prägnantes Beispiel ist hierbei die deutsche Werkzeugmaschinenindustrie. Obwohl diese durch herausragende Forschungsbemühungen und -ergebnisse (z.B. Hochpräzisions- und Hochgeschwindigkeitsbearbeitung) eine hohe innovative technologische Kompetenz besitzt, sind weite Teile der Unternehmen nicht in der Lage, dieses Know-how für marktfähige Produkte mit konkurrenzfähigen Preisen zu nutzen.[14] So ist der deutsche Werkzeugmaschinenbau zwar in der Lage, technologisch anspruchsvolle Maschinen zu bauen. Vielfach sprechen diese jedoch nur einen sehr begrenzten Kundenkreis an, wodurch die Produkte nicht zuletzt aufgrund ihrer geringen Stückzahl so teuer werden, daß sie kaum noch abgesetzt werden können.[15]

Um im heutigen Qualitätswettbewerb die Nase vorn zu haben, bedarf es insoweit offensichtlich mehr, als »nur« qualitativ hochwertige Produkte herzustellen.[16] Welche Perspektiven stellen sich unseren Unternehmen damit?

Eine eingehende Analyse von Schwächen und Stärken deutscher Unternehmen während der letzten fünf Jahre mahnt zunächst einmal eindringlich zur Neuorientierung – besonders dann, wenn die ökonomischen Eckdaten in einem direkten Vergleich mit Wirtschaftsmächten im asiatischen aber auch amerikanischen Raum gesehen werden.[17,18] Aus dem Datenmaterial (Abbildung 1) der 1993 vorgestellten Studie »Manufacturing Productivity« des *McKinsey Global Institute* geht hervor, daß die Arbeitsproduktivität deutscher Unternehmen in fast sämtlichen untersuchten Branchen mit der Produktivität japanischer wie auch amerikanischer Betriebe nicht mithalten kann. Lediglich in der Nahrungsmittelindustrie sind deutsche Unternehmen den japanischen Konkurrenten überlegen. Zwischen 1987 und 1990 ging die relative Produktivität der deutschen Branchen im Vergleich zu denen Japans und der USA sogar zurück. Auch wenn das noch längst nicht alle Manager und Politiker begreifen wollen, so haben in den vergangenen Jahren – neben dem Wirtschaftsstandort Deutschland insgesamt -,[19] viele, vornehmlich traditionsreiche Unternehmen mit ehemals gefragten Produkten an Attraktivität eingebüßt. Zwei Beispiele:[20] Wenn ein international renommierter Automobilhersteller aufgrund einer »fehlenden Fingerkuppe Fett« auf Anhängerkupplungen insgesamt 89.000 Fahrzeuge zurückrufen muß, so dürfte außer Zweifel stehen, daß die internationale Wettbewerbsfähigkeit des »Made in Germany« generell in Mitleidenschaft gezogen wird. Nicht der Rückruf ist in diesem Zusammenhang das Kernproblem, sondern die offen zu Tage tretende mangelhafte Qualitätssicherung und die Fähigkeit hierzu. Dieser Vorfall mag zwar für sich immer noch zur Ausnahme zählen. Was soll man aber von Unternehmen und ihren Geschäftsführern halten, die in einer großen deutschen Wirtschaftszeitung freimütig eingestehen, daß sie bekanntermaßen fehlerhafte Teile so lange zurückhalten, bis dem auf seine Produkte »*sehnsüchtig wartenden Kunden jegliche Zeit für Qualitätskontrollen fehlt.*«[21] Wenn hierdurch über die Massenmedien noch nicht einmal der Wille zu einer gesteigerten Qualitätsleistung propagiert wird, dann wird auch der Anspruch auf die wirtschaftspolitische Führungsrolle Deutschlands nicht mehr lange zu halten sein.[22]

Die heutigen Herausforderungen lassen sich nur noch durch ebenso komplexe wie gravierende Maßnahmen bewältigen. In die Tat können diese nur dann umgesetzt werden, wenn sie von einem gemeinsamen Schulterschluß der Politik, der Gewerkschaften und des Managements

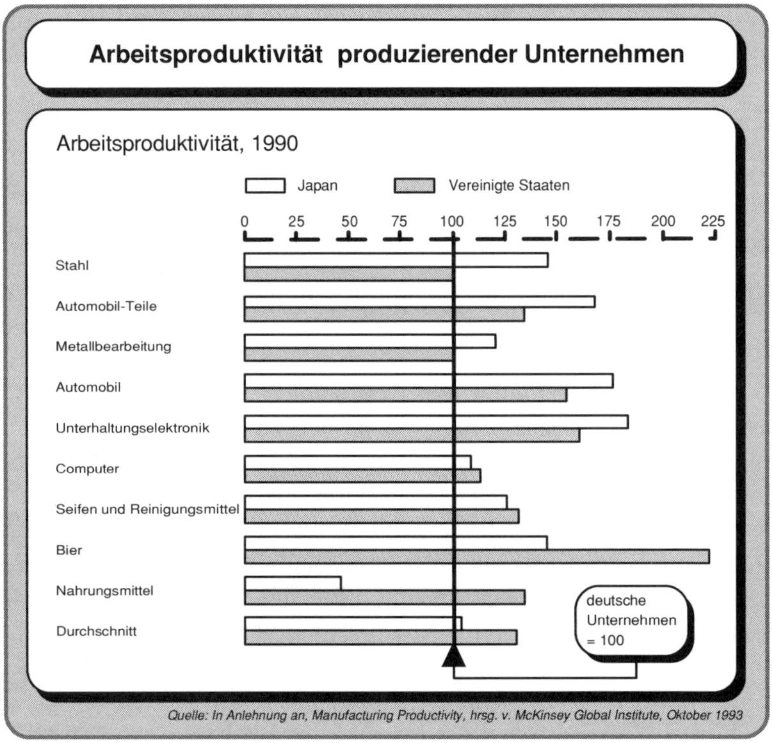

Abb. 1: Die Arbeitsproduktivität deutscher Unternehmen verschiedener Branchen im Verhältnis zu US-amerikanischen und japanischen Betrieben nach Ansicht des McKinsey Global Institute

getragen werden. Deren Konsensfähigkeit wird langfristig darüber entscheiden, ob wir uns den gesellschaftlichen und wirtschaftlichen Anforderungen der Zeit gewachsen zeigen. Auch schon Anfang der achtziger Jahre beklagte man hierbei unter ähnlichen Vorzeichen eine unzureichende Wirtschaftspolitik, das Ausufern der Staatsverschuldung, einen Verlust an Wettbewerbsfähigkeit und wirtschaftliche Stagnation.[23] Was folgte, war ein Jahrzehnt gewaltigen Wachstums mit dem Ergebnis drei Millionen neuer Arbeitsplätze. Selbst wenn deshalb die Herausforderungen der Zukunft erheblich größerer Anstrengungen bedürfen,[24] so ist nicht einzusehen, warum der Aufbruch Deutschlands in eine neue erfolgreiche Wirtschaftsära nicht auch ein weiteres Mal möglich sein sollte. Die augenblickliche Standortdebatte sollte insofern als Ausdruck des gemeinsamen Willens verstanden werden, verloren gegangenes Terrain zurückzuerobern und auszubauen. Viel Zeit bleibt dabei angesichts der massiven ausländischen Konkurrenz jedoch kaum noch, denn je länger debattiert wird, desto drastischer muß später gehandelt werden.[25]

1.1.2 Die Ausgangslage für deutsche Unternehmen

Gegenwärtig erleben wir die wohl dramatischste Rezession seit dem sog. Schwarzen Freitag von 1929. Konjunkturschwankungen sind dabei eigentlich nichts Neues; neu ist hingegen die Geschwindigkeit, mit der die bisher gehaltenen Marktpositionen ganzer Branchen abzurutschen beginnen.[26] Parallel hierzu wird in Deutschland die Zahl der Arbeitsplätze drastisch reduziert. Die Automobilproduzenten haben seit Mitte 1991 mehr als 100.000 Arbeitsplätze abgebaut, 40.000 hiervon allein im Jahre 1993. So reduzierten die *Mercedes Benz AG* die Zahl ihrer Inlandsstellen 1992/93 um 39.000, *Ford Europe* um 46.000. *Opel* will seine Arbeitsstellen bis Ende 1994 um rund 5.000 reduzieren und die *Volkswagen AG* bis 1997 um rund 36.000.[27] In einer kürzlich veröffentlichten Studie der *Boston Consulting Group* im Auftrag der EG-Kommission kommen die Zulieferer noch schlechter weg.[28] Um bis zum Jahre 1999 diejenige Produktivität zu erzielen, welche die Japaner schon 1992 erreichten, (gemessen an der Wertschöpfung je Mitarbeiter, Umsatz je Mitarbeiter und Häufigkeit des Warenumschlags) sollen die Zuliefererunternehmen die Zahl ihrer Mitarbeiter von 940.000 auf

432.000 verringern.[29] Für die deutschen Automobilzulieferer bedeutet dies den Abbau von 200.000 Arbeitsplätzen der derzeitig 436.000 vorhandenen. Nicht weniger dramatisch lesen sich die Zahlen der anderen Branchen:[30] So werden in der Chemischen Industrie 1993 allein in den westlichen Bundesländern 35.000 Stellen abgebaut, in der Elektro- und Elektronikindustrie 80.000 und in der bereits in den letzten zehn Jahren stark geschrumpften Textilindustrie weitere 25.000. Den weitaus größten Stellenabbau im Verhältnis zur Branchengröße betreiben gegenwärtig die Unternehmen des Maschinen- und Anlagenbaus. Dort stehen 1994 rund 100.000 Stellen weniger zur Verfügung. Für ausschlaggebend halten hierbei viele Autoren den Verlust an qualitativer und preislicher Wettbewerbsfähigkeit gegenüber der internationalen – vornehmlich japanischen – Konkurrenz.[31]

Neben der Rezession tritt deshalb verstärkt der Erfolg japanischer Unternehmen ins Rampenlicht. Nach verbreiteter Ansicht ist deren aggressive Wirtschaftspolitik für die hiesige Krise zumindest mitverantwortlich.[32] Letztlich wird damit aber nur das eigene Versagen kaschiert, das erst jetzt schonungslos aufgedeckt wird. Werden die bislang herrschenden und lediglich nicht realisierten Defizite deutscher Unternehmen weiterhin kritiklos beiseite geschoben, so lassen sich hierfür auch keine Lösungen finden. Machen wir uns nichts vor, »wenn es die Japaner nicht gäbe, hätten wir weitergemacht wie bisher«. Freilich ist auch die japanische Wirtschaft von der gegenwärtigen Konjukturabschwächung nicht völlig verschont geblieben. Diese wird dort aber weniger pessimistisch gesehen und vielmehr als Herausforderung betrachtet, die eigene Leistungsfähigkeit noch intensiver als bisher zu verbessern. Ein Studienreise der Verfasser im Herbst 1993 zu japanischen Unternehmen sowie wirtschaftspolitischen Institutionen zeigte:[33] Nicht die Rezession an sich oder die allgemeinen Kostenstrukturen stehen im Zentrum der Debatte, sondern die Problematik, wie man der fehlenden Nachfrage begegnen kann. Wirtschaftspolitisch wird der nach japanischer Ansicht überbewertete Yen bekämpft, um international die Wettbewerbsfähigkeit zu stärken. Die Unternehmen selbst forcieren ihre Anstrengungen, »Verschwendungen« nachhaltiger aufzuspüren und zu vermeiden, den Entwicklungs- und Produktionsprozeß durch ständige Verbesserungen weiter zu perfektionieren und Produkte zu kreieren, die Kundenwünsche noch besser treffen. So publiziert *Toyota* im Annual Report 1993 mit dem Titel »*What we need to do (and why)«: »Waste is any expenditure of time or money or material that does not add value for the customer. Were pretty good at identifying and eliminating waste. But we can be better.«* Insoweit kann es nicht verwundern, daß verschiedene Autoren erkannt haben, daß die japanische Wirtschaft und ihre Unternehmen eher gestärkt aus der derzeitigen Konjunkturkrise hervorgehen werden.[34] Dem muß unsere ganze Aufmerksamkeit gelten.

Anhand zahlreicher Studien ist der enorme Vorsprung der japanischen Wettbewerber belegbar.[35] Ihre vorteilhafte Charakteristik ist damit studier- und analysierbar. Die hierbei angezeigte systematische Anwendung so erfolgreicher Strategien wie Total Quality Management oder lean production [36] steckt allerdings in deutschen Unternehmen noch in den Kinderschuhen. Deutlich wird, daß der Wandel vom Taylorschen System der Massenfertigung zur Produktionsmanagementmethode lean production gerade bei Führungskräften der höheren Hierarchieebenen noch nicht zu einem signifikanten Prozeß der Verinnerlichung geführt hat – zumal sich auch die Wissenschaft offenbar noch kein einheitliches Bild machen konnte.[37] Letztlich müssen sich weite Teile der Verantwortlichen in Industrie, Politik und Wissenschaft fragen lassen, ob wir den überfälligen Strukturwandel verschlafen haben.[38] Wollen deutsche Unternehmen ihre Wettbewerbsfähigkeit erhalten, so bleibt ihnen im Hinblick auf die internationale Konkurrenz gar keine andere Wahl, als ebenfalls eine schlagkräftige lean production, basierend auf dem Führungsmodell des Total Quality Managements, aufzubauen – übrigens gemeinsam mit sämtlichen Partnern in der Wertschöpfungskette.[39] Beobachtet man die ersten positiven Ansätze dieser Art in verschiedenen Unternehmen der Bundesrepublik Deutschland, so scheint der hierfür nötige Strukturwandel nur dort zu gedeien, wo er mit allen Konsequenzen für Organisation und Mitarbeiterführung energisch angegangen wird.[40]

Demgegenüber ist zu konstatieren, daß der Ruf nach langfristiger Subventionierung (wie etwa im Bergbau) oder ein drastischer Personalabbau allein nur wenig geeignet ist, die eigenen Kraftreserven neu aufzuladen. Beispielhaft ist hierzulande die Schiffsbauindustrie zu nennen. In einer kürzlich von der renommierten Unternehmensberatung *Arthur D. Little* vorgelegten Studie, angefertigt im Auftrag des Wirtschaftsministeriums, wird der Frage nachgegangen, welchen Einfluß die japanische und südkoreanische Schiffsbaupolitik auf die internationale Wettbewerbsfähigkeit der westdeutschen Branche hat, die als einzige den Niedergang der westlichen Werftenindustrie halbwegs überlebte.[41] Der Niedergang der Werftenindustrie in den westlichen Industrienationen ist danach eine direkte Folge der relativ kurzfristigen aber überaus massiven Subventionspolitik (Dumpingpolitik?) der jungen Schiffsbaunationen Japans und Südkoreas gewesen. Wie erfolgreich eine solche Strategie sein kann, zeigt nun die Weltrangliste der zehn größten Werftunternehmen. Sechs von ihnen kommen aus Japan, zwei von ihnen aus Südkorea. Keine der Werften stammt aus der Bundesrepublik Deutschland.[42] Mittlerweile wurden die Subventionen in den asiatischen Ländern stark heruntergefahren. Nach Berechnung der Unternehmensberater wurde in Japan 1992 jeder Werftarbeitsplatz mit 1.800 bis 2.000 DM subventioniert (Südkorea: 5.000 DM).[43] Demgegenüber unterstützte die Bundesregierung jeden Arbeitsplatz einer deutschen Werft immer noch mit durchschnittlich 39.000 DM. Das Fazit der Studie: Die Ergebnisse der üppigen Subventionen hierzulande sind überaus mager: »*Offensichtlich haben die westdeutschen Förderungsmaßnahmen nicht dazu geführt, die Wettbewerbsposition der eigenen Werftindustrie langfristig zu verbessern*«. Die heutigen Erfolgsfaktoren der Japaner: »*Monopolstellung auf dem Inlandsmarkt, Serienproduktion von Großtonnage und vor allem einen enormen Produktivitätsvorsprung durch Spezialisierung der Werftstandorte, günstige Einkausfpreise durch enge Zulieferkooperationen, rascher Technologietransfer und Bündelungen von Entwicklungsanstrengungen*«.

Auch der Zusammenschluß selbständig nicht mehr wettbewerbsfähiger Unternehmen zu sog. strategischen Allianzen ist zwar teilweise notwendig, langfristig gesehen jedoch keine vergleichbar wirkungsvolle Alternative.[44] In diesem Zusammenhang sei wiederum auf die Japaner verwiesen, die exzellent vorführen, wie man zukunftsträchtige Industriezweige aufbaut und »in Besitz nimmt«, um gleichzeitig das Engagement in schrumpfenden Branchen herunterzufahren, bzw. eine Vormachtstellung auf einem Markt erkämpft, um die Gewinne des nächsten Aufschwungs einzufahren.[45] So erwartet die Schiffsbaubranche in der zweiten Hälfte der neunziger Jahre einen regelrechten Boom, der maßgeblich durch die hohe Anzahl ausgemusterter Schiffstonnage – also vom Ersatzbedarf – getragen werden soll.

Um gegen solche Konkurrenz bestehen zu können, muß das Management rechtzeitig eine schlagkräftige Abwehrstrategie parat haben. Wie u.a. auch in der zuvor genannten Studie von *Arthur D. Little* festgestellt, sind hierbei die Ansätze des Total Quality Managements von überragender Bedeutung. Zu beachten ist aber stets, daß das Führungsmodell des Total Quality Managements (TQM) keine schnellen Erfolge verspricht. Vielmehr bedarf es einer u.U. jahrelangen Phase der Neuorganisation, die erst dann als abgeschlossen gelten kann, wenn sie von sämtlichen Mitarbeitern eines Unternehmens akzeptiert und verinnerlicht ist. Mit greifbaren Ergebnissen wäre damit – würde TQM sofort konsequent verfolgt werden – nicht vor Ende der neunziger Jahre zu rechnen sein.[46] Gerade unter der Last, der bei uns festgefahrenen Strukturen und Gewohnheiten scheint dieser Zeithorizont dabei eher optimistisch bemessen zu sein. So läßt sich beispielsweise hinsichtlich lean production in deutschen Unternehmen beobachten, daß meistens nur ausgewählte Teilaspekte des Konzepts Anwendung finden, dieses jedoch originär als umfassende Unternehmensphilosophie zu begreifen ist, eben im Sinne von TQM. Bemerkenswerte Verbesserungen bleiben daher häufig aus. In diese Richtung weisen auch die Ergebnisse eines Forschungsprojekts der *Universität Mannheim*:[47] Tradition und innere Wiederstände wurden als die größten Probleme bei der Übernahme von lean production als Denkhaltung identifiziert: »*Vor allem ältere Mitarbeiter und das mittlere Management gelten als Blockierer*«, heißt es in der Studie. Radikales Umdenken, nicht nur im Top-management, sei unerläßlich, auch wenn dadurch ein langwieriger und mühsamer Prozeß in Gang gesetzt werde.

Nicht zuletzt vor diesem Hintergrund versucht die Europäische Gemeinschaft über Importquotenregelungen für (im wesentlichen) japanische Produkte den europäischen Unternehmen Zeit zu verschaffen, um ihre Unternehmensorganisationen effizienter gestalten zu können.[48] Ob ein solcher Protektionismus langfristig zum Erfolg führen wird, ist jedoch mehr als fraglich.[49] Um dieser Reglementierung zu entgehen, forcieren die Japaner gegenwärtig den Aufbau eigener Werke in Europa.[50] Die bekanntesten sind die Automobilproduktionsstätten von *Nissan* in Sunderland, von *Toyota* in Burnaston und von *Honda* in Swindow (alle in Großbritannien). Daß diese innerhalb kürzester Zeit die hervorragenden Produktivitäts- und Qualitätskennzahlen ihrer japanischen Mutterwerke erreichten, ist u.a. der großen Erfahrung der Japaner, wie sie sie seit den achtziger Jahren mit ihren »Transplants« in den USA sammeln konnten, zuzuschreiben. In den USA wie auch in Europa erbringen sie hierüber den Beweis, daß die Anwendung japanischer Managementelemente nicht kulturabhängig ist. Die drei noch jungen japanischen Werke in Großbritannien gelten heute als die produktivsten Automobilbetriebe Europas.[51]

Ein weiterer wichtiger Aspekt darf schließlich in der Standortdebatte um den Wirtschaftsraum Deutschland nicht übersehen werden: es sind vornehmlich deutsche Unternehmen, die mit den Folgen des Zusammenbruchs Osteuropas und inbesondere der ehemaligen DDR konfrontiert werden. In den neuen Bundesländern ist ein selbsttragender Aufschwung nur in den Grundzügen erkennbar. Nach wie vor kann mehr als die Hälfte der dort ansässigen Unternehmen nicht einmal die Gehälter und Löhne ihrer Mitarbeiter erwirtschaften.[52] So lag die durchschnittliche Produktivität pro Arbeitnehmer in den alten Bundesländern im 1. Halbjahr 1993 bei DM 47.100.-, in den neuen Bundesländern hingegen bei DM 20.200.-. Damit liegen die neuen Bundesländer zwar etwa auf dem Niveau von Großbritannien,[53] aber immerhin noch 57 Prozent hinter demjenigen der westdeutschen Wirtschaft. Der durchschnittliche Lohn der Arbeitnehmer in den neuen Bundesländern betrug im gleichen Zeitraum 69 Prozent (DM 2580,-) des westdeutschen Lohnniveaus (DM 3770.-). Nicht zuletzt um dies zu kompensieren, haben die alten Bundesländer sowie der Bund selbst 1993 mehr als 170 Milliarden D-Mark aus ihren öffentlichen Haushalten nach Ostdeutschland transferiert.[54] 1994 sind es erneut 174 Milliarden DM (!). Darüber hinaus sind noch weitere zusätzliche Mittel aus dem Bundeshaushalt 1994/95 für ostdeutsche Messebeteiligungen, die Erarbeitung von Marketingkonzepten etc. vorgesehen.[55] Nicht eingerechnet in diese Zahlen sind schließlich Steuererleichterungen für dort ansässige Unternehmen und die besonderen Investitionshilfen der Europäischen Gemeinschaft und deutscher (öffentlicher) Kreditinstitute. *Helmstädter* errechnete gleichwohl, daß die neuen Bundesländer, vorausgesetzt die Wachstumsrate der Produktivität läge jährlich bei 6 Prozent, noch zwanzig Jahre benötigen würden, um das Produktivitätsgefälle zu den alten Bundesländern auszugleichen.[56] Insofern wird es anscheinend noch Jahrzehnte dauern, bis in Deutschland annähernd gleiche Lebensbedingungen verwirklicht sind. Dennoch bestehen für dortige Unternehmen auch große Chancen. Während die Betriebe in den alten Bundesländern ihre verkrusteten Strukturen aufweichen und neu gestalten müssen (Stichworte: Total Quality Management, lean production), könnten die

Betriebe in den neuen Bundesländern unmittelbar mit diesen neuen Ansätzen starten.[57]

In gefährlicher Weise hat dabei die Lohnpolitik der Gewerkschaften in den neuen Bundesländern oftmals nur die Anpassung an Weststandards im Sinne.[58] Deren Abhängigkeit von der tatsächlichen produktiven Rentabilität der Unternehmen wird nahezu verleugnet. Doch auch in Westdeutschland stellt sich mittlerweile die Frage, ob sich die Gewerkschaften weiterhin eine Lohnpolitik leisten können, die die Gewinnsituation der Unternehmen unberücksichtigt läßt und damit langfristig den Wirtschaftsstandort Deutschland mit gefährdet. Hiesige Unternehmen müssen verstärkt mit Konkurrenten aus Billiglohnländern wie Polen, Ungarn, der Slowakei etc. konkurrieren; »*Hongkong ist jetzt 80 km östlich von Berlin*«, so ein Berliner Unternehmer. Dort herrscht ein Lohnniveau, das durchschnittlich nur etwa ein Zehntel der bei uns ausgehandelten tariflichen Löhne beträgt. Es ist deshalb wirtschaftlich gesehen nur folgerichtig, wenn zumindest Teile der Produktion dorthin ausgelagert werden. Niedrige Fertigungskosten in unmittelbarer Nachbarschaft eröffnen der Industrie also durchaus Chancen: Ähnlich den japanischen Wettbewerbsstrategien [59] besteht die Möglichkeit, unter Führung deutschen Managements einzelne Produktionsschritte kostengünstig zu verlegen, und das hochqualifizierte Mitarbeiterpotential hierzulande verstärkt in Entwicklungs-, Forschungs- und Konstruktionsbereichen einzusetzen.[60] Auf der Strecke blieben dann aber gerade die deutschen Arbeiter und vor allem die deutschen Zulieferbetriebe. Auch würde durch die Verlagerung der Produktionsstätten ins derzeit billigere Ausland das in der Bundesrepublik Deutschland herrschende Produktions- und Technologie-Know-how langfristig verloren gehen.[61]

1.2
Der Schlüssel zum Unternehmenserfolg liegt bei den Führungskräften selbst

1.2.1 Von den Japanern siegen lernen – oder: Wer sagt, wir können die Japaner nicht schlagen?

Auf der Suche nach gangbaren Lösungswegen bei der Zurückeroberung schwindender Wettbewerbsvorteile läßt sich seit einiger Zeit die universelle Tendenz beobachten, sich an japanischen Managementmethoden zu orientieren. Das bei uns herrschende Managementverständnis ist in seiner heutigen Ausformung hingegen noch weitgehend durch die traditionelle amerikanische Wissenschaft und Praxis geprägt worden. Die Betriebsführung nach *Taylor* und seinen Schülern, realisiert im Fließbandprinzip des Industriepioniers *Ford* mit seiner extrem arbeitsteiligen Organisation,[62] Management by Objektives (MbO), Marketingtechniken, die das »An den Mann Bringen« in den Vordergrund stellen, oder auch finanzwirtschaftliche Controllingfunktionen sind nur einige Beispiele der bei uns übernommenen Ansätze. Die amerikanische, eher technokratische Führungsphilosophie zeichnet sich hierbei im Vergleich zu japanischen Modellen im wesentlichen durch zwei besondere Kernelemente aus: den Wunsch nach weitgehend »harten Fakten«, wie etwa einer vierteljährlichen Bilanzlegung, und das Streben nach einer Organisation, die vorrangig separat auf das Individuum (Spezialisten) zugeschnitten ist. Unberücksichtigt davon, welche Gründe hierfür auch immer ausschlaggebend gewesen sein mögen, haben, wie sich nunmehr zeigt, diese auf den ersten Blick vielversprechenden Elemente einer Unternehmenskultur jedenfalls langfristig nicht zum Erfolg geführt.[63]

Bedenklich stimmt es in diesem Zusammenhang, wenn man sich für europäische Verhältnisse vor Augen hält, daß die amerikanische Wirtschaft mit den japanischen Wettbewerbern schon Jahre bis Jahrzehnte früher konfrontiert wurde, ohne daß sie bis heute eine branchenübergreifend schlagkräftige Gegenwehr entwickelt hätte.[64] Gleichwohl waren es die Amerikaner, die sich als erste im Zuge dieses Konkurrenzkampfes damit zu beschäftigen begannen, was hinter dem japanischen Erfolg steckt. Sie mußten dabei feststellen, daß es vornehmlich die

Amerikaner selbst, nämlich *Deming* und *Juran*, in den fünfziger Jahren gewesen waren, die mit ihren Ideen die japanische Wirtschaft revolutionierten.[65] Mittlerweile beginnt sich nun auch wenigstens bei Teilen der amerikanischen Führungskräfte dieses neuartige Managementverständnis durchzusetzen.[66] Vorreiter dieser Entwicklung waren dabei nicht zuletzt japanische Unternehmen, die mit ihren Werken in den USA bewiesen, daß es weniger eine Mentalitäts- als vielmehr eine Führungsfrage ist, ob ein Unternehmen Erfolg hat oder nicht. Wie man das japanische Führungsverständnis adaptieren kann, zeigen die amerikanischen Unternehmen *Xerox Corporation* bzw. die europäische Tochter *Rank Xerox* und *Hewlett Packard.* Beide Unternehmen lernten maßgeblich durch in Japan angesiedelte japanisch-amerikanische joint-ventures, qualitätsorientierte Managementstrategien im Sinne des japanischen Total Quality Control [67] kennen. Erst durch langjährige Anwendung dieser in den amerikanischen Mutteruntnehmen schafften sie den »Turn-around«, den Aufstieg zur »Weltspitze«, in damals bereits an die Japaner verloren geglaubten Märkten.[68] So ist es nicht verwunderlich, daß große Teile von dem, was wir heute über japanische Unternehmensführung wissen und studieren, über amerikanische Übersetzungen aus dem Japanischen zu uns vordringen.

Mit dieser auf dem Weltmarkt deutlich zu Tage getretenen Überlegenheit des japanischen Wirtschaftsmodells hat sich endlich auch hierzulande die Diskussion darüber entfacht, welchen Kriterien bei der Unternehmensgestaltung zukünftig der Vorzug gegeben werden sollte. Was Europa und die Bundesrepublik Deutschland anbelangt, so befindet sich die Entwicklung einer Antwort noch weitgehend im Experimentierstadium. Aus dem Stimmengewirr, was im einzelnen Erfolg verspricht und was nicht, läßt sich allenfalls heraushören, daß es eine Lösung sein sollte, die (in etwa) dem japanischen Vorbild entspreche.

1.2.2 Japanisches Managementverständnis in der Diskussion

Wie widersprüchlich sich die deutsche Unternehmenspraxis und Literatur mit diesem Thema bisher auseinandersetzt, sei lediglich an einigen kurzen Beispielen erläutert: 1986 erschien ein Buch von *Bleicher* mit dem Titel »*Chancen für Europas Zukunft*«. Der Autor beantwortet darin die Frage, ob die Europäer ein neues Unternehmensverständnis benötigen, letztlich mit »Nein«.[69] Gleichwohl sieht er die europäischen Unternehmen inmitten eines »Paradigmenwechsels« von der harten Managementlehre mit technokratischem Ursprung hin zu einer an sozialen Werten orientierten Führungslehre mit sog. »weichen Faktoren« im Mittelpunkt. Im Vergleich zur amerikanischen und japanischen Managementphilosophie sieht *Bleicher* das europäische Führungsverständnis eher als Mischung harter und weicher Faktoren, favorisiert insoweit einen eigenständigen europäischen Weg. Ein anderes Beispiel: Unter der Devise »Kapieren statt Kopieren« würdigen hierzulande nicht wenige Unternehmer und Wissenschaftler zwar japanische Ansätze, raten jedoch davon ab, diese nachzuahmen. Verwiesen wird dabei durchweg auf deren kollektivistische Gesellschaftsstruktur, die im Gegensatz zu unserer individualistisch geprägten Kultur besser geeignet sei, konsenserforderliche Managementpraktiken anzuwenden.[70] Vermeintliche Unterstützung erhält dieses Lager aus Quellen, die bereits Modelle einer »post lean production« propagieren, wie sie fortschrittliche japanische Unternehmen praktizieren sollen und insoweit jeder Versuch, lean production zu kopieren, unweigerlich zu spät kommen würde.[71] Ausgerechnet deutsche Wissenschaftler *(Dohse, Jürgens und Malsch)* veröffentlichten hierbei 1985 ihre kritikwürdigen Studienergebnisse bzgl. der japanischen Unternehmensführung aus sozialwissenschaftlichem Blickwinkel unter dem Titel »*From Fordism to Toyotism? – Social Organisation of the Labor Process in the Japanese Automobile Industry*« in der Zeitschrift »*Politics & Society*« [72] und entfachten damit international einen Sturm der Entrüstung. Nach deren Ansicht, sei der Toyotismus [73] ein Managementsystem akzeptierter Mitarbeiterabhängigkeit (die Autoren sprechen von »slave labour«) und Arbeiterpassivität, was in Europa und Amerika nicht zur Anwendung kommen könne und dürfe.[74]

Gemein ist jedoch nahezu allen Kritikern, daß eine eigenständige Lösung unserer Probleme vielfach nicht offeriert wird. Was kommt also nach dem »Kapieren«? Auch die Ansicht, daß mit der nachahmenden Verwirklichung japanischer Führungsmodelle bestenfalls ein unternehmerischer Gleichstand erreicht werden kann, muß eher als abstrakter Denkansatz begriffen werden. Der krisengeschüttelten Unternehmenspraxis hilft er wenig.[75]

Andere sehen in der Anwendung japanischer Managementpraktiken in deutschen Unternehmen wiederum keine gravierenden Hindernisse. Sie stützen sich hierbei auf die zahlreichen Erfahrungen, die japanisch geführte Betriebe in den USA und Europa mit den dort ansässigen Mitarbeitern gesammelt haben.[76] So widersprachen bereits 1987 verschiedene amerikanische Wissenschaftler, allen voran *Kenney* und *Florida*, oben skizzierten Argumenten.[77] Noch vor Veröffentlichung der MIT-Studie »*The Machine that changed the World*« publizierten sie ihre Erkenntnisse über Fragen zur japanischen Unternehmensführung. Danach ist für den Erfolg der dortigen Unternehmen die konsequente Anwendung einer qualitätsorientierten Führungsstrategie des Managements verantwortlich. Kernelemente dieser sind: Self-managing-teams und Quality control circles, just-in-time, job-rotation, multi-functional-processes u. a. Sie stützten ihre Ansichten nicht nur durch Studien japanischer Unternehmen in Japan, sondern auch durch Untersuchungen amerikanischer Produktionswerke, in denen japanisches Management praktiziert wird. Zu nennen ist hier insbesondere die *New United Motor Manufacturing Inc.* (*NUMMI*), ein joint-venture zwischen *General Motors* und *Toyota* in Fremont, das *Honda*-Werk in Marysville und das *Nissan*-Werk in Tennessee. Während die Wissenschaftler der MIT-Studie den Begriff »fragile-lean-production« prägten, wurden die Erkenntnisse von *Kenney* und *Florida* unter dem Synonym »Fujitsuism« bekannt. Die Autoren kamen darüber hinaus zu der Erkenntnis, daß die Übernahme und Anwendung dieser Kernelemente zumindest in den Vereinigten Staaten bereits erfolgreich praktiziert wurde. Zutreffend sahen sie keine gravierenden Hindernisse, warum das japanische Managementverständnis sich nicht auch in anderen Kulturkreisen als sinnvoll erweisen könne (näher: Kapitel 2). Zumindest für den noramerikanischen Wirschaftsraum wird dies mittlerweile durch die Automobilwerke von *Mazda* in Flat Rock, *Toyota* in Kentucky oder *Fuji-Isuzu* in Indiana bestätigt.

Nach unserer Ansicht stellt sich in der Tat die Frage, ob die Wirtschafts- und Gesellschaftsstrukturen zwischen Japan und Deutschland wirklich derart voneinander abweichen, daß eine Übernahme der von der japanischen Wirtschaft mit ihren Unternehmen gezeigten Verhaltensweisen und Führungsmethoden unrealistisch ist. Schließlich zeichnet sich unsere Kultur durch eine verhältnismäßig schnelle Wandlungsfähigkeit aus. Die Adaption und weitergehende Verbesserung neuartiger Managementpraktiken sowie einer gewandelten Kundenorientierung des gesamten Unternehmens benötigt deshalb nach unserer Überzeugung – was die Unternehmen betrifft – nur den festen Willen des Managements selbst.[78]

Es kann hier deshalb nicht deutlich genug gesagt werden: Es sind eben jene Grundbegriffe eines humanistischen Führungsverständnisses, wie sie auch in unserer abendländischen Kultur zum Ausdruck kommen – Menschlichkeit im Sinne einer Kunden- und Mitarbeiterorientierung, Akzeptanz der Unvollkommenheit von Mensch und Maschine und das daraus in Japan begründete Streben nach kompensierenden Systemen im Sinne von »Null-Fehlern« sowie »ständiger Verbesserung«, Toleranz und Verständnis für das Andersartige etc. -, die japanische Führungskräfte ganz offensichtlich in ihren Unternehmen optimal verwirklichen konnten und die ausschlaggebend für ihren Erfolg waren. Für dieses Bewußtsein ist insbesondere ein weiterentwickeltes Qualitätsverständnis prägend, das primär auf die Gestaltung einer qualitätsorientierten Unternehmenskultur zielt. Wird das japanische Gespür für Qualität und die Vorgehensweise der Umsetzung für den Kunden hinreichend genau studiert und begriffen – und das braucht natürlich erhebliche Zeit -, so erscheint es uns wenig einsichtig, warum nicht auch hierzulande ein Qualitätsverständnis, das weit über das traditionell geprägte Produktverständnis hinausgeht, entwickelt und in erfolgreichen Produkt- und Wettbewerbsstrategien umgesetzt werden kann.[79,80] In eindrucksvoller Weise haben diesbezüglich *Pfeiffer* und *Weis* dargelegt, daß es heute bei der Frage nach der Übertragbarkeit japanischer Managementpraktiken längst nicht mehr um das »Ob«, sondern nur noch um das »Wie« gehen muß.[81]

Neuere Veröffentlichungen über Vergleiche zu den Wettbewerbsvoraussetzungen zwischen den Ländern der Triade USA-Asien-Europa bescheinigen besonders den Unternehmen der Bundesrepublik Deutschland gute Realisierungsmöglichkeiten einer qualitätsorientierten Führungs- und Wettbewerbskompetenz.[82] Eine Freisetzung der bisher brachliegenden Ressourcen wird uns aber nur dann rechtzeitig gelingen, wenn wir endlich Abschied nehmen von dem Vorurteil, daß wir die Japaner aufgrund ihrer vermeintlichen Mentalitätsunterschiede und auch wegen ihrer landesspezifischen Kostenvorteile nicht schlagen können. Kostenvorteile japanischer Betriebe gründen sich beispielsweise nur zu einem Drittel auf längere Arbeits- und höhere Maschinenlaufzeiten, also auf den Standort selbst. Die restlichen zwei

Drittel beruhen auf einer effizienteren Organisation und Führung.[83] Insoweit erscheint es wenig sinnvoll, das Klagelied von zu hohen Arbeits- und Lohnzusatzkosten sowie zu kurzer Arbeitszeit immer wieder von neuem anzustimmen.[84] Bereits *Seitz* belegte in seinem viel beachteten Buch über die japanisch-amerikanische Herausforderung, daß der japanische Erfolg nicht durch die hohen Arbeitszeiten und niedrigeren Arbeitskosten, sondern vielmehr durch das auf einen gesellschaftlichen Konsens ausgerichtete Vorgehen der japanischen Eliten erklärbar ist.[85] Diesen Herausforderungen müssen wir uns hierzulande stellen.

1.2.3 Was die Rechtsprechung konkretisierte: Gestaltungsempfehlungen für eine qualitätsorientierte Unternehmens- und Mitarbeiterführung

Bei dem vornehmlich von *Deming* propagierten und von den japanischen Unternehmen so vortrefflich demonstrierten qualitätsorientierten Managementverständnis handelt es sich letztlich um nichts anderes als eine Einstellungsfrage der obersten Hierarchieebene gegenüber ihren Kunden und Mitarbeitern: den Willen, eine Verbesserung der Qualität in sämtlichen Prozessen eines Unternehmens zum Nutzen der Kunden zu erreichen und diesen Willen auch auf sämtliche Mitarbeiter zu übertragen. Da es insofern aber nicht bei bloßen Absichtserklärungen oder kurzfristig angelegten Konzepten bleiben darf, stellt sich für die tägliche Unternehmenspraxis das handfeste Problem, wie denn das Managementverhalten einzelfallbezogen auf die Wünsche und Bedürfnisse von Kunden und Mitarbeitern zugeschnitten werden soll und kann. Um dabei zu optimalen Ergebnissen zu kommen, sind zunächst einmal die Qualitätsforderungen, -wünsche und -empfindungen sämtlicher potentieller Kunden und Mitarbeiter zu ermitteln. Bereits *Albach* führte aus, daß Qualität stets kundenbezogen ist. Qualitätsmanagement ist daher auch stets Kundenmanagement.[86] Doch Unternehmen und ihre Manager müssen weit mehr leisten, als den Kunden zufriedenzustellen. Sie müssen den Anforderungen der Gesellschaft genügen – zumal die Unternehmen selbst als gesellschaftliche Bausteine erkannt und in die Pflicht genommen werden.[87] Diese Anforderungen werden maßgeblich durch das Rechtssystem definiert und durch die Rechtsprechung konkretisiert bzw. ausgestaltet.

Während sich das Management in erster Linie aus wirtschaftlichen Erwägungen gezwungen sieht, seine Unternehmen nach qualitätsrelevanten Gesichtspunkten umzustrukturieren, steht dabei die Frage im Raum, inwiefern die Bausteine des TQM rechtlichen Ansprüchen genügen.[88] Das Bedürfnis einer juristischen Absicherung besteht zumal deshalb, weil wesentliche Elemente dieser neuartigen Führungsphilosophie – wie etwa die enge Anbindung von Zulieferanten – ausländischer, nämlich japanischer Prägung sind. Darüber hinaus besteht gerade auch hinsichtlich der europäischen Ansätze zur Auditierung und Zertifizierung von Qualitätsmanagementsystemen erhebliche rechtliche Unsicherheit in unseren Unternehmen. Wüßte das Management hierbei um die jeweiligen rechtlichen Rahmenbedingungen, so würden insbesondere die Führungskräfte der obersten Hierarchieebene sich der Thematik des Qualitätsmanagements stärker als bisher widmen und dessen Ausbau forciert betreiben.

Von so manchem Manager wird hingegen die Auffassung vertreten, das deutsche Rechtssystem hemme eher die wirtschaftliche Entwicklung, als daß es sie fördere. Zum Teil läßt sich das nicht bestreiten, betrachtet man beispielsweise die langwierigen Genehmigungsverfahren im Bau- und insbesondere im Stromversorgungsbereich. Aus der Gentechnologie hat sich Deutschland seit dem Inkrafttreten des Gentechnikgesetzes praktisch verabschiedet.[89] Es darf aber nicht verkannt werden, daß Deutschland im Vergleich zu anderen Ländern ein insgesamt gesehen sehr wirtschaftsfreundliches Rechtssystem besitzt. Das zeigt sich bereits daran, daß nach dem Zusammenbruch der kommunistischen Diktaturen Osteuropas die neu entstandenen Staaten – vor allem die baltischen Republiken, die Tschechei, die Slowakei und Ungarn – ganze Gesetze Deutschlands wortwörtlich übernahmen, weil ihnen diese am praktikabelsten erschienen. Es kam quasi zu einem »Recht-Export«. Daß dies nicht ohne Grund geschah, soll an dieser Stelle nur kurz durch vier Beispiele aus sehr unterschiedlichen Rechtsgebieten angedeutet werden:

- Nach dem Gesetz zur Förderung der Stabilität und des Wachstums der Wirtschaft (kurz: Stabilisierungsgesetz)[90] haben Bund und Länder »*bei ihren wirtschafts- und finanzpolitischen Maßnahmen die Erfordernisse des gesamtwirtschaftlichen Gleichgewichts zu beachten. Die Maßnahmen sind so zu treffen, daß sie im Rahmen der marktwirtschaftlichen Ordnung gleichzeitig zur Stabilität des*

Preisniveaus, zu einem hohen Beschäftigungsstand und außenwirtschaftlichem Gleichgewicht bei stetigem und angemessenem Wirtschaftswachstum beitragen.« (§ 1) Zwar ergibt sich hieraus noch keine konkretisierbare Verpflichtung, eine bestimmte Wirtschaftspolitik zu betreiben. Es ist aber jedenfalls bemerkenswert, daß staatliche Institutionen damit gesetzlich gehalten sind, aktiv die marktwirtschaftliche Entwicklung von deutschen Unternehmen zu fördern, so gut und so umfassend ihnen dies nur möglich ist. So heißt es in § 4 dieses Gesetzes: »*Bei außenwirtschaftlichen Störungen des gesamtwirtschaftlichen Gleichgewichts, deren Abwehr durch binnenwirtschaftliche Maßnahmen nicht oder nur unter Beeinträchtigung der in § 1 genannten Ziele möglich ist, hat die Bundesregierung alle Möglichkeiten der internationalen Koordination zu nutzen. Soweit dies nicht ausreicht, setzt sie die ihr zur Wahrung des außenwirtschaftlichen Gleichgewichts zur Verfügung stehenden wirtschaftspolitischen Mittel ein.*«

- Das Bundesbankgesetz garantiert dieser ihre Unabhängigkeit gegenüber der Politik. Hierdurch ist die Geldwertstabilität weitgehend gesichert. Auch innerhalb der EG hat sich deshalb nunmehr die Einsicht durchgesetzt, daß diesem in Europa bisher einzigartigen Modell gefolgt werden soll und die Europäische Zentralbank ebenfalls als unabhängige Institution in Frankfurt am Main eingerichtet wird.
- Der gewerbliche Rechtsschutz ist über das Wettbewerbsrecht umfassend gewährleistet. Innovationsfreudige Unternehmen sind hierdurch nicht der Gefahr einer unzulässigen Nachahmung ausgesetzt, die angesichts nicht erforderlicher Entwicklungskosten preisgünstiger auf dem Markt präsent sein könnte. Daß der Bundesrepublik Deutschland hierdurch sowohl volks- wie betriebswirtschaftliche Vorteile erwachsen, wird nicht zuletzt von so renommierten Betriebswirten wie *H. Albach* deutlich zum Ausdruck gebracht.[91]
- Mit der nach dem Einigungsvertrag erfolgten Bildung von Grund- und Gebäudeeigentum in den neuen Bundesländern wurden sowohl den Alteigentümern als auch den – oftmals vermögenslosen – Rechtsnachfolgern ehemaliger Volkseigener Betriebe, Kombinate und Genossenschaften fast über Nacht Beleihungsmöglichkeiten geschaffen, die sie kurzfristig zur Deckung ihres dringend benötigten Finanzbedarfs nutzen konnten.[92]

Neben diesen ersten vorteilhaften Rahmenbedingungen ist vorrangig die vergleichsweise große Rechtssicherheit des Rechtsstaates Deutschland ein Pfund, mit dem sich im internationalen Wettbewerb durchaus wuchern läßt. Das Management kann sich auf einen festen rechtlichen Rahmen verlassen, in dem es grundsätzlich nur dann negative Überraschungen geben kann, wenn man die Gesetze und die Rechtsprechung hierzu bzw. deren Hintergrund nicht kennt. Bei genauerem Hinsehen offenbaren sich die bestehenden betriebs- und volkswirtschaftlichen Standortvorteile in überdeutlichem Maße:

Im Gegensatz zu den USA und Ostasien besitzt Deutschland ein bis in das Spätmittelalter hineinreichendes ausgeprägtes Rechtssystem, das seine Ursprünge schon im »*Römischen Recht*« findet.[93] Diese bei uns fest verwurzelte Rechtskultur erfuhr durch die politischen Entwicklungen des 19. und 20. Jahrhunderts eine überwältigende demokratische Legitimation, die nicht zuletzt durch den Zusammenbruch der DDR und die Wahlen zum Bundestag von 1990 erneut bestätigt wurde. Im Laufe der Zeit erfuhr der Regelungsgehalt der Gesetze eine immer umfassendere Ausdehnung auf nahezu sämtliche Bereiche des täglichen Lebens. Proklamiert wurde dies durch eine wahre Flut von Gesetzen (momentan bei ca. 3.000 DIN A 4 Textseiten jährlich!) und eine detaillierte Rechtsprechung. Unsere Nation brachte/bringt dabei über die Gesetzgebung ihren Willen zum Ausdruck, welche Grundregeln es im Umgang miteinander und zur Umwelt einzuhalten gelten soll. Diese zunächst abstrakten Regelungen füllt die Rechtsprechung mit Leben aus. Die Richter dürfen hierbei keinesfalls eigene Überzeugungen zur Maxime ihrer Rechtsprechung machen; sie würden sich dann wegen Rechtsbeugung strafbar machen. Sie agieren vielmehr als Vertreter des Volkes und müssen sich demgemäß bei der Gesetzesauslegung stets fragen: Entspricht dieses Ergebnis dem Rechtsempfinden des deutschen Volkes? Deutlich wird das u. a. durch § 311 Abs. 1 unserer Zivilprozeßordnung, wonach jedes Urteil mit den Worten zu beginnen hat: »*Im Namen des Volkes*«.

Parlament und Rechtsprechung konkretisieren also den Volkswillen. Damit tun sie schließlich nichts anderes, als daß sie die Bedürfnisse und Wünsche von – sämtlichen – Verbrauchern und Kunden, von Angestellten und Arbeitern zu ergründen suchen und im jeweiligen Urteil individuell zum Ausdruck bringen. Um hieraus Rückschlüsse auf ein »Deutschland-spezifisches« Anforderungsprofil an das Management und dessen Qualitätsorientierung ziehen zu können, bedarf es selbstverständlich einer eingehenden Untersuchung der Rechtsprechung und der Gesetze. Im Ergebnis bietet diese aber die Chance einer größtmöglichen Repräsentanz und Genauigkeit hinsichtlich der Stimmung der Menschen im »Markt und Standort Deutschland«. In den folgenden Kapiteln soll deshalb der Versuch unternommen werden, die auftretenden wichtigsten Gesichtspunkte, welche die aktuell diskutierte qualitätsorientierte Unternehmensführung betreffen, darzustellen. Durch sämtliche Kapitel zieht sich der rote Faden des interdisziplinären Ansatzes: Qualitätsmanagement/Rechtsprechung. Jedes widmet sich einer bestimmten Thematik und ist in sich geschlossen.

Zunächst ist es sinnvoll, die wesentlichen Führungs- und Organisationsprämissen unter dem Gesichtspunkt des *Total Quality Managements* zu erörtern. Neben den großen Herausforderungen aber auch ebenso großen Chancen dieses Führungsmodells werden in *Kapitel 2* praktische Hinweise zur Ausgestaltung vorgestellt und hinsichtlich ihrer Stärken und Schwächen besprochen. Im Anschluß daran geben wir mit *Kapitel 3* eine Übersicht der zu diesem Themenkomplex jahrzehntelang gewachsenen *bundesdeutschen Rechtsprechung*. Wir zeigen auf, daß ein modernes *Qualitätsmanagementsystem* als Beweis für die Sorgfalt unternehmerischer Qualitätsplanung, -lenkung, -sicherung und -verbesserung herangezogen werden und Schadensersatzforderungen abwehren helfen kann. Belegt wird, daß ein System des Qualitätsmanagements unter den vielen in der Literatur und in der Praxis existierenden Systemen unserer Rechtsprechung genügt.[94] Im folgenden *Kapitel 4* besprechen wir die persönlichen Folgen, die sich für einen Manager bei einer Vernachlässigung dieser Pflichten zur qualitätsbewußten Unternehmens- und Mitarbeiterführung ergeben können. Die *strafrechtliche Sanktionierung* eines dementsprechenden Fehlverhaltens wird von der Rechtsprechung zunehmend auf der obersten Hierarchieebene gesehen. Das mögliche Strafmaß ist beträchtlich; Verurteilungen zu einer Freiheitsstrafe stellen keine Seltenheit mehr dar. Auch insoweit geben wir die von der Rechtsprechung entwickelten Grundsätze hinsichtlich adäquater Gefahrenabwendungsmaßnahmen wieder. Sie decken sich in verblüffender Weise mit den modernen Lösungsansätzen des Qualitätsmanagements. *Kapitel 5* greift dann die aktuelle Diskussion um den wirtschaftlichen und juristischen Stellenwert der *Zertifizierung von Produkten und Qualitätsmanagementsystemen* auf. Die hierzu vielfach verwirrenden unterschiedlichen Gesichtspunkte werden interdisziplinär diskutiert und einer gemeinsamen Lösung zugeführt. Das Ergebnis: Das Zertifikat belegt den Leistungswillen seines Verwenders, nicht mehr, aber auch nicht weniger. Die in diesem Kapitel angeschnittenen Defizite bei der Auditierleistung greifen wir in *Kapitel 6* vertiefend auf und legen sowohl strukturelle wie auch organisatorische Optimierungsmöglichkeiten dar. Wir belegen hierbei die hinsichtlich der Einführung bzw. der Nutzung eines Qualitätsmanagementsystems nach DIN ISO 9000 ff. bestehenden wesentlichen Verbesserungspotentiale. Aus juristischem Blickwinkel stellen wir neben diesen Gesichtspunkten die Möglichkeiten und Grenzen einer *Auditierung von Unternehmen* dar. Sowohl kundenspezifische, als auch Audits durch eine neutrale Institution werden gewürdigt. Abschließend gehen wir in *Kapitel 7* auf den Konflikt, gesetzlich präferierter, jedoch im *Just-in-Time* Verbund nicht mehr praktikabler *Wareneingangskontrollen* ein. Die gesetzliche Regelung sah ursprünglich vor, durch diese den Warenverkehr und damit den Handel zu beschleunigen. Nichts anderes verfolgt die Just-in-Time-Strategie. Wir zeigen auf, daß die rechtlichen Intentionen und wirtschaftlichen Erfordernisse über eine vertrauensvolle Kooperation in der Wertschöpfungskette durchaus in Einklang zu bringen sind. Voraussetzung ist freilich auch hierfür ein übergreifendes Qualitätsbewußtsein aller am Produktionsprozeß beteiligten Unternehmen als gleichberechtigte Partner. Als Vorbild für unsere Ableitungen fungiert hierbei das *japanische Zuliefermodell*, das wir näher beleuchten und auf seine deutsche Übertragbarkeit hin untersuchen.

Daß eine derartige Erörterung bisher nicht erfolgte, ist darin begründet, daß sie eine umfassende interdisziplinäre Verständigung zwischen Betriebswirten, Juristen, Ingenieuren etc. voraussetzt. Juristen müssen zunächst einmal von Betriebswirten und Ingenieuren erläutert bekommen, welche Managementprobleme in der täglichen Unternehmenspraxis tatsächlich anfallen, bevor sie die fast unüberschaubare Rechtsprechung und einschlägige Literatur auszuwerten beginnen. Schließlich müssen alle gemeinsam versuchen, zu einem übergreifenden qualitätsorientierten Lösungsansatz zu finden.[95] Man mag unsere Ausführungen in diesem Sinne als Aufruf verstehen, die interdisziplinäre Verständigung aufzugreifen und fortzuführen. Wir sind der festen Überzeugung, daß die langfristige Sicherung des Standortes Deutschland hiervon abhängen wird.

Anmerkungen

1 So jedenfalls die Ausführungen des Direktors des Instituts der deutschen Wirtschaft, Fels, G., (1993), S. B1.
2 Entsprechend den Aussagen des Präsidenten des Bundesverbandes der Deutschen Volksbanken und Raiffeisenbanken (BVR) auf der 39. Bankwirtschaftlichen Tagung.
3 Der Direktor des Instituts der deutschen Wirtschaft, G. Fels, merkt dazu an: »*Man muß achtgeben, daß der Pessimismus sich nicht weiter verstärkt und die Abwärtsbewegung hervorruft, die er befürchtet*«. Vgl. Fels, G. (1993), S. B1. Siehe auch Delors, J., (1993), S. B1.
4 Herz, W., (1993).
5 Grunnenberg, N., (1993).
6 Reisch, B., (1992), S. K4.
7 Schmidt, H., (1993), S. 1
8 Zur gegenwärtigen Situation der deutschen Wirtschaftslage aus Sicht Großbritanniens führen Krüger, H. H., Uhen, L., aus: »*Großbritannien schaut zur Zeit auf Deutschland mit einer Mischung aus Verwunderung und zunehmender Verwirrung. Politiker, Wirtschaftler und die Bevölkerung fragen sich, ob das derzeitige Stimmungstief in der deutschen Wirtschaft tatsächlich eine extrem negative Situation der Wirtschaft widerspiegelt oder ob es sich mehr um eine gefühlsmäßige Übertreibung handelt. Sind die in Deutschland zu beobachtenden Wechselbäder zwischen himmelhoch jauchzend und zu Tode betrübt etwa ein typischer Zug des deutschen Nationalcharakters?*« Siehe Krüger, H. H., Uhen, L., (1993), S. B14.
9 Vgl. beispielsweise die Ausführungen von Heinrich Nordhoff, der von 1948 bis 1968 Vorstandsvorsitzender der Volkswagen AG war. In seinen bekannten Reden zur Belegschaft, sprach er einer ganzen Nation aus dem Herzen. Siehe Nordhoff, H., (1992) (Sammlung).
10 Anmerkung der Verfasser: Die Wendung »Made in Germany« fußt auf dem englischen Gesetz der Warenbezeichnung (The Merchandise Act 1887) vom 23.07.1887. Dieses Gesetz schloß alle im Ausland hergestellten Waren von der Einfuhr nach England aus, »*unless such name or trade mark is accompanied by definite indication of the country in which the goods were made or produced.*« Insoweit war »Made in Germany« ursprünglich als Handelshemmnis gedacht. Näher: Borck, H.-G., (1993), S. 301.
11 Fröhling, O., (1993), S. 544; Borck, H.-G., (1993), S. 301-303. Es sei darauf hingewiesen, daß bis in die achtziger Jahre hinein kaum Kurse oder Vorlesungen zum Qualitätsmanagement oder -sicherung angeboten wurden. Lediglich die Deutsche Gesellschaft für Qualität (DGQ) bildete hierbei eine Ausnahme. Jedoch vertreten die Verfasser die Ansicht, daß deren Lehrinhalte bis heute Lücken aufweisen – insoweit modernem Qualitätsmanagement unzureichend gerecht werden. Erst in jüngerer Zeit entwickelt sich ein eigener Wissenschaftszweig der »Qualitätswissenschaft«, der durch verschiedene – meist noch junge – Lehrstühle entwickelt wird. Vorreiter ist hierbei der Lehrstuhl »Qualitätswissenschaft« an der Technischen Universität Berlin, der seit 1988 eine eigenstän-

dige Professur für dieses Fachgebiet aufweist. Hingewiesen sei an dieser Stelle auch auf das Förderprogramm des BMFT »Qualitätssicherung 1992-1996«. Vgl. zur Etablierung des Berliner Lehrstuhls: Spur, G., (1989), S. 12. Zu europäischen Aktivitäten siehe die jährlichen Konferenzen »Education, Training and Research on Total Quality Management« der European Foundation for Quality Management (EFQM), Eindhoven. Ähnliche Ansätze lassen sich mittlerweile auch in den USA beobachten, wo die Einrichtung qualitätsbezogener Lehrstühle an Universitäten und Business Schools forciert wird. Siehe z. B. den Spezial Report: »Quality in Education and The Quality Education Listing« mit zahlreichen Beiträgen, der in der amerikanischen Zeitschrift Quality Progress, Ausgabe October 1993, S. 31-88 erschienen ist.

12 Siehe z. B. die kritischen Anmerkungen zur »übertriebenen« Präzision deutscher Werkzeugmaschinen und deren Preis. O.V., (1992a), S. 15 f.

13 Luckner merkt zynisch, aber wohl zu recht an: »*Die Engländer haben das »Made in Germany« – Siegel zur Diskreditierung deutscher Produkte erfunden. Die Deutschen haben es durch ihre Leistung in den Qualitäts-Adelsstand erhoben. Die Japaner werten es, zumindest für Produkte der Autoindustrie, zur Zweitklassigkeit ab*«. Vgl. Luckner, H., (1991), S. 3.

14 Vgl. Spur, G., (1993), S. 6.

15 Der Begriff des »Over-Engineering« fand in diesem Zusammenhang Eingang in die Diskussion innerhalb der Werkzeugmaschinenbranche. Dieser Begriff bezeichnet zwar das technologisch machbare, jedoch nicht am Markt gewinnbringend absetzbare. Nach weitläufiger Ansicht spielen dabei drei Punkte eine wesentliche Rolle. Nicht konkurrenzfähige Kostenstrukturen, das Festhalten an langfristig nicht gewinnbringenden Marktstrategien, wie z.B. der Nischenpolitik und ein Verlust an Kundennähe.

16 Vgl. Meffert, H., (1989), S. 475-490.

17 Erwähnenswert erscheinen den Verfassern besonders die folgenden Zahlen: Japans akkumulierte Direktinvestitionen in den asiatischen Wirtschaftsraum betrugen bis Anfang 1993 59,9 Mrd. Dollar. Die der USA beliefen sich auf 60,6 Mrd. Dollar, während die Bundesrepublik Deutschland bisher lediglich 6,3 Mrd. Dollar in den dortigen Wirtschaftsraum investiert hat. Gleichwohl deutet alles darauf hin, daß der asiatische Wirtschaftsraum einer der wenigen Plätze dieser Welt sein wird, in dem ein Wachstum von jährlich mehr als 5 Prozent realisiert wird. Vgl. zu dieser Problematik beispielsweise Schwarz, P., (1993), S.1. Auch ökonomische Argumente können als Begründung der geringen Investitionen nicht mehr anerkannt werden. Längst vorbei sind die Zeiten, in denen Japan seine Märkte abschottete. Vielmehr scheint es, daß die deutschen Unternehmen zu heimatverbunden sind. Es besteht die Gefahr, wichtige Absatzchancen zu verpassen.

18 Vgl. hierzu die Ausführungen von Mochizuki, H., (1993), S. B2, sowie Nakagawa, I., (1993), S. B3.

19 Vgl. beispielsweise Niefer, W., (1993).

20 Vgl. o. V., (1992b), S. 58, 62; siehe auch Fröhling, O., (1993), S. 544.

21 Derartige Praktiken haben die Verfasser in der Praxis selbst beobachten können.

22 Das die wirtschaftliche Führungsrolle der Bundesrepublik Deutschland zwi-

schen 1992 und 1993 nachgelassen hat, zeigt z.B. eine Studie des »International Institute for Management Development« (IMD). Danach ist Deutschland vom zweiten auf den fünften Platz abgeruscht. bewertet wurden Kriterien wie: Produktivität, Preisstabilität, Innovationsfreudigkeit, Weltmarktorientierung, soziale Stabilität, Rohstoffreichtum, Staatsinterventionen, Finanzkraft, Qualifikation der Arbeitskräfte, technologisches Niveau, Investitionen. u.a. So erreicht Deutschland auf Platz fünf 87 Punkte, die Schweiz 91, Dänemark und die USA je 91 Punkte und Japan auf dem ersten Platz 100 Punkte. Vgl. hierzu Necker, T., (1993), B1, B4.

23 Vgl. Fels, G., (1993), S. B2.

24 Anmerkung der Verfasser: So haben wir es heute längst nicht mehr mit einem weitläufig quantitativen, sondern mit einem qualitativen Wachstum zu tun. Dieses verlangt erheblich andere Strategien und Vorgehensweisen, die in den folgenden Kapitel erläutert werden.

25 Vgl. so auch Pfister, P., (1993), S. 2.

26 Vgl. beispielsweise Bläske, G., (1993), S. 21 oder Kippels, D., (1992), S. 1. Der Präsident des deutschen Patentamtes, Häußer, merkt zu recht an: »*Es ist erstaunlich und bedrückend, feststellen zu müssen, daß die 1980 noch führende Position der deutschen Wirtschaft auf dem eigenen Markt in wenigen Jahren praktisch zur Bedeutungslosigkeit herabgesunken ist*«. Häußer, E., (1993), S. 213.

27 Eicker, A., (1993), S. K1; Knust, C, (1993), S. 13.

28 Siehe o.V., (1993a).

29 So lag die Produktivitätsteigerung der Autombil-Zulieferindiustrie bisher bei durchschnittlich vier Prozent pro Jahr. Um die Japaner bis 1999 einzuholen, müßte nach Berechnungen der Boston Consulting Group eine Steigerungrate von 14 Prozent erreicht werden. Siehe o.V., (1993a).

30 Vgl. Fischer, M., Keller, v. V., Ludwig, W., (1993), S. 146 ff.

31 So hat sich beispielsweise rein rechnerisch ein deutsches Produkt auf den Weltmärkten um gut 12 Prozent verschlechtert, d. h. ein Produkt das 1989 noch 100 DM kostete, muß heute für 112 DM angeboten werden. Da derartig hohe Preise aber vielfach am Markt nicht durchsetzbar sind, sinken häufig die Exporte und die Unternehmensgewinne. Vgl. o. V., (1993b), S. 9. Zur qualitativen Wettbewerbsfähigkeit z. B. deutscher Automobile erregte die Veröffentlichung »Deutsche Autos fallen in der Qualität zurück« am 17.09.1992 in der FAZ Aufmerksamkeit. Siehe o.V., (1992c), S. 21

32 Siehe zu deren Vorgehen z.B. Gandow, A., (1992), S. B1.

33 Gleiche Ansicht vertritt Jens, U., (1993), S. 3.

34 Siehe z.B. Kenneth, S., C., (1992), S. 52 ff.. So auch die einstimmige Ansicht von Prof. Abegglen, Ballon und Gregory in einem Seminar an der Sophia University in Tokyo v. 27.10.1993, auf die Frage der Verfasser, ob die japanischen Unternehmen aus der Krise gestärkt oder geschwächt hervorgehen werden.

35 Die bekannteste ist die MIT-Studie »The Machine that Changed the World« des International Motor Vehicle Program (IVMP). Womack, J. P., Jones, D. T., Roos, D., (1990).

36 Der Begriff »lean production« gilt als gängige Version des von der MIT-Studie kreieren Original-Begriffs »fragile lean production«. Im vorliegenden Buch werden beide Begriffe nebeneinander verwendet.

37 Interessant scheint den Autoren, daß auch Taylor und seine Schüler (vornehmlich Gantt, Barth, Gillbreth) erhebliche Schwierigkeiten mit der Akzeptanz und Verbreitung des »Taylorismus« hatten. Taylor schrieb 1912 selbst: »*Immer wieder finden wir auf Seiten des Managements große Widerstände, wenn es sich darum handelt, daß dessen Angehörige neue Pflichten auf sich nehmen und zu verwirklichen haben. Auf seiten der Arbeiter stoßen wir – verglichen damit – auf nur geringe Widerstände, wenn es um Erfüllung der neuen Pflichten für die Zusammenarbeit geht.*« Vgl. Taylor, F. W., (1912), S. 43-44, 153, 212. Insoweit muß abgewartet werden, ob auch das Konzept der »lean production« auf Hindernisse bei der Umsetzung stoßen wird. Hier nur eine Ansicht: Jones, Mitautor der MIT-Studie zur »lean production«, führt auf die Frage, was deren Einführung beschleuinigen würde aus: »*You need a shock!*« Vgl. Eglau, O., (1992).

38 So propagiert z.B. der Kölner Wissenschaftler R. Fieten: »*Wer jahrelang mit Arroganz internationale Konkurrenz nicht ernst genommen habe, dürfe sich über den umfassenden Strukturwandel nicht wundern*«. Vgl., Leimbach, A., (1993), S. 10. Es nutzt in diesem Zusammenhang wenig, wenn z.B. der amtierende Gewerkschaftschef der IG Metall, K. Zwickel, zwar richtigerweise propagiert: »Autobranche auf Absturz nicht vorbereitet«, aber sich selbst einer konstruktiven Diskussion versagt. Vgl. o.V., (1993c), S. 6.

39 Im Vorwort zur MIT-Studie schreiben die Autoren:...»*die zweite industrielle Revolution* (Anm. der Verfasser: »lean production«) *wird die Massenproduktion ablösen und damit fast jede Industrie verändern und folglich auch unsere Arbeits- und Lebensweise*«.

40 O.V., (1993d), S. K1, K2.

41 Vgl. Hoffmann, W., (1993), S. 24.

42 Japan und Südkorea zusammen bestreiten mittlerweile 52 Prozent des Weltschiffsmarktes. Die Unternehmen der Bundesrepublik Deutschland konnten als drittgrößte Schiffsbaunation rund acht Prozent erringen. Mitte der fünziger Jahre waren es noch 17 Prozent. Allein die koreanische Werft Hyundai produziert jährlich ebensoviel Tonage wie die gesamten deutschen Werften. Vgl. Hoffmann, W., (1993), S. 24.

43 Berücksichtigt wurden dabei alle denkbaren Subventionstatbestände wie Importbeschränkungen, Steuervorteile, Forschungsförderung, Bauzuschüsse, Exportkredite und sonstige Finanzhilfen.

44 O.V., (1992d), S. 14-18. Vgl. auch Peters, T., (1993), S. 93 ff.

45 Siehe zum japanischen Vorgehen Seitz, K., (1991) oder auch Häußer, E., (1993), S. 211 ff.

46 Diese Aussage beruht auf einer Äußerung T. Jones. Vgl. Elgau, O., (1992).

47 Vgl. Leimbach, A., (1993), S. 10.

48 Siehe z. B. das Abkommen zwischen den japanischen Autokonzernen und der EG, in der sich die Japaner verpflichten, von 1993-1999 höchstens 1,23 Mio. Automobile zu liefern. Offen bleibt die Frage nach Importen, z. B. aus japanischen Transplants in den USA und Europa, wo die Japaner den Aufbau eigener Fertigungsstätten forcieren.

49 Auch in den USA gab es zwischen 1982 und 1988 ein Abkommen (Selbstbeschränkungsabkommen) zwischen der amerikanischen und der japanischen

Autoindustrie, in dem die Japaner Einfuhrbeschränkungen akzeptierten. Dennoch nutzten die amerikanischen Unternehmen trotz Gewinnzuwächsen wie nie zuvor in der Geschichte der Automobilindustrie nicht den Zeitraum, um ihre Unternehmensorganisationen effizienter zu gestalten. Vgl. Recchia, R. D., (1992) (unveröffentlichtes Vortragsmanuskript eines Vortrags vor der NADA am 08.02.1992). Recchia führte aus: »*Die eigentliche Ursache der Schwierigkeiten, mit denen wir in der Automobilindustrie in Amerika zu kämpfen haben, war die Unfähigkiet einer Industrie zur Umstellung auf die weltweite Konkurrenz und zur Modifizierung und Verbesserung ihrer Produkte, um dieser Konkurrenz entgegentreten zu können*«.

50 Vgl. Burkhardt, R., (1991), S. 144 ff. Siehe auch Hess J., (1993), S. B9. Hess hat in bemerkenswerter Weise dargelegt, wie strategisch gekonnt die Japaner im Stande sind, ursprünglich von westlichen Konzernen besetzte Märkte aufzurollen.

51 Vgl. Esterhazy, Y., (1993), S. 12.

52 Herz, W., (1993).

53 In Großbritannien lag die Produktivität pro Arbeitsnehmer im 1. Halbjahr 1993 bei DM 20.700.-. Siehe Conrady, H., (1993), S. 1.

54 Verschiedene Autoren sprechen in diesem Zusammenhang von dem größten Umverteilungskonflikt, den die Bundesbürger je erlebt haben. Vgl. Herz, W., (1993).

55 O.V., (1993e), S. 17.

56 Vgl. Helmstädter, E., (1991), S. 8. Die Bundesrepublik Deutschland erwirtschaftete freilich ein derartiges Wachstum (6%) lediglich Anfang der 50er Jahren. Durchschnittlich beträgt dieses seit 1950 rund 2 Prozent.

57 So die Ansicht von Prof. Dr.-Ing. G. F. Kamiske, Inhaber des Lehrstuhls Qualitätswissenschaft der TU-Berlin auf den »Berliner Qualitätsgesprächen« v. 30.10.1992. G. Spur, Leiter des Produktionstechnischen Zentrums Berlin führte auf dem Produktionstechnischen Kolloqium Berlin 1992 aus: »*Es reicht längst nicht aus, wenn wir einfach nur unsere Konzepte aus dem Westen in den Osten übertragen.*« Vgl. Spur., G., (1992), S. 42-53.

58 Vgl. Weber, M., (1993).

59 So haben die japanischen Transplants in den USA und in Europa fast durchweg japanisches Management in der obersten Hierarchieebene.

60 Siehe hierzu auch das Interview zwischen der Zeitung Die Welt und Roland Berger v. 5. Juli 1993: Baentsch, W., (1993), S. 14. Berger erörtert dort dieselbe Ansicht und bringt es auf die kurze Formel: »*Brained in Germany, produziert in Süd- Mittel- und Osteuropa*«. Vgl. auch Regehr, F., (1993), S. B12

61 Dieser Aspekt wird seit Mitte der 80er Jahre intensiv in den USA diskutiert. Vornehmlich die Frage, ob ein Land ausschließlich von seinen Diestleistungen leben kann, steht dort im Mittelpunkt zahlreicher Beiträge. Daneben wird auf den Verlust von Produktions (Technologie) Know-how hingewiesen. Siehe die Untersuchung Technology and Competitivness des Council of the National Academy of Engineering: O. V., (1989).

62 Zu den Theorien von Taylor und Ford siehe Kieser, A., (1993), S. 63-94.

63 »Le défi américain – Die amerikanische Herausforderung«, beschrieb, so eine Schrift aus dem Jahre 1967, die damalige Diskussion um die Rolle europäischer

Unternehmen gegenüber ihren amerikanischen Widersachern. Die dort vertretene Erwartung, wonach die amerikanischen Unternehmen mit ihren global ausgerichteten und recht aggressiven Strategien bald den Weltmarkt beherrschen würden, traf letztlich nicht ein: Servan-Schreiber, J. J., (1968), deutsche Übersetzung. Zum Niedergang des US-Management-Paradigmas siehe Steger, U., (1993).

64 Vgl. Branscomb, L. M., (1991), S. 25.

65 Vgl. Mann, R. N., (1989), und Bowles, J., Hammond, J., (1991), S. 28-43. Siehe auch den bemerkenswerten Artikel über Deming in der naturwissenschaftlichen Zeitschrift »Smithsonian« der USA: Dobyns, L., (1990), S. 74 ff.

66 Dazu gehören eine ganze Reihe von Initiativen sowohl im Hochschulbereich wie auch auf höchster politischer Ebenen. Ein sehr bekannter Ansatz auf der Suche nach einem neuen Führungsverständnis ist beispielsweise die 1987 gesetzlich durch den »Malcolm Baldrige National Quality Improvement Act«verankerte Qualitätsverbesserungsinitiative, in der jährlich als Höhepunkt Spitzenunternehmen mit dem »Malcolm Baldrige National Quality Award« durch den Präsidenten der Vereinigten Staaten ausgezeichnet werden. Vgl. o. V., (1991).

67 Der Begriff des Total Quality Control (TQC) kann mit dem in den USA geprägten Begriff Total Quality Management (TQM) gleichgesetzt werden.

68 Siehe für das Beispiel Xerox: Kearns, T., D., (1992).

69 Bleicher, K., (1989), S. 443-453.

70 Siehe z.B. Bittner, A., Reisch, B., (1993), S. 65 ff.

71 Siehe so z.B. die Ausführungen von Reiss, M., (1993), S. 14. Reiss schreibt weiter: »*In US-Transplants zeichnet sich die Unverträglichkeit von Lean production und gewerkschaftlicher Interessenvertretung ab.*« Sodann wird eine neue Leitidee propagiert: »*Europäische Technik und fernöstlicher Geist*«. Anmerkung der Verfasser: Eben jener fernöstlicher Geist ist es, mit dem unsere Manager und wohl auch Teile der Wissenschaftler, ihre Verständnisschwierigkeiten haben. Siehe zu »Post-lean-production« Ansätzen auch o.V., (1992e) oder Blume, G., Blüthmann, H., (1992), S. 37.

72 Siehe Dohse, K., Jürgens, U., Malsch, Th., (1985), S. 115-146.

73 Reflektiert wird bei diesem Begriff auf das Toyota-Produktionssystem. Die Wissenschaftler der MIT-Studie prägten für dieses später den allgemeineren Begriff »fragile-lean-production«.

74 Noch extremere Ansichten vertreten Tesuro, K. und Steven, R., indem sie schlicht japanische Unternehmen als »Ausbeuterstätten« bezeichnen. Vgl. Tesuro, K., Steven, R., (1993), S. 69 ff.

75 So wird derartiger Denkansatz z.B. von Wildemann publiziert. Vgl. Wildemann, H., (1993a), S. 5.

76 Im Harvard Business manager 3/1993 treten die unterschiedlichen Positionen deutlich zu Tage: Während im Beitrag »Die Luft wird rauher – wie Zulieferer überleben können« Wildemann die Ansicht vertritt, daß die japanischen Managementpraktiken kulturunabhängig sind, wird weiter hinten von Horváth, Seidenschwarz und Sommerfeldt im Beitrag »Kostenmanagement – Warum die Schildkröte gewinnt«die Meinung geäußert, daß deren Vorgehensweise bei uns nicht übernommen werden kann, und das, obwohl sie zuvor ausführlich das

japanische Controllingverständnis analysieren und für nachahmenswert befinden. Vgl. Wildemann, H., (1993b), S. 44. vs. Horváth, P., Seidenschwarz, W., Sommerfeldt, H., (1993), S. 81.

77 Vgl. Kenney, M., Florida, R., (1993), S. 19 ff.

78 Das beweisen zumindest auch die Unternehmen, die hierzulande »lean-production« mit Erfolg einsetzen. Beispielhaft hierfür ist ein Interview zwischen dem Handelsblatt und dem Vorstandsvorsitzenden Dr. Volker Beyse der Mannheimer Joseph Vögele AG. Dieser begreift die Idee einer schlanken Organisation nicht als fernöstliche Neuerfindung, sondern als Prinzip, das sich dem kostenbewußten und effizienten Unternehmen fast zwangsläufig erschließt. Auf die Frage ob »lean production« auch für deutsche Unternehmen, daß richtige Rezept sei, antwortet dieser: »*Was denn sonst*«. Vgl. Hofmann, S., (1993), S. 13.

79 So verhehlen die Japaner nicht, daß besonders die deutsche Wirtschaft der 50er, 60er und 70er Jahre ihr Vorbild war. Das spiegelt sich beispielsweise in dem Auspruch eines japanischen Managers wieder, der bemerkte, daß er sich als Preuße des Ostens begreife.

80 Die Verfasser stützen sich hierbei nicht nur auf die Literatur, sondern insbesondere auf ihre Studienreisen in den asiatischen Wirtschaftsraum selbst.

81 Siehe Pfeiffer, W., Weiss, E., (1992).

82 Vgl. beispielsweise Dertouzos, M. L., Lester, R. K., Solow, R. M., (1989) oder Thurow, L., (1993).

83 Vgl. Hirschbach, O., (1992), S. 33.

84 Vgl. so z.B. o.V. (1993f), S. 11.

85 Seitz führt aus: »*Kommt die Frage auf den Erfolg Japans, so sind sich bei uns die meisten schnell einig: die Japaner sind »Workeholics« und bereit, in Kaninchenställen zu leben«, um die geniale Erkenntnis zu zitieren, die eine EG-Delegation aus Japan zurückbrachte. Das ist eine bequeme Meinung, denn die Schlußfolgerung ist: Mit solchen Menschen kann man nicht konkurrieren, denn so wollen wir nicht leben; kein Handlungsbedarf also – außer vielleicht dem, daß wir die Japaner von unseren Märkten ausschließen. Ich fürchte jedoch, die Wahrheit ist unbequemer. Es sind keineswegs primär die japanischen Arbeiter, die durch »unmenschlichen« Fleiß und Anspruchslosigkeit Japan zur Nummer Eins gemacht haben. Es sind vielmehr die politischen, wirtschaftlichen und gewerkschaftlichen Führungseliten, die unseren Eliten überlegen sind. Und sie sind unseren Eliten überlegen, weil sie miteinander intensiv kommunizieren, weil sie zusammenarbeiten und Japan in einen grundsätzlichen Konsens in die Zukunft steuern.*« Seitz, K., (1991).

86 Vgl. Albach, H., (1993), S. 537.

87 Vgl. Hahn, D., (1991).

88 So gibt es mittlerweile eine Reihe von deutschen Publikationen, die Bausteine des Qualitätsmanagements erörtern, jedoch weitgehend einen Zuschnitt auf deutsche Besonderheiten unberücksichtigt lassen.

89 Reuter, E., (1993), S. 5.

90 Vom 08. Juni 1967; BGBl. I S. 582.

91 Albach, H., (1992), S. 238 f.; ähnlich: Häußer, E., (1993), S. 211 ff.

92 Näher: Kassebohm, K., (1993), S. 425-432.

93 Näher zu der unterschiedlichen Entwicklung dieser Rechtssysteme: Coing, H., (1993), S. 132 f.

94 Siehe so auch Albach, H., (1993), S. 537.

95 So kritisieren die Betriebswirte wohl zu Recht, daß Juristen zu streng nach rechtsdogmatischen und rechtssystematischen Gesichtspunkten »urteilen«; Backhaus, K., Plinke, W., (1987), S. 5. Ähnlich kritisieren Juristen selbst ihre z. T. gekünselt wirkende Rhetorik als für Laien zu undurchsichtig; Westermann, H. P., (1986), S. 16 ff.

Zitierte Literatur

Albach, H., (1992): Protektion, Protektionismus, Preis- und Innovationswettbewerb, in: Gewerblicher Rechtsschutz und Urheberrecht (GRUR) 1992, S. 238 f.

Albach, H., (1993): Total Quality Management – Editorial -, in: ZfB 63. Jg. (1993), H. 6, S. 537

Backhaus, K., Plinke, W., (1987): Rechtseinflüsse auf betriebswirtschaftliche Entscheidungen, Stuttgart u. a. 1987

Baentsch, W., (1993): Roland Berger: Von den Japanern siegen lernen!, in: Die Welt v. 05.07.1993, S. 14

Bittner, A., Reisch, B., (1993): Wie japanisch ist die schlanke Produktion?, in: io Management Zeitschrift 62 (1993) Nr. 2, S. 65-68

Bläske, G., (1993): Autoindustrie in einem tiefen Tal, in: Süddeutsche Zeitung v. 3./4. Juli 1993, S. 21

Bleicher, K., (1989): Chancen für Europas Zukunft – Führung als Internationaler Wettbewerbsfaktor, Wiesbaden 1989

Blume, G., Blüthmann, H., (1992): Zurück zur Langsamkeit, in: Die Zeit Nr. 20 v. 08.05.1993, S. 37

Bork, H.-G., (1993): Ein gemeinsames Erbe: »Made in Germany«, in: Wettbewerb in Recht und Praxis (WRP) 1993, S. 301-303

Bowles, J; Hammond, J., (1991): Beyond Quality, New York 1991

Branscomb, L. M., (1991): The Changing Global Economy, in: The Bridge, Vol. 21, Nr. 1, Spring 1991, S. 21-25

Burkhardt, R., (1991): Die Euro-Frabiken der Japaner – Ein Aufmarsch ohne Grenzen, in: Industriemagazin 4/1991, S. 144-150

Coing, H., (1993): Grundzüge der Rechtsphilosophie, Fünfte Auflage, Berlin – New York 1993

Conrady, H., (1993): Neue Länder: Die Produktivität steigt allmählich, in: VDI Nachrichten, Nr. 43 v. 29.20.2993, S. 1

Delors, J., (1993): Herausforderung gemeinsam begegnen, in: »Deutsche Wirtschaft«, Verlagsbeilage zur FAZ, Nr. 129 v. 07.06.1993, S. B 1

Dertouzos, M. L., Lester, R. K., Solow, R. M., (1989): Made in America – Regaining the Productive Edge, New York 1989

Dobyns, L., (1990): Ed Deming wants big changes, and he wants them fast, in: Smithsonian, 8/90, S. 74-83

Eglau, O., (1992): Schlank und rank, in: Die Zeit v. 13. Februar 1992

Eicker, A., (1993): Autoindustrie könnte die Talfahrt beherzt zum Spurwechsel auf Lean-Konzepte nutzen, in: Handelblatt – Karriere v. 10./11.09.1993, S. K1

Esterhazy, Y., (1993): Kaizen und Training: Rezepte zum Erzielen von Produktivität und Qualität à la Japan, in: Handelsblatt v. 30.08.1993, S. 12

Fels, G., (1993): Aufbruch, in: »Deutsche Wirtschaft«, Verlagsbeilage zur FAZ, Nr. 129 v. 07.06.1993, S. B1

Fischer, M., Keller, v. V., Ludwig, W., (1993): Im freien Fall, in: WirtschaftsWoche Nr. 37, v. 10.09.1993, S. 146-150

Fröhling, O., (1993): Zur Ermittlung von Folgekosten aufgrund von Qualitätsmängeln, in: ZfB 63. Jg. (1993), H. 6, S. 543-568

Gandow, A., (1992): Tokio will dem Engagement der Industrie im Ausland politischen Flankenschutz geben, in: Sonderbeilage Japan des Handelsblatts v. 03.11.1991, S. B1
Grunenberg, N., (1993): Angst vor dem Niedergang, in: Die Welt v. 22.05.1993
Hahn, D., (1991): Unternehmensführung und Öffentlichkeitsarbeit, Vortrag auf der Mitgliederversammlung der Gesellschaft für Unternehmensplanung e. V., Gießen – Berlin 1991
Häußer, E., (1993): Schutzrechte als strategische Waffen im Wettbewerb, in: Gewerblicher Rechtsschutz und Urheberrecht (GRUR) 1993, S. 211 ff.
Helmstädter, E., (1991): Ostdeutschland wird erst in Jahrzehnten Produktivitätsanschluß gefunden haben, in: Handelsblatt v. 20./21.09.1993, S. 8
Hess, J., (1993): Durch die Errichtung von Zweigwerken in EG-Ländern sind die Mauern der Festung Europa kein Hindernis, in: Handelsblattbeilage »Japan und Deutschland« v. 31.08.1993, S. B9
Herz, W., (1993): Die Lage war noch nie so ernst – Deutschland droht der Niedergang. Doch im Osten und Westen will es keiner begreifen, in: Die Zeit v. 13.05.1993
Hirschbach, O., (1992): Japanischer Erfolg – europäisches Versagen?, in: Beschaffung aktuell 12/92, S. 33-37
Hoffmann, W., (1993): Schlag ins Wasser, in: Die Zeit Nr. 37 v. 10.09.1993, S. 24
Hofmann, S., (1993): Ein schlankes Fertigungssystem läßt keine Akkordarbeit zu, in: Handelsblatt v. 11.08.1993, S. 13
Horváth, P., Seidenschwarz, W., Sommerfeldt, H., (1993): Kostenmanagement – Warum die Schildkröte gewinnt, in: Harvard Business manager 3/93, S. 73-81
Jens, U., (1993): Japaner reden nicht von der Kostenkrise, sondern von der fehlenden Nachfrage, Handelsblatt v. 19.10.1993, S. 3
Kassebohm, K., (1993): Das Eigentum an Gebäuden im Gebiet der neuen Bundesländer, in: Zeitschrift für Vermögens- und Investitionsrecht (VIZ) 1993, S. 425-432.
Kearns, D., T., (1992): Prophets in the Dark, New York 1992
Kenneth, S., C., (1992): Why Japan Will Come Back, in: The International Economy, Sept./Oct. 1992, S. 52-58
Kenney, M., Florida, R., (1993): Beyond Mass Production: Production and the Labor Process in Japan, in: Is Japanese Management Post-Fordism?, hrsg. v. Tetsuro, K., Steven, R., Tokyo 1993, S. 19-68
Kieser, A., (1993): Managementlehre und Taylorismus, in: Organisationstheorien, hrsg. v. selbigen, Stuttgart u.a. 1993, S. 63-91
Kippels, D., (1992): Deutschlands Schlüsselbranchen spüren den japanischen Druck, in: VDI Nachrichten v. 17. Januar 1992, S. 1
Knust, C., (1993): Auf der Suche nach neuem Glanz, in: FAZ v. 06.09.1993, S. 13
Krüger, H. H., Uhen, L., (1993): Wie Grobritannien die deutsche Wirtschaftslage betrachtet, in: »Deutsche Wirtschaft«, Verlagsbeilage zur FAZ, Nr. 129 v. 07.06.1993, S. B14
Leimbach, A., (1993): Schlanke Produktion: Kein Crash-Programm für Krisenzeiten, in: VDI Nachrichten v. 27.08.1993, S. 10
Luckner, H., (1991): Deutsche Wertarbeit?, in: auto motor und sport v. 18.10.1991, S. 3

Mann, N. R., (1989): The Keys to Excellence – The Story of the Deming Philosophy, Los Angeles u.a. 1989

Mefert, H., (1989): Wettbewerbsorientierte Marketingstrategien im Zeichen schrumpfender und stagnierender Märkte, in: Strategisches Marketing, hrsg. v. Raffée, Wiedmann, K.-P., 2. Auflage, Stuttgart 1989, S. 475-490

Mochizuki, H., (1993): Von Tokio und Bonn wird ein konstruktiver Beitrag zur Schaffung einer neuen Wirtschaftsordnung erwartet, in: Handelsblattbeilage »Japan und Deutschland« v. 31.08.1993, S. B2

Nakagawa, I., (1993): Die Aufrechterhaltung des freien Welthandels wird für Japan und Deutschland zu einer lebensnotwendigen Frage, in: Handelsblattbeilage »Japan und Deutschland« v. 31.08.1993, S. B3

Necker, T., (1993): Das multinationale handelspolitische Instrumentarium ist noch ausbaufähig, in: Handelsblattbeilage »Japan und Deutschland« v. 31.08.1993, S. B1, B4

Niefer, W., (1993): Ein Gütesiegel gerät in Veruf – Beschädigtes Deutschlandbild und die Folgen für die Wirtschaft, in: Die Welt v. 24.03.1993

Nordhoff, H., (1992): Reden und Aufsätze – Zeugnisse einer Ära, Düsseldorf u.a. 1992

O.V., (1989): Technology and Competitiveness, Statement of the Council of the National Academy of Engineering, in: The Bridge, Vol. 19, Nr. 1, Spring 1989

O.V., (1991): Interim Report to the President and to the Congress on the Malcolm Baldrige National Quality Award, hrsg. v. National Institute of Standards and Technology, Gaithersburg MD. 1991

O.V., (1992a): Der Wahnsinn des My, in: wt, 4/93, S. 15-16

O.V., (1992b): Die Mogelpackung, in: Wirtschaftswoche Nr. 25, S. 58-68

O.V., (1992c): Deutsche Autos fallen in der Qualität zurück, in: FAZ v. 17.09.1993, S. 21

O.V., (1992d): Konzentration ist keine Lösung, in: wt, Januar 1992, S. 14-18

O.V., (1992e): Toyota emulates methods of Europe at new factory, in: Nikkei Business v. 04.01.1992

O.V., (1993a): The Evolving Competitive Challenge for the European Automotive Components Industry, hrsg. v. Boston Consulting Group, Frankfurt/Main 1993

O.V., (1993b): Rezession erreicht den Mittelstand, in: Absolventen Zeitung »Wirtschaft«, 4/1993, S. 9

O.V., (1993c): Zwickel: Autobranche auf Absturz nicht vorbereitet, in: Handelsblatt v. 30.08.1993, S. 6

O.V., (1993d): Wie die Hersteller haben auch die Zulieferer den überfälligen Strukturwandel verschlafen, in: Handelsblatt Karriere v. 06./07.08.1993, S. K1, K2

O.V., (1993e): Rexrodt: Keine Wertschöpfungspräferenz Ost, in: FAZ v. 22.10.1993, S. 17

O.V., (1993f): Weltmeister in den falschen Disziplinen, in: Handelsblatt v. 27.07.1993, S. 11

Peters, T., (1993): Big is out. Wie groß darf ein marktorientiertes Unternehmen sein?, in: Harvard Business manager 3/1993, S. 93-104

Pfeiffer, W., Weiss, E., (1992): Lean Management – Grundlagen der Führung und Organisation industrieller Unternehmen, Berlin u.a. 1992

Pfister, P., (1993): Diskussion um den Standort Deutschland – Nur eine Talk-Show?, in: Handelsblatt v. 25.08.1993, S. 2
Recchia, R. D., (1992): persönliches Vortragsmanuskript, unveröffentlicht
Reiss, M., (1993): Japanisches Vorbild wenig überzeugend, in: Handelsblatt v. 26.07.1993, S. 14
Regehr, F., (1993): Drang ins Ausland, in: »Deutsche Wirtschaft«, Verlagsbeilage zur FAZ, Nr. 129 v. 07.06.1993, S. B12
Reisch, B., (1992): Der Trend geht in Richtung Zweitligist, in: Handelsblatt v. 18./19.09.1993, S. K4
Reuter, E., (1993): Wir brauchen einen neuen Aufbruch in diesem Land, in: Der Tagesspiegel v. 11.07.1993, S. 5
Schmidt, H., (1993): Aus fürs Modell Deutschland, in: Die Zeit Nr. 37 v. 10. 09.1993, S. 1
Schwarz, P., (1993): Deutsche Industrie will sich in Fernost stärker engagieren, in: VDI Nachrichten v. 25. Juni 1993, S. 1
Seitz, K., (1991): Die japanisch-amerikanische Herausforderung – Deutschlands Hochtechnologieindustrien kämpfen ums Überleben, Bonn 1991
Servan-Schreiber, J. J., (1968): Die amerikanische Herausforderung, Hamburg 1968
Spur, G., (1989): Unternehmensführung in der zukünftigen Industriegesellschaft, in:Tagungsband zum Produktionstechnischen Kolloquium Berlin 1989, hrsg. v. selbigem, S. 5-16
Spur, G., (1992): Technologische Potentiale als Schlüsselfaktoren für die industrielle Entwicklung in Ost und West, in: Tagungsband zum Produktionstechnischen Koloquium 1992, hrsg. v. selbigen, Berlin, S. 42-53
Spur, G., (1993): Mit der »marktgetriebenen Fabrik« erfolgreich im Wettbewerb, in: VDI Nachrichten, Nr. 36 v. 10.09.1993, S. 6
Steger, U. (Hrsg.), (1993): Der Niedergang des US-Management Paradigmas, Düsseldorf u.a. 1993
Tetsuro, K., Steven, R., (1993): Is Japanese Capitalism Post-Fordist?, in: Is Japanese Management Post-Fordism, hrsg. v. selbigen, Tokyo 1993, S. 69-100
Taylor, F. W., (1912): Testimony at Hearings before Special Committee of the House of Representaives to Investigate the Taylor and other Systems of Shop Management, in: Report No. 930, hrsg. v. Government Printing Office, Washington D.C.
Thurow, L., (1993): Kopf an Kopf, Düsseldorf u.a. 1993
Weber, M., (1993): Aufschwung kommt erst 1994, in: Börsen-Zeitung v. 13.05.1993
Westermann, H. P., (1986): Über Unbeliebtheit und Beliebtheit von Juristen, Köln 1986
Wildemann, H., (1993a): Lean management – Strategien zur Erreichung wettbewerbsfähiger Unternehmen, Frankfurt/Main 1993
Wildemann, H., (1993b): Die Luft wird rauher – wie Zulieferer überleben können, in: Harvard Business manager, 3/93, S. 34-44
Womack, J. P., Jones, D. T., Roos, D., (1990): The Machine that Changed the World, New York 1990

2. Kapitel

Führen und Organisieren unter den Gesichtspunkten des Total Quality Managements

Angesichts turbulenter Entwicklungen im Weltmarktgefüge steigt die Nachfrage nach neuen Denkansätzen zur Unternehmensführung und pragmatischen Führungsmodellen

Managementinformation

Jahrelang wurde darüber diskutiert, ob sich die Rolle des Managers und sein persönliches Verständnis zu seiner Tätigkeit und seinem realen Beitrag zur Wertschöpfung für sein Unternehmen und der Gesellschaft insgesamt wandeln müsse. Beiträge mit Titeln wie »*Manager können Mitarbeiter in den Wahnsinn treiben*« oder »*Der Managerberuf: Dichtung und Wahrheit*« stellten die ersten zaghaften Ansätze auf der Suche nach einem neuen Bild vom Manager dar. Daß wir grundsätzlich einen anderen Managertypus benötigen, ist in Wissenschaft und Praxis mittlerweile – wenn auch noch nicht allzu lange – gleichermaßen anerkannt.

Angesichts der herrschenden Strukturprobleme weiter Teile der deutschen Industrie, begleitet von einer allgemeinen Rezession, in der unsere Manager von der japanischen Konkurrenz regelrecht vorgeführt werden, muß es verwundern, daß bisher nur vage Vorstellungen zu den dringend benötigten Persönlichkeitsprofilen und Charaktereigenschaften dieses Managertypus bestehen. Offensichtlich spiegelt die aktuelle Lage der leidgeprüften Unternehmen auch eine Krise des Führungsstils ihres Managements wider. Solange in den Unternehmen nicht hinreichende Klarheit zumindest auf der obersten Hierarchieebene darüber herrscht, welches Führungsverständnis benötigt wird und wie dieses ausgeformt sein muß, werden weiterhin Manager bestellt und gefördert, die zum Führen von Menschen in Wahrheit nicht taugen und langfristig dem Unternehmen und auch der Volkswirtschaft insgesamt nachhaltigen Schaden zufügen.

Doch auch jene Führungskräfte, die sich auf die Suche nach tiefgreifenden Lösungsmöglichkeiten begeben, müssen sich zunächst durch das wenig systematisierte und strukturierte Begriffschaos aktueller Managementbegriffe von A wie »*Audit*« über L wie »*lean-production*« bis zu Z wie »*Zeitmanagement*« schlagen. Nur ein ausgeprägter Wille, neue Wege zu beschreiten, und eine hohe Ausdauer, gepaart mit großer Kompetenz beim Studium der schier unüberschaubaren und vielschichtigen Literatur, lassen ein Vordringen zum einzig realen Erfolgsfaktor erwarten – zur *Qualität*. Für Führungskräfte sollte Qualität bedeuten, Mitarbeiter zu dieser und mit dieser zu führen. Ein qualitätsorientiertes Führungsverhalten zu praktizieren, benötigt ein hohes Maß an sozialer Verantwortung und methodischen Fertigkeiten. Das alles ist grundsätzlich nicht neu. Neu sind jedoch die Führungstugenden und Führungstechniken (Qualitätstechniken), die heute benötigt werden. Orientiert am Faktor Qualität, lassen sich diese unter dem Dach des »Total Quality Management (TQM)« zusammenfassen. Wird TQM als Führungsmodell verstanden und dessen Kernelemente verinnerlicht, so können sowohl bedrohliche Situationen vermieden, als auch der Wert des Unternehmens als Ganzes kontinuierlich gesteigert werden. In welchem Ausmaß das erreicht wird, ist abhängig von der Führungskompetenz des Managements, die Begeisterungsfähigkeit der Mitarbeiter zu wecken und zu nutzen.

2.1
Einführung – Neue Wege zur Sicherung der Wettbewerbsfähigkeit beschreiten

Zehn Jahre ununterbrochenen konjunkturellen Aufschwungs haben den deutschen Unternehmen bisher nie erreichte Umsätze und Gewinne beschert. Kaum hat sich die Auftragsnachfrage beruhigt, macht sich jedoch vor dem Hintergrund eines immer stärker werdenden Konkurrenzdrucks ökonomischer Fatalismus breit.[1] Es scheint, als habe man im Angesicht der guten Auftragslage die Weiterentwicklung von Führungs- und Organisationskonzepten schier versäumt. Die Symptome dieses Zustands sind dramatisch: So zeugen die Ergebnisse verschiedener Studien von bis zu 50% »innerlich gekündigten Mitarbeitern«. Ungenutzte Ressourcen, ein Fehlleistungsaufwand von bis zu 30% des Umsatzes, Überproduktion, Stillstände, Reklamationen und Imageverluste etc. treiben die Produktionskosten im internationalen Vergleich in nicht mehr wettbewerbsfähige Höhen. Offensichtlich herrscht in weiten Teilen der deutschen Unternehmen eine Führungspraxis, die zum einen die Ertragskraft reduziert und zum anderen die Selbst-Motivation der Mitarbeiter, d. h. deren »Spaß an der Arbeit«, untergräbt.[2] Nur so lassen sich die Produktivitäts- und Qualitätsdefizite erklären. Daß diese zunächst lapidar anmutende Feststellung nicht nur aus wissenschaftlichem Blickwinkel, sondern verstärkt auch von Führungskräften der obersten Hierarchieebenen selbst so gesehen wird, zeigt den Ernst der Lage, in der sich die Unternehmen der Bundesrepublik Deutschland befinden. So kommt der Vorstandsvorsitzende von *VW*, *Piëch*, zu der Erkenntnis:[3] »*Ansatzpunkte für Verbesserungsmaßnahmen sind Managementdefizite, nicht aber die Lohnpolitik*«, und *Harms* (Vorsitzender Geschäftsführer der *Hewlett Packard GmbH*) führt aus:[4] »*Führungskräfte sollten sich verstärkt mit einer neuen, sehr viel weitgehenderen Rolle auseinandersetzen. Während sie es stets vorzüglich verstanden haben, ihr fachliches Know-how auf ein hohes Niveau zu bringen, wurde den sozialen Kompetenzen oftmals nur geringe Beachtung zuteil.*[5] *Nur durch eine aktive Gestaltungs- und Vorbildfunktion des Managements entsteht ein befreiendes und produktives Unternehmensklima. Wir müssen also stärker in die menschliche Seite des Managements investieren.*«

Die nunmehr eingetretene Konjunkturabschwächung eröffnet aber die Möglichkeit, sich für den nächsten Auftragsboom zu rüsten. Nicht durch rückwärtsgerichtete Konzepte zum kurzfristigen Überleben, sondern durch zukunftsorientierte Strategien zur Sicherstellung langfristiger Lern- und damit Veränderungsdynamik. Das erfordert von den obersten Führungskräften eine ganzheitliche Orientierung, den Blick für übergeordnete Ziele – für Unternehmens-, Prozeß- und Produktqualität. Der entschlossene Aufbruch verschiedener Unternehmen, den Weg des Total Quality Management zu beschreiten, zeigt auch in Deutschland erste eindrucksvolle Erfolge.[6] Gestalterischer Mut, unternehmerische Weitsicht, Beharrlichkeit und Vertrauen in die Fähigkeiten der Mitarbeiter kennzeichnen ihre Vorstände und Geschäftsführer.

2.2 *Total Quality Management erfordert ein neues Verständnis vom Management*

Das Management wird noch in den neunziger Jahren gezwungen sein, einen Richtungswechsel in seinem Führungsverständnis vorzunehmen. Zwei Faktoren werden diese Entwicklung beschleunigen: der dramatisch zunehmende Wettbewerb in globalem Maßstab, sowie erheblich selbstbewußtere Mitarbeiter und Kunden. Während Mitarbeiter ein Unternehmensklima wünschen, das ihren persönlichen Wertmaßstäben nach Entfaltung und Identifikation entspricht, wollen Kunden ihre Bedürfnisse, individuellen Vorstellungen und Wünsche durch ein Produkt oder eine Dienstleistung fehlerfrei und vollständig verwirklicht sehen – und dies zu einem akzeptablen Preis. Erfolgreiche Unternehmen haben dabei längst erkannt, daß die Zufriedenheit der Mitarbeiter in einem direkten Verhältnis zur Zufriedenheit der Kunden und damit zum gesamten Unternehmenserfolg steht.[7] Gestaltet wird dieses Verhältnis maßgeblich durch die Fähigkeit des Managements, Qualität als Führungsaufgabe zu begreifen, und damit eine glaubwürdige, am Kunden und Mitarbeiter orientierte Führungsqualität zu entwickeln und stets aufs neue zu praktizieren.

In diesem Zusammenhang läßt das kaum noch zu bewältigende Tempo der jeweils erforderlichen Veränderungen verstärkt die Frage nach den Grenzen der Beherrschbarkeit von Prozessen in hierarchisch strukturierten Organisationsformen aufkommen.[8] Als Folge eines zunehmenden Führungsvakuums verpassen es nämlich immer mehr Unternehmen, notwendige Anpassungsprozesse an die sich wandelnden Rahmenbedingungen mit Übersicht und zum richtigen Zeitpunkt zu vollziehen. So wird denn auch in der neueren Managementliteratur von einem noch in der Entwicklung befindlichen Paradigmenwechsel im Führungsverständnis gesprochen und die Notwendigkeit neuer Denkansätze gefordert.[9,10] Das zu beobachtende Führungsvakuum resultiert aus grundlegenden und rasanten inhaltlichen Veränderungen in der eigentlichen Managementtätigkeit, so daß viele Manager darüber ein neues Berufsverständnis finden müssen.[11] Hierarchien, geradlinige (vertikale), weitgehend vorbestimmte Karrierepfade und Kontrolle aufgrund einer Befehlskette und hierarchischer Position verlieren zugunsten der lernenden Teamorganisation mit flacher funktionsübergreifender Entscheidungspyramide, vertikaler und horizontaler Karriereentwicklung – orientiert an sog. »weichen« Beurteilungskriterien wie Kommunikations-, Kooperations- und Konfliktfähigkeit – und der Fähigkeit zu integrieren, zu vermitteln und Vertrauen aufzubauen, immer mehr an Bedeutung.[12]

Je schwieriger sich die Unternehmen in diesen zentralen Themen mit dem Wandel tun – hier sind vornehmlich besonders traditionsreich geprägte Unternehmen zu nennen – um so mehr werden üblicherweise die knappen Ressourcen für kurzfristig angelegte und wenig koordinierte Programme zur Leistungssteigerung eingesetzt.[13] Es steht zu befürchten, daß diese die Ursachen der auftretenden Qualitäts- und Produktivitätsdefizite im Vergleich zur japanischen Konkurrenz nicht hinreichend beseitigen, da das Spannungsfeld zwischen Qualität, Zeit und Kosten so nicht aufgelöst werden kann. Daß Qualität die Voraussetzung für Flexibilität (Zeit) und niedrige Kosten beinhaltet, ist zwar hinreichend (theoretisch) nachvollzogen worden, vom Management jedoch noch längst nicht verinnerlicht.[14] Selbst in der wissenschaftlich geführten Auseinandersetzung zu Fragen der Unternehmensführung wird Qualität an sich eher als Phänomen denn als Wettbewerbsfaktor Nr. 1 diskutiert. Pragmatische Lösungsansätze zur Problembewältigung geraten hingegen allzuleicht in den Hintergrund.[15]

Daß die maßgebliche Herausforderung an das »Management des Wandels« der Wettbewerbsfaktor »Qualität« ist, zeigen nunmehr eine ganze Reihe eindrucksvoller Untersuchungen; die bekanntesten sind diejenigen von *Tom Peters*. Waren es beispielsweise in der ersten Studie von *Peters*[16] noch acht Aspekte, die unternehmerischen Erfolg auszumachen schienen, reduzierten sich diese in seiner folgenden Untersuchung [17] auf drei Faktoren, und schließlich kam er in seiner dritten Studie [18] zu der Erkenntnis, daß es nur auf ein einziges Kriterium ankommt: Qualität. Mit anderen Worten: Unternehmen sind dann am erfolgreichsten, wenn sie ihre Kräfte auf den wirkungsvollsten Punkt, die Qualitätsfähigkeit, konzentrieren.[19]

Andere empirische Erhebungen belegen diese Diagnose. So zeigt z. B. die PIMS-(Profit-Impact of Market Strategies) Studie des *Strategic Planning Institute* (*SPI*), daß eine hohe Produktqualität mit dem Erfolg eines Unternehmens eng verbunden ist. Die Kernaussagen der Wissenschaftler lauten:[20,21]

1. Eine hohe relative Qualität gegenüber den Wettbewerbern ist Voraussetzung für einen gleichbleibend hohen Marktanteil.
2. Änderungen der Produktqualität haben einen größeren Einfluß auf Marktanteile als Preisänderungen.
3. Unternehmen, die eine höhere relative Qualität anbieten, brauchen weniger Werbekosten aufzuwenden, können einen höheren Preis verlangen und haben im Durchschnitt einen höheren »Return of Investment«.

Ähnliche Befunde sind aus dem GAO Report zu ziehen.[22] Der Bundesrechnungshof der Vereinigten Staaten (United States Government Accounting Office) untersuchte 20 amerikanische Unternehmen, die zwischen 1988 und 1990 den prestigeträchtigen und auch in der Bundesrepublik Deutschland viel beachteten Malcolm Baldrige National Quality Award (MBNQA) verliehen bekamen.[23] Das Ergebnis spiegelte eine positive Korrelation zwischen den Total Quality Management Prozessen der Unternehmen und ihren betriebswirtschaftlichen Ergebnissen wider, gemessen in den Kategorien: Kunden- und Mitarbeiterzufriedenheit, Qualitätsverbesserungen, Produktivität, Marktanteil und Gewinn.[24]

Empirische Ergebnisse, die diese Auffassung zusätzlich untermauern, sind einer neueren Studie der *Georgia Southern University* in Statesboro zu entnehmen. Die dort herausgearbeiteten Befunde basieren auf einer »Delphibefragung« von 285 Unternehmen der Fortune 500 Aufstellung – Kategorie Industrie- und Diesntleistungsbetriebe – sowie etlichen mittelständischen Unternehmen. Hauptergebnis: Qualität als herausragender Wettbewerbsfaktor benötigt eine systematische Vorgehensweise, wie sie z.B. im MBQA modellhaft beschrieben wird.[25]

Aber auch Untersuchungen unter Führungskräften deutscher Unternehmen belegen den herausragenden Stellenwert des Wettbewerbsfaktors »Qualität« am Markt:[26] So nannten in einer Studie der *Universität Dortmund* 1993 etwa 70 Prozent der 174 befragten Führungskräfte – sowohl dienstleistender als auch produzierender Unternehmen -, daß Qualität am Markt heute »sehr wichtig« sei und befanden zu rund 80 Prozent, daß es deshalb des vollen Engagements der Führungsspitze bedürfe.

Nicht zuletzt aufgrund dieser Erkenntnisse hat sich das frühere Qualitätsverständnis weit über die Produktqualität hinaus fortentwickelt und wird unter dem umfassenderen Stichwort »Unternehmensqualität« kontrovers diskutiert. Dabei wird Qualität, ausgehend von der Erfüllung der Kundenwünsche, zu einer unternehmensinternen Meßgröße für die Effektivität und Effizienz des Wertschöpfungsprozesses (Prozeßqualität) über alle hierarchischen Ebenen (vertikale Betrachtung) und funktionsübergreifend auf sämtliche Bereiche (horizontale Betrachtung). Unternehmensexternen Personen dient sie als Erfolgsparameter für »begeisterte Kunden« und damit als Gradmesser für die Wettbewerbsfähigkeit eines Unternehmens. Insofern bedeutet Qualität ein Wertschöpfungspotential, an dessen Generierung alle Führungskräfte und Mitarbeiter eines Unternehmens beteiligt sein müssen. Die Umsetzung dieses neuen und mehrdimensionalen Qualitätsverständnisses – einige Autoren sprechen von einem umfassenden Qualitätsbegriff bzw. -management [27] – mit der uneingeschränkten Ausrichtung auf die Wünsche, Bedürfnisse und vollständige Zufriedenheit der Kunden erfordert ein Management mit enormer Mitarbeiter- und Kundennähe, eine prozeßorientierte Organisation sowie eine Kultur der Innovations- und Verbesserungsbereitschaft. Nicht zuletzt durch den weltweiten Erfolg diverser Unternehmen des asiatischen und amerikanischen Raums finden diese Aspekte sowohl in der Praxis als auch in der Wissenschaft unter dem Stichwort Total Quality Management große Beachtung.

Wurde bisher für Qualitätsprobleme der funktionale Leiter der Qualitätsabteilung in die Verantwortung gezogen, mehren sich mittlerweile die Stimmen, die Qualität als weiteres »zusätzliches« Aufgabengbiet des Managements entdecken. Qualität insoweit lediglich als »Teil« der Führungsaufgabe zu verstehen, wird jedoch regelmäßig zu keiner nennenswerten Leistungssteigerung führen, auch wenn dies in zahlreichen aktuellen Beiträgen beharrlich so vertreten wird.[28] *Jansen* vertritt etwa in diesem Zusammenhang erst jüngst wieder, daß Qualität als abgrenzbares Segment diverser Managementtätigkeiten zu begreifen ist.[29] Dieser – aus Sicht der Autoren »halbherzige« – Ansatz ist nicht geeignet, gegen die immer stärker werdende Konkurrenz aus Fernost bestehen zu können. Den qualitätsorientierten Denkansatz konsequent umzusetzen heißt vielmehr, Qualität als die Führungsaufgabe per se zu betrachten, unter die sich grundsätzlich alle übrigen Tätigkeiten unterordnen müssen. So ist die Qualitätspolitik nicht Teil der Unternehmenspolitik, sondern die Unternehmenspolitik schlechthin, das Qualitätsmanagementsystem (QM-System) nicht Teil der Unternehmensstruktur, sondern die Unternehmensstruktur selbst. Jede Führungskraft und jeder Mitarbeiter ist zwangsläufig Mitglied des QM-Systems und für dessen Erfolg mitverantwortlich. Dazu führte *Gaugler* prägnant aus:[30] »*Auf der Grundlage des modernen Qualitätsbegriffs ist Qualitätsmanagement eigentlich nichts anderes als originäres Management und damit nicht delegierbar: Vertriebsqualität ist die Verantwortung und damit Inhalt der Führungsaufgabe des Vertriebschefs, Produktqualität die des Produktionschefs. Die Qualität der Buchhaltung ist Sache des Chefbuchhalters usw. Das kann man nicht an einen beliebigen Dritten delegieren*«.

Stets gilt es, sich bewußt zu machen: Da der Kunde über seine Produktnachfrage die Qualitätsmaßstäbe des Unternehmens maßgeblich determiniert, bestimmt er indirekt in dem Unternehmen auch das Führungsverständnis mit.[31] Qualität wird somit zur übergreifenden Klammer zwischen Kunden, Mitarbeitern und dem in einem Unternehmen praktizierten Führungsverhalten des Managements. Die Beziehung zum Kunden und der Umgang mit ihm wird hierbei zum Dreh- und Angelpunkt des unternehmerischen Erfolgs. Nicht allein über die Produktqualität – diese ist zwar notwendig, jedoch für eine langfristige Kundenbindung längst nicht hinreichend, sondern maßgeblich über den persönlichen Eindruck des Kunden während des Umgangs mit ihm erfährt er die Qualität von Produkt *und* Unternehmen in seiner umfassenden Bedeutung. Dabei ist die Pflege dieser Beziehung nicht allein die Aufgabe einer Abteilung, sondern liegt im Gestaltungs- und Verantwortungsbereich jedes einzelnen Mitarbeiters. Das kann beispielsweise heißen, daß Mitarbeiter der Produktion mit Kunden über auftretende Qualitätsmängel (z. B. Reklamationen) sprechen und in Entwicklungsteams gemeinsam an Problemlösungen arbeiten, oder daß sogar das höhere Management vor Ort an der »Kundenfront« regelmäßig mitarbeitet.[32] Das Image eines Unternehmens wird aber ebenso wesentlich durch die vielen Beziehungen geprägt, in denen Mitarbeiter über ihr eigenes Unternehmen und ihre persönliche Arbeit berichten – auch oder gerade außerhalb der offiziellen Arbeitszeiten. Das Gefühl der Nützlichkeit und des Stolzes auf die eigene Arbeit erscheinen hierbei von herausragender Bedeutung, wenn es um die Entwicklung eines qualitätsorientierten Unternehmensimages geht.[33]

Je kundenorientierter sich also ein Unternehmen verhält, desto mehr schreiben Kunden diesem eine hohe Führungsqualität zu.[34] Das ist insofern schlüssig, als ein kundenfreundliches Verhalten seitens der Mitarbeiter von diesen ein verantwortungsbewußtes, umsichtiges und kommunikatives Verhalten erfordert, das eben nur durch ein entsprechendes Führungsverhalten der Vorgesetzten möglich ist. Eine derartige Sichtweise eröffnet wiederum bisher brachliegende Wertschöpfungspotentiale. Allerdings erfordert sie auch einiges von den Führungskräften – nämlich den Kunden und Mitarbeitern durch Führen mit Qualität zu dienen.

Die hier gemachten einleitenden Ausführungen sollen im folgenden näher beleuchtet werden. Dazu werden zunächst die Defizite und Verbesserungspotentiale in unseren Unternehmen skizziert und sodann Lösungsansätze im Rahmen des Total Quality Managements entworfen. Darüber hinaus wird aufgezeigt, warum Total Quality Management als Führungsmodell zu begreifen ist.

2.3
Die Situation – tradionell bewährte Handlungsmuster bei veränderten Rahmenbedingungen?

2.3.1. Handlungsbedarf ist offensichtlich

Ungebremste Veränderungsdynamik, zunehmende Komplexität, kompetitive Märkte – um nur einige Schlagworte der umfangreichen, aktuellen Managementliteratur zu nennen – sorgen bei weiten Teilen der Führungskräfte und bei Politikern für Ratlosigkeit auf der Suche nach Orientierung und Antworten.[35] Das Resultat: Nachdem wir nahezu vollständig die globalen Hochtechnologiemärkte der Zukunft, wie die Computer,- Halbleiter- oder Biotechnologie-Industrie, unseren Wettbewerbern in Asien und Amerika überlassen haben, zeigen unsere traditionell starken Branchen wie der Maschinen-, Anlagen oder Automobilbau ebenfalls nicht mehr übersehbare Schwächen mit einer teilweise ungemein abrupten Abwärtsbewegung.[36] Aber auch Branchen, die heute noch scheinbar Spitzenreiter sind, wie beispielsweise die chemische Industrie, müssen sich angesichts von Berichten wie »*Die Japaner wollen in die Weltliga der Großchemie aufsteigen*« warm anziehen.[37] Aus dem Datenmaterial der Abbildungen 2 bis 5 läßt sich ein eindeutiger Trend ersehen: Unternehmen des asiatischen, vornehmlich japanischen Raums gewinnen zusehends – teilweise bedrohlich – an wirtschaftlicher Stärke – zuungunsten europäischer und amerikanischer Betriebe.

In Abbildung 6 sind hierzu vier Schlüsselkennziffern der Werkzeugmaschinenhersteller Deutschlands und Japans gegenübergestellt. Zwar ist der Werkzeugmaschinenbau mit einem Anteil von 5,5 Prozent am gesamten Maschinenbau der Triade eher bescheiden vertreten, dennoch kommt ihm eine strategische Bedeutung zu. Der Befund einer Studie u.a. des *Vereins Deutscher Werkzeugmaschinenfabriken* (*VDW*) befand: Japanische Betriebe sind deutlich profitabler organisiert als ihre deutschen Konkurrenten.[38]

Die Gründe hierfür sind mittlerweile aufgedeckt. So weist die MIT-Studie des International Motor Vehicle Programme zur Produktionsmanagementmethode »fragile lean production« deutlich auf die Ursachen für den Qualitäts- und Produktivitätsvorsprung japanisch geführ-

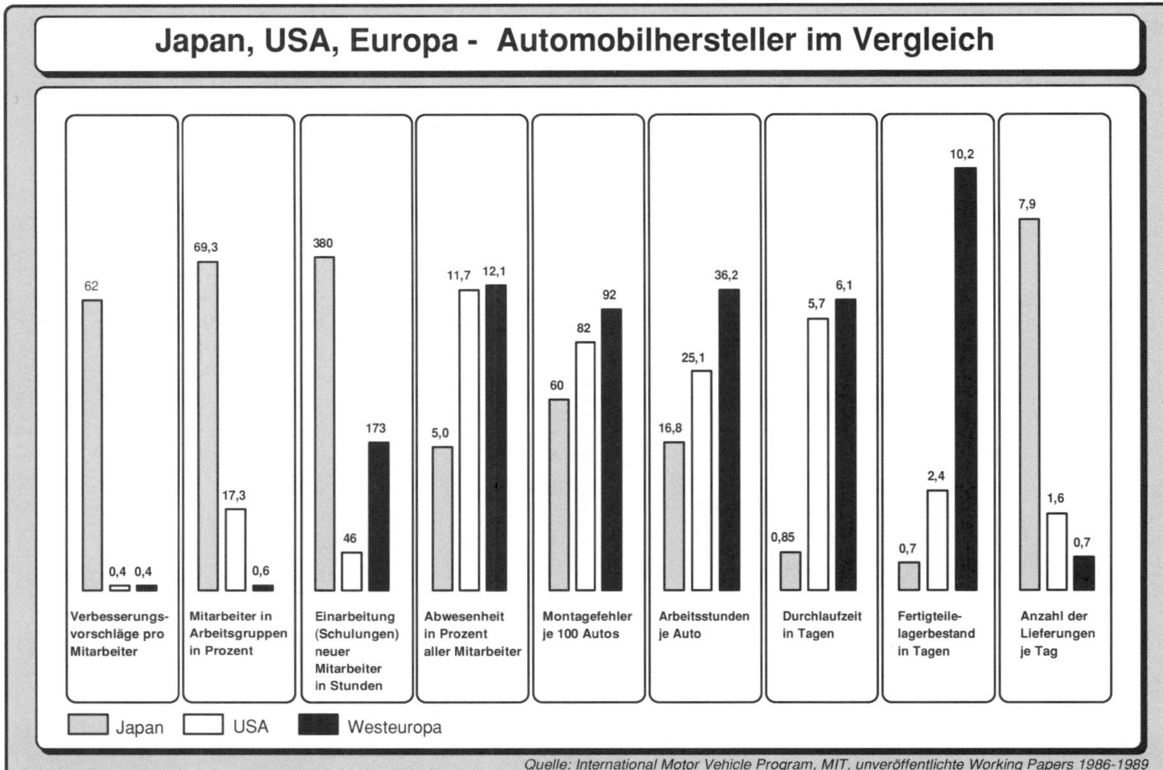

Abbildung 2: Kennzahlen unterschiedlicher Produktionsmanagementmethoden (fragile/lean production versus üppiger westlicher Ansatz)

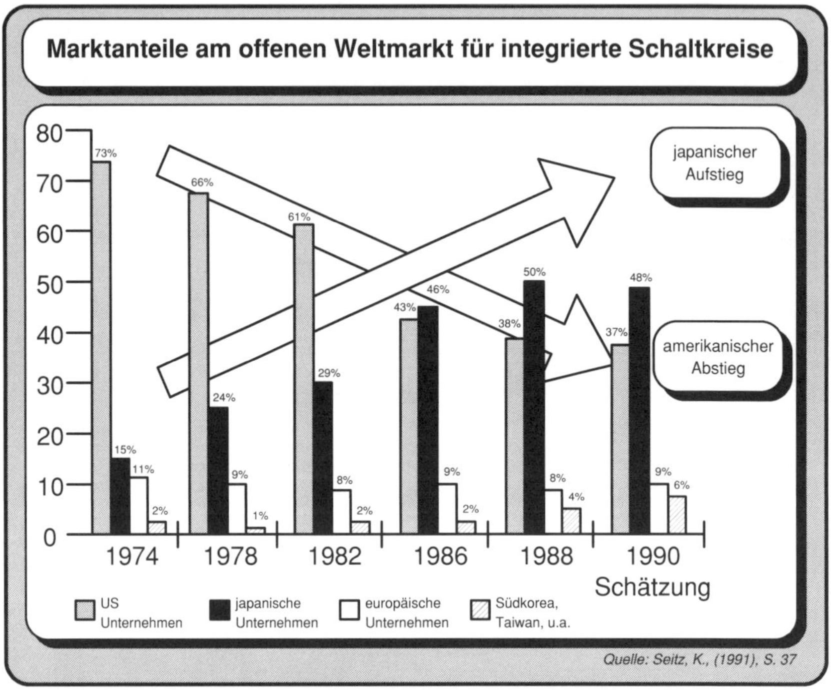

Abbildung 3: Die Eroberung der Schlüsselbranche »integrierte Schaltkreise« durch die Japaner

ter Automobilhersteller hin und knüpft damit auch an wichtige Trends für die Unternehmensentwicklung der kommenden Jahre an.[39] Die Ergebnisse, zu denen die Wissenschaftler kommen, sind verblüffend einfach und widerlegten praktisch über Nacht die in der angloamerikanischen und deutschen Literatur propagierte Ansicht, wonach die Japaner aufgrund des vermeintlichen Lohngefälles und hohen Arbeitseinsatzes zu immer deutlicheren wirtschaftlichen Spitzenwerten kommen.[40]

Der Hauptunterschied, so das wesentliche Ergebnis der MIT-Studie, liegt in dem Führungsverständnis, das in japanischen Unternehmen auf den Konsens hin ausgerichtet ist und eine ganzheitliche Betrachtungsweise präferiert.[41] Offensichtlich können japanische Unternehmen die Kreativität und das Engagement der Mitarbeiter besser nutzen, als dies bei uns der Fall ist.[42] Die neueren empirischen Ergebnisse einer

Die 10 größten Banken der Welt - 1992

Rang	Bank	Land	Bilanzsumme in Mrd. $
1	DAI-ICHI KANGYO BANK	*Japan*	456,484
2	FUJI BANK	*Japan*	454,745
3	SUMITOMO BANK	*Japan*	448,933
4	SANWA BANK	*Japan*	445,918
5	SAKURA BANK	*Japan*	437,952
6	MITSUBISHI BANK	*Japan*	424,348
7	NORINCHUKIN BANK	*Japan*	368,544
8	CREDIT LYONNAIS	*Frankreich*	352,013
9	INDUSTRIAL BANK	*Japan*	336,233
10	DEUTSCHE BANK	*Deutschland*	302,030

Quelle: Handelsblatt v. 11.08.1993, S. 9

Abbildung 4: Weltrangliste der Banken 1992. Noch 1982 waren die beiden größten Banken der Welt die New Yorker Citicorp und die kalifornische Bank of America, erst auf Platz 8 und 10 folgten zwei japanische Banken. Nur sechs Jahre später aber, 1988, waren die zehn größten Banken der Welt sämtlich japanisch. 1992 hat es auch ein deutsches Bankhaus geschafft: Die Deutsche Bank. Vgl. auch Seitz, K., (1991), S. 1 ff.

McKinsey Untersuchung in der Maschinenbauindustrie zeigen demgegenüber, daß diese japanische Vorgehensweise auch in erfolgreichen westlichen Unternehmen praktiziert wird bzw. werden kann.[43] Bezeichnenderweise kommen demgemäß nun auch deutsche Untersuchungen über Erfolgsfaktoren japanischer Unternehmen zu ähnlichem bzw. gleichem Ergebnis. So propagiert die Unternehmensberatung *Roland Berger* die Ansicht: »*Der Unterschied zwischen erfolgreichen*

Produktion von NC-Drehmaschinen in Japan, Westeuropa, USA

Jahr	Japan		Westeuropa		USA	
	Einheiten	%Anteil am Weltmarkt	Einheiten	%Anteil am Weltmarkt	Einheiten	%Anteil am Weltmarkt
1975	1359	30,0	1535	33,8	1640	36,2
1979	8065	57,9	3505	25,2	2354	16,9
1984	16555	72,3	4818	21,0	1524	6,7
1991	19749	73,1	5474	20,3	1790	6,6

* Bundesrepublik Deutschland, Frankreich, Italien, Großbritannien, Schweden

Quelle: Seitz, K., (1991) u. Bröder, P., Schultetus, W., (1992)

Abbildung 5: Die zunehmende Beherrschung des NC-Drehmaschinenmarktes (Schlüsselbranche) durch Japan.

und weniger erfolgreichen Unternehmen liegt im Management-Konzept.“[44] Nicht viel anders die Befunde einer Untersuchung der *Kienbaum-Beratung*, die erfolgreiche deutsche Unternehmen mehr als ein Jahrzehnt unter die Lupe nahm. Die Ergebnisse nicht minder faszinierend:[45] »*Erfolgreiche Unternehmen sind anders, sie werden anders geführt.*« Dabei hat diese Untersuchung die sog. weichen Merkmale als Schlüsselfaktoren identifiziert. Zu ihnen gehören: Motivation, Kreativität und Psyche der Mitarbeiter. Letztlich kommt die Studie zu dem Schluß, daß in der Bundesrepublik Deutschland ein Mentalitätsrückstand existiert, der zu einer großen Unsicherheit über die Anforderungen des »Managers von morgen« und dessen Führungsstil führt.[46,47] Angesichts der Ergebnisse dieser und weiterer Studien,[48] die vornehmlich von bekannten Unternehmensberatungen herausgearbeitet wur-

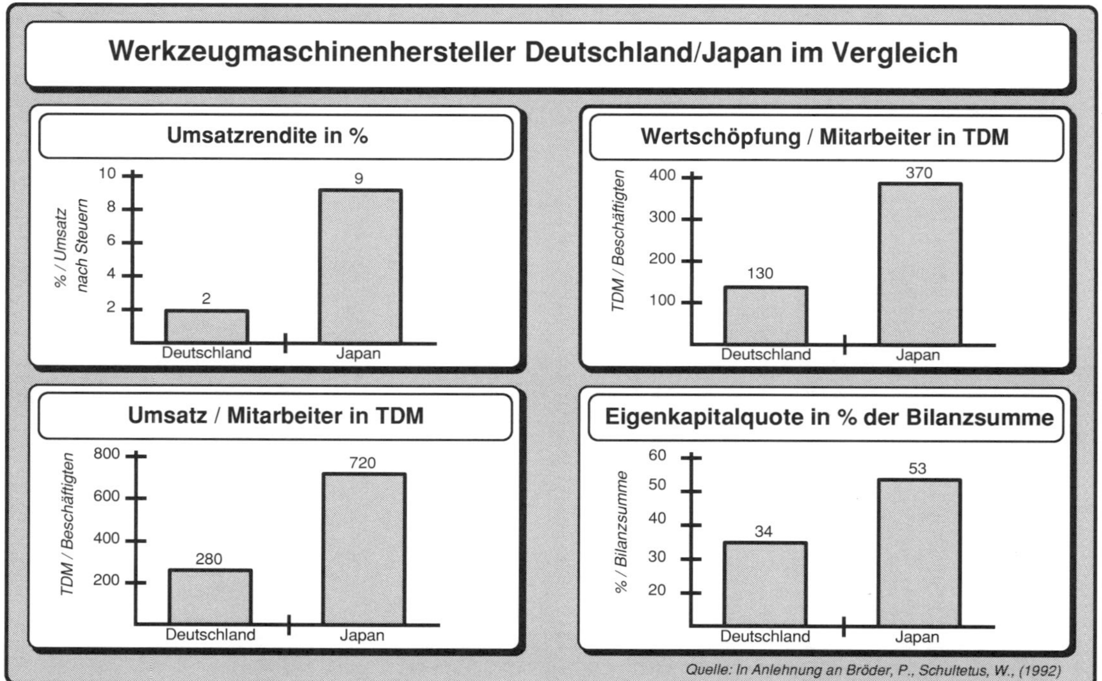

Abbildung 6: Japanische Werkzeugmaschinenhersteller sind deutlich profitabler – Datenmaterial 1990

den, müssen sich diese gleichwohl fragen lassen, warum sie die offenbar einfachen Erfolgsfaktoren nicht schon längst erkannt haben – es insoweit erst einer initiierenden Studie einer amerikanischen Universität aus dem Jahre 1987 bedurfte.[49]

Eben jenes bei uns fehlende ganzheitliche Führungsverständnis ist es also, warum trotz großer Investitionen und enormer Anstrengungen auf den Gebieten der Automatisierung und des computerintegrierten Fabrikbetriebes europäische und amerikanische Unternehmen den japanischen Betrieben weitgehend unterlegen sind. Nicht zuletzt durch einen in manchen westlichen Unternehmen sogar noch höheren Automatisierungsgrad als in Japan wird diese Ansicht bestätigt. So kommt *Park* zu der Erkenntnis, daß die westliche Industriekultur ihre Kräfte auf die Technik konzentriert, jedoch der Management-Zentrismus die Entfaltung der kreativen Fähigkeiten bei weiten Teilen der Mitarbeiter blockiert.[50] Aber noch etwas ist von nicht zu unterschätzender Bedeutung: Automatisierung bringt langfristig nur dann einen Produktivitätssprung, wenn zuvor die Prozesse gefestigt, d.h. beherrscht werden. In japanischen Unternehmen wurde offenbar lange Zeit an der Verbesserung der Prozesse selbst gearbeitet, während die Automatisierung erst jetzt in den Vordergrund rückt. Nach Ansicht des McKinsey-Direktors *Rommel* u.a. ist zu erwarten, daß die einsetzende Automatisierung in japanischen Fabriken den nächsten Produktivitätsschub auslösen wird.[51] Diesem Beispiel folgend sollten deutsche Unternehmen ebenfalls zunächst ihre Prozesse optimieren (diese beherrschbar machen), um sodann zu einer systematischen Automatisierung zu schreiten.

Ohne das Verständnis für einen ganzheitlichen Führungsansatz mußten auch die meisten Bemühungen europäischer und amerikanischer Unternehmen, in Japan erfolgreich praktizierte Konzepte wie Just-in-Time, Statistical Process Control (SPC), Kanban oder auch Qualitätszirkel etc. anzuwenden, zwangsläufig scheitern.[52] Wie konnte es aber zu dieser Fehleinschätzung kommen? Folgt man neueren Veröffentlichungen, so sind hierfür zwei wesentliche Gründe zu nennen: Zum einen brachten hierzulande die nach Japan gereisten Manager und Unternehmensberater lediglich Bruchstücke der japanischen Managementphilosophie mit nach Hause. Zum anderen ist es der Intelligenz der Japaner zuzuschreiben, westlichen Besuchern ganz gezielt nur Teilansätze vorzuführen bzw. durch widersprüchliche Veröffentlichungen zu verwirren.[53] So weisen einige Autoren darauf hin, daß jeder einzelne Erfolgsfaktor der japanischen Unternehmen sehr wohl bei uns bekannt sei. Allerdings sei für den Unternehmenserfolg nur das strikte Festhalten der japanischen Führungskräfte an diesen »simplen« Faktoren aufgrund deren ganzheitlichen Führungsverständnisses verantwortlich.[54] Insoweit sind die Defizite in unseren Unternehmen zwar weitgehend aufgedeckt, die großen Verbesserungspotentiale jedoch längst nicht hinreichend genutzt.

Dennoch werden für die mangelnde Wettbewerbsfähigkeit nicht selten zyklische Nachfragerückgänge, Standortnachteile oder die japanische Vorgehensweise auf den Weltmärkten [55] – wenn auch nicht immer zu Unrecht – beklagt und entschuldigend ins Feld geführt. Erklärungsmodelle, nach denen »fragile lean production« auf eine Reihe gesellschaftspolitischer und religiöser Besonderheiten der Asiaten zurückzuführen sein soll, erscheinen eher als westliche Bankrotterklärung eigener Entwicklungsfähigkeit, denn als entschlossener Aufbruch, den Japanern nachzueifern oder dies zumindest zu versuchen – d. h. ihre erfolgreiche Vorgehensweise zu kopieren, um aufzuholen und diese sodann zu verbessern, um zu überholen. Schließlich taten die Japaner in den fünfziger und sechziger Jahren auch nichts anderes, als westliche Produktionstechniken minuziös zu studieren, schrittweise zu verbessern und letztlich für die jeweiligen Standorte ihrer Betriebe zu konkretisieren und adaptieren.[56,57] Gleichwohl ist die Forderung, die japanische Vorgehensweise zu kopieren, umstritten. In der Literatur wird von einigen Autoren die Ansicht vertreten, daß die derzeitige Diskussion zu stark japanorientiert geführt werde. Daneben wird verstärkt die Konzipierung eigener, westlicher Ansätze gefordert. Hingewiesen wird dabei immer wieder auf kulturelle Unterschiede und unternehmensspezifische Besonderheiten, die es zu beachten gelte. Schaut man sich jedoch die derzeit publizierten Lösungsansätze näher an [58,59] und studiert erfolgreiche, vornehmlich mittelständische Unternehmen der Bundesrepublik Deutschland,[60] so muß konstatiert werden, daß sich die Vorgehensweise der Geschäftsführer dieser Unternehmen von der japanischen Vorgehensweise kaum unterscheidet. Ihnen gemein ist ein Führungsverständnis, das sich am Kunden- und Mitarbeiter orientiert, fokussiert auf die Aspekte der Qualität. Insofern scheint die Forderung, die japanische Vorgehensweise zunächst zu kopieren, grundsätzlich ein erfolgversprechender Weg zu sein.

Mit fortschreitendem Verlust von Marktanteilen und Marktpositionen fanden industriepolitische Fragestellungen, über die fast schon klassische Standortdebatte »Bundesrepublik Deutschland« Eingang in die Diskussion um die Wettbewerbsfähigkeit.[61] Die Rolle des Staates als Moderator, der nach japanischem Vorbild Industrie, Wissenschaft und Politik zusammenführt, moderiert und koordiniert, beherrscht die aktuelle Auseinandersetzung.[62,63] Diese Diskussion, die vor dem Hintergrund steigender Entwicklungskosten und beträchtlicher zeitlicher Planungshorizonte in zukunftsträchtigen Technologiebereichen sinnvoll erscheint, darf jedoch nicht von den unternehmensinternen Defiziten führungstechnischer und organisatorischer Art ablenken.[64] Ob es gelingen wird, unseren Wohlstand qualitativ zu steigern, steht und fällt mit der Führungsfähigkeit des Managements, auf die vielschichtigen Herausforderungen wirksam zu antworten.[65] So ist denn auch vielfach festzustellen, daß die Kernprobleme und damit die wirtschaftlichen Potentiale im wesentlichen in den Führungsprozessen der Unternehmen selbst zu finden sind.

Vielfach sind auch die Symptome bekannt, aber die tiefgreifenden und tieferliegenden Ursachen in der Regel nicht ausreichend hinterfragt. Dies gilt insbesondere für das Top-management, das sich häufig weniger in der Rolle des dringend benötigten Coaches und Moderators sieht, als vielmehr in der Funktion eines »Zugpferdes«, als »Chef-Stratege« oder »Spitzen-Entscheider«, mit wenig Zeit für Kunden und Mitarbeiter. Diese Einstellung hat fatale Folgen. So kommt beispielsweise eine Studie der Unternehmensberatung *Holger Schaar & Partner* zu dem Ergebnis, daß bis zu 30 Prozent der Arbeitskapazitäten in den Unternehmen für die Beseitigung interner Fehler aufgewendet werden.[66] In ähnlicher Größenordnung bewegen sich die Ergebnisse einer *McKinsey-Studie*, die von bis zu 40 Prozent der Gesamtkosten spricht, die nur durch unnötige Komplexität entstehen.[67] Wie diese verschenkten Potentiale unternehmensspezifisch sichtbar gemacht werden können, beschäftigt mittlerweile die Betriebs- und Qualitätswissenschaft.[68] Erste Ansätze, die danach noch erheblich höhere Kostenpotentiale erwarten lassen, sind in der Literatur vorgestellt worden.[69] So ergeben amerikanische Schätzungen, daß eine durchschnittliche Wertschöpfung von 25 Prozent Spitzenklasse sei,[70] 10 Prozent sind danach üblich.[71] Doch was bedeutet das schon für das Management? Offensichtlich, so muß aus diesen Untersuchungen gefolgert werden, ist das Wissen um die Notwendigkeit und qualitative Fähigkeit der unternehmensinternen Prozesse nicht immer ausreichend bekannt.[72] Nur eines ist allen bewußt: Qualitäts- und Produktivitätssteigerungen sind notwendiger denn je. – Aber wie?

2.3.2 Die Antworten – ein verwirrender Dschungel erfolgversprechender Konzepte

Vor diesem Hintergrund kann es daher kaum verwundern, daß sich Konzepte wie:

- »*total quality-Programme*« (total quality control, six sigma, benchmarking, Qualitätsmanagementsysteme etc.),
- »*fragile lean production*«/"*lean management*«/"*just-in-time*« (das systematische Abbauen und Vermeiden von Puffern aller Art, wie Materialläger, Maschinenkapazitäten, Ersatzpersonal etc.),
- »*value management*« (ganzheitlicher Ansatz zur effizienteren Nutzung wertsteigernder Tätigkeiten),
- »*simultaneous engineering*"/"*concurrent engineering*« (das fast gleichzeitige, parallele Beginnen der Produkt-/Prozeßentwicklung in allen Bereichen des Unternehmens),
- »*zero defects concepts*« (Null-Fehler-Programme, mit dem Ziel der fehlerfreien Produktion)
- »*kaizen*« (streben nach kontinuierlicher, unendlicher Verbesserung)
- »*total productive maintenance*« *(TPM)* (Maximierung der Effizienz von technischer Ausstattung durch vorbeugende Instandhaltung),
- »*time to market*«/»*turbo-management*«/»*turbo-marketing*«/»*speed management*« (Abbau zeitaufwendiger, unternehmenskritischer Prozesse),
- »*Quality Function Deployment*« (QFD)«/"*Fehlermöglichkeits- und -einflußanalyse*« *(FMEA)* / »*Design of Experiments*« *(DOE)* / »*Statistische Prozeßregelung*« *(SPC)* / »*Quality-Circles*« (verschiedene Qualitätstechniken zur Fehlervermeidung),
- »*strategische Allianzen*« / »*cross-shareholdings*« / »*joint-ventures*« (unterschiedlich ausgeprägte Formen der Kooperation/Diversifikation),
- »*profit-center-Konzepte*« (unternehmerisches agieren autonomer Bereiche),

- »*Team-Organisationen*«/»*flache Hierarchiekonzepte*«/»*soziale Netzwerke*« (statt bürokratischer, schwerfälliger Hierarchien),
- »*human ressource-Konzepte*« (Mitarbeiter- und Führungskräfteentwicklung, Motivationsprogramme etc.),
- »*single sourcing*«/»*global sourcing*«/»*black, grey box*« (Zulieferstrategien)

einer steigenden Nachfrage erfreuen. Die Vielfalt und Begriffsverwirrung führt unter erheblichem Erfolgs- und Ergebnisdruck leicht zu einem hektischen und wenig koordinierten Einsatz. Immer neue Programme, je nachdem was gerade »in« ist, verunsichern die Mitarbeiter und fördern auf Dauer Ablehnungs- und Immunisierungsreaktionen.[73] Statt Vereinfachung in bestehenden Strukturen und Abläufen stiften die Konzepte vielfach eher Verwirrung und Konfusion und bewirken so genau das Gegenteil.[74]

Die Konfrontation mit diesem Überangebot an Konzepten, mit zum Teil ergänzenden, aber auch überlappenden Intentionen, trägt nicht unwesentlich zu dem beklemmenden Gefühl der Orientierungslosigkeit des Managements bei.[75] So wird denn auch verstärkt eine Strukturierung und Systematisierung der Begriffe gefordert.[76] Diese Situation bildet den Nährboden für eine Reihe spiritueller, mystisch anmutender Konzepte, die eher geeignet sind, die Konfusion zu erhöhen, als für Klarheit zu sorgen.[77] Statt den Versuch zu unternehmen, Zusammenhänge zu erkennen, das Umfeld zu begreifen, die Zielrichtung festzulegen und dann faszinierende Führungsstrategien zu entwickeln und beharrlich zu verfolgen, wird darüber hinaus tendenziell eher an den traditionellen Methoden der Effizienzsteigerung, wie intensive Fremdkontrollen, Formalisierung von Arbeitsvollzügen und Personalabbau, festgehalten.[78]

Daß die herkömmlichen Methoden unter langfristigen Wettbewerbsperspektiven keine Alternative mehr darstellen, weil sie ihre Leistungsfähigkeit längst verloren haben, scheint vielen in den siebziger und achtziger Jahren relativ erfolgsgewohnten Managern noch nicht bekannt zu sein. Die Folge sind enttäuschte Mitarbeiter, die meist über Jahre hinweg faktische und psychische Schutzwälle aufbauen und Widerstand gegen Innovationen leisten, was wiederum Engagement, Initiative und Kreativität anderer Mitarbeiter zwangsläufig zum Scheitern verurteilt.[79] Meist ist der Weg in die Sackgasse einer überbürokratisierten Organisationsstruktur, die durch eine mangelnde Identifikation der

Mitarbeiter mit dem Unternehmen, hohe Personalfluktuation, Innovationsängstlichkeit und rücksichtsloses Marktverhalten etc. gekennzeichnet ist, dann unausweichlich. Daß beispielsweise Personalabbau – oft verkündet als drastisches »Krisen-Programm« – zumindest kurzfristige finanzielle Einsparungen mit sich bringt, ändert mit großer Wahrscheinlichkeit nichts daran, daß eine Eskalation der tieferliegenden Schwierigkeiten zu langfristigem Scheitern und unternehmerischem Mißerfolg vorprogrammiert ist. Angesichts der derzeitigen massenhaften Mitarbeiterfreisetzungen in der hiesigen Industrie, sieht *Sprenger* darin auch die »wahre Krise« und publiziert:[80] »*Nach dem Wiederholungszwang-Motto, »Mehr vom Selben«, wird nun wieder vielfach das anachronistische Problemlösungsmodell »Entlassungen« exekutiert, die Versetzung in den vorzeitigen Ruhestand als kreative Ausnahme gefeiert, allemal an sozialen Traditionen gefrevelt*«. Und *Neuberger* provozierte vor Jahren viele Manager, deren Trainer und Personalleiter mit der These:[81] »*Der Mensch steht in Wirklichkeit nicht im Mittelpunkt des unternehmerischen Geschehens. Der Mensch ist für die Unternehmer nur ein Mittel! Punkt!*« In der derzeitig schwierigen wirtschaftlichen Lage, scheint sich diese These nun zu bestätigen. Nicht selten werden so die Gräben zwischen Führenden und Geführten tiefer, in Konferenzen wird mehr debattiert als Probleme gelöst, die Organisation beschäftigt sich mit sich selbst. Die Effizienz steigt nicht wie ursprünglich beabsichtigt, sondern sinkt mittelfristig weiter ab. Der Weg aus der Krise zurück zum Erfolg ist dabei in der Regel immer länger, beschwerlicher und anstrengender und verlangt ein gehöriges Maß an Persönlichkeit und Engagement der obersten Führungskräfte, um die Mitarbeiter auf einen neuen, mitreißenden und identifikationsstiftenden Unternehmenskurs zu bringen.

2.4
Total Quality Management – Führungsmodell mit hohen Anforderungen und großen Chancen

2.4.1 Die Entwicklungsstufen von der Qualitätskontrolle zum Total Quality Management

Verfolgt man die unternehmerischen Bemühungen, Markterfolg zu erlangen, so sind in der Grundhaltung zur Qualität im wesentlichen drei Entwicklungsstufen zu beobachten (Abbildung 7):[82]

1. *Rational – konservativ*
Qualität wird als eine Funktion neben vielen anderen im Unternehmen betrachtet und an Spezialisten delegiert. Unter Qualität versteht man im wesentlichen die Produktqualität; wie sie erreicht wird, ist unerheblich (auch: koste es, was es wolle).

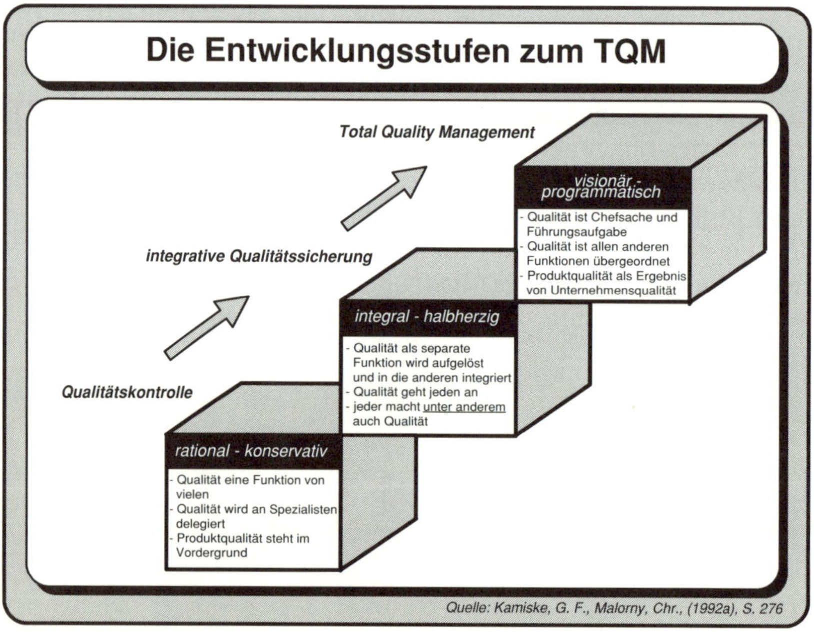

Abbildung 7: Grundlagen zur Qualität

2. *Integral – halbherzig*
Qualität geht jeden an. Qualität als separate Funktion wird aufgelöst und soll in jede der anderen Funktionen integriert werden. Jeder verwirklicht unter anderem auch Qualität. Qualität erscheint unklar, diffus und untergeordnet.[83]
3. *Visionär – programmatisch*
Qualität ist Chefsache und Führungsaufgabe. Qualität ist allen anderen Funktionen übergeordnet – Total Quality Management. Qualitätsorientierte Mitarbeiterführung ist die unmittelbare Quelle für Qualität. Unter Qualität versteht man Arbeitsqualität jedes einzelnen, Prozeßqualität und Unternehmensqualität, woraus wie selbstverständlich die Produktqualität entsteht. Dabei fallen keine zusätzlichen Kosten an. Vielmehr werden durch höhere Produktivität und geringeren Fehlleistungsaufwand bei größerem Markterfolg Kosten eingespart.

2.4.2 Konsequenz: Total Quality Management als Führungsmodell begreifen

Vor dem Hintergund erheblicher Markt-Komplexität wurde in der amerikanischen Managementliteratur bereits frühzeitig auf einen steigenden Führungsbedarf hingewiesen.[84] Auch im deutschsprachigen Raum läßt sich beobachten, daß die Diskussion zum Themenkomplex »Führung« zunehmend intensiver geführt wird. Die vielfältigen Beiträge beschäftigen sich vornehmlich mit dem grundsätzlichem Nachweis eines steigenden Führungsbedarfs, der möglichen Verschiedenartigkeit von Führung und Management sowie mit der Beschreibung der Merkmale und Anforderungen, wie sie künftig an die Führungspersönlichkeiten gestellt werden.[85] Tenor aller Bemühungen: Führung heißt Orientierung geben! Insoweit stellt sich allerdings die Frage, welche Orientierungsfaktoren in Frage kommen und wie Mitarbeiter auf diese eingeschworen werden können. TQM als Führungsmodell zu begreifen, erscheint dann im wesentlichen aus vier Gründen zwingend:[86]

1. *Deming* erläuterte bereits 1964, daß 85 Prozent der Problemlösungskapazitäten auf der obersten Hierarchieebene im Management angesiedelt seien.[87] Dies begründete er mit seiner Beobachtung, wonach 85 Prozent des Fehlleistungsaufwands in den Unternehmen auf Manage-

mentfehlern beruhten. Viele andere, wie *Juran*,[88] *Crosby* [89] und *Masing*, [90] schlossen sich diesen Ausführungen zutreffend an.

2. In Abschnitt 2 wurde ausgeführt, daß bis zu 30 Prozent der Arbeitskapazitäten in unseren Unternehmen allein für die Fehlerbeseitigung aufgewendet werden. Die MIT-Studie belegte insofern die großen Qualitäts- und Produktivitätspotentiale, die in unseren Unternehmen nur darauf warten, ausgeschöpft zu werden. Wie in Abschnitt 2.3 dargelegt, hat sich darüber hinaus das japanische Führungsverständnis als der eigentliche Schlüsselfaktor des japanischen Erfolgs herauskristallisiert. Damit verspricht der bei uns beschrittene Weg, vornehmlich über einen hohen Automatisierungsgrad wettbewerbsfähig zu bleiben, nur wenig Erfolg. Ein hoher Automatisierungsgrad ist zwar zwingend notwendig, jedoch längst nicht hinreichend.

3. Es mehren sich auch hierzulande die Stimmen, die vom Top-management und von Führungskräften ein neues Führungsverständnis fordern. Die Diskussion wird vornehmlich unter dem Dach zweier Begriffe geführt: Es geht um den Wandel von der Zweck- zur Sinn-Gemeinschaft. So sind nach *Lietz* 90 Prozent aller Unternehmen in Deutschland als Zweck-Gemeinschaften charakterisierbar.[91] Diese zeichnen sich durch ein Management aus, daß primär nach materiellen Wertekategorien zweckorientiert handelt, Mitarbeiter zur disponiblen Sache abqualifiziert und letztlich durch eine Kultur des Mißtrauens und der Angst die Mitarbeiter gegeneinander ausspielt mit weitreichenden negativen Folgen für die Menschen und die Gesellschaft.[92] Demgegenüber steht die Sinn-Gemeinschaft für eine Vertauenskultur, eine Führung, die tatsächlich gestaltet, eine hohe sozialethische Kompetenz vorlebt und diese an die Mitarbeiter weitergibt. Sinn-Gemeinschaften sollen etwa 15 bis 25 Prozent niedrigere Kosten als Zweck-Gemeinschaften aufweisen. *Tikart* sieht im Vertrauen erst den eigentlichen Nährboden für Unternehmensqualität und führt als Voraussetzung für Führungskräfte aus:[93] »*Schaffe Bedingungen, unter denen Menschen Spaß an ihrer Arbeit, Freude an der Leistung und Anerkennung für ihre Leistung finden. Gestalte die Bedingungen so, daß alle Mitarbeiter ihre Kreativität frei entfalten können. Beseitige alle Hindernisse und Schranken, die dies unmöglich machen; beseitige alle Strukturen, die Ängste erzeugen können*«.

4. Verschiedene Studien zeigen, daß bis zu 50 Prozent der Mitarbeiter in unseren Unternehmen »innerlich gekündigt«, d.h. sich »lautlos von

der Leistung verabschiedet« haben.[94] Hinzu kommen Phänomene wie hohe Fehlzeiten, Fluktuation und ein erheblicher Krankenstand. In Anbetracht dieser Ergebnisse werden in der Literatur die üblichen Motivationsansätze zu Recht hinterfragt und von Teilen der Autoren schlichtweg abgelehnt.[95]

Die Ursachen, die für 50 Prozent »innerlich gekündigter« Mitarbeiter verantwortlich zeichnen, sind belegt: Es ist in erster Linie das Fehlverhalten der Vorgesetzten, das Mitarbeiter zu dieser Einstellung treibt. Eine Studie, wonach Mitarbeiter mit einer negativen Einstellung zum Vorgesetzten zu 44 Prozent auch eine negative Einstellung zu ihrer Arbeit hatten, ist der beste Beweis dafür.[96] Solche Ergebnisse bestätigen die Ausführungen *Demings*, der das Verhalten des Managements als entscheidenden Faktor zu einem geringeren Fehlleistungsaufwand, einer höheren Qualität und Produktivität ansieht.[97] Dieser Erkenntnis folgend formulierte er seine 14 Verhaltenspunkte für das Management (Abbildung 8), die als Basis für das »Führen mit Qualität« angesehen werden können.[98]

Auch andere Autoren des Führungsterrains kommen heute zu der Feststellung, wonach der Leistungswille der Mitarbeiter entscheidend vom Vorgesetzten und seinem Handeln abhängt. So vertritt *Gerken* die Ansicht, daß bei uns eine Führungspraxis vorherrscht, die offenbar zum einen die Qualität und Produktivität reduziert und zum anderen die Selbst-Motivation der Mitarbeiter, d.h. deren Spaß an der Arbeit untergräbt.[99] In gleiche Richtung zielt die Aussage: »*Qualität beginnt und endet beim Mitarbeiter*«, wie sie weitsichtige Unternehmer propagieren.[100] Diese Aussagen kulminieren in dem Satz: »*Die Qualität der Führung von Märkten ist in der Qualität der Führung von Mitarbeitern begründet*«.[101] Die hier diskutierten Aussagen führen insofern zu der Schlußfolgerung, daß die Höhe des Fehlleistungsaufwands als Indikator für die Güte der Führungsprozesse in einem Unternehmen angesehen werden kann.[102] Diese werden wiederum maßgeblich durch den Einfluß des Top-managements bestimmt. Folgt man dieser Argumentationslinie, so liegt damit letztlich der Schlüssel zur Vermeidung des Fehlleistungsaufwands bei den Führungskräften im Top-management selbst. Die Verflechtung zwischen der Höhe des Fehleistungsaufwands und dem praktizierten Führungsverhalten bedarf dabei freilich noch der empirischen Absicherung. Diese zu erbringen dürfte für Un-

Demings 14 Grundsätze für das Management

1. Konstantes Unternehmensziel

Schaffen Sie eine feste Einstellung aller Mitarbeiter zur ständigen Verbesserung von Produktion, Prozessen und Dienstleistungen mit dem Ziel, die langfristige Wettbewerbsfähigkeit sowie den Erhalt und die Vermehrung von Arbeitsplätzen zu sichern.

2. Neuer Denkansatz

Ein neues Managementkonzept fordert die Führungskräfte auf, neue Denkansätze aufzunehmen und die Umwandlung im Unternehmen voranzubringen.

3. Auf nachträgliches Prüfen verzichten

Auf nachträgliches Prüfen muß in der Produktion zunehmend verzichtet, und dieses muß durch vorbeugende Prozeßplanung ersetzt werden.

4. Einkauf

Minimieren Sie die Gesamtkosten durch Konzentration auf einen Lieferanten. Ein langfristig aufgebautes Vertrauensverhältnis ermöglicht eine Optimierung der Stückkosten. Eine sinnvolle Qualitätsbeurteilung steht vor der Preisbetrachtung.

5. Ständige Prozeßverbesserung

Verbessern Sie nicht nur Ihr Prozeßergebnis, sondern vor allem alle Prozesse in jedem Be- reich Ihres Unternehmens, um Kosten zu mindern und Qualität und Produktivität zu steigern. Mini- mieren Sie dazu die Streuung der Prozesse mit Hilfe von statistischen Mitteln.

6. "training on the job"

Lernen Sie jeden neuen Mitarbeiter sorgfältig an und machen Sie ihm die Zusammenhänge und Abläufe verständlich. Sorgen Sie ständig für Aus- und Weiterbildung.

7. Institutionelle Führerschaft

Führen Sie Ihre Mitarbeiter mit dem Ziel, ihnen dabei zu helfen, ihre Arbeit immer besser zu tun.

8. Angst beseitigen

Nehmen Sie den Mitarbeitern die Angst, Fragen zu stellen und Kommentare abzugeben, so daß sich jeder zum Wohl der Firma entfalten kann.

9. Beseitig. Sie Schranken zwisch. d. Bereich.

Alle Mitarbeiter müssen sich als Teammitglieder sehen, um Probleme während der Produktion oder im Einsatz des Produkts vorauszusehen.

10. Slogans und Ermahnungen

Slogans und Ermahnungen sind wenig geeignet, die Qualität zu steigern. Verbessern Sie statt dessen das System und die Organisation, um die Probleme von Grund auf zu beseitigen.

11. Leistungsvorgaben

Leistungsvorgaben sind immer falsch. Ersetzen Sie sie durch Führung.

12. Stolz auf gute Arbeit

Entfernen Sie die Schranken, die die Mitarbeiter ihres Rechts berauben, auf Ihre Arbeit stolz zu sein.

13. Fördern Sie die Ausbildung

Schaffen Sie ein durchgreifendes Ausbildungsprogramm und ermuntern Sie ständig Ihre Mitarbeiter, sich selbst zu vervollkommnen.

14. Verpflichtung der Mitarbeiter

Bringen Sie jeden Mitarbeiter auf den Weg, die Umwandlung im Unternehmen zu vollenden.

Quelle: Deming, E. W. (1986), S. 23 ff.

Abbildung 8: Der Schlüssel zu hoher Qualität und Produktivität – Führungsempfehlungen von E. W. Deming

Produktivität des betrieblichen Vorschlagswesens im Vergleich

	Deutschland	Japan	Faktor J/D
Verbesserungsvorschläge pro 100 Mitarbeiter	14	3 235	231
Durchschnittsprämie pro Vorschlag (in DM)	861	4	0,004
Gesamtprämie pro Mitarbeiter (in DM)	120,54	129,40	1,07
Umsetzungsquote (in %)	39	87	2,23
Umgesetzte Vorschläge pro 100 Mitarbeiter	5,5	2 815	514
Netto-Ersparnis pro umgesetzten Vorschlag (in DM)	3 792	209	0,055
Netto-Ersparnis pro 100 Mitarbeiter (in DM)	20 856	588 200	28
Netto-Ersparnis pro Mitarbeiter (in DM)	208,56	5 882	28

Quelle: UNIC-Strategy & Marketing Consultants GmbH, Bonn, berechnet nach: iwd, 17.9.92, S. 6, und iwd 1.10.92, S. 6

Abbildung 9: Qualität entsteht durch Menschen! – Kennzahlen eines qualitätsorientierten Führungsverhaltens

ternehmen und Wissenschaft eine Herausforderung darstellen. Erste Untersuchungsergebnisse zeigt die Abbildung 9 für das betriebliche Vorschlagswesen.

Zwar wird hier nicht der primäre Fehlleistungsaufwand (wie er üblicherweise verstanden wird) und deren mögliche Korrelation mit dem Führungsverhalten an sich untersucht, aber es wird in dramatischer Weise sichtbar, welche enormen Potentiale deutsche Unternehmen – alleine aufgrund ihres offenbar wenig mitarbeiterfreundlichen Vorschlagssystems – verschenken. Welche enormen Anstrengungen japanische Unternehmen hinsichtlich der Nutzung von Kreativität und Wissen der Mitarbeiter unternehmen, läßt sich aus dem Zahlenmaterial der Abbildung 10 erahnen.

Insoweit erscheint der Ansatz, TQM als Führungsmodell abzuleiten, als der erfolgversprechendste.[103] Inhaltlich wird dies auch weitgehend von der Norm DIN ISO 8402, E03.92 anerkannt, die TQM wie folgt definiert: »*Auf der Mitwirkung aller ihrer Mitglieder beruhende Führungsmethode* [104] *einer Organisation, die Qualität in den Mittelpunkt stellt und durch Zufriedenstellung der Kunden auf langfristigen Geschäftserfolg sowie auf Nutzen für die Mitglieder der Organisation und für die Gesellschaft zielt.*« Und noch etwas sollte deutlich

Verbesserungsvorschläge in japanischen Unternehmen

Rang	Unternehmen	1990			1989
		Anzahl der Vorschläge	Anzahl der Mitarbeiter	Vorschläge/ Mitarbeiter	
1	Kawasaki Jûkôgyô	6.980.870	16.369	426,5	3.158.377
2	Nissan Motor	6.043.344	47.637	126,9	6.196.015
3	Toschoba	4.166.864	54.585	76,6	3.705.181
4	Matsushita Electric	4.114.398	94.173	43,7	4.147.837
5	Mazda	2.417.264	21.392	113,0	2.360.646
6	Tiyita Motor	2.003.646	57.328	35,0	1.966.786
7	Ohtsu Tire	1.475.707	1.245	1 185,3	887.827
8	Nihon Victor	1.247.523	15.016	83,1	1.341.614
9	Nissan Diesel	1.169.745	5.157	226,8	941.454
10	Fuji Jûkôgyô	998.359	11.331	88,1	1.030.256

Quelle: Nihon HR Kyokai 1990

Abbildung 10: Die Top Ten japanischer Unternehmen in der Anzahl der Mitarbeiterverbesserungsvorschläge

werden. Die amerikanische Bundesbank prägte in den siebziger Jahren den Begriff der »Cold turkey« – Einführung einer Maßnahme. Praktisch über Nacht wird entschieden und verkündet: »Ab Montag machen wir TQM«.[105] Das Resultat ist offensichtlich: Irritierte Mitarbeiter, die häufig in Ermangelung von Informationen ein weiteres Rationalisierungsprogramm befürchten – der Fehlstart ist vorprogrammiert. *Peters* sieht in einem derartig programmatischen Vorgehen sogar einen weiteren Verlust an Wettbewerbsfähigkeit auf jene Unternehmen zukommen.[106] Gleiches gilt, wenn mit der »Einführung« des TQM der Leiter des Qualitätswesens beauftragt wird. *Gaugler* führt dazu aus:[107] »*...und das ist in der Mehrzahl der Unternehmen der Fall, womit das Kind schon in den Brunnen gefallen ist*«. Letztlich kann TQM nur mit einem qualitätsorientierten Führungsverhalten im Sinne einer Vorbildfunktion praktiziert und kann eben nicht von heute auf morgen eingeführt werden.

Im folgenden wird deshalb die Notwendigkeit, Qualität als übergeordnetes Unternehmensziel zu begreifen, näher erläutert.

2.4.3 Qualität ist das, was der Kunde fordert und empfindet

Der Grundsatz »*close to the customer*« steht seit gut einem Jahrzehnt im Mittelpunkt der Managementliteratur.[108] Obwohl mittlerweile vielfältige Lösungsansätze publiziert werden, scheinen die meisten Unternehmen den Wandel von der internen zur externen Orientierung nur sehr langsam zu vollziehen. War es rückblickend aufgrund quantitativer Wachstumsmärkte relativ einfach, unternehmensinterne Steuergrößen, wie Kosten, Stückzahlen oder Ausschußraten zu identifizieren und diese zu optimieren, so sind bei externer Unternehmensausrichtung stabile Orientierungsparameter nur schwer auszumachen. Was bedeutet das für die Unternehmen?

Zum einen kristallisiert sich heraus, daß viele Unternehmen im Rahmen von Qualitätsverbesserungsprogrammen eher mit der Optimierung ihrer internen Prozesse beschäftigt sind, die Verbesserungen aber nicht konsequent an einen externen Kundennutzen koppeln.[109] Zum anderen bewegen sich die meisten Anstrengungen zur Kostensenkung nur in einem periodischen Rahmen ohne Kontinuität. So beklagen etliche Autoren – wohl zu recht -, daß in der gegenwärtig rezessesiven Wirtschaftsphase vielfach der TQM-Ansatz auf einfallslose Kostensenkungsprogramme herabdegradiert werde.[110] Demgegenüber verfolgen aber z.B. japanische Unternehmen das Ziel einer permanenten Kostensenkung und Steigerung des Kundennutzens (Wert für den Kunden).[111] Insofern kann der Markterfolg trotz interner Effizienzsteigerungen ausbleiben, da eine Wertverbesserung für den Kunden nicht unbedingt zum Tragen kommt. Die Kundenorientierung bleibt in diesem Sinne auf eine Steigerung der quantitativen Produktivität beschränkt, was in wettbewerbsintensiven Märkten zwar notwendig ist, aber keinen langfristigen Markterfolg gewährleistet. Der Begründer des »Toyota Production Systems« (das bei westlichen Unternehmen als Ursprungsmodell der »lean production« gilt) *Taiichi Ohno* führte aus, daß Preise nur dann erhöht werden können, wenn der Kunde auch einen wahrnehmbaren höheren Gegenwert erhält.[112] Preiserhöhungen, um gestiegende Herstellkosten zu kompensieren, lehnt *Ohno* ab und verweist darauf, daß diese Kosten durch Kostensenkungen im Unternehmen selbst aufzufangen seien. Insofern geht zumindest der Begründer der fragile lean production davon aus, daß Kunden bereit sind, für einen definierten Nutzen einen bestimmten Preis zu bezahlen – der Preis (Zielgröße) insoweit also vom Kunden bestimmt wird. Wenn man diese Zielgröße ermittelt hat, muß man nur noch die Höhe der Herstellkosten abziehen und übrig bleibt der Gewinn. Dieser Ansatz mündet in die Formel: Verkaufspreis-Kosten=Gewinn. Demgegenüber bedienen sich weite Teile der Unternehmen hierzulande dem Ansatz: Kosten+Gewinn=Verkaufspreis. Ausgehend von den Kosten wird der Gewinn addiert. Die Summe bildet den Verkaufspreis, der nunmehr am Markt durchgesetzt werden muß. Daß der japanische Denkansatz hinsichtlich der Kundenorientierung dem westlichem Ansatz überlegen ist, ist offensichtlich. Da nach japanischer Ansicht die Zielgröße – der Verkaufspreis – durch den Kunden fest definiert wird, muß das Unternehmen einen höheren Gewinn durch die Reduzierung der Produktionskosten erreichen.[113] Auf diesem Denkansatz basieren auch die Bemühungen japanischer Unternehmen nach ständiger Verbesserung »*Kaizen*«.[114]

Hinzu kommt, daß bürokratische Organisationen vornehmlich dazu neigen, nur offensichtliche Mängel abzubauen. Übersehen werden jedoch die vielen unsichtbaren Defizite, durch die Kunden und kreative Mitarbeiter letztlich verlorengehen. In erster Linie dürfte dies an einer mangelnden Sensibilität gegenüber der Umwelt und des Umfelds im weiteren Sinne liegen. Auch eine zu starke Orientierung an der Konkurrenz selbst, führt offenbar häufig nicht zu dem gewünschten Erfolg beim eigenen Kunden.[115]

Erfolgreiche Unternehmen treten demgegenüber in einen intensiven Dialog mit ihren Kunden, um laufend deren Qualitätsverständnis und Anforderungsprofil an Produkte und Unternehmen zu erfahren.[116] Da sich Wahrnehmung und Empfindung bzgl. Qualität ständig ändern, ist Qualität keine stabile Größe, die einer festgeschriebenen Definition entsprechen kann,[117] sondern ein fluktuierendes Muster, das einem ständigen Wandel unterliegt.[118] Tatsächlich fallen die vielfältigen Definitionsversuche des Qualitätsbegriffs beim Studium der neueren einschlägigen Literatur ins Auge. So scheint es, daß ebensoviel Definitio-

Definitionen zum Qualitätsbegriff (I)

Qualität ist das gleichzeitige Minimum der Verluste, die das Unternehmen (interne Verluste), der Kunde (externe Verluste) und die Gesellschaft durch ein Produkt erleiden.

Bläsing, J., (1992), S. 396 ff.

Quality is a customer determination, not an engineer's determination, not a marketing determination or a general management determination. It is based upon the customer's actual experience with the product or service, measured against his her requirement - stated or unstated, conscious or merely sensed, technically operational or entirely subjective - and always represents a moving target in a competitive market.

Feigenbaum, A. V., (1983), S. 7

Qualität (Total Product Quality) ist das Maß, in dem das Produkt Kundenanforderungen erfüllt.

Clark, K. B. / Fujimoto, T., (1992)

Qualität ist die Übereinstimmung mit den Anforderungen des Kunden.

Haist, F., Fromm, H., (1989)

Quality is conformance to requirements.

Crosby, P. B., (1979)

Unter Qualität versteht man die auf einem Gut-Schlecht-Kontinuum beurteilte Beschaffenheit einer Leistung.

Hentschel, B., (1992), S. 744 ff.

Qualität beschreibt das Ausmaß der Übereinstimmung von Produktansprüchen und Produktleistungen. Der Qualitätsbegriff kann sich dabei sowohl auf die Beschaffenheit als auch die Eigenschaften (Attribute) eines Produktes beziehen. Da sich die Qualitätsbetrachtung auf jede differenzierbare Eigenschaft beziehen kann, ist i. d. R. die Beurteilung einer Vielzahl von Teilqualitäten relevant.

O.V., (1992b): Vahlens Großes Marketing Lexikon, (1992)

Qualität ist die Eignung der Unternehmensgesamtleistung zur Erfüllung aller an sie gerichteten Anforderungen.

Horváth, P., Urban, G., (1990)

Qualität ist die Gesamtheit von Eigenschaften und Merkmalen eines Produktes oder einer Tätigkeit bezüglich ihrer Eignung, festgelegte und vorausgesetzte Erfordernisse zu erfüllen.

DIN 55 350 - Begriffe der Qualitätssicherung und Statistik, Teil 11, 1987

Quality is fitness for use, i. e. freedom from deficiencies and product features that meet internal and external customers needs.

Juran, J. M., (1989)

Abbildung 11: Die Vielfalt der Definitionen zum Qualitätsbegriff

nen existieren, wie Autoren zur Thematik schreiben. Die Abbildungen 11 bis 13 geben einen prägnanten Überblick der gängigsten Qualitätsdefinitionen.

Dabei läßt sich beobachten, daß das individuelle Qualitätsempfinden zunehmend neue Aspekte beinhaltet. So geht es dem Kunden häufig längst nicht mehr nur um die Produktqualität, sondern um Service-, Umwelt-, ja Lebensqualität. Das heißt allerdings nicht, daß herkömmliche Qualitätsmerkmale durch neue abgelöst werden, sondern daß es zu einer Erweiterung kommt. Qualität wird somit vielschichtiger und spiegelt damit ein komplexeres Kaufverhalten der Kunden wider. *Juran* schreibt kurz und treffend: »*Quality – fitness for use!*« Diese Kurzdefiniton zeigt den starken Bezug zum Kunden auf, den die Japaner hervorragend perfektionieren. Von der Stellung des Kunden in japanischen Unternehmen hat z. B. *Marius van der Vlies* während eines Geschäftsgesprächs mit einem Japaner berichtet:[119] Nach der sachlich geführten Diskussion über das Qualitätsverbesserungsprogramm der bereits mit sehr niedrigen Ausfallzeiten gelieferten Halogen-Autolampen kommentierte *van der Vlies* mit dem Hinweis: »*Der Kunde ist König*«. Der Japaner entgegnete: »*Der Kunde ist Gott.*« Schlagfertig konterte *van der Vlies*: »*Gott verzeiht*«, darauf der Japaner: »*Aber nur einmal.*« Zum kundenorientierten Qualitätsbegriff schreibt *Briskon*:[120]

»*Qualität ist eine Vorstellung voller Unschärfe, in der sich Hoffnung, Wünsche, Erwartungen, Werte und konkreter Bedarf der Verbraucher und Verwender mit den kreativen, technologischen und ökonomischen Potentialen der Unternehmen zu einem Netzwerk voller Chancen und Risiken verbinden. Unternehmerische Entscheidungen sind somit gleichzeitig Entscheidungen hinein in andere Systeme des Netzwerks, da Qualität durch zahlreiche Schnittstellen unternehmensinterner, aber vor allem marktbezogener Art ausgezeichnet ist. Die diffusen und vielfältigen Kräfte der Qualität entfalten gerade wegen ihrer multipolaren Ausstrahlung Wirkungen, die aus der Sicht des klassischen Managements als nicht beherrschbar gelten und die dennoch gerade im Hinblick auf die Zunahme hochkomplexer Zusammenhänge dem zukunftsgerichteten Unternehmen die Möglichkeit geben, diese als Steuergröße erfolgreich in Dialog mit dem Kunden einzusetzen.*«

Damit wird Qualität zu einer gedanklichen Ordnungsgröße von

Definitionen zum Qualitätsbegriff (II)

Quality is quality of design (i. e. planed quality of a product) and quality of conformance (i. e. degree of correspondence between the customer's actual experience with a product and the product's designed quality).

Juran, J. M., Gryna, F. M., (1980)

Quality is determined by three factors: customer expectation, product specifications, and product performance in the field. The terms grade, quality of design, and quality of conformance are applied to these three factors, respectively.

Morse, W. J., Poston, K., (1986), S. 53 ff.

Qualität ist diejenige Beschaffenheit, die ein Produkt oder eine Tätigkeit benötigt, um vorgegebene Anforderungen zu erfüllen.

Knoblauch, H., (1982), S. 897 ff.

Qualität ist die vollständige Erfüllung der vereinbarten Spezifikationen bezüglich Ausführung, Menge und Termin, unter Berücksichtigung der Eignung für den vorgesehenen Verwendungszweck.

Salvisberg, H. P., (1989), S. 67-70

Die Gesamtheit von Merkmalen einer Einheit bezüglich ihrer Eignung, festgelegte und vorausgesetzte Erfordernisse zu erfüllen.

DIN ISO 8402 - Qualitätsmanagement und Qualitätssicherung, Begriffe, E 03.1992

Es gibt zwei grundlegende Perspektiven, Qualität zu verstehen: aus Sicht des Unternehmens (Übereinstimmung mit Spezifikationen) und aus Sicht des Kunden (subjektiv empfundenes Zufriedenheitsniveau).

Schaldach, H., (1990), S. 161 ff.

Meeting customers expectations (internal and external) 100 percent of the time through the delivery of defect- free products or services. It is no longer acceptable to think of conformance to specifications.

Lynch, R. L., Cross, K. F., (1991)

Qualität ist die Summe der geforderten (bzw. vereinbarten) Eigenschaften.

Zink, K. J., (1989b), S. 277 ff.

Quality is defined by the customer. A technically perfect product that does not meet customer expectations will fail, regardless of its (innovation or) quality.

Miller, Th. O., (1992), S. 4 ff.

Quality is neither mind nor matter, but third entity independent of the two...even though Quality cannot be defined, you know what it is.

Pirsig, R. M., (1974), S. 185, 213

Abbildung 12: Die Vielfalt der Definitionen zum Qualitätsbegriff

Definitionen zum Qualitätsbegriff (III)

...a condition of excellence implying fine quality as a distinct from poor quality...Quality is achieving or reaching for the highest standard as against being satisfied with the sloppy or fraudulent.

Tuchman, B. W., (1980), S. 38

Quality is the degree to which a specific product conforms to a design or specification.

Gilmore, H. L., (1974), S. 16

Differences in quality amount to differences in the quantity of some desired ingredient or attribute.

Abbott, L., (1955), S. 126 - 127

Quality is the degree of excellence at an acceptable price and the control of variability at an acceptable cost.

Broh, R. A., (1982), S. 3

Quality refers to the amounts of the unpriced attributes contained in each unit of the priced attribute.

Leffler, K. B., (1982), S. 956

Quality means best for certain customer conditions. These conditions are (a) the actual use and (b) the selling price of the product.

Feigenbaum, A. V., (1961), S. 1

Quality consists of the capacity to satisfy wants...

Edwards, C. D., (1968), S. 37

Qualität = Technik und Geisteshaltung

Kamiske, G. F., (1989)

In the final analysis of the marketplace, the quality of a product depends on how well it fits patterns of consumer preferences.

Kuehn, A. A., Day, R. L., (1962), S. 101

Technische Qualität: Erfüllung von Anforderungen und Erwartungen auf der konkreten Ebene: Zeit, Fehlerquote, Haltbarkeit, Sicherheit, Garantie usw.
Menschliche Qualität: Erfüllung von Erwartungen auf der gefühlsmäßigen Ebene: Einstellung, Engagement, Verhalten, Aufmerksamkeit usw.

Möller, C., (1988), S. 14

Abbildung 13: Die Vielfalt der Definitionen zum Qualitätsbegriff

Marktkomplexität, die Führungskräfte intern nutzen können, um zum einen den Weg der Komplexitätsbewältigung erfolgreich zu beschreiten und zum anderen begeisterte, somit überzeugte Kunden zu gewinnen und an sich zu binden.[121] Es stellt sich dabei allerdings die Frage, wie der Qualitätsbegriff im traditionellen Spannungsfeld »Qualität – Kosten – Zeit« zu deuten ist und ob nicht auch die Parameter »Kosten« und »Zeit«, entsprechend der Qualität, als Orientierungs-größen im Sinne eines Unternehmensziels herangezogen werden können.

2.4.4 Qualität prioritätsorientiert und standortbewußt verfolgen – Voraussetzung für Total Quality Management

Die Optimierung des triaden Spannungsfeldes zwischen Qualität, Zeit und Kosten steht noch immer im Mittelpunkt der betriebswirtschaftlichen Auseinandersetzung um die Steigerung von Qualität und Produktivität. Stand der aktuellen Diskussion ist dabei die gleichberechtigte Anerkennung von Qualität, Zeit und Kosten als Ziele des Unternehmens.[122]

Diese Sichtweise führt allerdings vielfach zu einem vermeintlich unauflösbaren Widerspruch, der für die Orientierungslosigkeit von Teilen des Managements mitverantwortlich ist. Durch die gleichberechtigte Gewichtung verschwimmen die Unternehmensziele vielfach und verleiten, je nach Unternehmenssituation (Auftragslage) dazu, die einzelnen Faktoren mit unterschiedlicher, meist kurzfristig wechselnder Relevanz aufzufassen. Vernachlässigt wird die entsprechende Kontinuität in der Setzung und konsequenten Verfolgung eines übergeordneten Unternehmensziels. Das Resultat sind Maßnahmen, die zwar der eigenen Abteilung bei der Erreichung ihrer Ziele dienlich sind, andere Abteilungen jedoch behindern. Erinnert sei an den schon »klassischen« Konflikt zwischen Liefertreue und Qualitätsanspruch.[123]

Erfolgversprechende Ansätze blieben bisher weitgehend aus, da zum einen die Parameter Zeit und Kosten nicht aus ihrer gewohnt engen Definition herausgeführt werden und es zum anderen nur vereinzelt zu einer der konkreten Wettbewerbssituation angepaßten Bestimmung von Unternehmenszielen kommt.[124]

Aktuelle Vorschläge fordern eine verstärkt losgelöste Betrachtung der drei Determinanten Qualität, Zeit und Kosten, übersehen insofern jedoch deren enge Verzahnung und unmittelbare Interdependenz.[125] Wieder andere halten an der simultanen Optimierung aller drei Faktoren fest, ohne einem expliziten Faktor einen Schwerpunkt zuzubilligen.[126] Damit werden Qualität, Zeit und Kosten unabhängig von der jeweiligen Marktsituation eines Unternehmens quasi omnipotent für dessen Wettbewerbsfähigkeit verantwortlich gemacht. Eine Analyse von Stärken und Schwächen eines Unternehmens, Kundenwünschen und Besonderheiten des jeweiligen Standortes, wie etwa das nationale Recht mit seinen länderspezifischen Eigenheiten, wird als sekundär angesehen. Dem Management wird hierdurch die banale Feststellung theoretisch aufbereitet, daß es, wenn es »alles« besser macht, auch die Wettbewerbsfähigkeit ihres Unternehmens steigert. Diese Aussage läßt sich so zwar kaum widerlegen. Allerdings erscheint es praxisgerechter, solch pauschale Argumentation zugunsten einer differenzierteren Sichtweise zu vernachlässigen. Diese muß sich von ihrem Ansatz her am wichtigsten Wettbewerbsfaktor eines Unternehmens orientieren: dem Wunsch des Kunden und seinen Qualitätsanforderungen. *Seghezzi* wies darauf hin, daß die vielfältigen Bemühungen, das unternehmerische Spannungsdreieck gleichgewichtig zu optimieren, häufig zu einer Maximierung bzw. Minimierung eines der drei Faktoren führt. Gefördert wird diese Tendenz durch häufig zu spezialisiert verstandene Verbesserungsprogramme mit Schwerpunktthemen, wie Durchlaufzeitmaximierung, Kostenminimierung oder auch Produktperfektionierung.[127]

Letztlich ist als Resultat zunächst festzuhalten, daß die Vorschläge im Sinne einer gleichgewichtigen Optimierungsstrategie als nicht ausreichend zu betrachten sind.[128]

Analysiert man demgegenüber diejenigen Diskussionbeiträge, die jeden Parameter getrennt betrachten, so läßt sich feststellen, daß lediglich der Faktor Qualität aus seiner traditionell eingeschränkten, produktorientierten Sichtweise hinausgeführt wurde (Abbildung 14) und sich heute auf alle Prozesse und Vorgänge eines Unternehmens bezieht. Dies geschah parallel zu dem Wandel des Stellenwertes der Qualität in den Unternehmenskonzepten und läßt sich an den drei zuvor beschriebenen Entwicklungsstufen festmachen (siehe Abbildung 14).

Deming wies bereits 1964 auf den Umstand hin, daß Qualität die Produktivität nicht belastet, sondern als Voraussetzung für deren Stei-

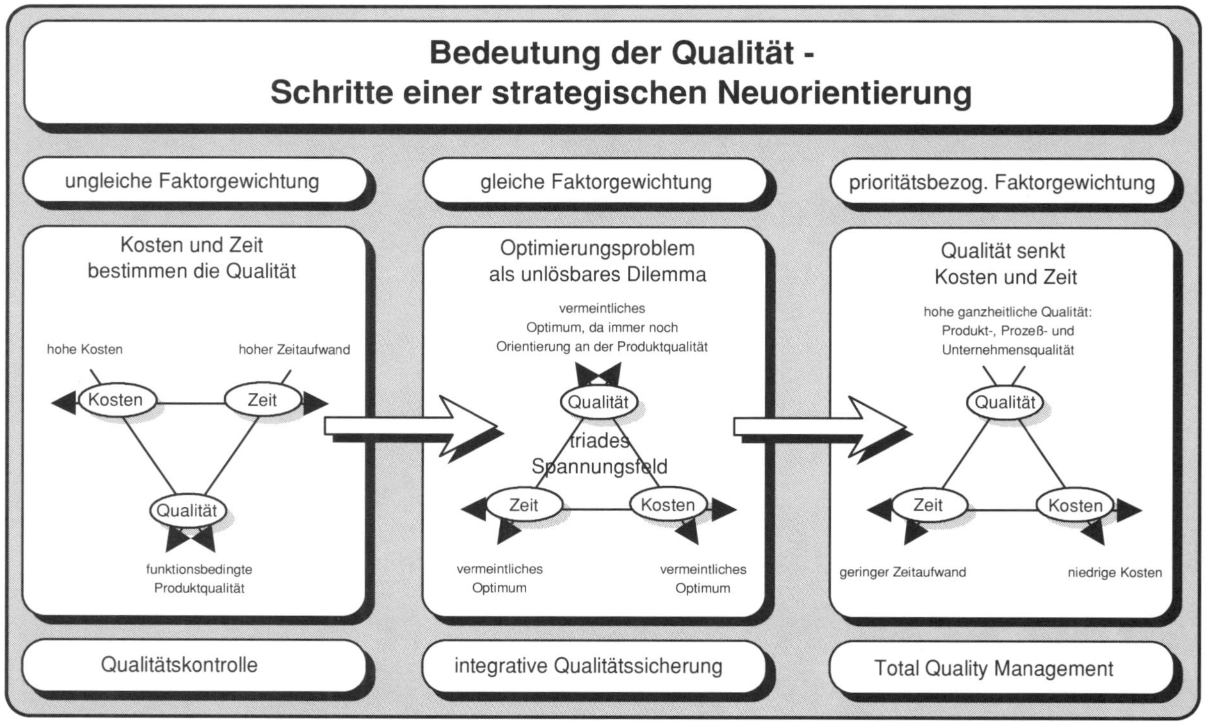

Abbildung 14: Von der Kosten- und Zeit- zur ganzheitlichen Qualitätsorientierung

gerung anzuerkennen ist.[129] Damit wurde der produktorientierte Qualitätsbegriff auf den Produktionsprozeß ausgedehnt. Steigende Prozeßqualität, die sich in einer höheren Effizienz der Produktionsprozesse niederschlägt, geht Hand in Hand mit verbesserter Produktivität und damit geringeren Herstellkosten (weniger Ausschuß). Hierzu gehört insbesondere die ständige Reduzierung nicht wertschöpfender Tätigkeiten. Bei *Toyota* wurde diese Philosophie jahrzehntelang konsequent verfolgt und mündete letztlich in das unter dem Stichwort »Toyota-Production-System« bekanntgewordene Just-in-Time-System ein. Dieses wurde in Amerika und Europa mit Veröffentlichung der MIT-Studie unter dem Begriff »fragile lean production« noch bekannter.

Hohe Prozeßqualität bedeutet hohe Prozeßfähigkeit, d. h. gegen Störungen nicht anfällige, robuste, statistisch beherrschbare Prozesse, so daß im Fertigungsablauf auf Bestände und Puffer aller Art weitgehend verzichtet werden kann.[130] Prozeßorientiertes Qualitätsdenken führt über den Weg der ständigen Verbesserungen zur Verringerung des Fehlleistungsaufwands.[131] Damit ergibt sich eine Auflösung des traditionellen Konfliktes Qualität versus Kosten und Stückzahlen, wobei der neue Ansatz lautet: Kostensenkungen durch Qualitätssteigerungen.[132]

Auch das Spannungsfeld Qualität versus Zeit erfährt so eine erweiterte Dimension. Zeit als kritischer Erfolgsfaktor wird heute sowohl im Rahmen des »Zeit- und Speed-Management im F&E-Bereich« als auch innerhalb der logistischen Unternehmensdisziplinen vielfältig propagiert.[133] Dabei wird des öfteren entsprechend o. g. Ausführungen übersehen, daß erst der störungsfreie Material- und Informationsfluß Flexibilität und hohe Zeitautonomie gewähren kann und damit die Zielgrößen wie kurze Entwicklungs- und Lieferzeiten, hohe Liefertreue und Lieferfähigkeit möglich werden. Somit ist eine hohe Prozeßqualität ein erster Schritt auf dem Weg zur schnellen, unmittelbaren Erfüllung der Kundenwünsche und beeinflußt das zeitliche Verhalten der Produktionsabläufe. Im Zeitalter von Just-in-Time und Simultaneous Engineering muß die Produktqualität »auf Anhieb« erreicht werden, was nur über eine ausreichend hohe Prozeßqualität gewährleistet werden kann.

Aus dieser Perspektive ist der Zeitfaktor entsprechend dem Kostenfaktor ein Qualitätsmerkmal. Dabei kommt es keineswegs zu einer Entkopplung der Faktoren Qualität, Zeit und Kosten, sondern vielmehr zu verbesserter Transparenz hinsichtlich ihrer engen Verzahnung. Die aus der erweiterten Betrachtung der Qualität resultierende Zielhierarchie ermöglicht es, nunmehr das Unternehmen auf den strategischen Erfolgsfaktor Qualität hin auszurichten und die Kräfte zu bündeln. Sowohl Kostensenkungen als auch Produktivitätssteigerungen sind Folge einer höheren Qualität und stellen somit keine widerstreitenden Gesichtspunkte dar.

Daraus läßt ableiten: Produktivität ist ein »by-product« von Qualität.[134] Der Vorsitzende der *Japanese Union of Scientists and Engineers (JUSE)*, *J. Noguchi*, bezeichnet diese Ansicht als das Kernstück für den Erfolg der Japaner, indem er formulierte: »*Total Quality Control ist unsere Überlebensstrategie, Produktivität ist die Folge.*"

2.4.5 Die qualitätsorientierte Bewußtseinsbildung im Unternehmen

Aufbauend auf oben abgeleiteter Erkenntnis muß nunmehr das gemeinschaftliche Qualitätsverständnis, welches die Unternehmenskultur prägen soll, entwickelt werden. Die Entwicklung bzw. Veränderung der Unternehmenskultur ist ein Prozeß, der nicht von heute auf morgen erfolgen kann; er benötigt Zeit und Beharrlichkeit seitens der Führungskräfte, um wirklich erfolgreich zu sein und die Basis für weitergehende Maßnahmen bilden zu können. Auch die gegenwärtigen wirtschaftlichen Schwierigkeiten, entbinden das Management nicht vom langfristigen Denken und Handeln!

Total Quality Management als qualitätsorientiertes Führungsmodell ist auf den Konsens im Unternehmen angewiesen. Ist dieser gefunden, bietet es dann auch große Chancen und beste Erfolgsaussichten. Als in die Zukunft gerichtetes Führungsmodell sind von TQM aber keine schnellen Erfolge und kurzfristigen Problemlösungen zu erwarten. Die Erfolge werden sich eher in der langfristigen Sicherung von Wettbewerbsvorteilen niederschlagen. Ständige Verbesserungen in allen Bereichen als Ergebnis und Ausdruck von TQM führen dazu, daß hochwertige Produkte das selbstverständliche Ergebnis eines unternehmensweiten Qualitätsdenkens darstellen. Die Instrumente des TQM zielen dabei nicht auf die direkte Verbesserung der Produktqualität, sondern haben den Mitarbeiter im Sinne des vorher Gesagten im Blick. Die Weiterentwicklung der »persönlichen Qualität« jedes einzelnen Mitarbeiters stellt somit die Grundvoraussetzung für die Qualität der Arbeit, der Prozesse, des Unternehmens und letztlich der Produkte dar.[135]

2.4.6 Total Quality Management verlangt den Willen und die Kompetenz zum Führen

TQM ist ein Führungsmodell, das aufbauend auf einer kunden- und mitarbeiterorientierten Management-Philosophie Möglichkeiten beinhaltet, die es dem Unternehmen erlauben, auf die vielfältigen Anforderungen des Marktes und der Gesellschaft flexibel und angemessen zu reagieren.

Definiert man Management als Kombination von Verwaltung und Führung, so lag der bisherige Schwerpunkt eher auf der Verwaltung (büro-

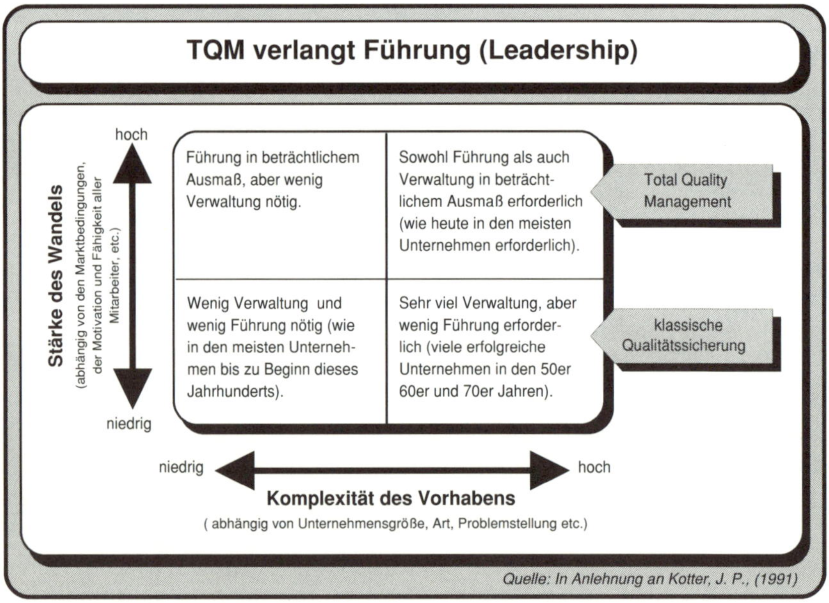

Abbildung 15: Die Beziehung von Wandel und Komplexität zu dem Maß an Führung und Verwaltung, das in einem Unternehmen (auch im Hinblick auf Total Quality Management) gebraucht wird.

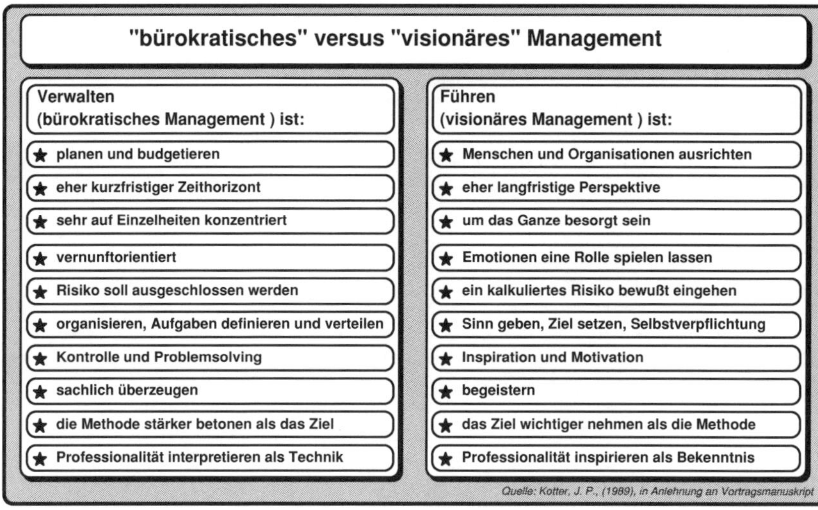

Abbildung 16: Der Unterschied zwischen dem »bürokratischen« und dem »visionären« Management nach Kotter

kratisches Management). In Zukunft muß es aber im Sinne von TQM eine bewußte Schwerpunktverlagerung hin zur Führung geben (Abbildung 15).[136]

Drückt sich Verwaltung durch Planen, Budgetieren und Organisieren aus, so ist Führung (leadership) charakterisiert durch die Fähigkeit, Mitarbeiter durch Konsensfindung auf eine Vision auszurichten (Abbildung 16).[137]

Diese Sichtweise von Führung unterscheidet sich von traditionellen Führungsansätzen und -stilen, die allzuoft durch ein autoritäres Führungsverständnis ohne Teamorientierung gekennzeichnet sind. Der Erfolg der autoritären Ansätze war lediglich so lange gegeben, wie ein Nachfrageüberhang am Markt bestand. In dieser Phase entwickelten sich die klassischen Managementinstrumente wie z. B. *Management by Objectives* (MbO) oder strategische Planung.[138,139] Führen heute meint hingegen einen dynamischen Prozeß, der Freiräume schafft für das Verwirklichen individueller Ziele.[140] Nach Ansicht der Verfasser, muß insoweit jenen Ansätzen eine Absage erteilt werden, die die klassische Zielvereinbarung im Sinne des MbO als geeignetes Instrument betrachten, und nicht müde werden zu propagieren.[141] Bereits *Deming* forderte, die Praxis des MbO gegen »echte Führung« zu ersetzen.[142] So

"Management by Objektives" versus "Policy Management"

Management by Objektives ist:	Policy Management ist:
★ Top Down	★ Top Down / Bottom Up
★ Konzentration auf das "Wer"?	★ Konzentration auf das "Wie, Warum und Was"
★ indiviualistisch	★ gruppen- und teamorientiert
★ Verlassen auf "Superstars"	★ benötigt keine "Superstars"
★ führt häufig zu Teiloptimierung	★ strebt nach Ziel-Kongruenz orientiert an Werten
★ wer versagte?	★ was ist fehlgeschlagen, wie verbessern?
★ kann entmutigen	★ kann anregen und motivieren
★ Taktik des "starken Arms" zum Deligieren von Zielen	★ selbständiges Setzen der Ziele und Maßnahmen unter Verwendung von Fakten und Daten
★ Aufforderung zu härterem Arbeiten (auf Druck Motivationsbasis)	★ Aufforderung zu intelligenterem und systematischerem Arbeiten (auf Wissensbasis)

Quelle: O.V., (1993): Total Quality Management - Eine Anleitung für Führungskräfte, hrsg. v. Volkswagen AG/TQM Schulung/QMI, S. 4/4

Abbildung 17: Der Unterschied zwischen dem Konzept des Management by Objektives und dem Policy Management

wird im Rahmen des MbO-Konzepts in der Regel nur das bewertet, was tatsächlich als Ergebnis vorliegt. Demgegenüber bewertet »echte Führung« sowohl den Prozeß, wie ein Ergebnis erreicht wurde, als auch das Ergebnis selbst, wobei der Schwerpunkt bei der Prozeßbeurteilung bzw. der Prozeßverbesserung liegt. In der Literatur hat sich für diese Orientierung der Begriff des »Policy Deployment« etabliert. In Abbildung 17 sind die unterschiedlichen Ansätze einander gegenübergestellt.

Mitarbeitermotivation und -begeisterung, Vermittlung von Kundeninteressen an die Mitarbeiter, Kooperation mit allen Stellen und Bereichen des Unternehmens bei der Entwicklung von Visionen und langfristigen Zielen sind die eigentlichen Aufgaben und wesentlichen Herausforderungen an die Führung. Aufbauen läßt sich derartiges Verständnis durch zwei zusammengehörige Blickrichtungen: Die Führungsaufgabe Qualität muß erkannt und sodann durch eine bewußte Entwicklung der Führungsqualität vorgelebt werden. In Abbildung 18 sind hierzu die wichtigsten Aspekte des Führungsmodells TQM zusammengestellt.

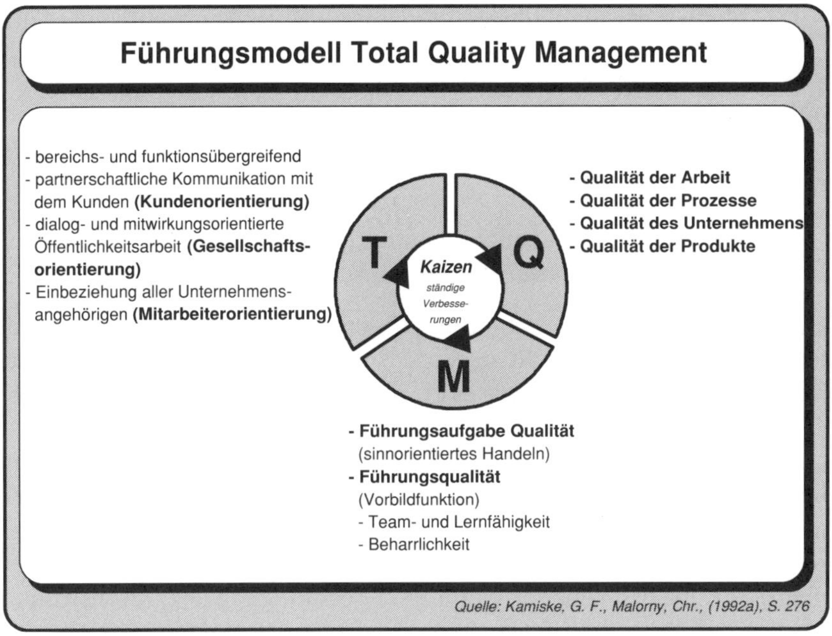

Abbildung 18: Konzeptionelle Aspekte des Führungsmodells Total Quality Management

2.4.7 Führungsaufgabe Qualität – sinnorientiertes Handeln

Die bloße Verpflichtung zur Qualität (quality commitment) reicht dabei längst nicht aus. Vielmehr muß das Management aktiv die Führungsrolle übernehmen (quality leadership – Qualitätsführung);[143] nur so bleiben die Bekenntnisse des Managements zur Qualität glaubwürdig und für den Mitarbeiter einsichtig. Insoweit muß die Führungsaufgabe Qualität erkannt und prioritätsbezogen verfolgt werden (sinnorientiertes Handeln). Dazu gehören insbesondere vier Punkte:

1. Das Entwickeln, Fördern und Verwirklichen einer qualitätsorientierten Vision gemeinsam mit den Mitarbeitern.
2. Das konsequente Führen des Qualitätsmanagementsystems mit dem Ziel ständiger Verbesserungen bezüglich Qualität und Produktivität.

3. Das Nutzen der Qualitätstechniken und deren Kennzahlen als Führungshilfe.
4. Das Finanzcontrolling zum Qualitätscontrolling weiterentwickeln.

Die Punkte 3 und 4 sollen im folgenden näher ausgeführt werden.

2.4.8 Qualitätstechniken und ihre Kennzahlen – Hilfen zum Umsetzen der Führungsaufgabe Qualität

Die Führungsaufgabe Qualität umzusetzten verlangt auch eine Erweiterung des technischen Rüstzeugs.[144] Den Unternehmen bieten sich heute Qualitätstechniken, die es ermöglichen, Fehler bereits im Vorfeld ihrer Entstehung zu erkennen. Diese wurden teilweise in den USA, teilweise in Japan entwickelt, kommen bei uns bisher jedoch nur in begrenztem Maße zur Anwendung. Bezeichnend für die Qualitätstechniken ist ihre Anwendung durch operative Mitarbeiter. Dennoch haben deren Ergebnisse strategischen Charakter für das gesamte Management.[145] Zunächst liegt der Wert dieser Techniken in der Durchstrukturierung der Gedankengänge, Formalisierung der Dokumentation und, von wenigen Ausnahmen abgesehen, in der Bearbeitung im Fachkollegenteam, um auf diese Weise das Wissen und Können der Mitarbeiter zu nutzen. Jede Fachkraft braucht dabei nur diejenige Technik zu beherrschen, die in ihr Aufgabengebiet fällt. Führungskräfte sollten jedoch alle diese Techniken mit ihren Potentialen kennen, um zielgerichtet die Weiterbildung ihrer Mitarbeiter forcieren zu können. Zentrale Aufgabe für jede Führungskraft ist dabei, mentale Hierarchien oder Sperren abzubauen und auch nicht den Fluchtweg der Überbeschäftigung oder der Konzentration auf Sachaufgaben zu beschreiten.

Nachdem Mitarbeiter eine adäquate Zusatzqualifikation erhalten haben, gilt es, das neue Wissen systematisch anzuwenden und insoweit zu nutzen. Wird die Qualifizierung zutreffend als Investition betrachtet, so kann sie sich nur rechnen, wenn sie auch eingesetzt wird. Das beste Mittel, die Anwendung durchzusetzen, ist damit gegeben, daß sich der Vorgesetzte für die Ergebnisse aus der Anwendung interessiert oder, besser noch, die Ergebnisse zur Grundlage seiner Entscheidungen macht. Die Führungsaufgabe Qualität unternehmensweit zu etablieren, heißt in diesem Sinne,

– die Qualitätsplanung mit dem Wettbewerbsvergleich unter Zuhilfe-

nahme des *House of Quality/Quality Function Deployment (QFD)* bewußt und transparent zu machen,
- die Konstruktionsfreigabe von der Höhe der *Risikoprioritätszahl (RPZ) der Fehlermöglichkeits- und -einflußanalyse (FMEA)* abhängig zu machen,
- die Güte der Fertigungsplanung sowie der Produktion mit dem Maschinen- und Prozeßfähigkeitsindex *Cm, Cmk, Cp, Cpk* zu beurteilen,
- die An- und Auslieferungsqualität mit dem kundenbezogenen *Produktaudit* zu messen und schließlich
- das eigene Unternehmen und die Lieferanten einem *QM-Systemaudit* zu unterziehen sowie
- die Unternehmensprozesse regelmäßig mit denen der »besten« Unternehmen zu vergleichen *(Benchmarking)* und Maßnahmen zur Verbesserung einzuleiten.

Der Prozeß ständiger Verbesserungen, aber auch der Rückschritt, läßt sich auf diese Weise messen. Die Regelkreise sind klein, es kann unmittelbar gestaltend eingegriffen werden.[146]

2.4.9 Vom Finanz- zum Qualitätscontrolling – Total Quality Management verlangt ausgewogene Meßgrößen zur Unternehmensnavigation und -führung

Das Führen der Mitarbeiter zum übergreifenden Mit- und Querdenken, das Wecken der Bereitschaft zur ständigen Lern- und Veränderungsfähigkeit, die Entwicklung einer am Bewußtsein der Mitarbeiter orientierten und gleichzeitig deren Einstellungen und Verhaltensweisen beinflussenden Qualitätskultur kann nicht ohne Auswirkung auf die Art, die Unternehmensleistung zu messen, zu beurteilen und als Führungshilfe zu nutzen, bleiben. Schließlich verlangt der Wettbewerb heute Angaben zu Leistungsgrößen, die über die Aussagekraft herkömmlicher Finanzkennzahlen wie Umsatz, Gewinn je Aktie, Return on Investment u.a. längst hinausgehen. Qualitätsfähigkeit, Flexibilität, Entwicklungszeiten, Wertsteigerungspotentiale und Fehlleistungsaufwände lassen sich kaum aus outputorientierten Datenbergen, die zudem dazu tendieren, die Vergangenheit überzubetonen, ableiten bzw.

erkennen. Im übrigen herrscht unter den Führungskräften weitgehende Einigkeit darüber, daß ein derartiger Bewertungsmaßstab *(finanzwirtschaftliche Perspektive)* die betriebliche Leistung allenfalls unvollständig widerspiegelt. Er lenkt auch zumindest partiell von wettbewerbsbestimmenden Faktoren ab, wie beispielweise kontinuierliche Verbesserungen oder Innovationen, mithin jene Aktivitäten, welche die Marktsituation von heute verlangt *(qualitätsorientierte Perspektive)*. Aber auch die Wissenschaft hat die Unzulänglichkeit betriebswirtschaftlicher Steuerungssysteme erkannt.[147] So schreibt *Drucker* treffend:[148] »*Mit der herkömmlichen Kostenrechnung läßt sich kaum eine Produktverbesserung begründen, geschweige denn eine Innovation.*« Trotzdem macht die finanzwirtschaftliche Perspektive wenigstens insofern Sinn, als sie aufzeigen kann, inwieweit eine Strategie auch gewinnorientierten Erfolg bescherte, allerdings auf einem wenig detaillierten Niveau.

Aus unserer Zusammenarbeit mit Unternehmen, die eine qualitätsorientierte Führung besitzen, wissen wir, daß sich Führungskräfte zwei Arten von Hilfen wünschen: ein betriebliches Kostenrechnungssystem, das in der Lage ist, Wertschöpfungspotentiale und Fehlleistungensaufwände in ihrem gesamten Umfang deutlich zu machen, und operative Kennzahlen qualitativer Art, die aufzeigen, wie es mit der Kunden- und Mitarbeiterzufriedenheit, d. h. der Qualitätsfähigkeit im weitesten Sinne bestellt ist.[149,150] Vorsicht ist allerdings insoweit geboten, als derartige Eckwerte sich zwar relativ einfach bilden lassen, jedoch nur selten Klarheit darüber besteht, wie diese tatsächlich zusammenwirken. Total Quality Management macht wenige, aber aussagekräftige und, was ebenso wichtig ist, ausgewogene Kennzahlen nötig, die das Unternehmen aus Kunden- d. h. Qualitätsperspektive beurteilbar machen. Damit stellt sich die Frage, mit welchen Informationen ein Unternehmen zu führen, d.h. die Mitarbeiter auf Qualitätskurs zu bringen sind.

Die erste Forderung nach der Optimierung der Wertschöpfung wurde bereits in den grundlegenden Arbeiten zur Prozeßkostenrechnung von *Coenenberg* [151] und *Horváth* aufgestellt.[152] In die gleiche Richtung zielen auch die Arbeiten von *Cooper* und *Kaplan*, die das Activity-Based-Costing (ABC) favorisieren, das sich mit der Entwicklung aktivitätsbezogener Methoden des Kostenmanagements beschäftigt.[153] Andere Kostenrechner favorisieren Ansätze wie die Gemeinkostenwertanalyse (GWA), das Zero-Base-Budgeting (ZBB), die Strukturkostenoptimierung (SKO) oder neuerdings die Wertschöpfungsoptimierung (WSO), mit denen man beabsichtigt, kostentreibenden Faktoren (Cost-Drivern) beizukommen.[154] Insoweit hat die betriebswirtschaftliche Kostenrechnung längst Abschied von ihren überwiegend wertabhängigen Bezugsgrößen genommen und bemüht sich verstärkt um Konzepte, die ursachengetreues Zahlenmaterial liefern können. Gleichwohl soll an dieser Stelle angemerkt sein, daß jedes einzelne der o.g. Konzepte zumindest teilweise umstritten ist.

Es werden aber nicht nur neue Ansätze zur Kostenrechnung gefordert; vielmehr mehren sich die Stimmen, die ein Qualitätscontrollingsystem für notwendig erachten.[155,156] Beachtung finden in diesem Zusammenhang die sog. »Leistungsarten der Produktion«, wie sie von *Kamiske/Tomys* vertreten werden.[157] Basierend auf den Begriffen Nutzleistung, Schein- bzw. Stützleistung, Blindleistung und Fehlleistung wird es möglich, eventuelle Verschwendungen zu erkennen, die sodann über den Prozeß der ständigen Verbesserung vermieden werden sollen.[158] Fehlleistungen und Blindleistungen gilt es zu vermeiden, Schein- bzw. Stützleistungen zu optimieren mit dem Ziel einer möglichst hohen Nutzleistung. Erste Abschätzungen in Unternehmen des europäischen und amerikanischen Raums zeigen eine tatsächliche Nutzleistung, die heute in Größenordnungen von 20 bis 30 Prozent des Umsatzes liegt; die Einsparungpotentiale sind insoweit beträchtlich.[159] Eine einfache Möglichkeit, werterhöhende (value-added) und lediglich kostenerhöhende (cost-added-only) Prozesse und Tätigkeiten sichtbar zu machen, zeigt z.B. der Ansatz des »Opportunity Flowchart« vom *Hacquebord*.[160] Freilich befinden sich derartige Konzepte noch im Erprobungsstadium und werden in den Unternehmen nicht durchgängig angewendet. Gleichwohl belegen jene Unternehmen, die frühzeitig den Stellenwert des Qualitätscontrollings erkannten und sodann Schritte zu dessen Verwirklichung initiierten, den großen Erfolg.[161] Somit sind erste Instrumente zum differenzierten Sichtbarmachen nicht werterhöhender Aktivitäten entwickelt und vorgestellt. Konsequent angewendet, zeigen sie Führungskräften Verschwendungen auf, die nunmehr zielgerichteter als bisher abgebaut und vermieden werden können. Damit wird sich die Produktivität als wichtige Komponente der Wettbewerbsfähigkeit verbessern, die Wertsteigerung der Unternehmen als Ganzes bilanzierbar.

Allerdings bleiben Fragen nach der Kunden- oder Mitarbeiterzufriedenheit, der Flexibilität, eben jene qualitativen Elemente, die nicht oder nur schwer bilanzierbar und auch am schwierigsten aufzubauen und zu pflegen sind. Daher erscheint die finanzwirtschaftliche Wertschöpfungsperspektive zwar notwendig, aber nicht hinreichend zu sein. Kombiniert werden muß diese mit einer Mitarbeiter- und Kundenperspektive, so daß erst eine Kombination aus verschiedenen Blickwinkeln als geeignete und ausgewogene Führungshilfe gelten kann.[162]

Fröhlich stellte zu diesem Thema folgerichtig die Frage: Warum nicht auch hier von den Japanern lernen? Diese ermitteln inputorientierte Kenngrößen, die sich an der Qualitätsfähigkeit des Unternehmens orientieren.[163,164]

So liefert beispielweise Qualität, heruntergebrochen auf die Fertigungsebene, einen *Pro*zeß-Indikator (Cpk-Wert),[165] der im Rahmen der Statistischen Prozeßregelung (SPC) eine Aussage über die Güte des Produktionsprozesses, d.h. das Verhältnis von Ausschußteilen zu fehlerfreien Teilen zuläßt. Ein Wert von 1:1.000.000 sagt über die Qualitäts- und Leistungsfähigkeit eines Unternehmens mehr aus als ein Jahresüberschuß nach Steuern, wie hoch er auch immer sein mag. Insofern hat *Drucker* recht, wenn er bemerkt, daß die Statistische Prozeßregelung den Fabrikbetrieb revolutionieren wird.[166] Den Cpk-Wert ständig zu verbessern, d. h. die Prozeßqualität Schritt für Schritt zu erhöhen, ist beispielsweise eine Führungsaufgabe, auf die das »Top-management« seine Werkleiter einschwören muß.

Eine weitere Kenngröße, welche die Qualitätsfähigkeit eines Unternehmens zum Ausdruck bringt, ist die sog. Risikoprioritätszahl (RPZ), nach der das Risikopotential einer Konstruktion oder eines Prozesses beurteilt wird. Diese wird im Rahmen einer Fehler-Möglichkeits- und Einflußanalyse (FMEA) durch funktionsübergreifende Teamarbeit ermittelt. Ist sie zu hoch, so müssen bereits im Vorfeld eines Serienanlaufs Maßnahmen zur Fehlervermeidung getroffen werden.

Die Anzahl durchgeführter Qualitätszirkel und umgesetzter Verbesserungsvorschläge stellen weitere Eckdaten einer qualitätsorienteren Führung dar (siehe Abbildung 9 und 10). So ist die Diskussion um die Leistungsfähigkeit des betrieblichen Vorschlagwesens auch hierzulande neu entfacht.[167] Und wieder das gleiche Bild: Auch hier setzen die Japaner die Maßstäbe. Wie man hierzulande ein Vorschlagswesen in einem mittelständischen Unternehmen gestalten könnte, zeigt z.B.

hierzulande *TRW Repa* in Alfdorf. Dort gehen Vorschläge der Mitarbeiter über eine sog. »Hallo-Antwort-Karte« direkt an die Geschäftsführung, mit der Garantie, diese innerhalb von zwei Wochen beantwortet zurück zubekommen. Das drartige Instrumente zudem helfen die Kommunikationsbarierren zwischen den Hierrachieebenen fast mühelos zu überwinden, ist offensichtlich. Andere Maßstäbe zur schrittweisen Qualitätsverbesserung können Leistungswerte von Spitzen-Unternehmen aller Branchen sein, die mit der Methode des Benchmarking ermittelt werden.

Kennzahlen, die nicht nur etwas über eingegangene Reklamationen aussagen, sondern auch die Anzahl verloren gegangener Kunden indizieren, machen deutlich, wie es mit der Kundenorientierung und -bindung des Unternehmens tatsächlich bestellt ist.[168] Entgangene Deckungsbeiträge, Good-will-Verluste, Reaktionszeiten etc. sind Meßgrößen, welche die Qualitätsfähigkeit ebenfalls schonungslos widerspiegeln. Charakteristisch für diese Art von Kennzahlen ist, wie es *Kaplan* formulierte, ihre Stärke, nicht die Steuerung und Kontrolle in den Mittelpunkt zu rücken, sondern Strategie und Vision.[169]

Unternehmerischer Erfolg wird sich aber wiederum nur dann einstellen, wenn die Kennzahlen vom »Top-management« regelmäßig verlangt und mit den Mitarbeitern besprochen werden, einerseits zur Leistungsmessung, andererseits zur Führungshilfe. Insofern können diese Kennzahlen auch als Bewertungsmaßstab für das Erkennen von Führungsqualitäten herangezogen werden, wie sie zunehmend gebraucht werden. Freilich wird dies nur dann funktionieren, wenn die Maßstäbe so angelegt sind, daß sie Mitarbeitern zur Verwirklichung der Unternehmensvision anspornen, d. h. nicht zur Manipulation und langfristigen Demotivation mißbraucht werden. In diesem Sinne müssen Kennzahlen als Feedback verstanden werden, die eine Standortbestimmung aus Kunden- und Mitarbeitersicht erlauben. Wenn beispielsweise Führungskräfte danach beurteilt werden, wie sie Teambesprechungen moderieren, Konflikte regeln, Mitarbeiterentfaltung fördern, Informationen bereitstellen, etc., so wird dies auch Einfluß auf das persönliche Führungsverhalten haben. Das bedeutet darüber hinaus ein Abrücken von der Beurteilung der Managementleistung, wie bereits eingetretene Probleme gelöst wurden, hin zu einer Leistungsbeurteilung, wie gut Prozesse tatsächlich beherrscht werden. *Deming* führte hierzu aus: »*One gets a good rating for fighting a fire. The result is visible. If you*

Persönlichkeitsmerkmale einer Führungskraft (I)

I. Denkweise

1. Die Fähigkeit, abstrakt zu denken und Dinge auf den Begriff zu bringen, zu organisieren und unterschiedliche Daten in einen zusammenhängenden Bezugsrahmen zu integrieren.

   Ist ein enzyklopädischer Synthetiker, der kreative Prinzipien, Werte, Konzepte und Daten aus allen wissenschaftlichen und nichtwissenschaftlichen Bereichen organisieren und integrieren kann.

2. Toleranz gegenüber der Ambivalenz - kann Konfusionen meistern, bis sich die Dinge aufklären.

   Toleriert Vieldeutigkeit über Jahre hinweg und wird in der Erwartung, daß langfristige Pläne Früchte tragen müssen, nicht ungeduldig.

3. Intelligenz - ist nicht nur abstrakt, sondern auch praktisch begabt.

   Ist hochgradig intelligent und schöpft aus einem großen Erfahrungsschatz. Kennt alle Schliche.

4. Urteilsvermögen - weiß, wann gehandelt werden muß.

   Verfügt über ein erstklassiges Urteilsvermögen und hat im Laufe der Jahre kaum Fehler gemacht.

II. Gefühle und Beziehungen (1)

1. Autorität - hat das Gefühl, in eine Führungsrolle hineinzugehören.

   Ist eine "natürliche" Führungspersönlichkeit. Übernimmt die volle Verantwortung. Ist überzeugt, daß er seine Sache gut macht, wahrscheinlich sogar besser als die meisten anderen.

2. Aktivität - Orientierung an Problemen und Bedürfnissen des Unternehmens.

   Greift Probleme strategisch mit genau definierter Zielsetzung an. Plant langfristig, Schritt für Schritt. Unerbittlich auf einen Vorsprung vor der Konkurrenz aus.

3. Leistungsbewußtsein - Orientierungsrahmen ist der Unternehmenserfolg, nicht das Streben nach persönlichem Fortkommen.

   Ist sehr stark aufstiegsmotiviert. Sieht darin die Anerkennung seiner Kompetenz. Wird enttäuscht sein, wenn die Wahl nicht auf ihn fällt, ist aber nicht applaushungrig. Betrachtet die Unternehmensleistungen als persönliche Leistung.

4. Sensibilität - besitzt die Fähigkeit, Gefühlsschwankungen anderer wahrzunehmen.

   Hat ein meisterliches Gespür für Gefühle, ahnt sie voraus und nimmt sie ernst.

Quelle: Levinson, H., (1981): S. 25 f.

Abbildung 19: Persönlichkeitsmerkmale einer Führungskraft

do it right the first time, you are invisible. Mess it up, and correct it later, you become a hero«.

Kunden- und mitarbeiterorientierte Kennzahlen werden letztlich bei allen Mitarbeitern das Bewußtsein fördern, sich für die Kunden einzusetzen – nicht unmittelbar für das Unternehmen oder gar den Chef. Insoweit stellt das Steigern der Qualitätsfähigkeit das »Top-management« vor neue Anforderungen an die Ermittlung kunden- und mitarbeiterorientierer Leistungsmaßstäbe und Leistungsbewertungen.

2.4.10 Führungsqualität = Qualität durch Führen vorleben

Sind die enormen Potentiale, die in der Führungsaufgabe Qualität liegen, erkannt, so muß eine entsprechende Vorbildfunktion entwickelt und vorgelebt werden. Während Qualität als Unternehmensziel fungiert, wird im Rahmen der sog. Führungsqualität die Qualität als Wert an sich vermittelt. Das resultiert nicht zuletzt aus der Erkenntnis, daß propagierte Ziele allein noch keinen Unternehmenserfolg garantieren.[170] Es bedarf vielmehr der Identifikation durch die Mitarbeiter, daß diese auch von individuellem Nutzen sind, wie der Ausgestaltung der eigenen Persönlichkeit und damit verbunden dem Erhalt von Unternehmen und Arbeitsplatz. Ohne gefestigte Wertmaßstäbe des Managements selbst wirkt dies weder glaubhaft noch überzeugend. Die Anforderungen an Führungskräfte waren dabei noch nie so vielfältig und anspruchsvoll, wie dies nunmehr zur erfolgreichen Umsetzung des TQM-Gedankens notwendig ist. In den Abbildungen 19 bis 21 wird in Anlehnung an *Levinson* ein Überblick gegeben, welche Persönlichkeitsmerkmale eine Führungskraft in etwa haben bzw. entwickeln sollte.

Die Ergebnisse einer amerikanischen Untersuchung, dargestellt in Abbildung 22, zeigen jedoch, daß der Typus Manager, der sowohl die Anforderungen an das »Führen« als auch »Verwalten« beherrschen kann, offenbar eher noch eine Ausnahmeerscheinung darstellt.

Die folgenden zehn Punkte bieten nur einen groben Überblick über die notwendigen strukturellen Voraussetzungen zu hoher Führungsqualität:[171]

- Der Wille zum Führen muß vorhanden sein.
- Auf starre Regeln verzichten.

Persönlichkeitsmerkmale einer Führungskraft (II)

II. Gefühle und Beziehungen (2)

5. Engagement - sieht sich selbst als aktiv partizipierendes Mitglied der Organisation.

Plant für regelmäßige Besuche vor Ort wirklich Zeit ein. Mischt sich unter die Belegschaft und forscht aktiv nach ihren Problemen. Faßt seine Erkenntnisse für das Management wie auch für Untergebene zusammen. Hat den Finger am Puls des Unternehmens.

6. Persönliche Reife - hat gute Beziehungen zu Vorgesetzten.

Kommt mit seinen Vorgesetzten gut klar. Wird von allen ohne Ausnahme wegen der problemlosen Zusammenarbeit gelobt.

7. Interdependenz - die angemessenen Abhängigkeitsbedürfnisse anderer werden genauso akzeptiert wie die eigenen.

Steht auf eigenen Füßen, bittet aber um Informationen, Kritik und Kooperation. Kann sich vorübergehend der Leitung einer anderen kompetenten Fachkraft mit Spezialkenntnissen unterordnen, ohne dabei das Gefühl zu entwickeln, seine Führungsrolle ginge ihm verloren.

8. Artikulationsvermögen - vermittelt einen guten Eindruck.

Präsentiert sich vor der Öffentlichkeit in tadelloser Weise und verfügt über ein großes Vokabular. Flößt seinem Publikum Vertrauen und Zuversicht ein und kann die Stimmung des Publikums einschätzen.

II. Gefühle und Beziehungen (3)

9. Durchhaltevermögen - besitzt physische und geistige Energie.

Arbeitet beständig mit voller Energie. Ist immer auf dem Sprung. Bleibt ständig im richtigen Tritt und scheint seine Kräfte nie zu verzehren.

10. Anpassungsfähigkeit und Standvermögen bei Streß.

Nimmt alles auf die Schulter, was auf ihn zukommt, und scheint dabei noch aufzuleben.

11. Sinn für Humor - nimmt sich selbst nicht zu ernst.

Hat einen warmen, herzlichen Humor. Wenn er etwas erzählt, paßt es zur Gelegenheit und zu seiner Position. Spannungen baut er auf natürliche Weise ab. Ist in Gesellschaft gern gesehen.

Quelle: Levinson, H., (1981): S. 26 f.

Abbildung 20: Persönlichkeitsmerkmale einer Führungskraft

Persönlichkeitsmerkmale einer Führungskraft (III)

III. Verhaltensweisen

1. Weitblick und Vorstellungskraft - ist sich im klaren über sein Leben, seine Karriere und die Richtung, die das Unternehmen einschlagen soll.

   Verfolgt immer genau definierte Ziele, die mit den Belangen und Wertvorstellungen des Unternehmens im Einklang stehen.

2. Beharrlichkeit - ist in der Lage, eine Aufgabe zu Ende zu bringen, auch wenn Schwierigkeiten auftauchen.

   Sucht ständig nach Wegen, wie Hindernisse umgangen werden können. Bleibt Optimist im Vertrauen darauf, daß eine Lösung gefunden wird.

3. Systematik - hat eine gute Zeiteinteilung

   Seine Zeiteinteilung stimmt bis ins Detail. Für ihn zählt jede Minute. Hat Informationen schnellstens parat, entweder aus dem Gedächtnis oder aus dem Archiv.

4. Integrität - besitzt ein solide aufgebautes, bereits erprobtes System von Wertvorstellungen.

   Ist über alle Zweifel erhaben und geht dabei gelegentlich so weit, daß der Eindruck starrer Unbeugsamkeit entsteht.

5. Soziale Verantwortung - gesteht das Bedürfnis nach einer Führungsrolle ein, respektiert aber auch die sich daraus ergebende Verantwortung.

   Akzeptiert die soziale Verantwortung eines Managers und sieht darin große Möglichkeiten. Demonstriert dabei aktive Führungsqualitäten.

Quelle: Levinson, H., (1981), S. 27 f.

Abbildung 21: Persönlichkeitsmerkmale einer Führungskraft

- Keine Angst vor Fehlern aufkommen lassen.
- Aktive Auseinandersetzung mit den Mitarbeitern betreiben.
- Aufmerksamkeit, Achtung, Anerkennung und Aufrichtigkeit schenken.
- Interessenausgleich herbeiführen.
- Orientierung geben.
- Vorbild sein.
- Mitarbeitergespräche führen.
- Selbstdisziplin üben.

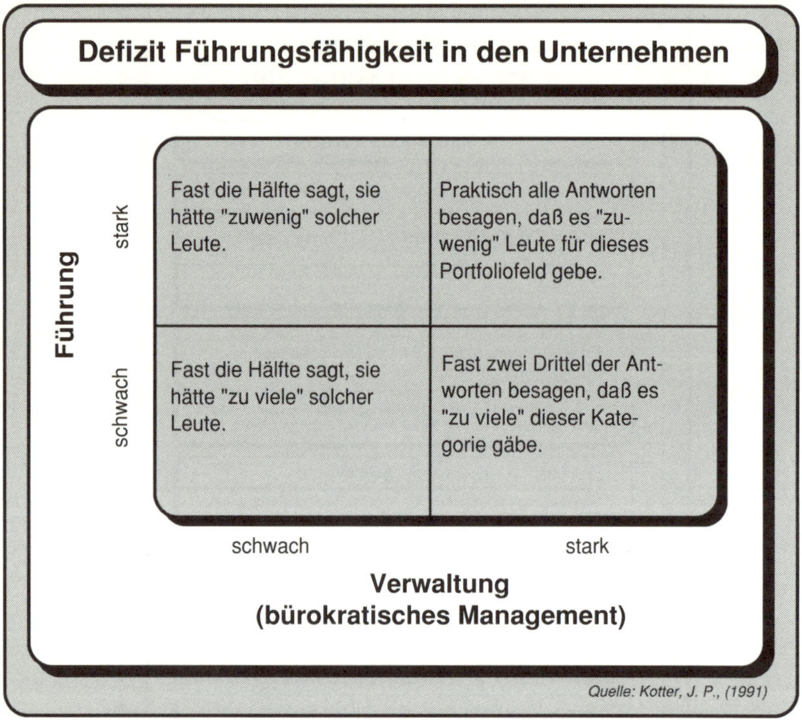

Abbildung 22: Wie leitende Angestellte in zwölf erfolgreichen amerikanischen Unternehmen die Mitarbeiter in ihren jeweiligen Managementhierarchien beurteilen. Zur Auswahl standen drei Antworten: 1. »zu wenige«, 2. »zu viele«, 3. »etwa die richtige Anzahl«.

Der einzelne Mitarbeiter darf weder in seiner Kreativität noch in seinen Möglichkeiten zur gedanklichen Umsetzung mit dem Streben nach gesteigerter Qualität behindert werden. Das Management hat die Führungsaufgabe, Barrieren auszuräumen, seien es psychologische, finanzielle, bürokratische oder solche, die sich aus der Hierarchie ergeben, und muß statt dessen durch Verbesserungen des Arbeitsumfeldes motivierend auf die Mitarbeiter einwirken. Jedem einzelnen müssen dabei Perspektiven für ein neu zu schaffendes organisatorisches Umfeld, etwaige veränderte Funktionen, Verantwortungen und Befugnisse aufgezeigt werden. Grundlegende menschliche Bedürfnisse der Mitarbeiter nach Leistung, Zugehörigkeit, Anerkennung, Selbstachtung und schließlich nach Selbstverwirklichung erfahren so ihre Befriedigung.

Hierdurch lassen sich große Widerstände auf dem Weg zum qualitätsorientierten Unternehmen gemeinsam überwinden und ein hoher Identifikationsgrad der Mitarbeiter mit dem Unternehmen erreichen. Insofern muß die Devise lauten:[172] Natürliche positve Motivation fördern und Faktoren der Demotivation abbauen mit dem Ziel: Unternehmertum im Unternehmen![173] So verstanden ist der Geschäftsführer der Spielführer und Coach der Mannschaft zugleich, nicht aber deren Präsident. Führen – so verstanden – wird zum Gestalten. Zum Gestalten von Rahmenbedingungen die Orientierung geben, in denen sich die Mitarbeiter letztlich frei entfalten können.[174] Damit werden sie praktisch nicht mehr direkt geführt, sondern führen sich selbst. Das Ziel der Selbststeuerung könnte somit erreicht werden.[175]

Setzen sich die Mitarbeiter ihre Ziele eigenständig – nach den vom Markt und Kunden bestimmten Rahmenbedingungen – so könnte auch das leidige Thema der »Zielvereinbarungen« zu den Akten gelegt werden. Zielvereinbarungen hatten bei weiten Teilen der Mitarbeiter schon immer den negativen Beigeschmack, daß jetzt offenbar auch ihre Meinung gefragt sei. Doch nicht selten werden Gespräche über Zielvereinbarungen von Führungskräften zu mehr oder weniger geschickten Überzeugungsmonologen degradiert, frei nach der Devise: Wie überzeuge ich meine Mitarbeiter, meine Ziele zu erreichen? Führen heißt demgegenüber auch, mit den Mitarbeitern zu einem Dialog zu finden.[176] Nicht lediglich während eines einmal pro Jahr anberaumten Mitarbeitergesprächs, sondern tagtäglich. Das erfordert ein erhebliches kommunikatives Geschick und Können von den Führungskräften, das trainiert sein sollte. Sie müssen praktisch zwischen den Zeilen heraushören, welche Emotionen einen Mitarbeiter bewegen und welche tatsächlichen Ziele er persönlich verfolgt.

2.5
Die Gestaltungsdimension der Organisations-entwicklung für Total Quality Management

2.5.1 Die kundenorientierte Organisationsstruktur

So unerläßlich die in Abschnitt 2.3.2 aufgelisteten Wettbewerbskonzepte auch sind, zur Sicherung langfristiger Wettbewerbsvorteile lassen sich ihre Möglichkeiten ohne eine veränderte Unternehmenskultur unter den heutigen Marktbedingungen nicht mehr ausschöpfen.[177] In der isolierten Betrachtung der Wettbewerbskonzepte mit häufig bereichs- und funktionsabgegrenzten, somit punktuellen Anwendungs- und Wirkungsbereichen, ist denn auch überhaupt das wesentliche Hindernis auszumachen. Selbst die kombinierte und gleichzeitige Anwendung wird nicht zum erwünschten Erfolg führen, wenn zum einen an traditionellen Vorgehensweisen der Komplexitätsreduktion, wie horizontale und vertikale Arbeitsteilung, sowie der personellen Trennung von »Machen« durch operative Einheiten vs. »Verbessern« durch Stäbe, mit der Folge weiter ansteigender Koordinierungserfordernisse zur Überwindung immer neuer Schnittstellen festgehalten wird,[178] zum anderen die Persönlichkeitsbeurteilung und -entwicklung von Führungskräften zur Stärkung der sozialen Führungskompetenz weiterhin aus dem unternehmerischen Geschehen ausgeklammert bleibt.[179]

Bemühungen, die komplizierten internen Koordinierungsprobleme zu lösen, binden erhebliche Energien und Ressourcen bei der Überwindung verkrusteter Unternehmensstrukturen. Planungs-, Steuerungs-, Informations- und Kontrollsysteme müssen installiert werden, um die steigende Anzahl der Schnittstellen zu verknüpfen. Dieser Prozeß entwickelt ohne anhaltende Intervention der obersten Führungskräfte rasch eine Eigendynamik, die das Augenmerk der Mitarbeiter von den vorrangigen Zielen und Aufgaben der Umgestaltung des Unternehmens ablenkt. Dabei verleitet die Lösung solcher Schwachpunkte regelmäßig zu einer alleinigen Konzentration der Kräfte auf die Ausgestaltung der Produktpalette nach internen Vorstellungen und momentanen Möglichkeiten. In den Hintergrund gerät allzu leicht die dringend notwendige Orientierung zu größerer Kundennähe, um nach ausschließlich deren Vorgaben ein Produkt überhaupt herstellen zu können.[180] Insofern reicht die Initiierung erfolgversprechender Wettbewerbskonzeptionen zumindest bei bereits gefestigten Unternehmenskulturen längst nicht aus. Sie allein wird weder die Organisation noch die Einstellung und das Verhalten der Belegschaft nachhaltig beeinflussen, wenn sie nicht auf eine dauerhafte Verinnerlichung und Reflexion von Kundenwünschen durch sämtliche Mitarbeiter ausgerichtet sind.[181]

Hand in Hand mit der Führungsaufgabe Qualität bedarf es deshalb einer kundenorientierten Organisationsstruktur. Kleine, überschaubare Organisationseinheiten mit umfassender Verantwortung für die Qualität ihrer Tätigkeit bilden hierfür die Grundlage. Eine derartige Teamorganisation wird die Kreativität der Mitarbeiter fördern und streng hierarchische Strukturen ablösen. In einem dynamischen Prozeß bilden sich bereichsübergreifende Teams, um auf die jeweiligen – oft schlecht strukturierten – Anforderungen des Kunden flexibel und schnell zu reagieren (kurze Regelkreise). Die Teams sollten jedoch nicht auf Weisung des Managements, sondern allein aus der allgemein akzeptierten Handlungsnotwendigkeit heraus entstehen; das Management sollte sich hierbei auf das Koordinieren und Moderieren beschränken. Der Kunde muß in diese Teamstruktur partnerschaftlich eingebunden werden; der Austausch und die Kommunikation mit ihm wie auch innerhalb des Unternehmens dürfen niemals abreißen. Hierdurch wird der Effekt erzielt, Kunden durch Erfüllung ihrer Wünsche langfristig an sich zu binden. Eine derartige Strategie ist vom Wettbewerber zudem (im Gegensatz zu Produkteigenschaften) nur schwer zu erkennen und zu kopieren, so daß sich auch hieraus große Wettbewerbsvorteile ergeben.

Besonders erfolgreiche Unternehmen haben erkannt, daß die Basis für ausgeprägte Loyalität gegenüber Marken, Produkten und Unternehmen nur durch zufriedene Kunden geschaffen und ausschließlich durch Kundenloyalität der Fortbestand des Unternehmens gesichert werden kann, dies nicht zuletzt aufgrund der Tatsache, daß die Pflege loyaler Kundenpotentiale lediglich 15 bis 20 Prozent der Aufwendungen erfordert, die für Aktivitäten zur Gewinnung neuer Kunden eingesetzt werden müssen.[182] Diverse Unternehmen haben (wenigstens) dies bereits erkannt: »*Kundenzufriedenheit ist der Schlüssel zur Kundenloyalität*« (*Hewlett Packard*), »*Die hohe Markentreue unserer Kunden schützt uns zum Teil gegen den Preiswettbewerb*« (*Volkswagen*),

»Loyale Kunden sind eine Markteintrittsbarriere für Wettbewerber« (BMW).

2.5.2 Das Qualitätsmanagementsystem – Spiegelbild der Ablauf-Aufbauorganisation

Eine kundenorientierte Organisationsstruktur zeigt sich natürlich auch in der Qualitätsfähigkeit der Prozesse (Ablauforganisation). Diese werden vielfach durch die aufbauorganisatorische Struktur des Unternehmens determiniert. Aufbau- und Ablauforganisation bilden das (offene) Unternehmenssystem, wie es im Rahmen der systemtheoretischen Sichtweise einer Unternehmung von Teilen der Betriebswirtschaft angesehen wird.[183] In der Literatur wird verstärkt die Rolle des Qualitätsmanagementsystems (QM-Systems), als Bezugsrahmen eines qualitätsorientierten Unternehmens diskutiert. In diesem Zusammenhang wird besonders auf die DIN ISO 9000 ff. zurückgegriffen. Dabei beschreibt die Normenreihe modellhaft ein konsistentes QM-System. In weiten Teilen der Unternehmen wird der Aufbau dieses zwar als funktionsübergreifend begriffen, jedoch eher als partielles Subsystem – neben dem Fertigungssystem, Logistiksystem etc. – verstanden. Diese Sichtweise wird nicht zuletzt durch das Vorhandensein einer »Qualitätssicherungsabteilung« gefördert, die, als Linienfunktion geführt, in der Regel von den anderen Abteilungen für die Qualität und deren Sicherung in die Verantwortung gezogen wird. Letztlich führt der Aufbau eines derartig verstandenen QM-Systems nicht zu den erhofften Produktivtätssteigerungen bzw. Qualitätsverbesserungen. Was zeichnet dann aber erfolgreiche QM-Systeme aus? Folgt man den Ergebnissen einer neueren Studie des Lehrstuhls Qualitätswissenschaft an der *Technischen Universität Berlin* (vgl. zu den Ergebnissen dieser Kapitel 5, Abschnitt 5.1.3), so liegt der Schlüssel im Verständnis des QM-Systems selbst. Dabei scheinen drei Determinanten von Bedeutung zu sein:[184]

1. Das QM-System wird als die eigentliche Ablauf- und Aufbauorganisation des Unternehmens verstanden (QM-System = Unternehmensstruktur), wobei die Normenreihe DIN ISO 9000 ff. lediglich als Ausgangspunkt einer weitreichenden Organisationsentwicklung angesehen wird.[185]

2. Verbesserungen am QM-System basieren weitgehend auf konkreten Meßgrößen und Kennzahlen, damit der Nutzen bzw. der Beitrag der Verbesserung zur Wertschöpfung meßbar und nachvollziehbar wird.
3. Der Vorsitzende des Vorstands bzw. der Geschäftsführer fühlt sich für das Verbessern des QM-Systems und damit des Unternehmens selbst verantwortlich und stößt diesen Prozeß kontinuierlich an.

Dies ist insofern schlüssig, als für das QM-System als auch für das Unternehmen der offene systemtheoretische Ansatz als Grundlage dient.[186] Aus dieser Perspektive ist die Position des Vorstandsvorsitzenden gleichwohl die des Vorsitzenden des QM-Systems. Derartige Sichtweise scheinen auch die Japaner zu favorisieren. Auf die Frage, wie ihr QM-System aufgebaut sei, verweisen diese auf die Organisationstruktur (Organigramm) und Prozesse (Flußdiagramme) des Unternehmens selbst.[187] Auf dem Weg zu einer kundenorientierten Organisationsstruktur kann die Normenreihe DIN ISO 9000 ff. als erster Schritt in diese Richtung verstanden werden – nicht mehr und nicht weniger. Sind die (Mindest-) Anforderungen dieser erfüllt, fängt die eigentliche Qualitätsarbeit – das ständige Verbessern des QM-Systems in seiner Gesamtheit – erst an. Wird der Verbesserungsprozeß vom Vorstandsvorsitzenden nicht angeführt, so bleibt der Erfolg nach praktischer Erfahrung aus. Das wird eindrucksvoll durch die Befunde einer empirischen Untersuchung von *Price/Waterhouse* untermauert.[188] Das Ergebnis: Vornehmlich durch eine unzureichende Identifizierung des Vorstandsvorsitzenden bzw. des Geschäftsführes mit »seinem« QM-System erzielt das Unternehmen keine nennenswerten Produktivitäts- und Qualitätsverbesserungen.

2.6
Total Quality Culture - Die Unternehmenskultur entwickelt sich zur Qualitätskultur

Die Unternehmenskultur findet ihren sichtbaren Ausdruck in der Art des Umgangs der Mitarbeiter untereinander, den Beziehungen zu den Vorgesetzten sowie der Kommunikation mit dem Kunden. Sie ist das direkte Spiegelbild und Meßlatte für die Ausprägung der Führungsqualität. Auf ihr müssen sich also auch alle Maßnahmen und Strukturveränderungen zur Verbesserung der Qualität abstützen. Qualität muß gemeinsamer Wertmaßstab werden.[189] Qualitätsorientiertes Denken muß in gemeinsamer Diskussion mit allen Mitarbeitern gefunden und durch entsprechende begleitende Maßnahmen – wie vor allem intensive Schulungen – ständig vertieft werden. Ein Wertesystem, das Qualität als Basis (mentaler Orientierungsrahmen) betrachtet, erweist sich erst dann als stabil, wenn dieses über eine lange Zeit immer feiner justiert und von allen Mitarbeitern anhaltend praktiziert wird. Dabei zeigen die Erfahrungen, daß dies in Unternehmen viele Jahre dauert. In diesem Sinne entwickelt sich die Unternehmenskultur zu einer Qualitätskultur – »Total Quality Culture«.

Eine solche Kultur läßt sich an dreierlei festmachen:[190] an den Dingen, die sichtbar und somit unmittelbar zu beobachten sind. Dazu können beispielsweise einheitliche Kleidung, offene oder geschlossene Bürotüren etc. aber auch Ritualien und Zeremonien gehören; an den herrschenden Werten, Normen und Grundannahmen: dazu gehört Tieferliegendes, wie der Umgang miteinander, das Verhältnis zu gesellschaftlichen Streitfragen, etc; schließlich an den Kulturträgern und Meinungsbildnern. Diese repräsentieren die Kultur und machen sie für andere begreifbar, bestätigen sie durch Vorleben der Werte.

Getragen und geprägt wird die Kultur von sämtlichen Mitarbeitern und setzt deshalb von allen ein verständnisvolles Verhalten, das »Einander-Ernstnehmen«, der Kommunikation und der Kooperation voraus. Präzisieren läßt sich dies durch das Wissen um die Schwierigkeiten der Arbeit des nächsten Mitarbeiters, so daß ein gemeinsames Kundenverhältnis wachsen kann.

Folgt man den zahlreichen Veröffentlichungen zu diesem Thema, so scheint es, als sei die Überwindung sowohl der internen als auch der externen Schnittstellen der Schlüssel zum Erfolg. Hier kann und muß die Unternehmensleitung beispielhaft wirken und Zeichen setzen. Keine abgeschlossene Chefetage, sondern ein offenes und verständiges Ohr für die Sorgen und Nöte der Mitarbeiter, das Begreifen des Mitarbeiters als Individuum mit leicht verletzlicher Persönlichkeit sind das Gebot der Stunde. Das Management prägt die Kultur entscheidend mit. Nicht durch verbale Statements, sondern als vorbildhafter Bezugspunkt für reales Verhalten und Vorleben.

Gerade das hier diskutierte Führungsverständnis mittels des Gestaltens und Ergreifens von Initiativen setzt bereits im Vorstand den Konsens sowie das geschlossene und auf Überzeugung fußende Vorgehen voraus. Nur auf diese Weise können auch schwierige Themen offen und konfliktbereit angegangen werden, ohne beim Kollegen Wunden des »Sich-Unverstanden-Fühlens« zu hinterlassen. Schließlich muß sich der Vorstandsvorsitzende für diesen Prozeß der Verständigung und damit für die Entwicklung der Qualitätskultur persönlich verantwortlich fühlen und aktiv die Führungsrolle übernehmen. Ist die gemeinsame Basis erst einmal gefunden, so gilt es, die neue Unternehmenskultur auf lange Sicht zu etablieren. Dies gestaltet sich oftmals schwieriger als die eigentliche Einschwörung auf einen Grundkonsens, da sich die Kultur letztlich unabhängig von Persönlichkeiten im Unternehmen weiterentwickeln soll. Selbst bei einem Ausscheiden des Vorstandsvorsitzenden darf kein Bruch auftreten.

Wurden herkömmliche Corporate Identity Konzepte bisher fast ausschließlich durch die Unternehmen selbst initiiert und nachfolgend auf dem Markt durch Werbung verbreitet, so geht die moderne Qualitätskultur den umgekehrten Weg. Im Mittelpunkt steht dabei der gemeinsame Dialog zwischen Unternehmen und Kunden (auch Zulieferanten). Die Qualitätskultur wird dann sowohl zum Synonym einer kundenorientierten Organisation als auch eines qualitätsorientierten Denkens der Mitarbeiter. Die Verschmelzung von Qualität und Kultur erlangt damit eine Dimension, die unverkennbar über das traditionelle Unternehmensmanagement hinausgeht und der Qualitätsorientierung bedarf. Führungsqualität gepaart mit der Führungsaufgabe Qualität ist somit die wesentliche Voraussetzung für eine erfolgreiche Qualitätskultur im Unternehmen. Dies wird die Marktakzeptanz und damit den

Markterfolg in höchstem Maße beeinflussen und das Unternehmen auch in krisenhaften Zeiten vor Rückschlägen bewahren.

2.7 *Zusammenfassung*

Total Quality Management ist ein Führungsmodell, das - aufbauend auf einer kunden- und mitarbeiterorientierten Management-Philosophie - Möglichkeiten beinhaltet, die es dem Unternehmen erlauben, auf die vielfältigen Anforderungen des Marktes und der Gesellschaft flexibel und angemessen zu reagieren. Begreifen läßt sich dieses Führungsmodell durch zwei zusammengehörige Dogmen. Zum einen gilt es, die Führungsaufgabe Qualität in ihrer Gesamtheit zu erkennen, und die sich bietenden Hilfsmittel, wie z. B. die Qualitätstechniken und das Qualitätsmanagementsystem zur Produktivitätssteigerung und Qualitätsverbesserung, zu nutzen. Zum anderen gehört zum Umsetzen des Qualitätsverständnisses eine adäquate Führungsqualität. Diese muß entwickelt, geschult und trainiert werden, damit sich Qualität in der täglichen Praxis von Führungskräften und ihren Mitarbeitern zeigt. Werden diese beiden Facetten konsequent verfolgt, wird sich eine Qualitätskultur (Total Quality Culture) entwickeln, die den Weg zur »Weltspitze« zusätzlich unterstützt und trägt. Maßgeblich ist jedoch das Vorbildverhalten des Top-managements; letztlich hängt es von diesem ab, ob ein Unternehmen auf Qualitätskurs fährt.

Anmerkungen

1 So schreibt etwa der Direktor des Instituts der deutschen Wirtschaft, Gerhard Fels: »*Das psychologische Klima ist nicht zum besten bestellt. Die Stimmung ist schlecht wie selten zuvor, vollzieht sich die Abwärtsbewegung doch ungemein abrupt. Es mehren sich die Stimmen, die in der gegenwärtigen Konjunkturschwäche nicht nur eine zyklische Bewegung, sondern den Auftakt einer tiefergehenden längeren strukturellen Rezession sehen*«. Und weiter..."*Man muß achtgeben, daß der Pessimismus sich nicht weiter verstärkt und die Abwärtsbewegung hervorruft, die er befürchtet*«. Weiterführend siehe: Fels, G., (1993), S. 1.

2 Zu dem Begriff »Spaß an der Arbeit« oder der englischsprachigen Übersetzung »Joy in work« im Zusammenhang mit Qualität und Führung siehe Neave, H. R., (1990), S. 35, 36.

3 O.V., (1993a), S. 18.

4 Harms, B. M., (1993): S. B23.

5 Siehe zum Spannungsfeld zwischen den Fach- und Sozialkompetenzen auch: Haase, P., (1993), S. 261 ff.

6 Vgl. Kamiske, G. F. (Hrsg.), (1992), S. 3 ff.

7 Vgl. Höhler, G., (1992).

8 Vgl. Bleicher, K., (1991a), S. 26 ff.

9 Vgl. hierzu Bleicher K., (1991), S. 5 ff., (26) So spricht Bleicher in diesem Zusammenhang vom Paradigmenwechsel als Folge veränderter Anforderungen an das Management und fordert, erkennbare neue Denkansätze auszuformen. Bleicher schreibt: »*Der Schwerpunkt der Managementaufgabe verlagert sich damit vom Bemühen um ökonomisch-technische zur ökonomisch-sozial-humanen Rationalität. Damit gewinnen die Human-Ressourcen als langfristig zu schaffendes und weiterzuentwickelndes Erfolgspotential einen zentralen Stellenwert für die Überlebens- und Entwicklungsfähigkeit einer Unternehmung*«.

10 Auch die Führungsforschung selbst befindet sich offenbar im Umbruch. So spricht z. B. Schettgen von einer Krise in der Führungspsychologie/ -forschung und zeigt anhand einer systematischen Bestandsaufnahme der bisherigen Bemühungen der Führungsforschung die wesentlichen Ursachen der Krise auf. Vgl. Schettgen, P., (1991).

11 Kanter, R. M., (1990), S. 9. oder auch Böning, U., Fritschle, B., Oefner-Py, S., (1992), S. 38 ff.

12 Siehe auch Müller, H., (1993), S. 7.

13 Vgl. beispielsweise Schaffer, R., H.; Thomson, H. A., (1992), S. 78 ff. oder Reiß, M., (1992), S. 57 ff.

14 So z. B. bei Deming, W. E., (1986), oder Kamiske, G. F., (1990a), S. 5 ff.

15 Der Forschungsbedarf auf dem Gebiet wurde frühzeitig aufgezeigt. So z. B. v. Spur, G., (1989) S. 11-12 oder Köster, A., (1991). S. 376-377. Das Bundesminsterium für Forschung und Technologie (BMFT) führt seit 1992 das vielbeachtete Forschungsprogramm »Qualitätssicherung 1992-1996« durch. Vgl. Stams, D., (1992), S. 310 f.

16 Peters, T., Watermann, R. H., (1982). Zu den acht Faktoren gehören: 1) Drang zur Tat, 2) Dicht am Kunden, 3) Eigenständigkeit und Unternehmertum, 4) Produktivität durch Leute, 5) Von Werten geleitet, 6) In der eigenen Webart bleiben, 7) Einfache Formen, kleine Stäbe, 8) Führung zugleich locker und fest.

17 Peters, T., Austin, J. N., (1986). Zu den drei Faktoren gehören: 1) Überlegender Dienst am Kunden, 2) Ständige Innovationen, 3) Tägliche spürbare Fähigkeit des Managements, aus der Vorbildfunktion heraus Stolz der Mitarbeiter auszulösen, dazuzugehören und begeistert mitzumachen.

18 Peters, T., (1988).

19 Weigle, G., (1991), S. 12.

20 Zu den qualitätsbezogenen Aussagen und den strukturellen Daten der Untersuchung des PIMS- Programms siehe Luchs, R. H., Neubauer, F.-F., (1986). Anmerkung: Seit 1972 studiert das amerikanische Forschungsprogramm PIMS (Profit Impact of Market Strategy), welche Erfolgsfaktoren einen entscheidenden Einfluß auf die Rentabilität von Unternehmen haben. Dabei werden laufend die Informationen/Daten von mehr als 2.500 verschiedenen Produkten und Dienstleistungen innerhalb und außerhalb der USA berücksichtigt und miteinander verglichen. Das Programm und dessen Vorgehensweise hat aber auch seine Kritiker. Deren Ansichten sollen in diesem Rahmen jedoch nicht diskutiert werden. Siehe zu kritischen Anmerkungen: Barzen, D., Wahle, P., (1990), S. 100 ff.

21 Siehe zu den weiteren Ergebnissen auch: Buzzell, R. D., Gale, B. T., (1989).

22 Siehe o.V., (1991).

23 Das Interesse in der Bundesrepublik Deutschland am Malcolm Baldrige National Quality Award (MBQA) ist auf den modellartigen Charakter zurückzuführen. So ist heute anerkannt, daß die Konzeption und die Bewertungskriterien des MBQA einen in sich konsistenten und ganzheitlichen Ansatz zur Realisierung des Total Quality Management bieten. Insoweit sind die Kriterien des MBQA geeignet, als Leitschnur für den »eigenen TQM-Weg« zu dienen.

24 Zu den Ergebnissen der GAO-Studie in Verbindung mit den Kriterien des MBQA siehe: Steeples, M. M., (1992).

25 Knotts, U. S., Parrish, L. G., Evans, C. R., (1993), S. 49 ff. Diese Studie bestätigt auch die große Anerkennung des MBQA unter den Unternehmen der USA.

26 Siehe Crostack, H.-A., u.a., (1993), S. 169 ff.

27 Vgl. Zink, K. J., (1992), S. 15 ff.; Zink, K. J., (1989a), S. 25 f. oder Schildknecht, R., (1992).

28 Vgl. Seghezzi, H. D., (1993): S. 3 f.

29 Jansen, H. H., (1993), S. 1.

30 Siehe Gaugler, H., (1993), S. 33.

31 Siehe auch Höhler, G., (1993), S. 315 ff.

32 Chase, R. B., Garvin, D. A., (1990), S. 123 ff.

33 Vgl. Kanter, R. M., (1990), S. 16.

34 Vgl. McKenna, R., (1991), S. 29.

35 Vgl. Warnecke, H.-J., (1992a), S. 24. Warnecke merkt an: »*Verfolgt man die aktuelle Diskussion in technischen Führungskreisen, verstärkt sich mehr*

und mehr der Eindruck einer Orientierungslosigkeit unter den Entscheidungsträgern."

36 Vgl. beispielsweise Seitz, K. (1991); Reisch, B., (1992), S. 4; aus branchenübergreifender Sicht: Fels, G., (1993), S. 1.

37 Vgl. Gandow, A., (1993), S. 11.

38 Zu weiteren Befunden dieser Studie: Bröder, P, Schultetus, W, (1992).

39 Womack, J. P., Jones, D. T., Roos, D., (1991).

40 Vgl. hierzu auch Seitz, K., (1992); Ederer, G., (1991).

41 Stellt man den in der MIT-Studie herausgearbeiteten Managementindex dem Produktivitätsindex gegenüber, so zeigt sich, daß die höhere Produktivität japanischer Automobilunternehmen mit deren Führungsverständnis (ausgedrückt durch den Index) korreliert. Dabei ist der Automatisierungsgrad japanischer, amerikanischer und europäischer Unternehmen ungefähr gleich hoch. Vgl. hierzu auch Kamiske, G. F., (1991), S. 5 ff.

42 So schreibt etwa der Werksleiter von Canon, Giessen, P. Teufel: »*Seit Veröffentlichung der MIT-Studie versuchen Wissenschaftler und Unternehmensberater den Begriff »schlanke Fertigung« zu definieren bzw. die Gründe für diesen Erfolg darzustellen. In der Regel jedoch kommen diese Versuche nur sehr bruchstückhaft der tatsächlichen Situation nahe. Der eigentliche Grund für den Erfolg japanischer Unternehmen liegt in ihren Managementsystemen, die eingebettet in eine harmonische Unternehmenskultur unter systematischer Vorgehensweise jeden Mitarbeiter im Unternehmen aktivieren, sich für die Ziele des Unternehmens einzusetzen*«. Siehe Teufel, P., (1992), S. 115 ff.

43 Rommel, G., u.a., (1993).

44 Vgl. z. B. Berger, R., Hirschbach, O., (1993):, S. 134, 135. Eine Untersuchung der Unternehmensberatung Roland Berger & Partner in 14 japanischen Unternehmen im Zeitraum von 1988 bis 1990 zur Frage, warum die Japaner so erfolgreich seien, ergab folgende Schlüsselfaktoren:
1) Der ganzheitliche Ansatz vom Lieferanten, entlang der Wertschöpfungskette innerhalb des Unternehmens bis zum Kunden. 2) Prozeßmanagement mit dem Ziel der Kundenzufriedenheit anstatt des funktionalen europäischen Modells. 3) Universell verfügbare Information als Grundvoraussetzung jeglicher Aktivität. 4) Der Mensch und Mitarbeiter im Zentrum. 5) Ziel aller Aktivitäten ist die ständige Reduzierung nicht wertschöpfender Arbeiten auf ein Minimum.

45 Siehe hierzu: o.V., (1993b), S. 245.

46 Der Initiator der Kienbaum-Untersuchung, R. Berth, äußerte in einem Interview: »*Wir versuchen, mit den Methoden und der Mentalität der sechziger Jahre das 21. Jahrhundert anzugehen*«.

47 Siehe auch Berth, R., (1990), S. 44 ff.

48 Siehe so auch den »Report on International Industry Specific Quality Management Practices« der American Quality Foundation und Ernst & Young. O.V., (1992a).

49 Siehe auch die unveröffentlichten Originalunterlagen (Working-Papers) der MIT-Studie.

50 Park, S., (1992), S. 380 f.

51 Rommel, G.u.a., (1993), S. 135-140. Dieser und seine Mitarbeiter schreiben: »*Die zurückhaltenden Automatisierer, in Japan wie in Deutschland, erzielen ihre Produktivitätsvorteile durch bessere Produktgestaltung, Komplexitätsmanagement, wesentlich effizientere Abläufe und vor allem stabile Prozesse. Diese Verbesserungsmöglichkeiten sind, so ist zu vermuten, in Europa zum Teil gerade durch die Flucht in die Automation vernachlässigt worden. Sah man doch die neuen Technologien als den Weg, hohe Produktivität bei beliebiger Komplexität zu erreichen. Dabei hat man vielfach innerhalb komplexer Rahmenbedingungen instabile Prozesse eingeführt, von denen erhebliche Störungen des Gesamtsystems ausgehen."*

52 Siehe zu Qualitätszirkeln insbesondere Ishikawa, A., (1985), S. 33 ff.

53 So läßt sich nach Ansicht der Verfasser z. B. beobachten, daß im deutschen Sprachraum seit 1992 vermehrt Berichte über das Ende des Managementkonzepts »fragile-lean-production« in japanischen Unternehmen publiziert werden. Gleiches gilt für Just-in-Time.

54 Siehe z.B. Berger, R.,Hirschbach, O., (1993), S. 129 ff.

55 So werden japanischen Unternehmen häufig aggressive und unfaire Methoden im internationalen Wettbewerb vorgeworfen. Demgegenüber richtet sich der Wettbewerb in Japan nicht auf die Vernichtung eines Konkurrenten, auch nicht auf dessen Schwächung. Sobald Wettbewerb das Überleben eines Unternehmens gefährdet, wird es als Aggression verstanden. Die auf Harmonie angelegten Beziehungen erscheinen dann bedroht. Vgl. hierzu Albach, H., (1990), S. 372.

56 Fröhling, O. (1992), S. 66 f.

57 Die Individualisierung spiegelt sich selbst in der Namensgebung der Produktionssysteme wider. So spricht Toyota vom »Toyota Production System (TPS)« oder Canon vom »Canon Production System (CPS)«.

58 Vgl. z.B. das Time-Cost-Quality-Leadership Konzept von der Unternehmensberatung R. Berger. Dieses enthält alle Elemente, die zuvor als die japanischen Schlüsselfaktoren von selbigen identifiziert wurden. Vgl. Berger, R., Hirschbach, O., (1993), S. 129 ff.

59 Einen Denkansatz bietet z. B. Warnecke mit dem Systemansatz der »fraktalen Fabrik«. Dieser beruht auf der These, daß wir einen Wandel von der deterministischen (linearen monokausalen) zu einem ganzheitlich komplexeren Weltbild benötigen. Darauf aufbauend stellen die Wissenschaftler, in Anlehnung an die Chaosforschung, »Fraktale« als Lösungsansätze vor. Diese sind gekennzeichnet durch eine Selbstähnlichkeit von Strukturen und vom Verhalten des ganzen Systems wie auch seiner Subsysteme und Elemente hinsichtlich der verfolgten Ziele. Derartigen Ansatz übertragen die Forscher auf die Organisation des Fabrikbetriebs. Anmerkung der Verfasser: Die tatsächliche Ausgestaltung des Denkansatzes der »fraktalen Fabrik« ist gleichwohl durch japanische Ansätze und Methoden gekennzeichnet, wie z. B. ein kompletter Tagungsband zur Thematik zeigt. Vgl. o.V., (1993c). Ob der Ansatz der »fraktalen Fabrik« tatsächlich weitläufige Relevanz in der Unternehmensführung bekommen wird, bleibt abzuwarten. Der Ansatz nach mehr Selbststeuerung und Autonomie kreativer Gruppen ist bereits langjährig ebenso bekannt wie die Anlehnung an die Chaosforschung oder die systematische Sichtweise ei-

ner Organisation. Hinsichtlich der Autonomiegestaltung gibt es darüber hinaus schon längere Zeit veröffentlichte Entlehnungen aus der Biologie, vornehmlich der Evolutionsforschung. Warnecke, H.-J., (1992b) und Warnecke, H.-J., (1992c), S. 36 ff. Zur autonomen Organisation: z.B. Gomez, P., (1988), S. 389 ff. Zu Vergleichen mit biologischen Evolutionsstrategien: z.B. Herderson, B. D., (1990), S. 9 ff.

60 Die Verfasser berufen sich hier insbesondere auf drei mittelständische Unternehmen, die nach eigener Erkenntnis sich seit mehreren Jahren mit dem Total Quality Management befassen und einen bemerkenswerten Wettbewerbsvorsprung herausgearbeitet haben. Diese sind: Mettler Toledo (Albstadt) GmbH, Carl Edelmann (Heidenheim) GmbH und TRW Repa (Alfdorf) GmbH. Vgl. auch Kamiske, G. F., (Hrsg.), (1992), m.w.N.

61 Die Rolle des Staates wird heute nicht nur in Deutschland, sondern auch auf europäischer Ebene und in den USA heftig diskutiert. Der Ruf nach einer marktkonformen Industriepolitik, die Anreize schafft, um den Wettbewerb zwischen Unternehmen in die Zukunftsbranchen zu lenken, wird von Wirtschaftsfachleuten, aber auch Politikern zunehmend lauter. Vgl. hierzu z. B. Seitz, K. (1991) oder aus amerikanischer Sichtweise Ramo, S., (1987), S. 3 ff.

62 Vgl. Conrady, H., (1992), S. 1. Siehe auch Randow, G., (1992), S. 46: Dort fordert Spur, G., die Einrichtung eines Technologierates, der ähnlich dem Wissenschaftsrat Empfehlungen für die Politik gibt. Und Glotz, P. fordert eine grundsätzlich neue Ausrichtung der Forschungspolitik. Vgl. Glotz, P., (1993), S. 10.

63 Anderer Ansicht ist z.B. Eekhoff, J.: Eekhof vertritt die Auffassung, daß eine strategische Industriepolitik zur Auflösung multilateraler Handelssysteme führe. Der Staat müsse zwar kontinuierlich Standortpflege betreiben, dürfe jedoch keine förderungswürdigen Schlüsseltechnologien definieren oder subventionieren. Vgl. Eekhof, J, (1992), S. 6.

64 Beispielsweise werden die Entwicklungskosten des 256-Megabit-Dram-Chips voraussichtlich mehr als 2 Mrd. Dollar betragen und einen Entwicklungszeitraum von 10 bis 20 Jahren benötigen, so daß dieser frühestens im Jahre 2000 zur Verfügung stehen wird. Diese Aufwendungen und Zeithorizonte überfordern einzelne Unternehmen. So wird die 256- Megachip-Technologie in einer Kooperation zwischen Siemens, IBM und Toshiba vorangetrieben. Vgl. hierzu Klipstein, D. L., (1992), S. 13. Siehe auch Seitz, K, (1992).

65 Vgl. Esser, K.-P., Emmerich, L., (1992), S. 55, 58, 65 ff.

66 Vgl. Schaar, H. (1992), S. 10.

67 Vgl. Child, P., (1991), S. 73 ff.

68 Vgl. aus betriebswirtschaftlichem Blickwinkel Wildemann, H., (1993), S. 1 ff. Aus Sicht der Qualitätswissenschaft Kamiske, G., F., Tomys, A.-K., (1993a), S. 41 ff.

69 Vgl. Kamiske, G. F., Tomys, A.-K., (1993a), S. 41 ff.

70 Vgl. Storm, D. J., (1987), S. 52-54. Diese Daten stellen freilich nur eine Abschätzung des Autors dar.

71 Vgl. Kamiske, G. F., Tomys, A.-K., (1993b), S. 403.

72 Unter Prozessen sollen hier sowohl die Führungs- als auch die Geschäfts- und technischen Prozesse verstanden werden.

73 Doppler, K., (1991), S. 18 ff.
74 Vgl. Reiß, M., (1992), S. 57 ff. oder Beer, M., Eisenstat, R. A., Spector, B., (1991), S. 34 ff.
75 Vgl. Kirstein, H., (1992), S. 400 ff. oder auch Schuler, W., (1992), S. 404 ff. Kirstein und Schuler stellen die Zusammenhänge qualitätssichernder Maßnahmen im Überblick systematisch dar und gehen auch auf strategische wie philosophische Ansätze des Qualitätsmanagements ein. Die Abhandlungen sind im Sinne der klassischen Qualitätssicherung als auch des Qualitätsmanagements hinreichend beschrieben, berücksichtigen jedoch keine konzeptionellen Denkansätze der Führungs- und Organisationsforschung, die aber zur Ableitung und Entwicklung eines qualitätsorientierten Führungsmodells notwendig sind.
76 Siehe Jung, M., (1993), S. 12 oder auch Wallisch, F., (1993), S. 252 f.
77 Vgl. Woodworth, W., Nelson, R., (1979), S. 16 ff. oder auch Scholz, Chr. (1990), S. 59.
78 Vgl. Bleicher, K., (1990), S. 5 ff.
79 Vgl. Bretz, H., (1990), S. 110 ff.
80 Sprenger, R. K., (1993), S. 142.
81 Vgl. Knebel, H., (1993), S. 368.
82 Vgl. Kamiske, G. F., Malorny, Chr., (1992a), S. 276.
83 Nach Ansicht der Autoren müssen europäische Unternehmen – mit Ausnahme weniger – in die zweite Kategorie (integrative Qualitätssicherung) eingeordnet werden. Darüber hinaus sind insbesondere weite Teile der klein- und mittelständischen Unternehmen immer noch in den klasssischen Ansätzen der Qualitätskontrolle verwurzelt (Kategorie 1).
84 Nach Kenntnis der Autoren gründet sich die »Leadership-Diskussion« bezogen auf Unternehmensorganisationen im wesentlichen auf die Arbeiten von Abraham Zalezink, der bereits 1966 den Begriff »leadership« in die »Human-Ressource-Ansätze einbrachte. Vgl. Zaleznik, A., (1966).
85 Zur Abgrenzung von Führung und Management vgl. z.B. Henzler, H. (1988), S. 19 ff. oder auch Lietz, J., H., (1992), S.15.
86 Die Sichtweise, Total Quality Management als Führungsmodell zu beschreiben, wurde erstmals von Kamiske und Malorny publiziert. Vgl. Kamiske, G. F., Malorny, Chr., (1992b), S. 3 ff.
87 Siehe Deming, W. E., (1964), 1. Vortragsmanuskript.
88 Juran, J. M., Gryna, F., M., (1980).
89 Crosby, P. B., (1986).
90 O.V., (1993d), S. 16.
91 Vgl. Lietz, J. H., (1993), S. 486.
92 Vgl. Lietz, J. H., (1993), S. 486 f. Ähnlich auch Höhler, G., (1992).
93 Tikart, J., (1993), S. 440 ff. Johann Tikart, Geschäftsführer der Mettler Toledo (Albstadt) GmbH gilt heute als gefragte Persönlichkeit zu allen Fragen der qualitätsorientierten Unternehmensführung.
94 Vgl. Volk, H., (1988), S. 175., oder Schmidt, J., (1991), S. 429. Schmidt führt prägnant aus: »*... es sollte uns zu denken geben, daß schätzungsweise 50 Prozent der Mitarbeiter ihrem Unternehmen innerlich gekündigt haben. Der Grund ist fast ausschließlich in Führungsfehlern zu suchen.*« Siehe

auch Warnecke, H.-J., (1992a), S. 24. Warnecke schreibt: »*Aus praktischer Erfahrung kann behauptet werden, daß in herkömmliche Organisationsstrukturen nur 10 bis 20 Prozent der Mitarbeiter ihr volles Leistungspotential einbringen*«...und weiter..."*wenn wir durch bessere Führung und Organisation nur 50 Prozent der Mitarbeiter erreichen und einbeziehen, haben wir die Potentiale und Energien des Unternehmens verdoppelt bis verdreifacht.*"

95 Nach Meinung der Verfasser muß sich die Forschung auf dem »Motivationsgebiet« heute die Frage gefallen lassen, wie es trotz intensiver Forschungsbemühungen zu diesen Zahlen kommen konnte.

96 Schmidt, J., (1991), S. 429.

97 Vgl. Deming, W. E., (1986).

98 Zu Demings 14 Punkten siehe auch die Abhandlungen von Scherkenbach, W., W., (1990), und Neave, H. R., (1993).

99 Vgl. Gerken,G., (1992), S. 408.

100 Siehe Knoblauch, R., Schnabel, R. E., (1992), S. 11 ff.

101 Volk, H., (1988), S. 177.

102 So stellte Elfers die These auf: »*Fehlleistungen und Konflikte sind Indikatoren dafür, daß das Aushandeln im Führungsprozeß auf Kosten einer der beteiligten Personen, oder sogar einer ganzen Gruppe, stattgefunden hat*«. Elfers, H., (1993), S. 75.

103 Anmerkung der Autoren: Andere Autoren sehen im Total Quality Management eher ein Führungskonzept, eine Führungsphilosophie oder auch einen Führungsansatz. Siehe hierzu z.B. Seghezzi, H. D., (1993), S. 26. Nach Meinung der Verfasser nimmt TQM eher die Stellung eines Modells ein. Der Begriff des »Führungsansatzes« erscheint uns zu lückenhaft, der des »Führungskonzepts« als in sich zu eingeschränkt und der der »Führungsphilosophie« als sehr übergeordnet, eher im Hintergrund wirkend. Der Modellbegriff impliziert besonders den nötigen Vorbildcharakter.

104 In der englischen Originalfassung der Norm heißt es demgegenüber »*...management-approach...*«. Die deutsche Übersetzung scheint hier sehr unglücklich gewählt zu sein, da eine Methode ein festes planmäßiges Rezept suggeriert. Mit gleicher Ansicht Seghezzi, H. D., (1993), S. 26.

105 Vgl. Knoblauch, R., (1993): S. 34.

106 Vgl. Peters, T., (1993), S. 20.

107 Vgl. Gaugler, H., (1993), S. 33.

108 Vgl. Gomez, P., (1992), S. 166 ff.

109 Vgl. Berger, R., Hirschbach, O., (1993), S. 146. Berger und Hirschbach beklagen, daß die meisten Verbesserungsprogramme zwar Kostensenkungen zum Ziel haben, jedoch nicht eine verbesserte Kundenzufriedenheit bzw. Produktqualität nach sich ziehen. Vgl. auch aus amerikanischer Sicht: Kanter, R., M., (1992), S. 9, 10.

110 So beispielsweise Sprenger, R. K., (1993), S. 144

111 Vgl. o.V., (1993e), S. 12.

112 Zum Zusammenhang zwischen Preis und Wert führt der Japaner Ohno aus: »*Verwechseln Sie nicht die Begriffe »Wert« und »Preis«. 1. Der Kunde kauft ein Produkt, weil es einen bestimmten Wert für ihn besitzt. 2. Steigern*

sich die Herstellkosten, so erhöhen Sie die Preise. Nehmen Sie nicht diesen einfachen Weg. Wenn Sie Ihre Preise steigern und der Wert des Produkts gleichbleibt, werden Sie schnell ihren Kunden verlieren.« Vgl. hierzu insbesondere Shingo, S., (1981), S. 109 ff.

113 Dazu weiterführend. Tomys, A.-K., (1993), S. 215 ff.

114 Vgl. Masaaki, I., (1992).

115 Vgl. Töpfer, A., (1993), 1.Vortragsmanuskript.

116 Ansätze, wie die Qualitätswahrnehmung und Anforderungsprofile von Kunden zu ermitteln sind, werden in der marketingorientierten Literatur vielfältig diskutiert. Die am weitreichendsten, aber auch umstrittendsten Ansätze bringt Gerken, indem er das klassische Marketing als nicht mehr zeitgemäß propagiert und statt dessen die Interfusion fordert. Vgl. Gerken, G., (1991).

117 Vgl. Geiger, W., (1992), S. 33 ff.: So ist beipielsweise Geiger der Auffassung, daß Qualität als Grundbegriff der Qualitätslehre eine eindeutige Definition benötige. Dies wurde auch mit der Veröffentlichung der DIN 55350 Teil 11, 1987 nach intensiver Diskussion in verschiedenen Gremien normenhaft erstmalig erreicht. Allerdings stellt der Versuch »Qualität« an sich zu definieren aus Sicht der Verfasser ein Paradoxon dar, als heute allgemein anerkannt ist, daß Qualität der Kunde definiert, und nur er. Darüber hinaus zeigt die z. Zt. gültige Definition des Qualitätsbegriffes nach DIN ISO 8402, E03.92, wonach Qualität »*die Gesamtheit von Merkmalen einer Einheit bezüglich ihrer Eignung, festgelegte und vorausgesetzte Erfordernisse zu erfüllen*« ist, daß – auch diese – Definitionen immer notwendigerweise Eingrenzungen und damit auch Abgrenzungen aus einem größeren Bedeutungszusammenhang sind. Des weiteren scheint die o. g. Definition in sich erklärungsbedürftig. Insofern kann man die Definition zum Qualitätsbegriff wohl verständlich machen, ihn aber nicht vollständig klären. Hierin ist das Haupthindernis zu sehen, warum in Unternehmen die Definition entsprechend der Norm nach Erfahrung der Verfasser letztlich nur wenig Verwendung findet. Zwar benötigt eine Fachdiskussion die Notwendigkeit eines gemeinsamen Verständnisses hinsichtlich der Begriffsinhalte und -umfänge, jedoch stellt sich die Frage, ob nicht gerade auch der Qualitätsbegriff eine dynamische, über die bisherige weltweite Angleichung hinausgehende Weiterentwicklung benötigt. Vgl. weiterführend auch: Müller-Golchert, W., (1990), S. 56 ff.

118 Vgl. v. Briskon, G., (1991), S 116 ff.

119 Vgl. Scharrer, E, (1991), S. 697.

120 v. Briskon, G., (1991), S. 124.

121 Vgl. Müller, W., Riesenbeck, H.-J.,(1991), S. 67 ff.

122 Vgl. z. B. Seghezzi, H. D., (1993): S. 10, 11.

123 Vgl. Braun, K., Lawrence, Chr., (1993), S. 78.

124 Siehe hierzu z. B. Mehdorn, H., Töpfer, A., (1992), S. 16. Die Autoren weisen darauf hin, daß es sich bei Qualität, Zeit und Kosten um konfliktäre Ziele handelt, die eine Harmonisierung auf gleichem Niveau nicht erlauben. Sie empfehlen, entsprechend der Wettbewerbssituation, sich auf den kritischen Erfolgsfaktor zu beschränken, und schreiben: »*Eine Qualitätssteigerung kann zu Lasten eines höheren Zeitbedarfs und auch zu Lasten höherer Kosten gehen. Wenn die Wettbewerbssituation so ist, daß der kritische Erfolgsfaktor die Zeit ist, um Vermarktungschancen noch als strategischen Spiel-*

raum ausnutzen zu können, dann ist eine Zeitreduzierung eher durch eine Kostensteigerung als durch eine Qualitätssenkung zu erkaufen.« Kommentar: Dieser Meinung können sich die Autoren dieses Buchs nicht anschließen, da es zum einen trotz Setzung einer Priorität zu keiner Herausführung der Parameter Qualität, Zeit und Kosten aus ihrer engen Definition kommt und zum anderen diese Sichtweise der Produktivitäts- und Qualitätssteigerung bei gleichzeitiger Senkung der Kosten unter Einhaltung aller gesetzten Termine nicht dienlich erscheint. Solange unter Qualität ausschließlich ein produktbezogenes Merkmal verstanden wird, d. h. mehr Qualität=mehr Kosten, wird es einem Unternehmen nicht gelingen, an die Weltspitze vorzudringen bzw. der Konkurrenz voraus zu sein. Wenn Zeitvorteile durch Kostensteigerungen erkauft werden sollen, dann ist der nächste Schritt die Senkung der Qualität – spätestens dann, wenn der Kunde nicht bereit sein wird, entsprechende Preise zu bezahlen. Eine niedrigere Qualität wird allerdings die Wettbewerbsfähigkeit des Unternehmens langfristig in Frage stellen.

125 Vgl. Bullinger, H. J., (1992), S. 20.

126 Siehe z. B. das Time-Cost-Quality-Leadership Konzept von Roland Berger: Vgl. Berger, R., Hirschbach, O., (1993), S. 137 ff.

127 Seghezzi gibt hier zwei Beispiele: So tendierte z.B. die Gemeinkostenwertanalyse dazu, Kosten kurzfristig zu senken, mit der Gefahr, langfristig durch Qualitätsverluste Marktanteile zu verlieren. Derselbe sieht auch im Zeitmanagement eine Gefährdung und schreibt: Ähnliche Gefahren drohen derzeit aus der Ecke eines falsch verstandenen Zeitmanagements, indem mit der plakativen Aussage, »*nicht die Großen fressen die Kleinen, sondern die Schnellen die Langsamen*«, Zeitverkürzungen (Time to Market) um jeden Preis angestrebt werden. Dabei, so Seghezzi, droht die Gefahr, daß die auf den Markt gebrachten Produkte Kinderkrankheiten aufweisen, trotz der früheren Einführungszeit nicht zum Laufen kommen und Verlust bringen.« Siehe Seghezzi, H. D., (1993), S. 12.

128 Vgl. Braun, K., Lawrence,Chr., (1993), S. 77 ff.

129 Deming, W. E., (1964): Vortragsmanuskript

130 Nach Meinung der Autoren kompensieren Bestände und Puffer aller Art grundsätzlich Probleme in negativer Weise, da Ressourcen gebunden werden. Stehen keine Puffer zur Verfügung, müssen Probleme systematisch und unmittelbar beseitigt werden. Bestände können sowohl Fertigprodukte, Halbzeuge, Maschinenbestände oder auch Ersatzpersonal sein.

131 Nach Meinung der Autoren zeigen damit abermals die Japaner, wie das Dilemma der Fertigungssteuerung – niedrige Bestände, hohe Auslastung, kurze Durchlaufzeiten bei hoher Termintreue – weitgehend aufgelöst werden kann. Zum Dilemma der Fertigungssteuerung aus westlich geprägter Sicht vgl. Wiendahl, H.-P., Wedermeyer, H.-G., (1990), S. 407 ff.

132 Dieser Sichtweise schließen sich mittlerweile auch eine Reihe von Unternehmensberatern an, so z. B. auch Roland Berger. Vgl. Berger, R., Hirschbach, O, (1993), a.a.O.

133 Vgl. z. B. Lardi, D., Langmoen, R., (1992), S. 48 ff.

134 Garvin, D. A., March, A., (1989), S. 2.

135 Vgl. Kamiske, G. F., Malorny, Chr., (1992a), S. 276.

136 Zu Ansätzen und Problematiken einer bewußten Verlagerung von Sachaufgaben zu Führungsaufgaben vgl. Nieder, P., (1993), S. 20. Nieder schreibt: »*Viele Vorgesetzte wiegen sich in einer trügerischen Sicherheit. Ihrem Selbstbild nach verstehen sie sich als »Menschenführer«. Dem steht aber in vielen Fällen das »Fremdbild« bei den Mitarbeitern entgegen. Hier werden häufig Führungsdefizite beklagt. Zu oft konzentrieren sich Vorgesetzte einseitig auf Sachaufgaben – sie sind Sachbearbeiter statt Führungskräfte*«.

137 Vgl. Kotter, J. P., (1991).

138 In der Literatur wird des öfteren der mechanistische Ansatz des MbO beklagt. So schreibt Lietz z. B: »*Auch in deutschen Unternehmen wird von Managern verlangt, mit den Mitarbeitern Ziele zu erreichen. Manager sollen sich durchsetzen können. Sie geben also Ziele vor oder »vereinbaren« Ziele. Das heißt, sie »überzeugen« davon, daß die Ziele erreicht werden müssen, indem sie Druck ausüben und ihre rhetorische Überlegenheit ausspielen. Solchermaßen wider eigenen Willen »überredete« Führungskräfte und Mitarbeiter stehen nicht zu diesen Zielen. Die Mitarbeiter bauen Widerstände auf*...«. Vgl. Lietz, J. H., (1992), S. 15.

139 So vertritt Peters die Ansicht, daß sich das »Top-management« nicht mit der strategischen Planung belasten, sondern lediglich eine koordierende und moderierende Rolle einnehmen sollte. Vgl. Peters, T., (1992).

140 Vgl. Servatius, H.-G., (1988), S. 130.

141 Siehe so z.B. Töpfer, A. und Mehdorn, H., (1993), S. 150.

142 Vgl. Deming, W. E., (1986)

143 Vgl. Seghezzi, H. D., (Hrsg.), (1992).

144 Vgl. Kamiske, G. F., (1993), S. 13 ff.

145 Zum strategischen Charakter der Qualitätstechniken siehe: Kamiske, G. F., (1990b), S. 252.

146 Vgl. Kamiske, G. F., Tomys, A.-K., (1992), S. 14 ff.

147 Siehe z.B. Horváth, P., (1993): S. 215 ff.

148 Drucker, P. F., (1991a), S. 11.

149 Vgl. auch die Ansätze von Kaplan, R. S., Norton, D. P., (1992), S. 37 ff.

150 Zur Forderung und konzeptioneller Gestaltung von Kennzahlen siehe auch Wildemann, H., (1992), S. 772 ff.

151 Vgl. Coenenberg, A. G., Fischer, Th. M., (1991), S. 21 ff.

152 Vgl. Horváth, P., Mayer, R., (1989), S. 214 ff.

153 Vgl. Cooper, R., Kaplan, R. S., (1991), S. 87 ff.; Cooper, R., (1988), S. 45 ff.; Cooper R., (1989), S. 38 ff.

154 Vgl. Gutzler, E. H., (1992), S. 120 ff.

155 Vgl. z. B. Wildemann, H., (1993), S. 1 ff.; oder Hoene, R., (1992), 3. Vortragsmanuskript.

156 So befindet z. B. Küpper, daß die Kostenrechnung – auch die Prozeßkostenrechnung wohl kein geeignetes Instrument zur Untersützung stategischer Entscheidungen sein könne und hält Aussagen diesbezüglich für problematisch. Vgl. Küpper, H.-U., (1991), S. 388 ff.

157 Nach Ansicht der Verfasser sind die Denkansätze von Kamiske/Tomys derzeit als die weitreichendsten zu betrachten. Gleichwohl haben sich Experten des Controllings zu deren Ansätzen noch nicht explizit geäußert.

158 Vgl. Kamiske, G. F., Tomys, A.-K., (1993a), S. 41 ff.
159 Siehe auch Kamiske, G. F., Tomys, A.-K., (1993b), S. 403 ff.
160 Vgl. Hacquebord, H., (1990), S. HH-21.
161 Siehe z. B. Schloßbauer, K., (1993), S. 173 ff.
162 Vgl. hierzu auch Scharioth, J., (1992), 12. Vortragsmanuskript oder Strich, D., (1993), S. 195 ff.
163 Vgl. Fröhling, O., (1992), S. 64 ff.
164 Vgl. auch Hiromoto, T., (1989), S. 316 ff.
165 Der Indikator stellt den Prozeßfähigkeitsindex cpk dar, der in japanischen Unternehmen heute mit Werten von cpk 2 angegeben wird. Er ist eine direktes Maß für die Anzahl defekter Teile im Verhältnis zu Gutteilen. Cpk = 1,67 beinhaltet die Aussagekraft (Prozeßfähigkeit), daß lediglich ein defektes Teil zu einer Million produzierter Teile (1 ppm) auftritt. Je größer der Cpk Wert, desto geringer die Wahrscheinlichkeit, daß defekte Teile auftreten.
166 Vgl. Drucker, P. F., (1991b), S. 69 ff.
167 Vgl. Zander, E., (1992), S. 578 ff. oder Gutbrod-Speidel, A., (1993), S. 304 ff sowie Quarch, U., (1993), S. 298 ff.
168 Siehe hierzu beispielsweise Scharioth, J., (1992), 12. Vortragsmanuskript.
169 Vgl. Kaplan, R. S., Norton, D. P, (1992), S. 46.
170 Braun, K., Lawrence, Chr., (1993), S. 77 ff.
171 Schwertfeger, B., (1992), S. 20.
172 Reiß, M., (1993), S. 20.
173 Zu Schwierigkeiten, Risiken, aber auch Chancen bei der Umsetzung von Unternehmertum in Unternehmen siehe z.B. Walsh, I., (1993), S. 28.
174 Vgl. Mann, R., (1992), S. 20.
175 Vgl. Möller, C., (1988).
176 Siehe z.B. Sabel, H., (1993), S. 320 ff.
177 Vgl. Kamiske, G. F., Malorny, Chr., (1992a), S. 274 ff.
178 Vgl. Reiß, M., (1992), S. 58.
179 Vgl. Lauterburg, Chr., (1992), S. 4 ff.
180 Vgl. Bleicher, K., (1991), S. 15 ff.
181 Beer, M., Eisenstat, R. A., Spector, B., (1991), S. 34 ff.
182 Vgl. Müller, W., Riesenbeck, H.-J., (1991), S. 68 f.
183 Vgl. z. B. Berger, U., Mehlich-Bernhard, I., (1993), S. 153.
184 Malorny, Chr. u.a., (1993), S. 269 ff.
185 Mit ähnlicher Ansicht Brackrock, E., (1993), S. 376 ff.
186 Dies sagt schon der Begriff *Qualitätsmanagementsystem.*
187 Entsprechend einer persönlichen Äußerung von Prof. Dr.-Ing. G. F. Kamiske während der »Berliner Qualitätsgespräche für das Top-management« am. 30. Oktober 1992 in Berlin.
188 Vgl. Gutberlet, Th., (1993), S. 72 ff.
189 Vgl. Forster, W., (1990), S. 69.
190 Vgl. Tostmann, Th., (1992), S. 12.

Zitierte Literatur

Abbott, L., (1955): Quality and Competition, New York, 1955, S. 126-127

Albach, H., (1990): Japanischer Geist und internationaler Wettbewerb, in: ZfB 60. Jg (1990), H. 4, S. 369-382

Barzen, D., Wahle, P., (1990): Das PIMS-Programm – was es wirklich wert ist, in: Harvard manager, 1/1990, S. 100-109

Beer, M.; Eisenstat, R. A.; Spector, B., (1991): Wie Verjüngungskampagnen ein sicherer Erfolg werden, in: Harvard manager, 4/1991, S. 34-48

Berger, U., Bernhard-Mehlich, I., (1993): Die verhaltenswissenschaftliche Entscheidungstheorie, in: Organisationstheorien, hrsg. v. Kieser, A., Stuttgart u.a. 1993, S. 127-159

Berger, R., Hirschbach, O., (1993): »Time-Cost-Quality-Leadership«, in: Qualitätsstrategien, hrsg. v. Seghezzi, H. D., Hansen, J. R., München u.a. 1993, S. 129-147

Berth, R., (1990): Deutsche Manager und das Charisma, in: Harvard manager, 3/1990, S. 44-49

Bläsing, J., (1992): Qualitätsmanagement, in: Tagungsband Rechnungswesen und EDV, hrsg. v. Scheer, A.-W., Heidelberg 1992, S. 396-430

Bleicher, K., (1990): Unternehmensphilosophien im internationalen Wettbewerb, in: zfo, 1/1990, S. 5-14

Bleicher, K., (1991a): Das Konzept integriertes Management, Hamburg 1991

Bleicher, K., (1991b): Organisation: Kundenorientierte Strukturen verstärken, in: IBM Nachrichten 44 (1991) Heft 304, S. 15-23.

Böning, U., Fritschle, B., Oefner-Py, S., (1992): Wie Manager morgen führen sollen, in: Gablers Magazin 1/1992, S. 38-43

Brackrock, E., (1993): ISO 9000, Organisationsentwicklung und Managementqualität als Aufgabeneinheit, in: Personal, Heft 8/1993, S. 376-379

Braun, K.; Lawrence, Chr., (1993): TQM I: Ohne gemeinsame Werte wird es nichts, in: Harvard Business manager, 2/1993, S. 77-85

Bretz, H., (1990): Warum Unternehmen charismatische Manager brauchen, in: Harvard manager, 1/1990, S. 110-119

Briskon, G., (1991): Qualität im Quantensprung, in: Absatzwirtschaft Sondernummer Oktober 1991, S. 116-122

Bröder, P., Schultetus, W., (1992): Erfolgsfaktoren des japanischen Werkzeugmaschinenbaus, hrsg. v. RKW, IG Metall, Verein Deutscher Werkzeugmaschinenfabriken, 1992

Broth, R. A., (1982): Managing Quality for Higher Profits, New York 1982, S. 3

Bullinger, H. J., (1992): F+E Bereiche sind durch die Konkurrenz aus Japan massiv unter Druck geraten , in: Handelsblatt v. 21.09.1992, S. 20

Buzell, R. D., Gale, B., T., (1989): Das PIMS-Programm – Strategien und Unternehmenserfolg, Wiesbaden 1989

Chase, R. B., Garvin, D. A., (1990): Die Fabrik der Zukunft – Ein Dienstleister, in: Harvardmanager, 1/1990, S. 123-131

Child, P., (1991): SMR Forum: The Management of Complexity, in: Sloan Management Review, 3/1991, S. 73 ff.

Clark, K. B., Fujimoto, T., (1992): Automobilentwicklung mit System – Strategie, Organisation und Management in Europa, Japan und USA, Frankfurt/Main u.a. 1992
Conrady, H., (1992): Warten auf den Moderator, in: VDI Nachrichten v. 29.05.1992, S. 1
Coenberg, A. G., Fischer, Th. M., (1991): Prozeßkostenrechnung – Strategische Neuorientierung in der Kostenrechnung, in: DBW 51 (1991) 1, S. 21-38
Cooper, R., (1988): The Rise of Activity-Based Costing – Part One: What Is An Activity-Based Cost System?, in: Journal of Cost Management, Vol. 2 (1988), Summer, S. 45-54
Cooper, R., (1989): The Rise of Activity-Based Costing – Part Four: What Do Activity-Based Cost Systems Look Like?, in: Journal of management, Vol. 3 (1989), Spring, S. 38-49
Cooper, R. Kaplan, R. S., (1991): Activity-Based Costing – Ressourcenmanagement at its best, in: Harvard manager 4/1991, S. 87 ff.
Crosby, P. B., (1979): Quality is free, New York 1979
Crosby, P. B., (1986): Qualität bringt Gewinn, Hamburg 1986
Crostack, H.-A., u.a., (1993): Entwicklung eines Entscheidungsunterstützenden Informationssystems zur Ermittlung der Bedeutung der Qualität am Markt, in: Tagungsband Forschungstagung Qualitätssicherung '93, hrsg. v. Forschungsgemeinschaft Qualitätsicherung e.V. (FQS), Schrift Nr. 80-93, Frakfurt/Main, 1993, S. 169-189
Dehner, H., (1993): Sie wissen nicht, was sie tun, in: Automobil Produktion Spezial »Qualität im Automobilbau, Mai 1993, S. 50-52
Deming, W. E., (1964): Recent advances in the statistical control of Japan, in: Proceedings of the American Society for Quality Control, Washington 1964
Deming, W. E., (1986): Out of the Crisis, Cambridge, MA 1989
Doppler, K., (1991): Management der Veränderung – Entwicklungen und Veränderungen erfolgreich steuern und gestalten, in: Organisationsentwicklung , 1/1991, S. 18-30
Drucker, P. F., (1991a): So funktioniert die Fabrik von morgen, in: Harvard manager, 1/1991, S. 9-17
Drucker, P. F., (1991b): The New Productivity Challenge, in: Harvard Business Review, Nov.-Dec. 1991, S. 69 ff.
Eekhoff, J., (1992): Der Staat kann keine Schlüsseltechnologien definieren, in: Handelsblatt v. 13.04.1992, S. 6
Ederer, G., (1991): Das leise Lächeln des Siegers, 2. Auflage, Düsseldorf u.a. 1991
Edwards, C. D., (1968): The Meaning of Quality, in: Quality Progress, Oct. 1968, S. 37
Elfers, H., (1993): Aspekte zum effizienteren Führen von Mitarbeitern unter den Gesichtspunkten der qualitätsorientierten Unternehmensführung, unveröffentlichte Diplomarbeit, TU-Berlin, Berlin, 1993
Esser, K.-P., Emmerich, L., (1992): Eine neue Unternehmenskultur als Voraussetzung für Total Quality Management, in: »Die Hohe Schule – Total Quality Management«, hrsg. v. Kamiske, G. F., Berlin 1992, S. 39-80
Feigenbaum, A. V., (1961): Total Quality Control, New York 1961
Feigenbaum, A. V., (1983): Total Quality Control, 3. Auflage, New York 1983

Fels, G., (1993): Aufbruch, in: Verlagsbeilage »Deutsche Wirtschaft« zur FAZ v. 07.06.1993, S. 1
Forster, W., (1990): Qualitätsmanagement als Kulturentwicklung, in: Organisationsentwicklung, 3/1990, S. 64-71
Fröhling, O., (1992): Was ein Informationssystem an Strategieunterstützung leisten muß, in: Harvard manager, 4/1992, S. 64-73
Gandow, A., (1993): Die Japaner wollen in die Weltliga der Großchemie aufsteigen, in: Handelsblatt v. 06./07.08.1993, S 11
Garvin, D. A., March, A., (1989): A Note on Quality: The Views of Deming, Juran, and Crosby, in: HBR – Special Collection »Quality«, 1989, hrsg. v. HBR, S. 2-13
Gaugler, H., (1993): Oft unklare Regelungen über die Schnittstellen, in: Handelsblatt v. 07.10.1993, S. 33
Geiger, W., (1992): Geschichte und Zukunft des Qualitätsbegriffs, in: Qualität und Zuverlässigkeit 37 (1992) 1, S. 33-35
Gerken, G., (1991): Abschied vom Marketing – Interfusion statt Marketing, Düsseldorf u.a. 1991
Gerken, G., (1992): Das, was die Japaner erfolgreich macht, können wir nicht nachmachen. Deshalb »Soft-Management« statt »Lean-Management«, in: Marketing-Journal, 5/1992,S. 408-415
Gilmore, H. L., (1974): Product Conformance Cost, in: Quality Progress, June 1974, S. 16
Glotz, P., (1993): Wir müssen in der Forschung auf Zukunftsfelder setzen – Interview, in: VDI Nachrichten Nr. 35 v. 03.09.1993, S. 10
Gomez, P., (1988): Die Organisation der Autonomie – neue Denkmodelle für die Unternehmensführung, in: zfo 6/1988, S. 389-393
Gomez, P., (1992): Neue Trends in der Konzernforschung, in: zfo 3/1992, S. 166 ff.
Gutzler, E., H., (1992): GWA – Wunderwaffe mit vielen Tücken, in: Harvard manager 4/1992, S. 120-131
Gutberlet, Th., (1993): Noch Defizite im Topmanagement, in: Automobil Produktion Spezial »Qualität im Automobilbau, Mai 1993, S. 72-74
Gutbrod-Speidel, A., (1993): Ist ein Betriebliches Vorschlagswesen noch zeitgemäß?, in: Personalführung 4/93, S. 304-309
Haase, P., (1993): Schulen von Führungskompetenz – geht das?, in: Die Hohe Schule – Führen mit Qualität, hrsg. v. Kamiske, G. F., Berlin 1993, S. 261-274
Hacquebord, H., (1990): A Strategy for helping Management to change, in: Tagungsband »Instituting Dr. Demings Methods for Management of Productivity and Quality«, hrsg. v. The George Washington University, Washington D.C., Oktober 1990.
Harms, B. M., (1993): Ethik, in: Verlagsbeilage »Deutsche Wirtschaft« zur FAZ v. 07.06.1993, S. B23
Heist, F., Fromm, H., (1989): Qualität im Unternehmen, München u.a. 1989
Hentschel, B., (1992): Qualität, in: Lexikon der Betriebswirtschaftslehre, hrsg. v. Corsten, H., München u.a. 1992
Henzler, H. A., (1988): Vision und Führung, in: Handbuch Strategische Führung, hrsg. v. selbigem., Wiesbaden 1988, S. 17-33
Herderson, B. D., (1990): Geht es um Strategien – schlag bei Darwin nach, in: Harvard manager, 3/1990, S. 9-12

Hiromoto, T., (1989): Management Accounting in Japan – Ein Vergleich zwischen japanischen und westlichen Systemen des Management-Accounting, in: Controlling, Heft 6, Nov. 1989, S. 316-322

Hoene, R., (1992): Qualitätsberichterstattung als Führungsinstrument, in: Tagungsband »Qualitätscontrolling, hrsg. v. Management Circle, Frankfurt/Main 1992, 3. Vortragsmanuskript

Höhler, G., (1992): Spielregeln für Sieger, 2. Auflage, Düsseldorf u.a. 1992

Höhler, G., (1993): Führen von Führungskräften (die den Wandel vollziehen sollen), in: »Die Hohe Schule – Führen mit Qualität«, hrsg, v. Kamiske, G. F., Berlin 1993, S. 315-327

Horváth, P., Mayer, R., (1989): Prozeßkostenrechnung – Der Weg zu mehr Kostentransparenz und wirkungsvolleren Unternehmenstrategien, in: Controlling, Heft 4/1989, S. 214-219

Horváth, P., Urban, G., (1990): Qualitätscontrolling, Stuttgart 1990

Horváth, P., (1993): Navigation für die »Fraktale Fabrik« – Neuorientierung des Controllings, in: Tagungsband 24. IPA-Arbeitstagung »Weg zur Fraktalen Fabrik«, Stuttgart 1993, S. 215-231

Ishikawa, A., (1985): Principles of QC Circle Activities and their Effects on Productivity in Japan: A Corporate Analysis, in: MIR Vol. 25, 1985/3, S. 33-40

Jansen, H. H., (1993): Qualitätssicherung in der Wertschöpfungskette – Teil 1: Unternehmenspolitik; Qualitätspolitik; Strategien; Ziele, in: Qualitätsmanagement im Unternehmen, hrsg. v. Hansen, W., Jansen, H. H., Kamiske, G. F., Berlin u. a. 1993, S. 1

Jung. M., (1993): Das herrschende Begriffschaos muß strukturiert und systematisiert werden, in Handelsblatt v. 07.06.1993, S. 12

Juran, J. M., Gryna, F. M., (1980): Quality Planning and Analysis, New York 1980

Juran, J. M., (1989): Juran on Leadership for Quality – An Executive Handbook, New York 1989

Kamiske, G. F., (1989): Qualität = Technik und Geisteshaltung, in: »Die Hohe Schule der Qualitätstechnik«, hrsg. v. selbigem, Berlin 1989, 14. Vortragsmanuskript

Kamiske, G. F., (1990a): Qualität und Produktivität, in: ZwF, 1/1990, S. 5-7

Kamiske, G. F., (1990b): Qualität = Technik + Geisteshaltung, in: QZ 35 (1990) H. 5, S. 251-252.

Kamiske, G. F., (1991): Die Überlegenheit der »schlanken« Produktionsmanagementmethode, in: »Die Hohe Schule – Management für Qualität und Produktivität, hrsg. v. selbigem, Berlin 1991, S. 3-14

Kamiske, G. F., (Hrsg.), (1992): »Die Hohe Schule – Total Quality Management«, Berlin, 1992

Kamiske, G. F., (1993): Führen mit Qualität, in: »Die Hohe Schule – Führen mit Qualität«, hrsg. v. selbigem, Berlin 1993, S. 5-24

Kamiske, G. F.; Malorny, Chr., (1992a): Total Quality Management – Ein bestechendes Führungsmodell mit hohen Anforderungen und großen Chancen, in: zfo, 5/1992, S. 274-278

Kamiske, G. F.; Malorny, Chr., (1992b): Total Quality Management – Ein bestechendes Führungsmodell mit hohen Anforderungen und großen Chancen, in: »Die Hohe Schule – Total Quality Management«, hrsg. v. Kamiske, G., F., Berlin, 1992, S. 3-28

Kamiske, G. F.; Tomys, A.-K., (1992): Qualitäts- und Führungstechniken, in: Technika – Die Fachzeitschrift für die Industrie, 41. Jahrgang, 15/16/1992, S. 14-16
Kamiske, G. F.; Tomys, A.-K., (1993a): Qualitätsmanagement verbessert den Wirkungsgrad der Produktion, in: ZwF, 1/1993, S. 41-43
Kamiske, G. F., Tomys, A.-K., (1993b): Die Rationalisierungspotentiale des TQM, in: QZ 38 (1993) 7, S. 403-405
Kanter, R. M., (1990): Manager brauchen einen neuen Arbeitsstil und andere Talente, in: Harvard manager »Führung und Organisation« (Band 4), 1990, S. 9-17
Kanter, R. M., (1992): Think like the Customer: The Global Business Logic, in: Harvard Business Review, July/August 1992, S. 9-10
Kaplan, R. S., Norton, D. P., (1992): In Search of Excellence – der Maßstab muß neu definiert werden, in: Harvard manager 4/1992, S. 37-46
Kirstein, H., (1992): Qualitätssicherung im Unternehmen – Methoden-Strategien-Philosophie, in: QZ 37 (1992) 7, S. 400 ff.
Klipstein, D. L., (1992): Drei Elektronik-Riesen kooperieren bei Chip-Entwicklung, in: VDI Nachrichten 30/1992, S. 13
Knebel, H., (1993): Mitarbeiterorientierte Führung – nur für gute Zeiten gut?, in: Personal, Heft 8/1993, S. 368-371
Knoblauch, H., (1982): Qualitätssicherung – Entwicklung und Zukunftsaussichten, in: VDI-Nachrichten, Bd. 124, Nr. 23/24, 1992, S. 897-899
Knoblauch, R., (1993): Der blinde Fleck des TQM, in: Lernfeld Betrieb 3/4, 1993, S. 34-35
Knoblauch, R., Schnabel, R. E., (1992): Qualität beginnt und endet beim Mitarbeiter, in: Gablers Magazin 2/92, S. 11-17
Knotts, U. S., Parrish, L. G., Evans, C. R., (1993): What does the U.S. Business Community Really Think About the Baldrige Awrad?, in: Quality Progress, 5/1993, S. 49-53
Köster, A., (1991): Forschung im Bereich Qualitätssicherung, in: QZ 36 (1991) 7, S. 376-377
Kotter, J. P., (1989): unveröffentlichtes Vortragsmanuskript auf dem Kienbaum Topmanagement Seminar v. 29. Mai 1989
Kotter, J. P., (1991): Leadership: A Force of Change, The Free Press, New York 1991
Kuehn, A. A., Day, R. L., (1962): Strategy of Product Quality, in: Harvard Business Review, Nov./Dec. 1962, S. 101
Küpper, H.-U., (1991): Prozeßkostenrechnung – ein strtegisch neuer Ansatz?, in: DBW 51 (1991) 3, S. 388-391
Lardi, D., Langmoen, R., (1992): Zeitmanagement – Führungsmethode mit Zukunft, in: io management Zeitschrift 61 (1992), Nr. 1, S. 48-51
Lauterburg, Chr., (1992): Der falsche Mann – Das Drama des überforderten Managers, in: Organisationsentwicklung, 1/1992, S. 4-14
Leffler, K. B., (1982): Ambiguous Changes in Product Quality, in: American Economic Review, Dec. 1982, S. 956
Levinson, H., (1981): Qualifikationskriterien für Top-Manager, in: Führung und Organisation, Band 1, hrsg. v. Manager magazin Verlagsgesellschaft mbH, Hamburg, S. 23-28
Lietz, J. H., (1992): Der Unterschied zwischen »managen« und »führen«, in: FAZ – Blick durch die Wirtschaft v. 11.09.1992, S. 15

Lietz, J. H., (1993): Von der Zweck- zur Sinn-Gemeinschaft, in: QZ 38 (1993) 9, S. 486-487

Luchs, R. H., Neubauer, F.-F., (1986): Qualitätsmanagement – Wettbewerbsvorsprung durch Differenzierung, Frankfurt/Main 1986

Lynch, R. L., Cross, K. F., (1991): Measure up Yardsticks for Continuous Improvement, Cambridge (MA) 1991

Malorny, Chr. u.a., (1993): Qualitätsmanagementsysteme nach DIN ISO 9000: Wo liegen die Schwierigkeiten?, in: QZ 38 (1993) 5, S. 269-274

Mann, R., (1992): Führung heißt Orientierung geben, in: FAZ – Blick durch die Wirtschaft v. 24.04.1992, S. 20

Masaaki, I., (1992): Kaizen – Der Schlüssel zum Erfolg der Japaner im Wettbewerb, München u.a.1992

McKenna, R., (1991): Marketing – ein neues Paradigma setzt sich durch, in: Harvard manager, 3/1991, S. 27-34

Mehdorn, H., Töpfer, A., (1992): Eine hohe Qualität ist in immer kürzerer Zeit bei günstigen Kostenstrukturen zu erreichen, in: Handelsblatt v. 10.08.1992, S. 16

Miller, Th. O., (1992): A Customers Definition of Quality, in: Journal of Business Strategy, Vol. 13, No. 1, Jan./Feb. 1992, S. 4-7

Morse, W. J., Poston, K., (1986): Accounting for Quality Costs – A Critical Component of CIM, in: CIM-Review, Fall 1986, S. 53-60

Müller, H., (1993): Neue Führungsstrukturen sichern den Ertrag, in: VDI Nachrichten v. 20. August 1993, S. 7

Müller, W., Riesenbeck, H.-J., (1991): Wie aus zufriedenen auch anhängliche Kunden werden, in: Harvard manager 3/1991, S. 67-79

Müller-Golchert, W., (1990): Kleine Management-Gehirnwäsche zum Thema Qualität, in: io Management Zeitschrift, 59 (1990) Nr. 9, S. 56-58

Möller, C., (1988): Persönliche Qualität – Die Voraussetzung für jede andere Qualität, hrsg. v. TMI A/S, 2. Auflage, Uhingen 1988

Neave, H. R., (1990): Deming'88. Part 1: win-win, joy in work and innovation, in: Total Quality Management Vol 1, Nr. 1, hrsg. v. Kanji, G. K., 1990, S. 33-48

Neave, H. R., (1993): The Deming Dimension, Knoxville 1993

Nieder, P., (1993): Viele Vorgesetzte nehmen sich zuwenig Zeit für die Führung, in FAZ – Blick durch die Wirtschaft v. 10.02.1993, S. 20

O.V., (1991): GAO Report, »Management Practices, U.S. Companies Improve Performance Through Quality Efforts, hrsg. v. U.S. General Accounting Office, Gaithersburg (MD) 1991

O.V., (1992a): International Quality Study – A Definitive Reprot on International Industry Specific Quality Management Practices, hrsg. v. American Quality Foundation und Ernst & Young, Cleveland, Ohio 1992

O.V., (1992b): Vahlens Großes Marketing Lexikon, München 1992

O.V., (1993a): Aufsichtsrat und Vorstand von VW stellen sich deutlich hinter López, in: FAZ v. 04.06.1993, S. 18

O.V., (1993b): Vom Blitz getroffen – Den Managern fehlt die Zukunftsvision, in: Der Spiegel v. 10.05.1993, S. 245

O.V., (1993c): Tagungsband »Fraktale Fabrik – Schneller, felexibler und kostengünstiger produzieren!«, hrsg. v. Management Circle GmbH, Frankfurt/Main 1993

O. V., (1993d): Mängel durch Managerfehler – Thesen v. W. Masing auf den »Kasseler Qualitätstagen«,in: FAZ v. 22.03.1993, S. 16
O. V., (1993e): Schlanke Produktion kein Patentrezept für alle, in: Handelsblatt v. 17.05.1993, S. 12
Park, S., (1992): Was können wir von den Japanern lernen?, in: QZ 37 (1992) 7, S. 380-381
Peters, T., (1988): Kreatives Chaos, Hamburg u.a. 1988
Peters, T., (1992): Jenseits der Hierarchien, Düsseldorf u.a. 1992
Peters, T., Austin, J., N., (1986): Leistung aus Leidenschaft, Hamburg u.a. 1986
Peters, T., (1993): Preaching Excellence in the Networked Corporation, in: European Quality (Special Showcase Edition), Juni 1993, S. 16-20
Peters, T., Watermann, R. H., (1982): Auf der Suche nach Spitzenleistungen, Landsberg/Lech, 1982
Pirsig, R. M., (1974): Zen and the Art of Motorcycle Maintenance, New York 1979.
Quarch, U., (1993): Panta rhei – Alles ist in Bewegung, in: Personalführung 4/93, S. 298-303.
Raisch, B., (1992): Der Trend geht in Richtung »Zweitligist«, in: Handelsblatt Karriere v. 18./19.09. 1992, S. 4
Ramo, S., (1987): Globalization of Industry and Implications for the Future, in: The Bridge, Vol. 17, Nr. 3, Fall 1987, S. 3-9
Randow, G., (1992): Maschinenguru mit Sinn für Geschichte, Portrait über Günter Spur, in: Die Zeit, 38/1992, S. 46
Reiß, M., (1992): Mit Blut, Schweiß und Tränen zur schlanken Organisation, in: Harvardmanager, 2/1992, S. 57-62
Reiß, M., (1993): Mit Besinnen auf originäre Stärken der Fernost-Konkurrenz Paroli bieten, in: Handelsblatt v. 26.04.1993, S. 20
Rommel, G. u.a., (1993): Einfach Überlegen, Stuttgart 1993
Sabel, H., (1993): Mitarbeitergespräche: Problemlösung im Prozeß der Offenheit, in: Personalführung 4/93, S. 320-325
Salvisberg, H., P., (1989): Qualitätsmanagement für JiT-Fertigung, in: io Management Zeitschrift,58 Jg., 6/1989, S. 67-70
Scharrer, E., (1991): Qualität – ein betriebswirtschaftlicher Faktor?, in: ZfB 61. Jg. (1991), H. 7, S. 695-720
Schaar, H., (1992): Die ganzheitliche Unternehmensentwicklung unter den Aspekten des Total Quality Managements, in: Tagungsband »Die Hohe Schule – Total Quality Management«,hrsg. v. Kamiske, G., F., 3. Vortragsmanuskript, Berlin 1992
Schaffer, R. H.; Thomson, H. A., (1992): Leistungsprogramme: Wirksam wie ein Regentanz ums Lagerfeuer, in: Harvard manager, 3/1992, S. 78-87
Schaldach, H., (1990): Entwicklung einer europaweiten Qualitätsstrategie, in: ZfP, Bd. 1, 2/1990, S. 161-176
Scharioth, J., (1992): Tri: M – Das Kundenbindungs-System, in: Tagungsband »Qualitätscontrolling«, hrsg. v. Management Circle, Frankfurt/Main 1992, 12. Vortragsmanuskript
Scherkenbach, W. W., (1990): The Deming Route to Quality and Productivity, 10. Auflage, Rockville, 1990
Schettgen, P., (1991): Führungspsychologie im Wandel – Neue Ansätze in der Organisations-, Interaktions- und Attributionsforschung, Wiesbaden 1991

Schildknecht, R., (1992): Total Quality Management - Konzeption und State of the Art, Frankfurt/Main 1992
Schloßbauer, K., (1993): Qualitätscontrolling, in: »Die Hohe Schule - Führen mit Qualität«, hrsg. v. Kamiske, G. F., Berlin 1993, S. 173-188
Schmidt, J., (1991): Management und Führung - gestern heute und vor allem morgen, in: zfo, 6/1991, S. 429
Scholz, Chr., (1990): Von Mystikern, Ingenieuren und anderen Kulturspezialisten, in: Süddeutsche Zeitung v. 05.01.1990, S. 59
Schuler, W., (1992): Überblick gefragt, in: QZ 37 (1992) 7, S. 404 ff.
Schwertfeger, B., (1992): Zum Führen muß auch ein Wille vorhanden sein, in FAZ - Blick durchdie Wirtschaft v. 10.09.1992, S. 20
Seghezzi, H. D., (Hrsg.), (1992): Top Management and Quality, München u.a. 1992
Seghezzi, H. D., (1993): Konzepte, Strategien und Systeme qualitätsorientierter Unternehmen, in: Qualitätsstrategien, hrsg. v. Seghezzi, H. D., Hansen, J. R., München 1993, S. 1-46
Seitz, K., (1991): Die japanisch-amerikanische Herausforderung: Deutschlands Hochtechnologie-Industrien kämpfen ums Überleben, Stuttgart u.a. 1991
Seitz, K., (1992): Die japanisch-amerikanische Herausforderung, in: Tagungband Organisation'92 - Erfolgsfaktoren für schlanke Unternehmen, hrsg. v. Digital Equipment GmbH, München 1992, separates Manuskript
Servatius, H.-G., (1988): Eine Organisation auf Leistung trimmen, in: Harvard manager 4/1988, S. 128-134
Shingo, S., (1981): Study of Toyota Production System from Industrial Engineering Viewpoint,8. Auflage, Tokyo 1993
Sprenger, R. K., (1993): Die wahre Krise, in: Manager magazin 23. Jg., 8/1993, S. 142-145
Spur, G., (1989): Unternehmensführung in der zukünftigen Industriegesellschaft, in: Tagungsband zum Produktionstechnischen Kolloquium - Management für Technologie und Arbeit, hrsg. v. selbigem, Berlin 1989, S. 5-16
Stams, D., (1992): Wettbewerbsfähigkeit stärken, in: QZ 37 (1992) 6, S. 310-311
Steeples, M. M., (1992): The Corporate Guide to the Malcolm Baldrige National Quality Award, Milwaukee, 1992
Storm, D. J., (1988): The Way to World Class eliminate VVA (Non Value Adding), in: Just in Time Reprints, hrsg. v. American Production & Inventrory Control Society, Atlanta 1987, S. 52-54
Strich, D., (1993): Qualitätsorientiertes Führen mit Hilfe betriebswirtschaftlicher Kennzahlen, in: Die Hohe Schule - Führen mit Qualität, hrsg. v. Kamiske, G. F., Berlin 1992, S. 195-214
Teufel, P., (1992): Die Realisierung der »Lean Production« am Beispiel der Canon Giessen GmbH, in: Lean Management - Der Weg zur schlanken Fabrik, hrsg. v. Wildemann, H., München 1992, S. 115-190
Tikart, J., (1993): Vertauen ist der Nährboden für Unternehmensqualität, in: QZ 38 (1993) 8, S. 440-441
Töpfer, A., (1993): TQM - Strategische Ansatzpunkte und Umsetzungsfallen in der Praxis, in: Tagungsband »TQM«, hrsg. v. Euroforum Deutschland GmbH, Frankfurt/Main 1993, 1. Vortragsmanuskript

Töpfer, A., Mehdorn, H., (1993): Total Quality Management - Anforderungen und Umsetzung im Unternehmen, 2. Auflage, Berlin u.a. 1993
Tomys, A.-K., (1993): Leistungen anstelle »Qualitätskosten«, in: »Die Hohe Schule - Führen mit Qualität«, hrsg. v. Kamiske, G., F., Berlin 1993, S. 215-234.
Tostmann, Th., (1992): Nützt Werbeagenturen eine eigene Kultur?, in: Harvard manager, 4/1992, S. 11-15
Tuchmann, B. W., (1980): The Decline of Quality, in: New York Times Magazine, Nov. 2/1989, S. 38
Volk, H., (1988): Das neue Bild vom Vorgesetzten: Lernziel Sozialkompetenz, in: zfo, 3/1988, S. 175-178
Wallisch, F., (1992): Qualitäts-Management: ein Buch mit sieben Siegeln?, in: QZ 38 (1993) 5, S. 252-253
Walsh, I., (1993): Nur ein weiteres Patentrezept für hilflose Manager, in: FAZ - Blick durch die Wirtschaft v. 10.03.1993, S. 28
Warnecke, H.-J., (1992a): Industrielle Produktion im Umbruch - Wertewandel als Chance begreifen, in: Tagungsband »Produktionstechnisches Kolloquium Berlin-Markt, Arbeit und Fabrik«, hrsg. v. Spur, G., Berlin 1992, S. 24-37
Warnecke, H.-J., (1992b): Die fraktale Fabrik - Revolution in der Unternehmenskultur, Heidelbergu.a. 1992
Warnecke, H.-J., (1992c): Die fraktale Fabrik - Das Ende arbeitsteiliger Systeme ist vorhersehbar, in: Wissenschaft und Technik, 1/1992, S. 36-39
Weigle, G., (1991): Führen in der Arbeitswelt von morgen - im produktiven Chaos erfolgreich sein,in: zfo, 1/1991, S. 8-14
Wiendahl, H.-P., Wedermeyer, H.-G., (1990): Das Dilemma der Fertigungssteuerung - Ein altes Problem neu betrachtet, in: ZfB 60. Jg. (1990), H. 4, S. 407-422
Wildemann, H., (1992): Kosten- und Leistungsbeurteilung von Qualitätssicherungssystemen, in: ZfB 62. Jg. (1992), H. 7, S. 761-782
Wildemann, H., (1993): Qualität und Information - Strategien für den Wettbewerb - Ergebnisse einer betriebswirtschaftlich-empirischen Studie, in: Tagungsband Qualität und Information - Strategien für den Wettbewerb, München 1993, S. 1-63.
Womack, J. P.; Jones, D. T.; Roos, D., (1991): Die zweite Revolution in der Autoindustrie, Frankfurt/Main 1991
Woodworth, W., Nelson, R., (1979): Witch doctors, messianics, sorcerers, and OD consultans - Parallels and Paradigmas, Organizational Dynamics, 1979, S. 16-33
Zaleznik, A., (1966): Human Dilemmas of Leadership, New York 1966
Zander, E., (1992): Gute Führung motiviert zu Verbesserungsvorschlägen, in: Personal, Heft 12/1992, S. 578-581.
Zink, K. J., (1989a): Zur Relevanz sozio-technologischer Systemgestaltung - am Beispiel Qualitätsmanagement, in: technologie & management, 4/1989, S. 24-29
Zink, K. J., (1989b): Qualitäsmanagement als Herausforderung, in: Fabrikplanung, hrsg. v. Wildemann, H., Frankfurt/Main 1989, S. 277-293
Zink, K. J., (1992): Qualität als Managementaufgabe (Total Quality Management), 2. Auflage, Landsberg/Lech, 1992

3. Kapitel

Die Anforderungen der Rechtsprechung an Qualitätsmanagementsysteme steigen

Nicht nur wirtschaftliche, sondern gerade auch rechtliche Zwänge bedingen die konsequente Anwendung von Qualitätsmanagementsystemen

Managementinformation

Um sich im harten Konkurrenzkampf am Markt zu bewähren, werden zunehmend qualitätssichernde und -verbessernde Maßnahmen in die Unternehmensabläufe integriert. Gebündelt spiegeln sie das Qualitätsmanagementsystem wider. Der Wert dieser Instrumentarien läßt sich an zwei Kriterien messen: dem Zuspruch des Kunden für Produkte und dem durch die bundesdeutsche Rechtsprechung entwickelten Anforderungskatalog an unternehmerisches Handeln. Beide Komponenten verschmelzen jedoch bei näherer Betrachtung miteinander. So sind die Richter an das von der Gesellschaft formulierte Wertesystem gebunden, welches sich (u.a.) in Gesetzen artikuliert. Bei der Ausfüllung und Auslegung dieser Gesetze müssen sie entsprechend Justitias Waagschale die herrschenden gesellschaftlichen Erwartungen an Unternehmen und ihre Produkte berücksichtigen. Die Gesellschaft an sich setzt sich natürlich aus sämtlichen Kunden, Verbrauchern und solchen Personen zusammen, die nur mittelbar mit den Unternehmen und deren Produkten in Berührung kommen. Die Entscheidungen der Rechtsprechung stellen insoweit konkretisierte Forderungen aller – zumindest potentiellen – Kunden und Verbraucher an Unternehmen dar.

Bei der Frage, wie ein Qualitätsmanagementsystem ausgestaltet sein muß, liegt es deshalb nahe, die durch die Rechtsprechung bereits detailliert entwikkelten Leitlinien als eine entscheidende Meßlatte zu berücksichtigen. Diese Kriterien sind weniger im Sinne der Produkthaftung als repressive Geißelung unternehmerischen Mißmanagements zu verstehen, denn vielmehr als deutlicher Fingerzeig, was vom Management allgemein erwartet wird. Die deutsche Jurisprudenz hat hierzu in den letzten 25 Jahren ein überaus feinmaschiges Geflecht herausgearbeitet. Dieses erstreckt sich von der zivilrechtlichen Produktverantwortlichkeit über das gesamte – auch internationale – Vertragsrecht bis hin zur persönlich wirkenden strafrechtlichen Verantwortung des Top-managements. Erst ein Qualitätsmanagementsystem, das neben rein wirtschaftlichen Gesichtspunkten eben auch jene über die Rechtsprechung zum Ausdruck kommenden Anforderungen in ihrer Gesamtheit erkennt und beherrscht, kann in der Lage sein, Akzeptanz am Markt und in der Gesellschaft zu erbringen.

Es verblüfft insofern nicht, daß das vielfach zitierte Spannungsfeld zwischen wirtschaftlichen und rechtlichen Rahmenbedingungen allenfalls zwei Seiten derselben Medaille darstellt.

3.1
Qualitätsmanagementsysteme – Werkzeug zur Vermeidung von kosten- und imageschädigenden Rechtsstreitigkeiten

3.1.1 Einführung

Qualitätsmanagementsysteme (QM-Systeme) [1] werden heute in nahezu allen Branchen als Fundament für einen hohen Qualitätsstandard angesehen, von dem ausgehend, die Qualität und damit die Wettbewerbsfähigkeit »in search of excellence« gesteigert werden sollte. Inbesondere die im Mai 1987 verabschiedete Normenreihe DIN ISO 9000 ff. fand weltweit schnelle Verbreitung und stellt anerkannte Rahmenempfehlungen für den Aufbau eines QM-Systems dar. Während anfänglich die Diskussion durch Zweifel an der Normbarkeit und dem Sinn von QM-Systemen bestimmt wurde, nehmen heute Fragen zu Wirtschaftlichkeits- und Leistungskriterien von QM-Systemen, deren Meßbarkeit und Gegenüberstellung einen breiten Raum in der Qualitätsdiskussion ein.[2]

Ein Leistungskriterium ist das Erfüllen der Anforderungen, wie sie aus der Rechtsprechung an QM-Systeme gestellt werden. Dieser Aspekt findet nur wenig Beachtung, obwohl die Dringlichkeit hinreichend bekannt sein müßte.[3] Die aktuelle Auseinandersetzung orientiert sich häufig an den Anforderungen des zum 1. Januar 1990 in Deutschland in Kraft getretenen Produkthaftungsgesetzes (ProdHaftG).[4] Dabei wird übersehen, daß die deutsche Rechtsprechung die wesentlichen Merkmale eines feinmaschigen Netzes weitreichender Haftungskriterien bereits auf der Grundlage des zum 1. Januar 1900 erlassenen Bürgerlichen Gesetzbuches (BGB) gesponnen hat. Nicht zuletzt aus dieser Entwicklung kann die Notwendigkeit und Bedeutung eines funktionsfähigen QM-Systems abgeleitet werden.[5] Was das Wissen um die Grundlagen und Anforderungen der Rechtsprechung an QM-Systeme angeht, bestehen in vielen Unternehmen Defizite. Daher ist in der vornehmlich von Ingenieuren beherrschten Diskussion stärker die Meinung von Juristen erforderlich. Im Folgenden wird dieses Themenfeld interdisziplinär näher beleuchtet.[6]

3.1.2 Die Bedeutung der Rechtsprechung im Rahmen des Qualitätsmanagements

Die Notwendigkeit, »Qualität« als Überlebensfaktor im Wettbewerb zu begreifen, spielt heute an zwei Fronten eine unternehmerische Rolle. Zum einen geht es darum, die Konkurrenz aus *Japan* und *Amerika* mit qualitativ besseren Produkten, die die Qualitätsforderungen der Kunden voll widerspiegeln [7], bei angemessenen Preisen zu übertreffen; der Grad der Vortrefflichkeit japanischer Produkte, bezüglich ihrer Eignung festgelegte und vorausgesetzte Erfordernisse der Kunden zu erfüllen [8], ist bekannt, der Weg dorthin seit Veröffentlichungen zu Themen wie »total quality control«, »lean production«, oder »kaizen« anscheinend auch.[9] Zum anderen geht es um die Vermeidung kosten- und imageschädigender Rechtsstreitigkeiten, wie sie zunehmend durch selbstbewußtere Kunden und deren Ansicht nach Nichterfüllung einer erwarteten Qualität auftreten. Aus der jüngsten Diskussion zu letzterem Thema seien nur das »Milupa-Urteil« [10] und der »Holzschutzmittel-Prozeß« genannt, der beispielsweise das Unternehmen *Desowag Materialschutz GmbH* mit seinen Produkten »Xylamon« und »Xyladecor« an den Rand des finanziellen Zusammenbruchs führte.

Wegen der großen Gefahr, die potentielle Produkthaftungsfälle für die Unternehmen bedeuten, sind vielfach die Versicherungsprämien der Assekuranzanbieter derart hoch, daß diese für kleine und mittlere Unternehmen nicht mehr bezahlbar sind. Das hat wiederum zur Folge, daß häufig die Unternehmen Regreßansprüchen ohne Versicherungsschutz gegenüberstehen. Insofern stellt aus vorgenannten Gründen nicht nur der Wettbewerb, sondern auch die Gesellschaft über das Rechtssystem qualitative Anforderungen an Produkte und Produzenten.[11]

Im Rahmen der Produkthaftung und der Haftung qua Vertrag haben die Gerichte einen umfassenden Pflichtenkatalog entwickelt, bei dessen Verletzung den Unternehmen umfangreiche Regreßansprüche ins Haus stehen. Insoweit reicht für Unternehmen das Wissen um Gesetzestexte längst nicht mehr aus. Zusätzlich ist die Rechtsprechung der Gerichte ständig zu beobachten und zu berücksichtigen. Schädiger sind aber nicht nur klassische (Allein-) Produzenten, sondern möglicherweise auch Zulieferanten [12], Händler [13], Importeure [14] oder gar das

Management höchst persönlich [15]. So kann u. U. der einzelne Abteilungsleiter, Geschäftsführer oder Vorstand zivilrechtlich wie auch strafrechtlich für eine allzu sorglose Behandlung von Mitarbeitern und Organisation belangt werden.

Als Folge des Haftungskataloges der Rechtssprechung läßt sich als herausragendes Resultat beobachten, daß die zunächst repressiv wirkenden Entscheidungen, die ja in aller Regel zu einer Leistung, d.h. der Zahlung eines bestimmten Geldbetrags an den Geschädigten verurteilten, zu einer vorbeugenden Fehlervermeidung der Unternehmen führten. Um nämlich nicht mehr etwaigen Prozessen und Regreßansprüchen ausgesetzt zu sein, ist die Ausrichtung der Unternehmensorganisation an den wesentlichen Aussagen der Gerichtsurteile unerläßlich. Im Ergebnis gelangen Rechtsprechung und marktwirtschaftliche Anforderungen nahezu zur selben Lösung: Qualität muß präventiv gesichert werden. Dies ist auch insofern schlüssig, als Rechtsstreitigkeiten grundsätzlich immer durch Qualitätsmängel ausgelöst werden. So kommt der Rechtsprechung heute neben dem marktwirtschaftlichen Wettbewerb eine das Wirtschaftsleben mitlenkende Stellung zu. Die danach maßgeblichen Anforderungen sollen im Folgenden kurz dargestellt werden.

3.2
Die allgemeinen Anforderungen der Rechtsprechung

3.2.1 Das Qualitätsmanagementsystem ist Unternehmenspflicht

Der *Bundesgerichtshof* (*BGH*) hat in einer langen Kette von Entscheidungen ausgeführt, daß es zu den immanenten Unternehmer-/Unternehmenspflichten gehört, QM-Systeme zum Schutz vor Produktfehlern und daraus resultierenden Schäden einzusetzen.

Ausgangspunkt dieser Rechtsprechung bildet das sog. »Schubstreben-Urteil« aus dem Jahre 1967 [16] (Abbildung 23).

Danach traf der *BGH* für die Produkthaftung im wesentlichen folgende Differenzierung:

Anmerkungen zum "Schubstreben-Urteil"

Da Fabrikationsfehler in der Praxis eine besonders häufig vorkommende Gefahr für den Kunden bedeuten, hat der Produzent diese mit allen ihm zur Verfügung stehenden Mitteln zu vermeiden. Diese Voraussetzung wird nur erfüllt, wenn er sich eines QM-Systems bedient, welches der potentiellen Gefährlichkeit seiner Produkte in adäquater Weise gerecht wird. Der BGH hat dies in dem von ihm entschiedenen sog. "Schubstreben-Fall" exemplarisch dargestellt:

Während der Fahrt in einem PKW war es wegen Rissen in der hinteren Schubstrebe zu deren Bruch gekommen. Das Auto überschlug sich mehrfach und die Insassen wurden schwer verletzt. Der hier vorliegende Fabrikationsfehler war dadurch entstanden, daß das Werkstück bei zu niedrigerer Temperatur geschmiedet worden war. Dadurch kam es zu Rissen, die bei einer Untersuchung im Wege der magnetischen Flutung hätten festgestellt werden können.

Der BGH entschied, daß im Hinblick auf erhebliche Gefahren für Leib und Leben anderer die Herstellung und Überprüfung des Werkstückes, der hinreichenden Sorgfalt eines besonderen Prüfungsverfahrens bedurft hätte:

"...Das Prüfungsverfahren zur Feststellung von Bearbeitungsfehlern im Schmiedegesenk ist eine besonders wichtige und verantwortungsvolle Tätigkeit, von der die Sicherheit der Insassen des Kraftfahrzeuges, aber auch der übrigen Verkehrsteilnehmer abhängt..."

Schon nach der Lebenserfahrung deute es zunächst auf einen fahrlässigen Mangel im Organisationsbereich der Beklagten hin, wenn diese ein für die Betriebssicherheit des Kraftfahrzeuges entscheidendes Werkstück in schadhaftem Zustand liefere und wenn feststehe, daß die Herstellung fehlerhaft und die Stückkontrolle unzureichend sei.

Quelle: BGH NJW 1968, 247 ff.

Abbildung 23: Ausgangspunkt umfangreicher rechtlicher Anforderungen an QM-Systeme war das »Schubstreben-Urteil« von 1968

1. Der Hersteller muß bestimmten Organisations- und Aufsichtspflichten nachkommen. Zuvorderst bedeutet das für den zwischenmenschlichen Bereich, daß er seine Arbeitnehmer ordnungsgemäß auszuwählen, anzuleiten und zu überwachen hat.
2. Gleichzeitig ist durch entsprechende Prüfungsverfahren sicherzu-

stellen, daß Produktfehler rechtzeitig erkannt werden und die Ware aus der laufenden Produktion genommen wird.[17]
Danach stand fest, daß jedes Unternehmen für das Erreichen der Fehlerfreiheit seiner Produkte verantwortlich ist. Diese Sicht stieß schnell an ihre Grenzen:

Die in der industriellen Fertigung unter den Stichworten Taylorismus und Fordismus bekannte Tendenz zur Arbeitsteilung hatte schon seit den zwanziger Jahren zur Folge, daß die von der Rechtsprechung geforderten Organisations- und Aufsichtspflichten sich auf immer kleinere Bereiche und Arbeitsschritte innerhalb und außerhalb des Unternehmens fokussierten. Aus marktwirtschaftlichen Erwägungen heraus verkleinerte sich der Einflußbereich der vom einzelnen Unternehmen zu prüfenden Werkstücke durch immer mehr Zukaufteile von Lieferanten. Diesem Umstand rückte der *BGH* mit einer Entscheidung aus dem Jahre 1972 zu Leibe. Danach dehnte er die Verantwortung für mangelhafte Qualität so weit aus, daß das verarbeitende Unternehmen auch die Verläßlichkeit von Zulieferbetrieben hinreichend prüfen müsse.[18] Diese Auffassung des *BGH* ist noch heute als rechtliche Grundlage für Qualitätsaudits anzusehen.[19] Unter dem lateinischen Wort »Audit« wird entspechend DIN ISO 8402:

»eine systematische und unabhängige Untersuchung verstanden, um festzustellen, ob die qualitätsbezogenen Tätigkeiten und die damit zusammenhängenden Ergebnisse den geplanten Anordnungen entsprechen und ob diese Anordnungen wirkungsvoll und geeignet sind, die Ziele zu erreichen«.[20]

Im Zusammenhang mit o.g. Rechtsprechung ist das sog. Systemaudit, durch das der Nachweis der Wirksamkeit und Funktionsfähigkeit des QM-Systems erbracht wird, besonders hervorzuheben. Insofern gab der *BGH* schon frühzeitig die Auflage, sich an der Schnittstelle Hersteller-Zulieferant qualitätssichernder Instrumente zu bedienen. Das Themenfeld »QM-Systemaudits« spielt heute vor dem Hintergund der zunehmend engeren Zusammenarbeit (Stichworte: System- und Komponentenanbieter) zwischen Herstellern und Zulieferern in nahezu allen Branchen eine aktuelle Rolle (siehe weiterführend Kapitel 6).[21]

3.2.2 Prozesse und Produkte im Zentrum der Haftung – Die möglichen Fehlerquellen

Ausgangsfrage bei Produkthaftungsfällen ist zunächst immer, ob ein Produkt fehlerhaft ist/war. Nur wenn dies bejaht werden kann, ist es möglich, den Schluß zu ziehen, daß infolge dieser Fehlerhaftigkeit ein Schaden bei Kunden und Verbrauchern hervorgerufen wurde. Die Praxis hat die verschiedensten Fehlerquellen nach bestimmten Gruppen geordnet, wodurch sich auch eine eigene sprachliche Dogmatik entwickelte.

Die Fehlerquelle kann naturgemäß bereits im Konstruktionsstadium ihren Ursprung haben. Das Gefahrenpotential ist damit aber bei weitem nicht erschöpft. Auch noch lange nach dem »In-Verkehr-Bringen« des Produkts kann die Fehlerhaftigkeit auftreten, wenn das Produkt die Gefahr quasi permanent in sich getragen hatte und es durch bestimmte Umstände zu einer verzögerten Manifestation des Fehlers kommt. Als Fehler können deshalb auch solche Tatbestände qualifiziert werden, bei denen es um erforderliche Hinweise oder Warnungen des Herstellers geht, die dieser nicht ausreichend mitgeteilt hat.

Folgende Unterscheidung ist im allgemeinen üblich, wobei zu beachten ist, daß Überschneidungen der Fehlerarten vielfach anzutreffen sind. Oftmals spricht die Judikatur denn auch der Einfachheit wegen undifferenziert nur von »dem Produktfehler«.

Konstruktionsfehler

Per Definition sind Konstruktionsfehler solche, die das Produkt infolge mangelhafter technischer Konzeption, Planung usw. für eine Benutzung ungeeignet sein lassen. Sie haften sämtlichen Produkten einer Serie an und beruhen auf einem Verstoß gegen technische Erkenntnisse im Zeitpunkt der Herstellung.[22] Konstruktionsfehler können z. B. sein:

- Fehlende Schutzvorrichtung für Kettenantrieb von Transportbändern einer Erntemaschine;[23]
- Explodierende Flaschen aufgrund zu hohen Innendrucks und/oder Rißhaftigkeit des Glases;[24]
- Zu geringe Wandstärke und mangelhafte Befestigung des Ölablaufs eines Kompressors;[25]
- Bei einem Expander, der im Spritzgußverfahren produziert wurde, war eine besondere Schwachstelle im Bereich der zwei Anspritz-

punkte, wo die Kunststoffströme zusammengeflossen waren, deshalb nicht ausreichend gesichert, weil die dortige Kerbe durch eine Abrundung hätte vermieden werden müssen.[26]

Fabrikationsfehler

Fabrikationsfehler entstehen bei der Herstellung von Produkten durch mangelhafte Fertigungsmethoden und haften im Gegensatz zu den Konstruktionsfehlern nur einzelnen Stücken an.[27] Als Fabrikationsfehler sind z.B. anzusehen:

- Gaszug im Auto geht nicht zurück, weil einzelne Elemente so montiert worden waren, daß diese verkanteten und sich dadurch der Gaszug verklemmte;[28]
- Verunreinigung von Impfstoff durch nicht ausreichende Sterilisation der Abfüllgefäße;[29]
- Bruch des Operationsinstruments (Septummeißel) infolge eines Materialfehlers;[30]
- Antibiotika in Fischfutter infolge mangelhafter Reinigung der Produktionsanlage.[31]

Instruktionsfehler

Ein Instruktionsfehler liegt vor, wenn es sich um ein Produkt handelt, das bei vorhersehbarer Benutzungsweise [32] als gefährlich anzusehen, seine Handhabung insofern problematisch oder schwer verständlich ist, und der Hersteller aus diesen Gründen in deutlicher Weise auf eine korrekte Handhabung und die besonderen Gefahren hätte hinweisen bzw. warnen müssen.[33]

Es handelt sich hier weniger um einen eigentlichen Fehler des Produkts, als um eine Verletzung von Aufsichtspflichten des Produzenten in unmittelbarem Zusammenhang mit dem Produkt. Während bei Konstruktions- oder Fabrikationsfehlern durch eine Verletzung von Aufsichts-bzw. Verkehrssicherungspflichten das Produkt an sich schon gefährlich ist/wurde, entsteht die Gefahr in diesen Fällen erst bei der Verwendung durch Kunden, die durch mangelhafte Hinweise hinsichtlich einer Benutzung der Produkte unzureichend informiert waren.

Ein Anleitungsfehler kann auch dann vorliegen, wenn ein Produkt zwar nicht selbst gefährlich, aber unter bestimmten Bedingungen schlicht wirkungslos ist und der Benutzer im Vertrauen auf dessen wirksame Gefahrbekämpfung von der Verwendung eines die Gefahr tatsächlich abwendenden Produkts absieht.[34] Zur Verdeutlichung der vom *BGH* entwickelten Dogmatik sei hier beispielhaft der sog. »Verzinkungsspray-Fall« besprochen:[35]

Die Beklagte produzierte das in Frage stehende Spray zur Verzinkung von Metallflächen. Auf der Spraydose befand sich folgender Hinweis:

»*Behälter steht unter Druck, vor Erwärmung über 50 Grad Celsius (z. B. durch Sonnenbestrahlung) schützen. Nach Gebrauch nicht gewaltsam öffnen oder verbrennen. Nicht gegen Flammen oder auf glühende Körper sprühen. Nur völlig entleert fortwerfen. Brennbar.*«

Der Kläger benutzte das Spray zur Verzinkung eines Kessels. Als die verzinkte Fläche nach 15 Minuten nicht getrocknet war, erwärmte er den Bereich mit einer Lötflamme, um das Trocknen zu beschleunigen. Das im Kessel entstandene Gas-Luft-Gemisch schoß daraufhin in einer Stichflamme heraus und fügte dem Kläger schwere Verletzungen zu.

Der *BGH* entschied, daß der industrielle Hersteller den Verbraucher in jeweils geeigneter Weise vor Gefahren warnen müsse, mit denen bei bestimmungsgemäßer Anwendung zu rechnen sei.[36] Es müßten alle erforderlichen Informationen und Hinweise gegeben werden, die benötigt werden, um Produktgefahren abwenden zu können. Der Produzent dürfe sich nicht nur auf die Eigenschaften des Inhalts der Dose beschränken, sondern habe auch auf Gefahren hinzuweisen, die sich aus der spezifischen Art der Verwendung ergeben könnte. Ein bloßer Hinweis auf die Brennbarkeit des »Verzinkungssprays« genüge daher nicht. Darüber hinaus müßten auch ausländische Arbeitskräfte in gleicher Weise Schutz erlangen, wobei der *BGH* darauf hinwies, daß allgemeinverständliche, bekannte und aussagekräftige Gefahrensymbole zur Kennzeichnung verwendet werden sollten. Diese Standardisierung könne eine Erhöhung der Sicherheit bewirken, wobei auf zusätzliche Gefahren besonders hinzuweisen sei.[37]

Gemäß § 4 Abs. 1 der GefahrstoffVO i.V.m. § 14 ChemikalienG müssen z. B. auf der Verpackung gefährlicher Stoffe und Zubereitungen u.a. angegeben sein:

- die Bezeichnung des Stoffes oder der Zubereitung,
- die Bezeichnung der Bestandteile der Zubereitung,
- die Gefahrensymbole mit den zugehörigen Gefahrenbezeichnungen,
- der Hinweis auf besondere Gefahren,
- die Sicherheitsratschläge,

– der Name und die Adresse dessen, der den Stoff oder die Zubereitung hergestellt oder eingeführt hat oder diese erneut in Verkehr bringt.

Das sog. »Milupa-Urteil«[38] des *BGH* hat in diesem Bereich seit Ende 1991 die Haftungsschraube noch fester angezogen:

Die Beklagte produzierte »Milupa-Kindertee« und diesbezügliche spezielle Trinkflaschen. Diese Kombination beider Produkte war in besonderer Weise geeignet, infolge längeren Umspülens der Zähne Karies hervorzurufen (sog. Dauernuckeln und »Baby-Bottle-Syndrom«). Der Kläger nahm seinerzeit auf diese fatale Weise bis zu 1200 mL täglich zu sich. Hierdurch erlitt er schwere Kariesschädigungen. Die Beklagte hatte u.a. eine Broschüre verteilt, in der es hieß:

»*Wenn ihr Kind Durst hat, können Sie ihm unsere gesüßten Kindertees geben. ... Bei dauerndem »Nuckeln« werden die Zähne längerfristig von der süßen Flüssigkeit umspült. Das kann zu Karies führen – wie jeder übermäßige Genuß von Süßem. ...*«

Der Kläger verlangte Schadenersatz wegen Kariesbefalls seiner Milchzähne.[39]

Nach bisheriger Ansicht des *BGH* mußte bereits nicht allein im Bereich des bestimmungsgemäßen Gebrauchs vor Produktgefahren gewarnt werden, da auch mit bewußtem oder unbewußtem Fehlgebrauch zu rechnen ist.[40] Dies galt aber nicht auch für einen vorsätzlichen Mißbrauch des Produkts. Die Abgrenzung von naheliegendem Fehlgebrauch und vorsätzlichem Mißbrauch ist aber oftmals nur recht schwer zu treffen. In diese Kerbe schlug das Milupa-Urteil eine erhellende Schneise:

Die in verschiedenen Werbebotschaften zum Ausdruck gebrachten Hinweise auf die Vorzüge des Produktes können Verbraucher in einer trügerischen Sicherheit wiegen. Diese hiesigen positiven Angaben ließen gar nicht erst Bedenken hinsichtlich einer Gefahr im Zusammenhang mit dem Produkt aufkommen. Wirbt aber der Hersteller – wie hier geschehen – etwa damit, der »Milupa-Tee« eigne sich als »Gute-Nacht-Trunk«, handelt es sich um einen naheliegenden Fehlgebrauch, wenn der Kläger die Flaschen mit diesem Tee die ganze Nacht über in seinem Mund gelassen hatte. Hiervor hätte die Beklagte warnen müssen. Diese Warnungen dürfen insbesondere nicht zwischen Teilinformationen über Darreichungsformen, Werbeaussagen usw. versteckt werden. Ferner dürfen sich diesbezügliche Warnungen nicht »*erst auf Seite 5 der siebenseitigen Broschüre versteckt inmit-*

ten eines graphisch unübersichtlich gestalteten Fließtextes befinden.«[41] Eine Verdeutlichung ist besonders dann erforderlich, wenn durch die Werbung oder das Marketing insgesamt der Vorstellung, das Produkt könne in dieser Weise gefährlich werden, entgegengewirkt wird.[42] Weitere Fallbeispiele:

- Kein Hinweis auf Gefahr des Berstens einer Spannlücke bei der Schalung von Betonteilen;[43]
- Kein Hinweis auf nötige sichere Befestigung eines Sportgeräts;[44]
- Kein Hinweis auf Arterienunverträglichkeit bei intravenös zu spritzendem Narkotikum;[45]
- Kein Hinweis auf Unverträglichkeit bei simultaner Anwendung zweier Pflanzenschutzmittel;[46]
- Kein Hinweis auf die Möglichkeit von Hautausschlag bei der Verwendung eines Haartonikums.[47]

Produktbeobachtung und »Stand von Wissenschaft und Technik«

Die Pflichten zur Überwachung eigener und primär fremder Unternehmensbereiche und Produkte zwecks Einhaltung von Spezifikationsanforderungen zur Minimierung von Produktrisiken durfte sich nicht allein darin erschöpfen, am Ende eines Produktionsprozesses fehlerhafte Ware auszusortieren. Einerseits war es möglich, daß sich ein Fehler des Produktes erst nach der Auslieferung während der Benutzung durch den Kunden zeigte, zum anderen war die Frage, in welchem Maße wissenschaftliche Erkenntnisse Eingang in die Entwicklung und Produktion neuer Produkte finden mußten. Am 17. März 1981 ergingen hierzu zwei Meilenstein-Urteile des *BGH*, die heute als die »Spritzmittel-Urteile« bekannt sind. Danach genügte es nach Ansicht des *BGH* nicht, wenn der Produzent seine Ware im Zeitpunkt des »In-Verkehr-Bringens« nach allen sicherheitsrelevanten Gesichtspunkten untersucht hatte. Vielmehr müsse er das Produkt auch auf dessen Bewährung im täglichen Gebrauch hin beobachten. Stelle sich sodann eine bisher nicht bekannte Gefahrenquelle heraus, müßten entsprechende Warnungen gegeben werden [48] (Abbildung 24).

Im sog. »Honda-Fall« [49] (Abbildung 25) entschied der *BGH*, daß Unternehmen grundsätzlich auch dafür haften, wenn ihre Produkte nach dem In-Verkehr-Bringen in Verbindung mit Produkten anderer Hersteller (hier: Lenkverkleidung eines Motorrades als Zubehörteil) insgesamt fehlerhaft werden.

Anmerkungen zu den "Spritzmittel-Urteilen"

In zwei verschiedenen Fällen hatten die Kläger von der Hoechst AG bzw. Du Pont de Nemours Spritzmittel zur Bekämpfung von Apfelschorf-Pilzen erworben, welche sich bei jeweils gleichzeitiger Verwendung mit anderen Mitteln als unwirksam herausstellten. In solcher Kombination mit anderen Spritzmitteln förderten diese aber in fataler Weise die Resistenz der Schädlinge, so daß sich nunmehr erst recht Apfelschorf bildete und die Ernte verloren ging. Im Vertrauen auf die Wirksamkeit der Spritzmittel hatten es die Kläger unterlassen, wirksame Schädlingsbekämpfungsmittel einzusetzen. Sie begehrten deshalb von Hoechst und Du Pont de Nemours Ersatz für den Verlust der Ernte.

Zur Lösung der Rechtsstreitigkeiten war u.a. zu beachten:

Es bestanden nur Gefahren hinsichtlich potentieller Sachbeschädigungen. Deshalb trafen die Beklagten zwar geringere Anforderungen zur Gefahrenabwendung als bei einer Gefährdung von Leib oder Leben von Menschen. Die Hersteller hätten ihre Produkte aber auch auf eine mögliche Gefährdung in Kombination mit etwaigen anderen Schädlingsbekämpfungsmitteln untersuchen müssen. Jedenfalls mußten sie deren Bewährung im täglichen Gebrauch beobachten. In diesem Falle wäre die Wirkungslosigkeit der einzelnen Produkte möglicherweise erkannt worden, so daß dann die Bildung von Apfelschorf wirksam hätte bekämpft werden können.

Quelle: BGHZ 80, 186, 189; 199, 201

Abbildung 24: Produkte müssen auf ihre Bewährung im täglichen Gebrauch hin beobachtet werden.

Der *BGH* stellte schon in den Spritzmittel-Entscheidungen klar, daß auch der Fortgang der Entwicklung von Wissenschaft und Technik auf dem einschlägigen Gebiet verfolgt werden muß. So sei ein Unternehmen von der Größe *Du Pont de Nemours'*, welches seine Produkte in der ganzen Welt vertreibe, verpflichtet, die Ergebnisse wissenschaftlicher Kongresse und Fachveranstaltungen zu verfolgen sowie das ge-

Anmerkungen zum "Honda-Fall"

Auch noch nach dem "In-Verkehr-Bringen" des Produktes ist der Produzent gehalten, sein Erzeugnis so lange zu beobachten, wie von diesem Gefahren ausgehen können. Wie umfangreich der Hersteller hierdurch in die Pflicht genommen werden kann, zeigt der sog. "Honda-Fall":

Der S. hatte von H. eine Honda GL 1000 "Goldwing" erworben. H. hatte von der Zubehör-Firma Z. eine Lenkvorrichtung Typ "Cockpit" am eigentlich fehlerfreien Motorrad anbringen lassen. Diese wies einen Konstruktionsfehler in dem Sinne auf, daß sie bei hohen Geschwindigkeiten zum Pendeln der Honda führte. Obwohl diese Gefahr über den TÜV den Honda-Werken mitgeteilt wurde, konnten diese den S. nicht mehr rechtzeitg warnen: Bei Tempo 140-150 Km/h verunglückte er in einer Kurve infolge plötzlich eintretenden Pendelns der Maschine tödlich. Seine Eltern verlangten Schadensersatz für die Reparatur der Honda und die Beerdigungskosten für die Bestattung des S. von der deutschen Vertriebsgesellschaft V. der japanischen Honda-Werke.

Der BGH stellte zunächst klar, daß auch inländische Vertriebsgesellschaften schadensersatzpflichtig sein können, wenn sie (von Honda in Japan) mit bestimmten Pflichten beauftragt worden seien, wie z. B. einer Produkt-Informationspflicht. Im Zeitpunkt des "In-Verkehr-Bringens" hätte V. zwar noch nicht vor Gefahren der Anbringung einer Lenkvorrichtung des Typs "Cockpit" warnen müssen, da dies mangels damaliger Entwicklung selbiger noch gar nicht absehbar war. V. hätte allerdings ihr Produkt fortwährend auf eine Bewährung im täglichen Gebrauch durch die jeweiligen Benutzer beobachten müssen. Dies gelte sowohl für das Produkt an sich als auch in Kombination mit zusätz- lichen Ausstattungsteilen, die nicht vom Hersteller stammen, da oftmals Gefahrensituationen erst hierdurch entstehen.

Quelle: BGHZ 99, 167, 171

Abbildung 25: Produktbeobachtung erstreckt sich auch auf Produkte anderer Hersteller, wenn die eigenen Produkte in Verbindung mit Produkten anderer Hersteller insgesamt fehlerhaft werden können.

samte internationale Fachschrifttum auszuwerten.[50] Später (1989) ging der *BGH* dann soweit, die Hersteller zu einer Observation der Produktentwicklung ihrer wichtigsten Mitwettbewerber anzuhalten.[51]

Hatte der *BGH* zwar ausgeführt, daß die Entwicklung von Wissenschaft und Technik während der Entwicklung, Konstruktion, Produktion und nach dem In-Verkehr-Bringen zu verfolgen ist, wäre noch unklar gewesen, welche konkreten Ergebnisse der Wissenschaften und in welchem Umfang berücksichtigt werden müssen. Auf diese Auslegungsfrage war aber bereits 1979 das *Bundesverfassungsgericht* in einem Beschluß zum Genehmigungsverfahrens des »Schnellen Brüters« in *Kalkar* eingegangen. Danach sollten unter dem Stand von Wissenschaft und Technik sämtliche neuesten wissenschaftlichen Erkenntnisse verstanden werden.[52] Um dem einzelnen Produzenten nicht ein unrealistisches Allwissen abzuverlangen, hat der *BGH* später darauf hingewiesen, daß der nötige Schutz der Verbraucher insoweit nicht weiter reichen kann, als diese selbst vom Hersteller erwarten.[53] Der Erwartungshorizont wieder indiziert sich nach dem Kreis der angesprochenen Benutzer, dem Preis der Produkte, der Erkennbarkeit, dem Ausmaß der Gefahr etc. Die Schwierigkeiten, die sich aus vorgenannten Anforderungen für die Unternehmen ergeben, bestehen hauptsächlich darin:

1. herauszufinden, welche berechtigten Verbrauchererwartungen an das Produkt gestellt werden,
2. Produkte den sich laufend ändernden Erwartungen anzupassen,
3. vor latent vorhandenen Produktgefahren, wie z. B. etwaigem Mißbrauch oder Verbindungen mit anderen Produkten, ausreichend Vorsorge zu treffen (z.B. durch Warnung, Rückruf, Umgestaltung des Produkts etc.).
4. Die unter 1. bis 3. dargestellten Pflichten sind im Rahmen des QM-Systems entsprechend sorgfältig zu organisieren und auszuführen (ggf. auch zu dokumentieren).

Wie weit wissenschaftliche Erkenntnisse in qualitätssichernde Prüfverfahren umzusetzen und anzuwenden sind, zeigt eine Entscheidung des *Oberlandesgerichtes (OLG) Düsseldorf* von 1990, die in – für ein Gerichtsurteil ungewöhnlich – detaillierter Weise diverse Maßnahmen für erforderlich hielt. Danach mußte ein Lackhersteller vor dem »In-Verkehr-Bringen« seiner Lacke folgende Tests durchführen: [54]

- Oberflächen- oder Fleckentest,
- Topfbodentest,
- Zigarettentest,
- Kugelfalltest,

- Test zur Wasser- und Wasserdampfverträglichkeit,
- Alterungstest inklusive Untersuchung in einem Klimaschrank auf Temperatur- und Feuchtigkeitsbeständigkeit.

3.2.3 Maßnahmen zum Umweltschutz müssen Bestandteil des Qualitätsmanagementsystems sein

Die Rechtsprechung weist den Weg zum Umweltmanagement als Bestandteil des Qualitätsmanagements

Seit den achtziger Jahren ist die Notwendigkeit des Umweltschutzes immer stärker in das Bewußtsein unserer Gesellschaft getreten. Nicht etwa, daß seitdem in besonders starkem Maße die Umwelt belastet worden wäre. Vielmehr war das schon im 19. Jahrhundert in weitaus größeren Dimensionen der Fall. Es begannen sich aber parallel zu der Festigung des wirtschaftlichen Wohlstands in den Industrienationen die anhaltenden globalen Belastungen und langfristigen Schäden der Umwelt in kumulativer Weise dramatisch zuzuspitzen. Sowohl national wie international auf der Ebene der Europäischen Gemeinschaft formulierte die nun auch ökologisch geprägte Politik daraufhin eine wahre Flut staatlicher Umweltmaßnahmen.[55] Das Bundesministerium für Umwelt, Naturschutz und Reaktorsicherheit brachte hierzu im September 1991 eine Zusammenstellung der seiner Ansicht nach »*wichtigsten Rechtsvorschriften im Umweltschutz*« (nur für den Bereich der Bundesebene, d.h. ohne landesgesetzliche Regelungen) heraus. Auf 23 Seiten sind dort allein mehr als 90 Gesetze aufgelistet![56] Aus jüngster Zeit seien zusätzlich nur der Verordnungsentwurf der EG-Kommission, der eine freiwillige Umwelt-Auditierung [57] der Unternehmen mit anschließender Vergabe eines Umwelt-Zertifikats vorsieht,[58] und das (noch geplante) bundesdeutsche Umweltinformationsgesetz genannt, nach dem über umweltrelevante Unternehmensinterna Auskunft an Behörden und Bürger zu erteilen ist.[59] Mit ebenso großem Eifer wie diese normativen Bestimmungen erlassen werden, wächst jedoch die Kritik an diesen. So wird z. B. bezweifelt, daß das Umweltinformationsgesetz verfassungskonform sei [60] oder das freiwillige Umwelt-Auditing eine tatsächliche Umweltverbesserung bewirken könne.[61] *D. Becher*, Vorstandsmitglied der *Bayer AG*, führte in diesem Zusammenhang jüngst aus, das Umweltrecht sei inzwischen auch von

Fachleuten nicht mehr zu überschauen. Es sei in dieser Form in weiten Teilen der Wirtschaft auch generell nicht mehr notwendig, vorwiegend mit umweltrechtlichen Verboten, Strafen, Auflagen oder finanziellen Belastungen den Umweltschutz zu fördern. Es sei sinnvoller, mit neuen finanziellen Anreizen, wie etwa der Möglichkeit einer Sonderabschreibung umweltinvestiver Maßnahmen, die Unternehmen zu einem umweltfreundlichen Verhalten zu veranlassen.[62]

Bei aller Kritikwürdigkeit dieser Regelungswut des deutschen und europäischen Gesetzgebers läßt sich aber eines nicht übersehen: Die Maßnahmen zum Schutze der Umwelt werden auf Ebene der EG-Mitgliedstaaten insgesamt gesehen nicht nur vereinheitlicht, sondern auch deutlich verbessert.[63] Für die Situation der Bundesrepublik Deutschland gesehen, dürften die hiernach zum Tragen kommenden Anforderungen an das Management dabei eigentlich nichts Neues sein. Die Rechtsprechung hat diese in ihren wesentlichen Grundzügen nämlich schon seit den siebziger Jahren antizipiert und ausgeformt. So erging bereits am 7. Oktober 1975 das sog. »Entsorgungs-Urteil« des *BGH*, wonach dieser die Verkehrssicherungspflichten des Produzenten gegenüber den Verbrauchern auf die Verkehrssicherungspflichten gegenüber der Umwelt für grundsätzlich übertragbar erklärte [64] (Abbildung 26).

Abfallstoffe seien als »negativer Wert« der fertigen Erzeugnisse zu verstehen und mit diesen untrennbar verbunden. Gemeinsame Quelle dieser unterschiedlichen Gefahren für Umwelt und Verbraucher sei jeweils der Produktionsvorgang, der letztlich nur vom Produzenten beherrscht und deshalb ebenso in bezug auf die Vermeidung von Umweltgefahren adäquat ausgestaltet werden müsse.

Der *BGH* wies im übrigen auch darauf hin, daß eine mangelnde gesetzliche Regelung oder entsprechende öffentliche Meinung hinsichtlich dieser Umweltschutzaspekte ein Unternehmen keinesfalls entlasten könne:[65]

»*Daß im damaligen Zeitpunkt* (der Umweltkontamination) *Mißstände bei der Beseitigung von Industrieabfällen noch nicht nachhaltig in das Bewußtsein der Öffentlichkeit und der beteiligten Industrien gedrungen sein mögen, kann die ...Beklagte hiervon nicht entlasten; Möglichkeiten und Gefahren einer sachwidrigen Beseitigung solcher Abfälle mußten ihr aufgrund ihrer Sachkunde bekannt sein.*«

Anmerkungen zum "Entsorgungs-Urteil"

Die Beklagte, ein Großunternehmen der Petrochemie, hatte erhebliche Mengen des bei ihrer Mineralölproduktion anfallenden ölhaltigen Abfalls nicht verbrannt, sondern in den Boden einer Kiesgrube eingeleitet. Hierdurch wurde das örtliche Grundwasser kontaminiert. Das klagende städtische Wasserwerk verlangte den Ersatz von Aufwendungen (Beseitigung des Abfalls und Reinigen des Wassers), die ihm hierdurch entstanden waren. Nach Ansicht des BGH: Zu Recht.

Der BGH übertrug die bereits zivilrechtlich entwickelte Dogmatik zur Produkthaftung wie selbstverständlich auch auf die allgemeine Versicherungspflicht im Bereich des Umweltschutzes. Er sprach dabei erstmals von dem" *beherrschenden Leitbild, daß für die Kosten einer Umweltbelastung aufkommen soll, wer für ihre Entstehung verantwortlich ist* ", und bezog sich insoweit auf das sog. Verursacherprinzip.

Der BGH führte darüber hinaus eine " *Kehrseitentheorie* "ein: Die bei der Herstellung eines Produkts auftretenden Abfälle und ihre gefahrlose Beseitigung seien als die " *negative Seite*" der Produktion anzusehen, so daß ihre Beseitigung originär dem Hersteller obliegt. Für eine ordnungsgemäße Vernichtung des benutzten Produkts selbst habe hingegen der jeweilige Verbraucher zu sorgen.

Der Begriff der "*Kehrseitentheorie*"stammt von den Verfassern.

Quelle: BGH NJW 1976, S. 46-48

Abbildung 26: Das »Entsorgungs-Urteil« – Rechtliche Grundlage für die Anwendung des Qualitätsmanagementssystems auch auf sog. »negative (umweltbelastende) Produkte«

Die Integration der Umweltschutzmaßnahmen in das Qualitätsmanagementsystem

Mit dem wachsenden Verständnis für Umweltschutzbelange rückte von seiten der Unternehmen die Frage nach der möglichen Organisation entsprechender Maßnahmen in den Mittelpunkt der Diskussion.

Entsprechend dem QM-System nach DIN ISO 9000 ff. werden mittlerweile auf internationaler und nationaler Ebene vielfältige Anstrengungen mit dem Ziel der Normung eines Umweltmanagementsystems unternommen.[66] Dabei werden zwei sehr unterschiedliche Wege für gangbar erachtet: der Aufbau eines vom QM-System unabhängigen Umweltmanagementsystems [67] oder die umfassende Integration der Umweltmanagementaspekte in das QM-System selbst.[68,69] Die erste Alternative würde jedoch eine erhebliche Belastung insbesondere für kleine und mittlere Unternehmen bedeuten. Entsprechend dem QM-System müßte nämlich zusätzlich auch noch das Umweltmanagementsystem auditiert und zertifiziert werden. Es wäre dann absehbar, daß zukünftig wiederum weitere Regelwerke für Managementsysteme (z. B. zur Arbeitssicherheit) angeboten werden würden, die erneut auditiert und zertifiziert werden müßten. Von seiten derjenigen Vertreter, die ein solches zusätzliches Umweltmanagementsystem favorisieren, wird darüber hinaus häufig die falsche Vorstellung vertreten, daß es sich bei einem derartigen normativen Gebilde lediglich um eine Regelung auf dem Gebiet technischer Bezugspunkte wie z. B. der Determinierung von Immissionsgrenzwerten handelt. Das ist aber keineswegs der Fall. Vielmehr steht die organisatorische Verankerung der Umweltschutzmaßnahmen im Sinne einer Ausgestaltung des Produktionsprozesses nach technischen *und* sozialen Kriterien im Mittelpunkt der Bemühungen. Vor dem Hintergrund dieser Divergenzen griff die Qualitätswissenschaft das Thema auf.[70] Entsprechend der Auffassung des *BGH* kann das QM-System danach auch auf die sog. »negativen Produkte«[71] angewendet werden. Erste Forschungsergebnisse belegen, daß die Integration der Umweltmanagementaspekte in ein QM-System nach DIN ISO 9000 ff. ein erfolgversprechender Weg sein könnte.[72] Letztlich ist der Umweltschutz auch selbst ein Qualitätsmerkmal von Produkt und Unternehmen.[73] Jegliche Argumentation, daß Umweltmanagementsysteme eine eigenständige Normung erfahren müßten, ist insoweit auch aus rechtlichem Blickwinkel unzutreffend.[74]

3.3
Die unterschiedliche Betrachtung der Qualitätssicherung / des Qualitätsmanagements aus Sicht der Rechts- und der Qualitätswissenschaft

Die vorgenannten Urteile der Rechtsprechung dokumentieren durchgängig eine juristische Sichtweise, wonach im Unternehmen die Qualitätssicherung 1. auf technischen Methoden beruht, wie z. B. auf Prüfmitteln, 2. die richtige Bedienung dieser durch das Personal erfolgt und 3. die entsprechende Auswahl und Anleitung des Personals durch »den Unternehmer« stattfindet. Dabei kommt folgender Gedankengang zum Ausdruck: Auf der einen Seite stehen die im Unternehmen tätigen Menschen. Sie – und vorrangig das Management – trifft die Aufgabe, einen bestimmten Produktionsablauf zu organisieren, zu regeln und zu überwachen. Auf der anderen Seite ist dieser Produktionsablauf durch qualitätssichernde Maßnahmen so zu gestalten, daß jedwede Risikopotentiale der hergestellten Produkte auf ein Minimum reduziert werden. Qualitätssicherung ist dabei in erster Linie naturwissenschaftlich-/technischer Art. Sie müss(t)e mechanisch, elektrotechnisch oder chemisch funktionieren. In der modernen Qualitätswissenschaft wird hingegen in zunehmend stärkerem Maße die Ansicht vertreten, daß sich Qualitätssicherung weitgehend auf organisatorische Maßnahmen der zwischenmenschlichen Ebene gründet. Hierzu gehören nach der DIN ISO 8402

»alle geplanten und systematischen Tätigkeiten, die innerhalb des QM-Systems verwirklicht sin, und die wie erforderlich dargelegt werden, um angemessenes Vertrauen zu schaffen, daß eine Einheit die Qualitätsforderung erfüllt wird.« [75]

Des weiteren geht die Qualitätswissenschaft längst über den klassisch geprägten Begriff der Qualitätssicherung hinaus. So wird in DIN ISO 8402 denn auch der Oberbegriff Qualitätsmanagement wie folgt definiert: [76]

Qualitätsmanagement: »Alle Tätigkeiten der Gesamtführungsaufgabe, welche die Qualitätspolitik, Ziele und Verantwortung festlegen sowie dieses durch Mittel wie Qualitätsplanung, Qualitätslen-

kung, Qualitätssicherung und Qualitätsverbesserung im Rahmen des Qualitätsmanagementsystems verwirklichen.«

Außer acht gelassen wird somit von der Rechtsprechung der Ansatzpunkt, wonach die Qualitätssicherung und das Qualitätsmanagement durchaus eine überwiegend soziale Komponente besitzen.

In der Rechtsprechungspraxis ist der unterschiedliche Ansatz, was ein QM-System ist und wie es funktioniert, gleichwohl bislang von keiner bemerkenswerten Bedeutung. In aller Regel kommt ein Rechtsstreit nämlich nur dann vor die Gerichte und dort bis vor den *BGH*, wenn der technische *und* menschliche Bereich erhebliche Schwachpunkte aufweisen: Das Gericht wird meistens zunächst feststellen wollen und (mittels Sachverständigen) auch können, ob technische Prüfverfahren nicht – oder nicht ausreichend – in den Produktionsprozeß integriert wurden. Ist das der Fall, deutet dies sodann auf eine nachlässige Organisation des Unternehmens im menschlichen Bereich hin. Das heißt, daß die mit der Qualitätssicherung befaßten Mitarbeiter möglicherweise nicht sorgfältig genug ausgewählt und überwacht wurden. Ferner wird indiziert, daß ihnen nicht entsprechende Möglichkeiten verschafft wurden, sich weiterzubilden, und keine Zusammenarbeit in einer Weise möglich ist, die im Sinne eines Diskussionsforums dazu führt, daß ein qualitätsbewußtes Unternehmensklima entsteht. Somit stellen die rechtswissenschaftliche Literatur und die Rechtsprechung zwar bestimmte Anforderungen an QM-Systeme, ohne sich jedoch mit diesem Begriff und den dahinterstehenden wirtschaftlichen Intentionen auseinandergesetzt zu haben.

3.4
Beweislast und Beweiskraft im Prozeß

Kommt es zum Haftungsprozeß, müssen die Parteien ihren gerichtlichen Vortrag gegebenenfalls beweisen. Die Unternehmen sahen sich hierbei seit der »Hühnerpest-Entscheidung« des *BGH* [77] (Abbildung 27) aus dem Jahre 1968 mit einer Beweislastumkehrung zu ihren Ungunsten konfrontiert.

Anmerkungen zum "Hühnerpest-Fall"

Ein Tierarzt hatte Hühnern der Klägerin zu deren gesundheitlichen Schutz ein bestimmtes Serum geimpft. Diese verendeten dennoch. Es stellte sich zwar heraus, daß das Serum im beklagten Impfstoffwerk bakteriell verunreinigt worden war, die Klägerin hätte allerdings zusätzlich beweisen müssen, daß die Verunreinigung gerade aufgrund eines zumindest fahrlässig schuldhaften Verhaltens des Beklagten eingetreten war.

Nach § 276 Abs.1 S.2 BGB handelt fahrlässig, wer die im Verkehr erforderliche Sorgfalt außer acht läßt. Ob das Impfstoffwerk die bei der Herstellung des Serums erforderliche Sorgfalt außer acht gelassen hatte (z.B. durch mangelhafte Unterweisung der Mitarbeiter, etc.), ließ sich im Nachhinein von der Klägerin nicht nachweisen, selbst wenn der Fabrikationsfehler an sich außer Frage stand. Der BGH nahm hier in revolutionierender Weise eine Beweislastumkehr in dem Sinne vor, daß der Produzent seine Schuldlosigkeit beweisen müsse (...anstelle der sonst bestehenden Pflicht der Klägerin, die Schuld des Beklagten beweisen zu müssen...) und verurteilte schließlich den Beklagten auf Leistung von Schadensersatz nach § 823 BGB. Begründet hatte er dies im wesentlichen mit einer Analogie zu den Beweislastgrundsätzen der §§ 831-834, 836 BGB, wonach der vermeintliche Schadensersatzpflichtige zwar in bestimmten Situationen einen Entlastungsbeweis erbringen kann, per Gesetz aber dessen Verschulden vermutet wird. Grund hierfür: Die allgemeinen Lebenserfahrungen, daß in manchen Situationen zumeist ein Verschulden des vermeintlichen Schädigers vorliegt, dies aber aus bestimmten Gründen vom Geschädigten nur schwer oder überhaupt nicht nachzuweisen ist.

Hinter den Regelungen der §§ 831-834 steckt der sog. Gefahrenbereichsgedanke. Danach muß jeder sein Nicht-Verschulden nachweisen für Dinge, die in eben seinem Gefahrenbereich liegen. Somit ist der Produzent "näher dran", den Sachverhalt aufzuklären.

Quelle: BGHZ 51, 91, 97, 105 ff.

Abbildung 27: Beweislastumkehr zugunsten des Geschädigten.

Mußte vormals der geschädigte Verbraucher nachweisen, daß der Produzent die o. g. qualitätssichernden Maßnahmen pflichtenwidrig nicht ausreichend erfüllt hatte, war dies nach Ansicht des *BGH* unbillig. Dem Geschädigten sei es nämlich nicht möglich, die Produktionssphäre und den Herstellungsprozeß derart zu überschauen, daß er in der Lage sein könnte, einen solch umfassenden Nachweis zu führen.[78] Nach einer Entscheidung des *BGH* aus dem Jahre 1991 gilt diese Beweislastumkehrung auch zuungunsten von Kleinbetrieben, die möglicherweise nicht über die gleichen Kontrollinstrumente verfügen wie ein industrieller Großbetrieb.[79] Danach obliegt es dem Produzenten, im Einzelfall nachzuweisen, daß ihn am Produktfehler und an dem daraus resultierenden Schaden kein Verschulden trifft (Abbildung 28).

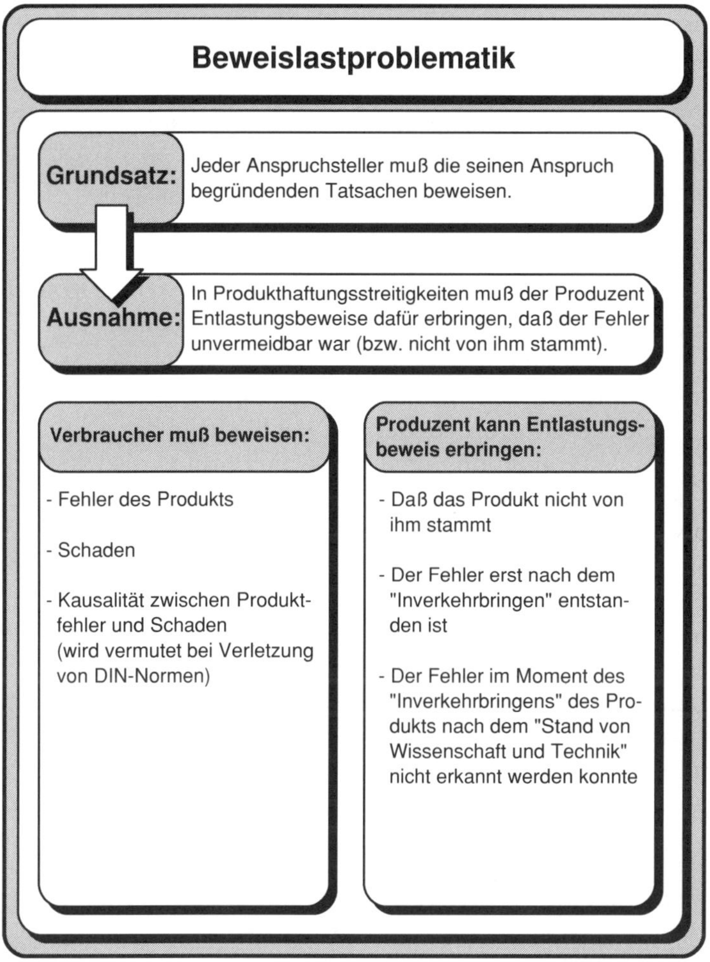

Abbildung 28: Grundsätze zur Beweislastproblematik

Insofern gab der *BGH* bereits 1968 Anhaltspunkte zur Bedeutung der Dokumentation qualitätsrelevanter Daten. Vielfach wurde daraus geschlossen, daß es sog. Dokumentations*pflichten* gäbe, die eingehalten werden müßten. Daß dem so nicht ist, hat der *BGH* dann in einem Urteil vom 8. Dezember 1992 klargestellt, wonach eine geplatzte Mehrwegflasche den Kläger erheblich an den Beinen verletzt hatte:[80]

»Diese Befunderhebungs- und Sicherungspflicht ist weder eine »Beweiserhaltungspflicht« des Herstellers noch eine dem Hersteller nicht obliegende Dokumentationspflicht. Sie umfaßt hier zwar alle zur Wiederbefüllung vorgesehenen Mehrwegflaschen, geht aber inhaltlich keineswegs dahin, eine Dokumentation im Sinne einer Auflistung von Einzelflaschen-Prüfergebnissen zu erstellen. Befundsicherung im genannten Sinne bedeutet vielmehr die Sicherstellung eines Kontrollverfahrens, durch das der Zustand einer jeden Flasche ermittelt und gewährleistet wird, daß – soweit technisch möglich – alle nicht einwandfreien Flaschen von der Wiederverwendung ausgeschlossen werden.«

Danach muß also eine Datenerhebung nicht hinsichtlich eines einzelnen Produkts erfolgen, sondern im Hinblick auf das die Qualität gewährleistende Produktionsverfahren. Damit geht es also vorrangig um die Dokumentation des Qualitätsmanagementsystems, wie dies z.B. in einem Qualitätsmanagementhandbuch geschieht. In diesem Zusammenhang schenkt auch die DIN ISO 9000 ff. dem Gesichtspunkt der Dokumentation von Qualitätsdaten große Aufmerksamkeit.[81] Positiver Nebeneffekt einer systematischen Qualitätsdokumentation: Transparenz in allen Unternehmensabläufen. Negative Folge: Häufig zu beobachtende Tendenz übertriebener Bürokratie durch Aufzeichnung überflüssigem Zahlenmaterials.

In diesem Bereich ist weiterhin zu beachten, daß der *BGH* von einem Prima-facie-Beweis der schuldhaften Schadensverursachung ausgeht, wenn das Unternehmen gegen einschlägige DIN- o.ä. Normen verstoßen hat.[82] Bedeutsam ist dieser Umstand um so mehr, als mit der Normenreihe DIN ISO 9000 ff. seit 1987 ein QM-System normenhaft festgelegt wurde. Danach müßten Unternehmen gegebenenfalls nachweisen, warum sie nicht in der Lage sein konnten, diese Minimalanforderungen einzuhalten. Jedwede Nichterfüllung der Reihe DIN ISO 9000 ff. ginge zunächst einmal zu ihren Lasten.

3.5 *Qualitätssicherungsmaßnahmen aufgrund vertraglicher Haftung*

Der Bereich der vertraglichen Haftung steht unter der Prämisse, daß eine Verpflichtung zur Mängelgewährleistung grundsätzlich stets dann möglich ist, wenn die gelieferte Ware nach subjektiven und/oder objektiven Maßstäben von der vertraglich determinierten Produktqualität abweicht. Diese Abweichung muß aber im Handelsverkehr schnell erkannt werden, weil der kaufmännische Kunde hier nach den Regeln des Handelsgesetzbuches (HGB) die Ware unverzüglich untersuchen und – bei Mangelhaftigkeit – ohne schuldhaftes Zögern rügen muß. Anderenfalls geht er seiner Gewährleistungsansprüche verlustig. Selbst wenn der Verkäufer sich freundlicherweise bereit finden sollte, vertraglich von dieser stringenten Handhabung abzusehen, wäre jedenfalls ein formularmäßiger Ausschluß der Untersuchungs- und Rügepflichten unwirksam.[83]

Die Rechtsprechung hat es aber bei der Lieferung einer größeren Anzahl gleichartiger Ware ausreichen lassen, wenn Stichproben gemacht werden.[84] Stellt sich die Ware nachträglich gleichwohl als mangelhaft heraus, gelten die Untersuchungs- und Rügepflichten als nicht verletzt.

Obwohl das HGB bereits seit dem 1. Januar 1900 in Kraft ist, steht hinter diesen besonderen Pflichten der – wie man sieht, nicht gerade überaus moderne – Gedanke (erinnert sei hier an Just-In-Time-Anlieferungen, wo praktisch auf die Wareneingangsprüfung verzichtet wird), Kaufleute mögen doch wegen des besonders im Wirtschaftsleben bestehenden Interesses an einer raschen und endgültigen Abwicklung ihrer Geschäfte Qualitätssicherungsmaßnahmen zur Waren-Eingangskontrolle einrichten.

Um sich bereits im Vorfeld dieser Problemzone einer bestimmten Qualität der Ware zu vergewissern bzw. diese als herausragend qualitätswertig anzupreisen, gehen Unternehmen tendenziell dazu über, ihre Produkte mit sog. Qualitätszeichen zu versehen. Der *BGH*, der mit diesem Bereich bisher wenig befaßt war, hat Gewährleistungsansprüche wegen eines Nichterreichens der mit dem Qualitätszeichen prononcierten Qualitätsstandards nur sehr einschränkend bejaht. Qualitätszeichen müßten danach eine derart vertrauensbildende Mitteilung enthalten, daß ein Abweichen vom selbstgesetzten Standard von keiner Seite der Vertragsparteien mehr als ordnungsgemäße Erfüllungsleistung angesehen werden kann.[85]

Neuerdings gehören auch noch Qualitätszeichen für ganze Unternehmen zur Verkaufspolitik (z. B. *Made by Daimler Benz*, *Made by Grundig*, *Made by BMW*[86] etc.). Inwiefern hierin eine vertraglich relevante Aussage liegen kann, ist von der Rechtsprechung und Literatur noch nicht abschließend geklärt. In diese Richtung geht aber bereits eine Entscheidung des *BGH* aus dem Jahre 1966.[87] Danach dürften solche »Firmensigel« nur unter der Voraussetzung gewährleistungsrechtliche Erheblichkeit erlangen, daß es dem Kunden gelänge, nachzuweisen, daß es gerade dieses Qualitätszeichen des Unternehmens war, das

1. eine bestimmte Erwartungshaltung hervorrief,
2. berechtigtes Vertrauen in die damit zum Ausdruck gebrachte Produktqualität weckte,
3. für den Kaufentschluß maßgeblich war, und daß
4. die mit dem Qualitätszeichen des Unternehmens assoziierte Produktqualität mit einer bestimmten Ware nicht übereinstimmt.

3.6 Strafrechtliche Verantwortung des Managements

Die strafrechtliche Verantwortlichkeit des Managements ist eine Gefahr, bei deren Verwirklichung die betroffenen Führungskräfte ganz persönlich durch Geldbußen oder gar Haftstrafen betroffen sind.

Neben einer negativen Presse muß das Unternehmen mit Durchsuchungen des Firmengeländes und Beschlagnahmung von etwaigem Beweismaterial rechnen. Das Management kann kurzfristig in Untersuchungshaft kommen. Solche Mittel, die es im Zvilprozeß nicht gibt, können darüber hinaus der Vorbereitung eines Schadensersatzprozesses dienen, der hierdurch wesentlich größere Erfolgsaussichten haben kann. Trotz dieser erheblichen Risiken für Management und Unternehmen kommt es allein in den alten Bundesländern Jahr für Jahr zu rund 20.000 (!) strafrechtlichen Ermittlungsverfahren im Zusammenhang mit der Verwirklichung von Produktrisiken.[88]

Wurde durch die Rechtsprechung in den Verfahren »Contergan« [89] und »Monza-Steel« [90] zunächst nur der jeweilige Entwicklungschef für seinen innerbetrieblichen Verantwortungsbereich herangezogen [91], so ist spätestens nach dem »Lederspray-Urteil« des *BGH* (Abbildung 29) vom 6. Juli 1990 auch die Geschäftsleitung insgesamt für die Verwirklichung von Produktrisiken als strafrechtlich verantwortlich anerkannt worden.[92]

Zur Vermeidung strafrechtlicher Produktverantwortung muß die Geschäftsführung der Unternehmen konkreten Organisationspflichten nachkommen. *Cramer* folgert deshalb in seinem Kommentar zum Strafgesetzbuch (StGB): [93]

»Folglich ist es die erste Pflicht der für das Unternehmen handelnden Organe, durch einen Organisationsplan sicherzustellen, daß die Sorgfaltsanforderungen auf die verschiedenen Ebenen innerhalb des Unternehmens so verlagert und innerhalb der gleichen Ebene so modifiziert werden, daß schädliche Erfolge vermieden werden, sofern alle Beteiligten die gerade ihnen obliegende Pflicht erfüllen. So ist etwa ein Unternehmen klar und überschaubar zu organisieren und zudem sicherzustellen, daß jeweils ein Mitarbeiter für einen Produktions- oder Vertriebsbereich persönlich verantwortlich ist.«

Inwiefern solchen Forderungen der rechtswissenschaftlichen Literatur praxisgerecht nachgekommen werden kann, soll im anschließenden Kapitel 4 behandelt werden.

3.7 Schlußfolgerungen

Als Ergebnis dieser Übersicht bleibt festzuhalten, daß die Gerichte den Unternehmen vielerlei qualitätssichernde Maßnahmen abverlangen und das Management hierdurch vorbeugend angehalten wird, bestimmten Verhaltenspflichten nachzukommen. Letztlich können die Gerichte aber immer nur repressiv tätig werden. Das ist in dem Um-

Anmerkungen zum "Lederspray-Urteil"

Das in Treibflaschen abgefüllte Lederspray der Firma "Erdal-Rex" führte bei dessen Anwendung zu Flüssigkeitsansammlungen in den Lungen der Verbraucher (Lungenödemen) und damit verbundenen Atembeschwerden, Husten, Übelkeit, Schüttelfrost und Fieber.

Hier war eine Rückrufpflicht wegen der konkreten Gefährdung für Leib und Leben dringend geboten. Diese Pflicht oblag allen Mitgliedern der Geschäftsleitung, die sich in Ermangelung eines derartigen Rückrufverhaltens der Körperverletzung i.S.d. Strafrechts schuldig gemacht hatten. Gegebenenfalls hätten sie entsprechende Maßnahmen im Rahmen einer "Notgeschäftsführung" durchführen müssen.

Quelle: BGH St 37,106ff.

Abbildung 29: Das »Lederspray-Urteil«, Meilenstein hinsichtlich der strafrechtlichen Verantwortung des Managements.

stand begründet, daß sie erst dann aktiv werden können, wenn bereits ein Schaden eingetreten ist oder sich zumindest jemand geschädigt fühlt. Die Führungsebene der Unternehmen wird hierdurch zwar auf ihr bisheriges Fehlverhalten aufmerksam gemacht, aber eben erst dann, wenn das »Kind quasi in den Brunnen gefallen« ist. Auch rechtswissenschaftliche Professoren, Anwälte oder betriebsinterne Juristen werden zumeist erst dann zu Rate gezogen, wenn es um die Schadensregulierung geht. Genau hier setzt die qualitätswissenschaftliche Lehre an, deren Intention es ist, den Unternehmen Instrumente, Methoden, Verfahren etc. an die Hand zu geben, mit denen sie latente Schwachpunkte erkennen und diese präventiv vermeiden können. Die beiden Strukturelemente bilden hierbei das Qualitätsmanagement und die Qualitätssicherung, die das QM-System ausfüllen müssen.

Nicht zuletzt aufgrund einer möglichen strafrechtlichen Verantwortung des Top-managements für Produktrisiken sollte in jedem Unternehmen Qualität als Führungsaufgabe angesehen werden.[94] Um sich hier präventiv zu schützen, erscheint das Total Quality Management (TQM) im Sinne eines unternehmerischen Führungsmodells als geeignet, sofern der Sprecher (Vorsitzende) des Vorstands bzw. der Sprecher (Geschäftsführer) der Geschäftsleitung TQM von oberster Stelle führt.[95] Hier sei auch auf die Normenreihe DIN ISO 9000 ff. verwiesen, wo durchweg von der »Verantwortung der obersten Leitung« gesprochen wird.[96] Es kann nicht eindringlich genug auf diesen Sachverhalt hingewiesen werden. Insofern scheint die Beschäftigung mit TQM und QM-Systemen nicht nur aus wirtschaftlichen, sondern auch aus rechtlichen Anforderungen Gebot der Stunde. Dabei ist zu erwarten, daß entsprechend den wirtschaftlichen auch die rechtlichen Anforderungen weiter steigen. Diese gilt es zu erfüllen.

3.8 Zusammenfassung

Qualitätsmanagementsysteme erlangen heute nicht nur aufgrund wirtschaftlicher Notwendigkeit (Abbau des Fehlleistungsaufwandes in den Unternehmensprozessen), sondern verstärkt auch angesichts rechtlicher Erfordernisse (sowohl zivil- als auch strafrechtlich) zunehmende Aufmerksamkeit in Praxis und Forschung. Die deutsche Rechtsprechung hat in den letzten 25 Jahren ein feinmaschiges Netz von Haftungskriterien für unternehmerisches Handeln gesponnen, die es im Rahmen der qualitätsorientierten Unternehmensführung zu erfüllen gilt. Die Anforderungen der Rechtsprechung zeigen eindringlich den Stellenwert der Qualität als Führungsaufgabe des Top-managements auf. Das Spannungsfeld zwischen wirtschaftlichen und rechtlichen Anforderungen erlangt durch ein konsequentes Qualitätsmanagement eine Auflösung. Vor diesem Hintergrund stellt das Total Quality Management ein geeignetes Führungsmodell dar, sich und das Unternehmen vor etwaigen Rechtstreitigkeiten präventiv zu schützen.

Anmerkungen

1 Bisher im deutschen Sprachraum mit Qualitätssicherungssystem bezeichnet, vgl. DIN ISO 8402 / E 03.92: Qualitätsmanagement und Qualitätssicherung; Begriffe.
2 Siehe hierzu Wildemann, H., (1992), H. 7, S. 761-782.
3 O.V., (1991).
4 Siehe z. B. Menk, M., (1992), Vortragsmanuskript oder auch Rothe, L., (1990), S.129 f.
5 Die wirtschaftliche Notwendigkeit von QM-Systemen zeigen verschiedene Studien: So kommt beispielsweise die Unternehmensberatung Holger Schaar & Partner zu dem Ergebnis, daß bis zu 30 % des Umsatzes in europäischen und amerikanischen Unternehmen für die Beseitigung von Fehlern aufgewendet wird. In ähnlicher Größenordnung bewegen sich auch die Ergebnisse einer McKinsey-Studie. Insofern sollte die Vermeidung des Fehlleistungsaufwands Zielrichtung eines funktionsfähigen QM-Systems sein. Siehe hierzu Schaar, H., (1992); Siehe auch Child, P., u.a., (1991), S. 73 ff.
6 Mit diesem Diskussionsbeitrag soll allerdings nur derjenige Ausschnitt aus der Fülle juristischer Problemfelder im Zusammenhang mit Produkthaftungsfällen behandelt werden, an dem die gegenseitige Beeinflussung von Rechtsprechung und Qualitätsmanagement im Sinne der Unternehmensführung besonders deutlich zu Tage tritt.
7 O.V., (1992), S. 17.
8 Ebenda S. 14.
9 Masaaki, I., (1992).
10 BGH, ZIP 1992, S. 38 ff.
11 Siehe weiterführend aus Sicht eines Assekuranzunternehmens: o.V., (1990).
12 Schmidt-Salzer, J., (1983), S. 534 f.; Taschner, H. C., Frietsch, E., (1990), § 4 Randnr. 38.
13 BGH, NJW 1978, S. 2241, 2243 (Hinterreifen).
14 BGH, NJW 1980, S. 1219 ff. (Klapprad aus Fankreich); BGH, VersR 1977, S. 839, 840 (Autokran aus England).
15 BGH, NJW 1975, S. 1827, 1828 f.; vgl. auch die überwiegende Kritik des Schrifttums: Diederichsen, U., (1978), S. 1281, 1287; Bieberstein, W. v., (1976), S. 411, 413 f. jew. m.w.N.
16 BGH, NJW 1968, S. 247 ff.
17 BGH, NJW 1968, S. 247, 248 f. (Ferro-Flux-Verfahren – magnetische Durchflutung – zur Feststellung von Bearbeitungsfehlern im Schmiedegesenk. Gleichzeitig mußten die das Werkstück bearbeitenden Hammerführer, Prüfer und Betriebsleiter sorgfältig ausgesucht, angeleitet und beaufsichtigt werden).
18 BGH VersR, 1972, S. 559 f. (Bruch einer Haspel-Vorlegewelle und damit verbundener Absturz eines Förderkorbes).
19 Siehe hierzu Bauer, C.-O., (1991), S. 82-86.
20 O.V., (1992), S. 34.
21 Kamiske, G. F., Malorny, Chr., (1991), S. 153 ff. Siehe auch Masing, W., (1991), S. 521-523.

22 Thomas, H. u.a., (1993), § 3 ProdHaftG Randnr. 1; Mertens, H.-J., (1986), § 823, Randnr. 293 jeweils m.w.N.
23 OLG Düsseldorf, VersR 1989, S. 1158 f.
24 BGHZ 104, 323 ff. (325); bestätigt in BGH, ZIP 1993, S. 440, 441.
25 OLG Nürnberg, NJW - RR 1988, S. 378 f.
26 BGH, NJW - RR 1990, S. 406 f.
27 Thomas, H. u.a., (1993), § 3 ProdhaftG Randnrn. 4, 14; Mertens, H.-J., (1986), § 823 Randnr. 297.
28 BGHZ 86, 256 ff. (257).
29 BGHZ 51, 91 ff. (107 f.).
30 OLG Düsseldorf, NJW 1978, S. 1693 f.
31 BGHZ 105, 346 ff. (354).
32 Steffen, E., (1989), § 823 Randnr. 276.
33 Thomas, H., (1993), § 3 ProdHaftG Randnr. 5; Mertens, H.-J., (1986), § 823 Randnr. 294, 298 jeweils m.w.N.
34 BGHZ 80, 186 (189); Schmidt-Salzer, J., (1981), S. 1041; Thomas, H., (1993), § 823 BGB Randnr. 207.
35 BGH, NJW 1987, S. 372 ff.; der Sachverhalt ist vereinfacht wiedergegeben.
36 BGH, NJW 1987, S. 372 f.; so auch OLG Frankfurt/Main, VersR 1990, S. 981 f. (Industriefilter, die für eine Dauertemperatur von 220 C bestimmt waren, schieden im eingesetzten Umluftbetrieb Chlorgas ab, was allenfalls im Abluftverfahren zulässig war und zur Schädigung von Metallteilen der Anlage bzw. der Halle führte. Mit dieser Eigenschaft brauchte nach Ansicht des OLG Frankfurt selbst ein Fachmann bis hin zum Hochschullehrer nicht zu rechnen. Neben dem Konstruktionsfehler war deshalb ein Instruktionsfehler gegeben, weil der beklagte Hersteller auf diesen Umstand unbedingt hätte warnend hinweisen müssen. Der BGH hatte die hiergegen eingelegte Revision nicht zur Entscheidung angenommen.).
37 BGH, NJW 1987, S. 372 f.; zu diesem Thema auch: Schiffer, H.-W., Delbrück, K., (1991), S. 1002, 1003.
38 BGH, ZIP 1992, S. 38 ff.
39 Anm. der Verfasser: Der Sachverhalt ist zwecks vereinfachter Darstellung stark gekürzt.
40 BGH, NJW 1981, S. 2514, 2516 (Technisches Lösungsmittel als Inhalierungsrauschgift); bestätigt in BGHZ 105, 346 (351) (Verunreinigtes Fischfutter führte zu einem Fischsterben und zeitweiligen Verkaufsverbot für den überlebenden Bestand.). v. Westphalen, F., (1992), S. 18 ff.
41 BGH, ZIP 1992, S. 38, 40.
42 BGH, ZIP 1992; 38 ff.; v. Westphalen, F., (1992), S. 18, 20 ff.
43 BGH, BB 1975, S. 103 f.
44 BGH, VersR 1988, S. 635 f.
45 BGHZ 59, 172 ff.
46 BGHZ 80, 186 ff. und 199 ff.
47 Instruktive Besprechung dieses Falles bei Diederichsen, U., (1978), S. 1281, 1285.
48 BGHZ 80, 186 (191 ff.); 199 (203).
49 BGHZ 99, 167 (171 ff.).

50 BGHZ 80, 186 (191); 199 (203).
51 BGH, NJW 1990, S. 906, 908 (Pferdeboxen).
52 BVerfG, NJW 1979, S. 359, 362.
53 BGH, NJW 1990, S. 906, 907 (Pferdeboxen).
54 OLG Düsseldorf, NJW - RR 1992, S. 284.
55 Vgl. Löhr, W., (1989), S. 1 f., wonach hierzu in der Bundesrepublik Deutschland bereits ein Normenwerk von mehr als 100.000 Druckseiten existieren soll; allein in der elektrotechnischen Industrie sollen Sicherheitsbestimmungen auf mehr als 16.000 Druckseiten fixiert sein. Löhr leitet hieraus ab, daß die Sicherheit und wirtschaftliche Prosperität wesentlich gefördert wird. Anm.: Nach unserer Ansicht ist das Gegenteil der Fall. Die Unüberschaubarkeit dieser Regelungen muß vielmehr zu Unsicherheit bei den Unternehmen führen. Vgl. auch zu den diversen Umweltzeichen: Schiffer, W., Delbrück, K., (1991), S. 1002 ff.
56 O.V., (1991).
57 Der Begriff der Umwelt-Auditierung ist an sich unkorrekt. Nicht die Umwelt wird auditiert, sondern die Wirksamkeit der Maßnahmen zu ihrem Schutze.
58 ABlEG Nr. C 120 vom 30. April 1993, S. 3 ff.
59 RefE-UIG vom 2. Dezember 1992.
60 Eilers, S., Schröer, T., (1993), S. 1025, 1027.
61 Kloepfer, M., (1993), S. 1125, 1129; a.A. Scherer, J., (1993), S. 11 ff., 16.
62 Bei: o.V., (1993a), S. 17.
63 Siehe insbesondere Steger, U., (1991); Scherer, J., (1993), S. 11 ff., 15 f.
64 BGH, NJW 1976, S. 46. Vgl. insbesondere auch die zustimmenden Besprechungen des Urteils bei: Schmidt-Salzer, J., (1979), S. 1 ff. und Brüggemeier, G., (1982), S. 1294, 1306 f.
65 BGH, NJW 1976, S. 46, 48.
66 Am weitesten fortgeschritten ist der nationale Normenentwurf BS 7750 Großbritanniens. Daneben haben nach Kenntnis der Verfasser Kanada, Frankreich, Irland, Südafrika und auch die Bundesrepublik Deutschland Normenentwürfe zur Diskussion gestellt.
67 Diese Ansicht scheint sich in der Normung sowohl international wie national durchzusetzen. Auf internationaler Ebene beschäftigt sich das Technical Committee (TC) 207 »Environmental Management« mit der Thematik. Dieses gliedert sich derzeit in fünf Arbeitgruppen: »Environmental Management Systems (EMS), Environmental Auditing (EA), Environmental Labelling (EL), Environmental Performance Evaluation (EPE) sowie Life Cycle Analysis (LCA). Auf deutscher Ebene hat sich im DIN der »Normenausschuß Grundlagen des Umweltschutzes (NAGUS)« am 05.05.1993 konstituiert.
68 Diese Ansicht vertritt international das Technical Committee (TC) 176, auf deutscher Ebene der »Normenausschuß Qualitätsmanagement, Statistik und Zertifizierungsgrundlagen (NQSZ)« im DIN. Allerdings hat sich deren Überzeugung bisher nicht hinreichend durchsetzen können. Siehe die Anmerkung zuvor.
69 Die Debatte zwischen dem NAGUS und dem NQSZ, wer der kompetentere Normungsausschuß zwecks Umweltmanagement- bzw. (Qualitätsmanagement-)systemnormung ist, als auch die »politische« Besetzung des NAGUS läßt befürchten, daß die Bundesrepublik Deutschland auf diesem Gebiet den

internationalen Aktivitäten abermals hinterherlaufen wird. Verwiesen sei hierbei z. B. auf Großbritannien, wo die Zertifizierung von Umweltmanagementsystemen von 1994 an explizit aufgenommen wird. Siehe hierzu o.V., (1993b), S. 6.

70 Siehe so: Kamiske, G. F., Butterbrodt, D., Tammler, U., (1993).

71 Auch bezeichnet mit »unerwünschten« oder »unbeabsichtigten« Produkten.

72 Die Verfasser beziehen sich hierbei auf unveröffentlichte Forschungsergebnisse des Lehrstuhls Qualitätswissenschaft der Technischen Universität Berlin.

73 Siehe z.B. Kreikebaum, H., (1991); Feldhaus, G., (1991), S. 927, 931 f.; Steger, U., (1988).

74 Feldhaus, G., (1991), S. 927, 931 f. Gleichwohl ist bis heute weitgehend ungeklärt, wie umweltbezogene organisatorische Maßnahmen, die letztlich zu konkreten umweltschutzgerechten Verhaltensweisen der Mitarbeiter führen müssen, durchgängig in das QM-System integriert werden können. Nach Kenntnis der Verfasser führen hierzu derzeit sowohl die Deutsche Gesellschaft zur Zertifizierung von Qualitätsmanagementsystemen (DQS) als auch der Rheinisch-Westfälische TÜV Pilotprojekte zwecks Integration der Umweltschutzmaßnahmen in das QM-System nach DIN ISO 9000 ff. durch. Es sei hier auch auf ein laufendes Forschungsvorhaben des Lehrstuhls Qualitätswissenschaft der Technischen Universität Berlin hingewiesen, das sich mit der Integration des Umweltschutzes in das QM-System auseinandersetzt.

75 O.V., (1992), S. 22.

76 Ebenda, S. 24.

77 BGHZ 51, 91 ff.

78 BGHZ 51, 91 (105 f.): sog. Gefahrenbereichsgedanke.

79 BGH, NJW 1992, S. 1039, 1040 ff.

80 BGH, ZIP 1993, S. 440, 441 f.

81 Siehe z.B. DIN ISO 9004 Qualitätsmanagement und Elemente eines Qualitätssicherungssystems-Leitfaden, Mai 1990, S. 40.

82 BGH, NJW 1991, S. 2021, 2022 (Baugrube); BGHZ 103, 338 (341 f.), wonach DIN-Normen anerkannte Regeln der Technik seien.

83 BGH, NJW 1991, S. 2633 ff.

84 BGH, BB 1977, S. 1019 f: Bei einer Lieferung von 2.400 Dosen Champignons reicht eine Überprüfung von 5 bis 6 Dosen aus; RGZ 106, 359 (362): Bei einer Lieferung von 5.000 Dosen Apfelmus reicht eine Stichprobe von 10 Dosen.

85 BGHZ 48, 118 (123 f.) (TREVIRA); zustimmend: Westermann, H. P., (1988), § 459 Randnr. 59; Putzo, H., (1993), § 459 Randnr. 17.

86 Kuenheim, E. v., bei: Kowalewsky, R., Schmitz, W., (1992), S. 100.

87 BGH, VersR 1966, S. 241, 242 (Hohllochziegel).

88 Goll, E., (1989), S. 597.

89 LG Aachen, JZ 1971, S. 507 ff.

90 LG München II, in: Schmidt-Salzer, J., Entscheidungssammlung Produkthaftung (ES) Nr. IV. 28.

91 Siehe hierzu Schmidt-Salzer, J., (1988), S. 1937, 1938 ff.

92 BGH St 37, 106 ff. = NJW 1990, S. 2560, 2564 ff.; Kullmann, H. J., (1991), S. 675, 680; Schmidt-Salzer, J., (1990), S. 2966, 2971.

93 Cramer, P., (1991), § 15 Rdnr.223.

94 Siehe hierzu Kamiske, G. F., Malorny, Chr., (1992), S. 274-278.
95 Kamiske, G. F. (Hrsg.), (1992).
96 Siehe hierzu auch: Hans, R., (1992), S.249-251.

Zitierte Literatur

Bauer, C.-O., (1991): Wirkungsvolle Qualitätsaudits, in: QZ 2/1991, S. 82-86

Bieberstein, W., Freiherr Marschall v., (1976): Zur Verantwortung leitender Mitarbeiter im Produktenhaftpflichtrecht, in: Versicherungsrecht (VersR) 1976, S. 411 ff.

Brüggemeier, G., (1982): Produzentenhaftung nach § 823 Abs. 1 BGB – Bestandsaufnahme und Perspektiven weiterer judizieller Rechtsentwicklung, in: Zeitschrift für Wirtschafts- und Bankrecht (WM) 1982, S. 1294 ff.

Child, P. u.a., (1991): SMR Forum: The Management of Complexity, in: Sloan Management Review/Fall, 1991, S.73 ff.

Cramer, P. u.a., (1991): Strafgesetzbuch – Kommentar, 24. Auflage, München 1991

Diederichsen, U., (1978): Wohin treibt die Produzentenhaftung?, in: Neue Juristische Wochenschrift (NJW) 1978, S. 1281 ff.

Eilers, S., Schröer, T., (1993): Der Schutz der betrieblichen Informationssphäre im Umweltinformationsgesetz, in: Betriebs-Berater (BB) 1993, S. 1025 ff.

Feldhaus, G., (1991): Umweltschutzsichernde Betriebsorganisation, in: Neue Zeitschrift für Verwaltungsrecht (NVwZ) 1991, S. 927 ff.

Goll, E. u.a., (1989): Strafrechtliche Produktverantwortung, in: Produkthaftungshandbuch Band I: Vertragliche und deliktische Haftung, Strafrecht und Produkt-Haftpflichtversicherung, München 1989, S. 597 ff.

Hans, R., (1992): Verantwortung der obersten Leitung, in: QZ 5/1992, S.249-251

Masaaki, I., (1992): Kaizen – Der Schlüssel zum Erfolg der Japaner im Wettbewerb, München u.a. 1992

Kamiske, G. F., (hrsg.), (1992): Die Hohe Schule – Total Quality Management – Fallbeispiele deutscher Unternehmen mit Strategien zur Zukunftssicherung, Berlin 1992

Kamiske, G. F., Malorny, Chr., (1991): Der Strukturwandel der Zulieferindustrie, in: Tagungsband »Die Hohe Schule – Management für Qualität und Produktivität«, hrsg. Kamiske, G. F., Berlin 1991, S. 153-166.

Kamiske, G. F., Malorny, Chr., (1992): Total Quality Management – Ein bestechendes Führungsmodell mit hohen Anforderungen und großen Chancen, in: zfo, 5/1992, S. 274-278

Kamiske, G. F., Butterbrodt, D., Tammler, U., (1993): Qualitäts- und umweltorientiertes Management als gemeinschaftliche Aufgabe begreifen, in: Handelsblatt (Beitrag in Druckvorbereitung).

Kloepfer, M., (1993): Betrieblicher Umweltschutz als Rechtsproblem, in: Der Betrieb (DB) 1993, S. 1125 ff.

Kowalewsky, R., Schmitz, W., (1992): Zug nach Süden – In den Zukunftsplänen der Autobauer spielt der Standort Deutschland nur noch eine Nebenrolle. Neue Werke werden im Ausland gebaut, in: Wirtschaftswoche Nr. 28 v. 03.07.1992, S. 100-103

Kreikebaum, H., (1991): Integrierter Umweltschutz, 2. Aufl., Wiesbaden 1991

Kullmann, H. J., (1991): Die Rechtsprechung des Bundesgerichtshofs zum Produkthaftpflichtrecht in den Jahren 1989/90, in: Neue Juristische Wochenschrift (NJW) 1991, S. 675 ff.

Löhr, W., (1989): Europäische Produktnormen als Instrumente des freien Warenverkehrs, des Umweltschutzes und der technischen Sicherheit – aus Sicht der Verwaltung, in: Gewerbearchiv (GewArchiv) 1989, S. 1 ff.
Masing, W., (1991): Qualitätssicherung als gemeinsame Aufgabe von Zulieferant und Abnehmer, in: QZ 36/1991, S.521-523
Menk, M., (1992): Produkthaftung und Qualitätsvereinbarungen, in: Tagungsband »Qualitätsmanagement kritisch beleuchtet«, hrsg. v. I.I.R., Frankfurt/Main 1992
Mertens, H.-J. u.a., (1986): Münchener Kommentar zum Bürgerlichen Gesetzbuch, Band 3: Schuldrecht Besonderer Teil 2. Halbband, 2. Auflage, München 1986
O.V., (1990): QS-Systeme, Normen und Zertifikate, HDI-Information, H-III, 2/90 (2., 3/91)
O.V., (1991): Wichtige Rechtsvorschriften im Umweltschutz, hrsg. v. Referat Öffentlichkeitsarbeit des Bundesministers für Umwelt, Naturschutz und Reaktorsicherheit, Bonn September 1991
O.V., (1992): DIN ISO 8402 / E03.92: Qualitätsmanagement und Qualitätssicherung
O.V., (1993a): Industrie fordert internationale Harmonisierung des Umweltrechts, in: FAZ v. 21.09.1993, S. 17
O.V., (1993b): BS 7750 – the making of a standard, in: Review – News from Loyds Register Quality Assurance Limited, July 1993
Putzo, H. u.a., (1993): Palandt – Bürgerliches Gesetzbuch – Kommentar (inkl. Kommentar zum Produkthaftungsgesetz), 52. Auflage, München 1993
Rothe, L., (1990): Das Produkthaftungsgesetz – Risiko und Chance, in: QZ 3/1990, S. 129 f.
Schaar, H., (1992): Die ganzheitliche Unternehmensentwicklung unter den Aspekten des Total Quality Management, in: Tagungsband »Die Hohe Schule« – Total Quality Management, Fallbeispiele erfolgreicher deutscher Unternehmen mit Strategien zur Zukunftssicherung«, hrsg. v. Kamiske, G. F., Berlin 1992, Vortragsmanuskript
Schiffer, H.-W., Delbrück, K., (1991): Kennzeichnung als Instrument des produktbezogenen Umweltschutzes, in: Der Betrieb (DB) 1991, S. 1002 ff.
Scherer, J., (1993): Umwelt-Audits: Instrument zur Durchsetzung des Umweltrechts im europäischen Binnenmarkt?, in: Neue Zeitschrift für Verwaltungsrecht (NVwZ) 1993, S. 11 ff.
Schmidt-Salzer, J., (1979): Die Bedeutung der Entsorgung- und der Schwimmschalter-Entscheidung des Bundesgerichtshofs für das Produkthaftungsrecht, in: Betriebs-Berater (BB) 1979, S. 1 ff.
Schmidt-Salzer, J., (1981): Rechtliche und tatsächliche Aspekte der Produktbeobachtungshaftung, in: Betriebs-Berater (BB) 1981, S. 1041 ff.
Schmidt-Salzer, J., (1983): Deliktshaftung des Herstellers für Schäden an der gelieferten Sache, in: Betriebs-Berater (BB) 1983, S. 534 ff.
Schmidt-Salzer, J., (1988): Strafrechtliche Produktverantwortung, in: Neue Juristische Wochenschrift (NJW) 1988, S. 1937 ff.
Schmidt-Salzer, J., (1990): Strafrechtliche Produktverantwortung, in: Neue Juristische Wochenschrift (NJW) 1990, S. 2966 ff.
Steffen, E. u. a., (1989): Das Bürgerliche Gesetzbuch – Kommentar, Band II 5, 12. Auflage, Berlin – New York 1989

Steger, U., (1991): Umwelt-Auditing - Ein neues Instrument der Risiko-Vorsorge, Frankfurt/Main 1991

Steger, U., (1988): Umweltmanagement, Frankfurt/Main, Wiesbaden, 1988

Taschner, H. C., Frietsch, E., (1990): Produkthaftungsgesetz und EG-Produkthaftungsrichtlinie - Kommentar, 2. Auflage, München 1990

Thomas, H. u.a., (1993): Palandt - Bürgerliches Gesetzbuch - Kommentar (inkl. Kommentar zum Produkthaftungsgesetz), 52. Auflage, München 1993

Westermann, H. P. u.a., (1988): Münchener Kommentar zum Bürgerlichen Gesetzbuch, 2. Auflage, München 1988

Westphalen, F. Graf v., (1992): Das Milupa-Urteil - eine beträchtliche Verschärfung der Produkthaftung, in: Zeitschrift für Wirtschaftsrecht (ZIP) 1992, S. 18 ff.

Wildemann, H., (1992): Kosten- und Leistungsbeurteilung von Qualitätssicherungssystemen, in: ZfB 62. Jg. (1992), S. 761-782

4. Kapitel

Die strafrechtliche Verantwortung des Managements für Qualität

Prozeß- und Produktverantwortlichkeit und deren Einflußbereich auf die qualitätsorientierte Unternehmensführung

Managementinformation

Das Strafrecht bedeutet für Manager letztlich nur eines: Geld- oder Freiheitsstrafe für eine schludrige Unternehmensführung. Der theoretisch denkbare Rahmen reicht dabei von fünf Tagessätzen zu je zwei DM bis hin zu lebenslanger Freiheitsstrafe bei einer maximalen monatlichen Besuchszeit von – wenn überhaupt – insgesamt einer halben Stunde. Allein schon ein Ermittlungsverfahren der Staatsanwaltschaft oder eine anschließende Hauptverhandlung vor dem erkennenden Gericht besitzen aber erheblich sanktionierenden Charakter. Die damit verbundenen Repressionen, die vielfach über die Massenmedien in die breite Öffentlichkeit getragen werden, hinterlassen gewöhnlich tiefe Risse in der Achtung der angeschuldigten / angeklagten Persönlichkeit. Nicht nur bei dem einzelnen Manager, dessen Mitarbeitern, Kunden oder der Gesellschaft an sich, sondern gerade auch im familiären Umfeld sind Krisen fast unvermeidlich.

Wieso, so wird sich mancher Manager dann vielleicht fragen, bin denn ausgerechnet ich dafür verantwortlich zu machen, daß in einem ein paar hundert oder tausend Kilometer von der Zentrale entfernten Werk etwas schiefgegangen ist? Der Grund hierfür wird von der Rechtsprechung u. a. darin gesehen, daß es die Mitglieder der Geschäftsführung eines Unternehmens sind, welche dieses letztlich repräsentieren. Gleichsam einer Haftung für Kinder müßten sie gegebenenfalls für Fehler anderer einstehen. Daß möglicherweise auch anderen Mitarbeitern ein nachlässiges Verhalten vorgeworfen werden könnte, ist insofern irrelevant. Bestimmte Aufgaben der Organisation und Aufsicht können als Kardinalpflichten der Geschäftsführung nicht auf untere Hierarchieebenen delegiert werden. In seiner letzten Konsequenz hängt es schließlich immer von ihr ab, ob qualitätsplanende, -lenkende, -sichernde und -verbessernde Mechanismen in einem Unternehmen gefahrenadäquat und funktionsfähig integriert sind oder nicht. Werden die Mitglieder der obersten Führungsebene hiermit nicht fertig, so schaffen dies die Angehörigen unterer Hierarchiechieebenen erst recht nicht – das zumindest zeigt die Praxis. Die Rechtsprechung sieht sich deshalb bei der Frage einer strafrechtlichen Produkthaftung zunächst (und oftmals auch mit Erfolg: allein) die Mitglieder der obersten Geschäftsführung an.

Um derartige Situationen rechtzeitig zu vermeiden, sind umfangreiche Anstrengungen erforderlich. Vom Management wird jedoch nichts Unmögliches verlangt. Konsequentes Qualitätsmanagement, wie es durch das Total Quality Management beschrieben und ausgefüllt wird, ist ein probates Mittel, um Kunden, Verbraucher und die Gesellschaft schlechthin vor Produktgefahren – und sich selbst vor Strafverfahren zu schützen.

4.1
Einführung – Die Bedeutung des Strafrechts für Unternehmen und Management

Jährlich werden in der Bundesrepublik Deutschland etwa 20.000 strafrechtliche Ermittlungsverfahren im Zusammenhang mit der Verwirklichung von Produktrisiken eingeleitet.[1] Da nur der individuelle Mensch und nicht ein Unternehmen strafrechtsfähig ist, richten sich die Ermittlungen stets direkt gegen die in einem Unternehmen tätigen Mitarbeiter und dort zunehmend gegen das Top-management.[2] Nach ersten Ansätzen zur Konkretisierung der strafrechtlichen Produktverantwortung in den siebziger Jahren durch Entscheidungen wie den »Contergan-Beschluß« [3] oder das »Monza-Steel-Urteil« [4] hat dieser Bereich seit Ende der achtziger Jahre eine rasante dogmatische Entwicklung erfahren. Besondere Aufmerksamkeit erlangt diese Tendenz derzeit durch die in der wirtschaftswissenschaftlichen Literatur geführte Diskussion zur Frage nach einem neuen, qualitätsorientierten Führungsverständnis und dessen praktischer Umsetzung durch die obersten Führungskräfte eines Unternehmens.[5] Insgesamt kann konstatiert werden, daß die Beachtung strafrechtlicher Verantwortlichkeit für das Qualitätsprofil von Produkten[6] und Prozessen nunmehr zu den obersten Geboten in den Führungsetagen der deutschen Wirtschaft gezählt werden muß. Bereits ein Blick auf die Strafrahmen der im Zusammenhang mit der Verwirklichung von Produktrisiken möglicherweise verwirklichten Tatbestände zeigt die drohende harte Sanktionierung eines Fehlverhaltens (Abbildung 30).

Die hieraus resultierenden Gefahren für Unternehmen und Geschäftsführung persönlich lassen sich gleichwohl nach dem gegenwärtigen Stand rechts- und wirtschaftswissenschaftlicher Forschung durch qualitätsorientierte Strategien weitgehend beherrschen. Den übergeordneten Ansatz bildet dabei das Führungsmodell des »Total Quality Management (TQM)«, wie es mittlerweile auch von deutschen Unternehmen mit Erfolg praktiziert wird.[7] Kernelement des TQM im Sinne der strafrechtlichen Produktverantwortung ist eine konsequent ausgerichtete Unternehmensstrategie der präventiven Fehlervermeidung mit dem Ziel: »Null-Fehler«.[8] Anvisiert sind aber nicht nur fehlerfreie Produkte, sondern darüber hinaus Fehlerfreiheit in sämtlichen Prozessen eines Unternehmens.[9]

Abbildung 30: Fahrlässigkeits- und Vorsatzdelikte im Rahmen der Straftatbestände im Produkthaftungsgesetz.

4.2
Zum Risiko, als Top-Manager vor Gericht zu kommen

Zwar hat nach dem heutigen Rechtsverständnis die am Ende von Ermittlungsverfahren und gerichtlicher Verhandlung stehende – mögliche – Bestrafung gerade nicht die Intention eines mittelalterlichen »öffentlichen Prangers«.[10] Die Medienwirksamkeit von Ermittlungsverfahren und Gerichtsverhandlungen hat sich aber erst jüngst wieder im sog. »Holzschutzmittel-Prozeß« gezeigt. Allein die *Frankfurter Allgemeine Zeitung* berichtete unter nachfolgenden Überschriften über Prozeß, (namentlich genannte!) Geschäftsführer und Unternehmen:

02.06.1992, S. 15:	»*Vorwurf der schweren Körperverletzung durch Holzschutzmittel*«
03.07.1992, S. 9:	»*Morgens Angst vor dem Tag, abends Angst vor der Nacht*«
08.08.1992, S. 10:	»*Holzschutzmittel: Sachverständige uneins*«
03.03.1993, S. 9:	»*Der Mensch reagiert 500mal so empfindlich wie die Ratte*«
14.05.1993, S. 9:	»*Freiheitsstrafen für Manager gefordert*«
26.05.1993, S. 1:	»*Verurteilungen im Holzschutzmittelprozeß*«
26.05.1993, S. 13:	»*Freiheitsstrafen auf Bewährung im Holzschutzmittelprozeß*«
27.05.1993, S. 2:	»*Strafrechtliche Produkthaftung*«
27.05.1993, S. 15:	»*Schadensforschung*«
04.06.1993, S. 16:	»*Im Holzschutzmittelprozeß entscheidet der BGH*«
21.07.1993, S. 14:	»*Desowag informiert über Holzschutzmittel*«

Es bedarf keiner eingehenden Marktanalyse, um zu ersehen, welche Auswirkungen solche Berichterstattung der Massenmedien über Monate und Jahre hinweg auf das Imagebild von Management und Unternehmen in der Bevölkerung hat.[11,12] Ferner ist zu beachten, daß im Gegensatz zu einem Zivilverfahren, bei dem sich zwei Privatpersonen gleichrangig gegenüberstehen, die ermittelnde Staatsanwaltschaft mit hoheitlichen Befugnissen und Instrumentarien ausgestattet ist, die sie zur Aufdeckung einer Straftat einsetzen kann. Dabei wird in den hier angesprochenen Fallkonstellationen regelmäßig eine Durchsuchung der Unternehmensräumlichkeiten mit anschließender Beschlagnahmung beweiserheblicher Dokumente in Betracht kommen. Möglich ist auch die u.U. sehr kurzfristige Inhaftierung der beschuldigten Personen (z.B. wegen Verdunkelungs- oder Fluchtgefahr). Letztlich sind die auf diesem Wege gewonnenen Informationen auch für geschädigte Verbraucher wertvoll, die solche in einem Zivilrechtsstreit gegen das schädigende Unternehmen verwerten können. So sollen allein im vorgenannten »Holzschutzmittel-Prozeß« zirka 3000 Personen Strafanzeige erstattet [13] und rund 10.000 Personen körperliche Beschwerden wegen des Gebrauchs der Holzschutzmittel geltend gemacht haben.[14] Nachdem das *Landgericht Frankfurt* die beiden angeklagten Geschäftsführer am 25. Mai 1993 zu jeweils einem Jahr Freiheitsstrafe verurteilt hatte, konnten diese die nunmehr in dem strafgerichtlichen Urteil getroffenen Tatsachenfeststellungen in ihre eigenen Klagevorträge übernehmen.[15] Wenngleich ein Zivilgericht auch grundsätzlich nicht an die Feststellungen eines Strafgerichtes zwingend gebunden ist, so zeigt die Praxis doch, daß Abweichungen die große Ausnahme sind.

Aber selbst wenn es gar nicht erst zu einer Verurteilung der Managementmitglieder kommen sollte, erwächst schon aus einem Ermittlungsverfahren an sich, das durch eine bloße – ggf. wahrheitswidrige – Anzeige/Behauptung in Gang gesetzt werden kann, erheblicher Schaden. Reputationsverluste eines vielleicht langjährigen Ermittlungsverfahrens (Contergan: 6 1/2 Jahre) lassen sich in der Regel nicht schon durch einen am Ende ausgesprochenen Freispruch zurückgewinnen. Nicht unbeachtet zu lassen ist schließlich das Kostenrisiko: Während die Geschäftsführung grundsätzlich ohne weiteres eine Übernahme der Verteidigungskosten für ihr unterstehende Arbeitnehmer aussprechen kann, darf sie solche Maßnahmen nicht zu ihren eigenen Gunsten ergreifen, will sie sich nicht der Untreue strafbar machen. Mitglieder der Geschäftsführung bedürfen zu derartigen Entscheidungen regelmäßig der Zustimmung von Aufsichtsrat oder Gesellschafterversammlung. Wird diese nicht positiv erteilt, müssen sie sämtliche Verteidigungs- und womöglich auch noch Gerichts- und Nebenklägerkosten aus ihrem Privatvermögen finanzieren.[16] Insgesamt kann dabei leicht ein sechsstelliger Betrag herauskommen. Einige Assekuranzunternehmen bieten deshalb seit kurzem zwar eine spezielle Rechtsschutzversicherung für Unternehmensleiter und andere Führungskräfte der Wirtschaft an, da aber der Aufwand in solchen Verfahren regelmäßig wesentlich höher ist, findet dies auch im Preis der Versicherung seinen Niederschlag: Während für eine normale Familienrechtsschutzpolice einige hundert DM bezahlt werden, so muß ein Top-manager mit einer 3.000,- bis 4.000,- DM teuren Prämie allein für den Strafrechtsschutz rechnen. Ergänzende Absicherungen im zivilrechtlichen Bereich können leicht zu einer Verdoppelung der Prämie führen. Gleichwohl nimmt der Bedarf an einer solchen Absicherung ungemein rapide zu. So hat allein der *Gerling Konzern* in diesem Bereich nach eigenen Angaben im Geschäftsjahr 1992 eine Steigerung der Neuabschlüsse von 77 Prozent erzielt.[17]

Allein schon diese ersten Ausgangsüberlegungen zeigen die mögliche Tragweite eines strafrechtlich relevanten Versäumnisses der Geschäftsleitung. Welche konkreten Verhaltenspflichten ergeben sich aber nun für das Management und wie läßt sich eine derartige Sanktionierung präventiv vermeiden? Die Lösungsansätze sollen im folgenden vorgestellt werden.

4.3
Strafrechtliche Verantwortung der obersten Geschäftsführung

4.3.1 Individuelle Verantwortung der Geschäftsführungsmitglieder

Funktionale und organisatorische Differenzierung des Managements

Von der Rechtsprechung wird die strafrechtliche Verantwortung für Produktfehler und Mißstände in der Ablauf- und Aufbauorganisation [18] zunehmend auf der obersten Hierarchieebene in den Unternehmen gesehen.[19] Das resultiert im wesentlichen daraus, daß es äußerst schwierig ist, im Rahmen arbeitsteilig geprägter Unternehmensstrukturen und der damit verbundenen Vervielfachung der Verantwortung auf verschiedene Unternehmensbereiche, -abteilungen, -stäbe etc. eine individuelle Schuld zu lokalisieren. Verschärft wird diese Situation zusätzlich, wenn verschiedene Unternehmen – z.B. Zulieferbetriebe – an der Verwirklichung von Produktrisiken beteiligt sind. Dieser Umstand wird dabei gegenwärtig durch die umfangreich praktizierte Teamarbeit in den Unternehmen verschärft. Obwohl Teams in der Regel zwar eine insgesamt eigenverantwortliche Aufgabenstellung bearbeiten, läßt sich erfahrungsgemäß eine individuelle Schuld einzelner Teammitglieder bei eventuell auftretenden späteren Produktfehlern nicht ermitteln. Dies gilt insbesondere für sog. Projekt-Teams,[20] die nur für einen bestimmten Zeitraum zusammenarbeiten, um sich sodann neuen Aufgabenstellungen mit voraussichtlich neuen Teammitgliedern zu widmen.[21] Spätere Schuldzuweisungen sind praktisch unmöglich, zumal dann, wenn Arbeitsabläufe im Team zugunsten der Arbeitskreativität wenig geregelt sind und auch auf eine schriftliche Fixierung dieser nahezu vollständig verzichtet wird.

Weitere Probleme ergeben sich aus folgendem: Es gehört zu den gesicherten Erkenntnissen der Betriebswirtschaft, daß etwa 80 Prozent der auftretenden Produktfehler bereits durch unzureichende Entwicklungsleistungen (z. B. im Rahmen von Entwicklungsteams) verursacht werden. Davon werden jedoch wieder 75 Prozent dieser Fehler erst während der Herstellphase bzw. vom Kunden bei der Produktanwendung entdeckt. Die hierbei auftretende Zeitspanne zwischen Fehlerverursachung und -feststellung erschwert die exakte Rückverfolgung der Kausalkette zusätzlich. Auf der Suche nach individueller Verantwortlichkeit kommt darüber hinaus noch hinzu, daß Teams häufig hierarchieübergreifend gebildet werden.[22] Grundsätzlich soll damit die traditionell hierarchische Struktur überwunden werden – alle Teammitglieder sind gleichberechtigt. In Krisensituationen kommt es aber nicht selten zu einem Streben in frühere, hierarchisch geprägte Verhaltensmuster mit der Neigung, den Schuldigen grundsätzlich auf den höheren Hierarchieebenen zu suchen.[23]

Die Unternehmensorganisation an sich wird auch infolge gesteigerter Qualitäts- und Flexibilitätsanforderungen des Marktes in erhöhtem Maße komplexer. Während dabei einerseits Teamarbeit in den Vordergrund rückt [24], werden gleichwohl andererseits hierarchisch geprägte Organisationsformen zunehmend in das einfache Raster einer Dreiteilung nach »lower«, »middle« und »top management« gegliedert. Faktisch bringt diese Simplifizierung jedoch keine exaktere Determinierung von Entscheidungskompetenzen auf individualisierte Führungskräfte, da diese nach wie vor in eine arbeitsteilige Organisationsstruktur eingebunden bleiben. Insbesondere den Mitgliedern des mittleren Managements läßt sich deshalb ein strafrechtlich relevantes Verhalten oftmals mangels klar definierter und abgrenzbarer Verantwortungsbereiche nicht nachweisen.[25] Schon von ihrer Funktion und Stellung her kann ihnen aber ein strafrechtlich relevanter Vorwurf im Sinne eines sozialethischen Tadels [26] oftmals nicht gemacht werden: In verzahnter Weise bereiten sie gemeinsam – und mit nachgeordneten Mitarbeitern – den Entscheidungsfindungsprozeß vor, der vielfach initiiert und abgeschlossen wird durch die Maßnahmen und Entscheidungen des übergeordneten Top-managements.[27] Anschließend führen sie diesen nach entsprechenden Vorgaben desselben aus. Insofern handeln sie quasi nur als Instrument der Geschäftsführung zur Umsetzung des von ihr definierten Unternehmensziels.

Solche grundsätzliche Betrachtung des mittleren und Top-managements berührt in diesem Zusammenhang u. a. auch aus wirtschaftswissenschaftlicher Sicht zwei maßgebliche Aspekte: Zum einen geht es um die Frage der Mitwirkung des mittleren Managements im Zielbildungsprozeß, zum anderen um das direkte Führungsverhalten und den tatsächlichen Einflußbereich des Top-managements.[28] So wird vor dem Hintergund erheblicher Qualitäts- und Produktivitätsdefizite deutscher Unternehmen, z. B. im Vergleich mit japanischen Betrieben, zunehmend die Abkehr von einem rationalen auf Soll-Ist-Vergleichen basierenden Führungsstil hin zu einem konsequent verbraucher- und mitarbeiterorientierten Führungsverständnis gefordert.[29] Mit der Erkenntnis, daß das Führen von Mitarbeitern eben nicht nach streng mechanistischen Prinzipien funktioniert, sondern Führen vielmehr eine wechselseitige kommunikative Beziehung mit erheblichen emotionalen Kräften ist, geriet insbesondere das Top-management in die Funktion eines »Vorbilds«.[30] So ist heute anerkannt, daß das Ausmaß an erforderlicher Sensibilität und Anpassungsfähigkeit eines Unternehmens an die sich ständig ändernden Umwelt- und Umfeldbedingungen direkt abhängig ist vom Führungsverständnis des Top-managements.[31] Orientiert sich dieses an den Fähigkeiten der Mitarbeiter und an Verbrauchern und Kunden, welche unmittelbar von den Aktivitäten des Unternehmens betroffen sind, so werden mögliche Spannungssituationen von vornherein vermieden. In fortschrittlichen Unternehmen wird ein derartiges Führungsverständnis in sog. »Führungsgrundsätzen« schriftlich fixiert.[32] Diese dienen den Führungskräften zur Reflexion ihres eigenen Verhaltens, d.h. ob sie die vom Top-management gewünschten Führungsprinzipien tatsächlich anwenden und mittragen.[33]

Insoweit kann sich die oberste Geschäftsleitung zu ihrer (etwaigen) Entlastung schon kraft ihrer rechtsgeschäftlichen, aber auch tatsächlichen Kompetenz und Vorbildfunktion nicht darauf berufen, sie selbst habe weder Kenntnis von etwaigen Gefahren noch die Befugnis zur (Um-)Organisation und Verbesserung der Produktion gehabt [34], sie habe nur auf Rat von Mitarbeitern gehandelt, Verbesserungsvorschläge und Hinweise zur Fehlerbeseitigung ihrerseits seien von unterstellten Mitarbeitern nicht zur Kenntnis genommen bzw. entsprechend umgesetzt worden etc. [35] Im Prozeß selbst ist es demgegenüber keine Seltenheit, wenn Mitarbeiter gegen ihre (ehemaligen) Vorgesetzten als Zeugen aussagen.[36] Oftmals zeigt sich in solchen Situationen, daß im Unternehmen eher ein Klima des Mißtrauens, denn des Vertrauens zwischen Mitarbeitern und Führungskräften herrscht.[37,38] Bereits die Aussage, der Vorgesetzte habe eigene oder fremde Bedenken nicht zur Kenntnis genommen, könnte dazu führen, den Verschuldensvorwurf im Sinne einer Verletzung von Geschäftsführungs- und Sorgfaltspflichten als bewiesen anzusehen.[39] Zunehmend wird in dieser Verweigerungshaltung sogar ein bedingt vorsätzliches Verhalten gesehen.[40] Damit erteilt auch die rechtswissenschaftliche Literatur und die Rechtsprechung der mechanistischen Auffasung von Führung zugunsten eines kommunikativen, humanen und auch sozialen Führungsverständnisses weitgehend eine Absage. Sie kommt damit der Auffasung moderner Betriebswirtschaftler nach, die die Unternehmensorganisation heute als ein komplexes soziales System begreifen.[41] Die Rechtsprechung hat diese Entwicklung erkannt und ihr Rechnung getragen:

Dogmatik der Rechtsprechung

Seit Ende der achtziger Jahre hat sich aus vorgenannten (Hinter-)Gründen die Auffassung durchgesetzt, daß die strafrechtliche Verantwortung im Bereich der Produkthaftung primär dem Top-management zuzuordnen ist. Die Mitglieder mittlerer Hierarchieebenen sollen danach nicht verpflichtet sein, von ihnen befürwortete schadensverhindernde Maßnahmen gegen den erklärten Willen der Geschäftsführung eigenständig durchzusetzen. Begründet wurde diese Ansicht zunächst mit den treffenden Argumenten, daß das mittlere Management der immanenten Weisungsbefugnis der Geschäftsführung unterstellt ist. Schon aus diesem Grunde, aber auch kraft ihrer geringeren hierarchisch- organisatorischen Stellung im Unternehmen stehen ihm grundsätzlich nicht dieselben Instrumentarien wie den Mitgliedern der obersten Hierarchieebene zur Umsetzung erforderlicher schadensabwendender Maßnahmen zur Verfügung.[42] Seit der »Lederspray-Entscheidung« des *BGH* vom 06.07.1990 wird dies ergänzend mit der Funktion des Top-managements verfochten: Das Unternehmen und dessen Struktur wird durch die Mitglieder der Geschäftsführung, in der die Aufgaben- und Zuständigkeitsbereiche letztlich gebündelt sind, repräsentiert. Es sind primär sie, die für diese funktionale Einheit als deren Vertreter nach außen und innen agieren. Hierdurch kommt es zu einer wechselseitigen ganzheitlichen Identifizierung zwischen Unternehmen und Geschäftsführung. Andererseits ist eine derartige Identifizierung im mittleren und unteren Management weitaus seltener zu erwarten, da diese in der Regel nur für einen Teil der gesamten Arbeitsinhalte, eben für einen abgegrenzten Funktionsbereich eines Unternehmens verantwortlich zeichnen. Insoweit sind die Produktion und der Vertrieb von Erzeugnissen im Rahmen des Unternehmenszwecks den Geschäftsführern unmittelbar als eigenes Handeln zuzurechnen. Demgemäß müssen sie auch selbst und nicht untergeordnete Mitarbeiter für hieraus entstehende etwaige Schadensfolgen strafrechtlich einstehen.[43]

Gleichwohl wird möglichen Identifikationsdefiziten des mittleren Managements u.a. verstärkt durch das Prinzip der »job-rotation« vorgebeugt. In einem solchen Programm werden (insbesondere) Führungskräfte in einem festen Zeitzyklus, beispielweise alle zwei bis drei Jahre, an immer neue Arbeitsaufgaben in wechselnden Abteilungen herangeführt.[44] Sie lernen auf diese Weise nicht nur die Probleme und spezifischen Arbeitsweisen anderer Funktionsbereiche kennen, sondern gewinnen darüber hinaus den nötigen Blick für das gesamte Unternehmen. Im Ergebnis muß daher das mittlere Management zwar ebenfalls Produktionsprozesse und Produkte laufend auf mögliche Risiken hin überprüfen und versuchen, diese zu vermeiden. Wird eine Fehlerquelle und damit eine Gefährdung von Verbrauchern erkennbar, ist die Geschäftsführung hiervon unverzüglich zu unterrichten. Eine strafrechtliche Verantwortung geht aber grundsätzlich nicht so weit, sich der Geschäftsführung in bezug auf das Ergreifen bestimmter gefahrabwendender Maßnahmen widersetzen zu müssen. Dies hat sie vielmehr in strafrechtlich eigenverantwortlicher Regie selbst durchzuführen.[45]

Diese rechtlichen und kriminologischen Ausgangsüberlegungen werden darüber hinaus sowohl von der traditionellen Betriebswirtschaftslehre als auch der jüngeren Qualitätswissenschaft weitgehend gedeckt. Betriebswirtschaftlich bedingt hat eine Entwicklung in Richtung auf »schlanke Unternehmen« mit flachen Hierarchien eingesetzt. Dies wird in der Literatur unter dem Stichwort der »fragile lean production« diskutiert. Um die Befehlsstrukturen zu verkürzen, reduziert z. B. *Volkswagen* derzeit die im Konzern bestehenden acht bis neun Hierarchieebenen auf nur noch drei.[46] Die Entscheidungsfindung verlagert sich hierdurch insbesondere auf der unteren und mittleren Hierarchieebene auf erheblich mehr Mitarbeiter. Gleichzeitig kommt der obersten Ebene ein höheres Verantwortungspotential zu, da ihr mehr Mitarbeiter direkt unterstellt sind. Dies erfordert eine ausgeprägte Konsens- und Kommunikationsbereitschaft zwischen allen Unternehmensangehörigen, soll es nicht zu offensichtlichen Zielkonflikten und nur äußerst schwer erkennbaren Verweigerungsstrategien – z. B. aufgrund von Herrschaftssicherung – bei den Mitarbeitern kommen, die sodann in mögliche Produktfehler einmünden können.[47] Konsensfähigkeit muß durch gezielte Personalentwicklungsmaßnahmen, wie beispielsweise Schulungen, erlernt und trainiert werden. Daß dem Top-management in einem derartigen Umstrukturierungsprozeß eine erhebliche Vorbildfunkion zukommt, braucht nicht näher erörtert zu werden.[48] Existiert nun schon unter Geschäftsführern selbst keine Einigkeit über die Geschäfts- und Unternehmenspolitik, so ist dies von den Mitarbeitern kaum zu erwarten. In diesem Zusammenhang muß beachtet werden, daß nach herrschender Ansicht der Qualitäts- und Wirtschaftswissenschaften 80 bis 90 Prozent aller Produktmängel letztlich auf Managementfehler zurückzuführen sind.[49] Im Ergebnis ist deshalb festzuhalten, daß in vielen Fällen der Kausalitätsnachweis zwischen einem strafrechtlich relevanten Verhalten und dem Eintritt des jeweiligen tatbestandlichen Erfolges nur gegenüber den Mitgliedern der obersten Geschäftsleitung erbracht werden kann.

4.3.2 Verantwortung im Rahmen einer mehrköpfigen Unternehmensführung

Da es sich bei »der« Geschäftsführung zumeist um ein mehrköpfiges Gremium mit organisatorisch untergliederten Aufgabenbereichen handelt, war lange unklar, inwiefern ein Manager für Fehlentscheidungen eines anderen einzustehen hat, und ob/wie bei einer gemeinsam gefaßten oder unterlassenen Entscheidung der im Strafrecht erforderliche persönliche Schuldvorwurf zu erheben wäre. Auch in diesen Bereichen herrscht seit der »Lederspray-Entscheidung« des *BGH* weithin Klarheit:

Die primäre Verantwortung für schadensverhindernde bzw. fehlervermeidende und damit qualitätssichernde Maßnahmen obliegt dem jeweiligen Ressortinhaber, auf den sich dessen Kollegen im Rahmen ihrer Arbeitsteilung grundsätzlich verlassen dürfen (sog. Vertrauensgrundsatz). Voraussetzung hierfür ist allerdings, daß weder hinsichtlich seiner Qualifikation und Zuverlässigkeit erkennbare Zweifel angebracht sind, noch greifbare Anhaltspunkte auf Mißstände in seinem Aufgabenbereich schließen lassen.[50] Aus der Verteilung verschiedener Geschäftsbereiche ergibt sich demgemäß zunächst nur eine Informationspflicht des jeweiligen Ressortinhabers gegenüber der übrigen Geschäftsführung, welche auf die Funktion eines Kontrollorgans beschränkt ist.[51]

Differenzierter ist die Sach- und Rechtslage aber bei einer erforderlichen gemeinschaftlichen Entscheidung zu beurteilen. Die Notwendigkeit für eine solche kann zunächst rechtsgeschäftlicher Natur sein und sich z.B. aus der Satzung des Unternehmens oder einer betrieblichen Übung ergeben.[52] Sie kann aber ebenso wegen der Generalverantwortung und der damit verbundenen Allzuständigkeit der Geschäftsführungsmitglieder bestehen[53]. Jedes einzelne Mitglied der Geschäftsleitung kann danach verpflichtet sein, auf Warnungen, Vertriebsstopp und/oder eine etwaige Rückrufaktion der Produkte [54]- u. U. gegen den Widerstand seiner Kollegen – zu dringen. Das gilt auch dann, wenn die Geschäftsführung selbst noch einmal eine hierarchisch geprägte Struktur, wie z.B. stellvertretendes oder einfaches Vorstandsmitglied gegenüber Vorstandsvorsitzendem, aufweist.[55] Schon die bloße stillschweigende Teilnahme an einer gefahrschaffenden bzw. -erhaltenden Kollektiventscheidung dieser Gremien kann die Mitverantwortlichkeit für einen späteren Schaden begründen, denn damit akzeptiert das einzelne Geschäftsführungsmitglied die von einer mehrheitlichen oder zumindest gleichstimmigen Meinung getragene schadensstiftende Disposition.[56] Anderenfalls bestünde auch die Gefahr, daß die individuelle strafrechtliche Verantwortlichkeit schon durch eine Einbindung in kollektive Entscheidungsprozesse untergraben werden könnte.[57]

4.3.3 Verpflichtung zu fehlervermeidendem Qualitätsmanagement

Verhaltenspflichten zur Vermeidung von Produktrisiken bestehen immanent. Sie erfordern ein besonders intensives Eingreifen der Geschäftsführung aus strafrechtlicher Sicht spätestens dann, wenn sich Verbraucher vermehrt über gesundheitliche Beeinträchtigungen im Zusammenhang mit Produkten des Unternehmens beschweren. Jedes einzelne Mitglied der Geschäftsführung muß in diesem Fall das in seinen Kräften und Möglichkeiten Stehende tun, um einen Beschluß der Gesamtgeschäftsführung über Anordnung und Vollzug des (womöglich) gebotenen Rückrufs der Produkte zustande zu bringen. Darüber hinaus müssen Produktfehler bzw. die Ursachen hierfür nachhaltig beseitigt werden, sofern diese weiterhin in den Verkehr gebracht werden sollen. Da solche Pflichten im »Lederspray-Fall« nicht beachtet worden waren, wurden die angeklagten fünf Mitglieder der Geschäftsführung – bezeichnenderweise mit Ausnahme eines hierarchisch untergeordneten Abteilungsleiters – wegen fahrlässiger Körperverletzung in vier Fällen und gefährlicher Körperverletzung in 38 Fällen verurteilt. Der Strafrahmen bewegte sich zwischen Freiheitsstrafen von 1 1/2 Jahren und Geldstrafen von 630.000 DM.[58]

Häufig zeigt jedoch die unternehmerische Praxis, daß das Ergreifen wirkungsvoller qualitätssichernder bzw. schadensabwendender Maßnahmen zu spät einsetzt. Nach den Ergebnissen empirischer Erhebungen reklamieren von sämtlichen mit einem Produkt unzufriedenen Kunden weniger als 33 Prozent mögliche Fehler, wobei sich von diesen überhaupt nur zirka 5 Prozent direkt an das Top-management wenden.[59] Eine umfassende Kenntnis über das real vorhandene Gefährdungspotential von Produkten kann die Geschäftsführung auf diese Weise deshalb nicht – und vor allem auch nicht rechtzeitig – erlangen.

Die vom *BGH* verlangten Initiativen und Maßnahmen bedürfen daher im Einzelfall einer weiteren Ausdehnung auf den Bereich der fortlaufenden Produktbeobachtung im Sinne einer ständigen Analyse über die Bewährung der Produkte in der täglichen Handhabung der Verbraucher.[60] Insofern bedarf es eines organisierten unternehmerischen Handelns mit dem Ziel des ständigen Dialogs mit den Verbrauchern. Richtungweisend sind hier beispielsweise sog. »Kundenteams«, in denen Mitarbeiter eines Unternehmens und potentielle Kunden gemeinsam Gedanken und Erfahrungen über die Anforderungen und Wünsche an Produkte erörtern bzw. austauschen. Erst hierdurch wird das »Urteil des Kunden« zum maßgeblichen Paradigma unternehmerischen Handelns.[61]

Rechtsprechung und Literatur weisen dabei stets darauf hin, daß der Schutz der Verbraucher vor etwaigen Produktrisiken in aller Regel nicht hinter Kriterien wie möglichen Verzögerungen des Betriebsablaufs, zusätzlichen Kosten, Gewinneinbußen oder Imageverlusten zurücktreten darf.[62] Damit ist offensichtlich eine klare Absage an US-amerikanische Entscheidungskriterien, wie sie im sog. »Ford-Pinto-Case« zum Tragen kamen, gemeint.[63] Der Geschäftsführung war bekannt, daß der Benzintank der Modellreihe »*Pinto*« so konstruiert war, daß dieser schon bei leichten Auffahrunfällen bersten und Benzin in das Wageninnere fließen und sich entzünden konnte. Gleichwohl änderte sie nicht die Konstruktion der Fahrzeuge. Dies beruhte auf einer unternehmensinternen Kalkulation (sog. Pinto-Papers), wonach für eine entsprechende Änderung der bereits vorbereiteten Produktion 137 Mio. $, demgegenüber aber etwaige Schadensersatzansprüche insgesamt »nur« 49,5 Mio. $ kosten sollten. Es kam das Unvermeidliche: Als ein Lieferwagen auf einen *Ford Pinto* auffuhr, platzte dessen Tank und der Wagen geriet in Flammen. In ihm verbrannten drei Mädchen zu Tode. Nahezu unglaublich mutet es an, daß die *Ford Motor Company*[64] aufgrund eines einstimmigen Votums der Geschworenen von einer strafrechtlichen Verantwortung freigesprochen wurde.[65] Nach bundesdeutschem Rechtsverständnis wären die betreffenden Geschäftsführungsmitglieder mit einiger Sicherheit wegen Mordes aus Habgier bzw. niedrigen Beweggründen (§ 211 Abs. 2 Gruppe 1 Strafgesetzbuch) zu einer lebenslangen Freiheitsstrafe verurteilt worden.

Wie kostspielig die danach gegebenenfalls zu ergreifenden Schutzmaßnahmen sein können, hat sich erst jüngst wieder gezeigt: Die

Bahlsen Keksfabrik KG mußte im Juni 1993 eine Rückholaktion ihrer sämtlichen im Handel befindlichen Kartoffelchips (3.000 Tonnen = 600 LKW-Ladungen) starten, weil diese mit salmollenhaltigem Paprika gewürzt worden waren. Die unmittelbaren Kosten der Aktion beliefen sich dabei auf 33 Millionen DM. Damit verbunden war zusätzlich noch der Umsatzausfall von (mindestens) einer Monatsproduktion »Paprika-Snacks« in Höhe zwischen 35 und 40 Millionen DM. Um nicht noch einen erheblichen Imageverlust zu erleiden, investierte *Bahlsen* darüber hinaus noch 3 Millionen DM in eine spezielle Werbe- und Aufklärungskampagne.[66] Nur einen Monat später, im Juli 1993, mußten die holländischen Brauereien *Heineken* und *Bavaria* insgesamt rund 20 Millionen Bierflaschen aus dem gesamteuropäischen Handel zurückholen nachdem sich in mehreren Flaschen kleine Glassplitter in der Flüssigkeit hatten finden lassen. Die ihnen von der *Veerenigde Glasfabrieken* gelieferten Flaschen waren so (mangelhaft) konstruiert, daß beim Öffnen der Flaschen regelmäßig feine Glaspartikel in die Bierflüssigkeit gelangten. Der durch diese Aktion unmittelbar entstandene finanzielle Schaden wurde von Unternehmensvertretern der Brauereien auf »mindestens« 20 Milllionen Gulden beziffert.[67]

4.4
Die Pflichten der Geschäftsführung

4.4.1 Der eigene Unternehmensbereich

Es ist mittlerweile anerkannt, daß der obersten Geschäftsführung Organisations-, Aufsichts- und Kontrollpflichten für ihr Unternehmen obliegen, die nicht unbegrenzt auf untere Hierarchieebenen delegiert werden können.[68] So ist das Management schon im normalen Geschäftsgang gehalten, die Unternehmensorganisation laufend dahin zu korrigieren, daß Mitarbeiter ihnen gestellten Anforderungen jederzeit gewachsen sind. Anderenfalls kann die oberste Geschäftsleitung nicht berechtigt darauf vertrauen, daß Gefahren von anderen Mitarbeitern selbständig abgewehrt werden.[69] Das bedeutet wiederum die Verpflichtung zur ständigen Prüfung, ob delegierte Aufgaben und Arbeitsinhalte adäquat bewältigt werden (können).[70] Werden hierbei Defizite eruiert, so besteht eine entsprechende Eingriffsverpflichtung. Diese darf sich nicht lediglich auf die kurzfristig angelegte Bewältigung von Krisensituationen beschränken.[71] Durch diese wird nämlich erst eine bereits seit längerem latent bestehende, aber von der Geschäftsführung nicht erkannte bzw. bewältigte desolate Unternehmensorganisation offenbar. Der Geschäftsführung obliegt deshalb spätestens mit Eintritt einer Krisensituation die Verpflichtung zu einer umfassenden und vor allem nicht reversiblen Unternehmensreform. Diese muß konsequent auf präventive Gefahren- und Fehlereliminierung ausgerichtet sein. Folgt man den diesbezüglichen jüngsten Erkenntnissen der Qualitätswissenschaft, so ist zwar die einmalige Fehlereliminierung notwendig, aber längst nicht hinreichend. Fehlervermeidendes Management zielt vielmehr auf das Streben nach ständiger Verbesserung – auch ohne unmittelbare Krisensituation – ab.[72] In der Literatur wird dieses Streben und dessen Ausgestaltung durch das oberste Management unter dem japanischen Begriff »*Kaizen*« diskutiert.[73]

4.4.2 Ableitung der strafrechtlichen Verantwortung des Managements und dessen Pflichtenkreis

In der Sache leitet der *BGH* strafrechtliche Verhaltenspflichten vom Grundsatz her von der zur zivilrechtlichen Produktverantwortung entwickelten Dogmatik ab.[74] Als primäre Handlungspflicht ergibt sich danach für das Management des Herstellunternehmens zunächst, daß im Sinne einer Informationspflicht sämtliche zumutbaren organisatorischen Maßnahmen getroffen werden müssen, um sicherzustellen, daß das Produkt im Zeitpunkt seiner Herstellung dem sicherheitsrelevanten Stand von Wissenschaft und Technik sowie sämtlichen einschlägigen Rechtsvorschriften entspricht.[75] Hierzu muß grundsätzlich nur die deutschsprachige Fachliteratur ausgewertet werden.[76] Besteht jedoch die Gefahr schwerwiegender Schädigungen für Leib und Leben von Verbrauchern und/oder handelt es sich um ein international operierendes Unternehmen, so ist das gesamte internationale Fachschrifttum auszuwerten. Jedenfalls sind Fachkongresse zu besuchen und die Sicherheitsstandards von Produkten der wichtigsten Konkurrenten fortwährend zu beobachten.[77]

Verfügen die Geschäftsführung oder ihr nachgeordnete Mitarbeiter nicht über die erforderliche Sachkenntnis einer adäquaten Gefahrenvermeidung, so muß eine hierzu befähigte dritte Person von außerhalb des Unternehmens mit entsprechender Erfahrung hinsichtlich der notwendigen qualitätssichernden Verfahren und Maßnahmen konsultiert werden.[78,79] Zur ergänzenden Überprüfung, ob vermeintlich realisierte qualitätssichernde Maßnahmen und Verfahren auch tatsächlich funktionsfähig arbeiten, kann eine unabhängige dritte Institution wie z. B. der *Technische Überwachungs Verein* (*TÜV*) eingeschaltet werden. Derartige Untersuchungen können sich entweder auf das Produkt beziehen (produktspezifisch) oder auf die qualitätssichernden Verfahren (verfahrens- oder systemspezifisch) selbst. Sie werden in Literatur und Praxis als »Qualitätsaudit« bezeichnet.[80] Über das Ergebnis des Qualitätsaudits wird in der Regel ein Auditbericht verfaßt. Dieser soll in detaillierter Form die Feststellungen und Erkenntnisse der Qualitätsprüfer beschreiben. Erfüllt das auditierte Produkt oder Verfahren die entsprechenden Vorgaben,[81] so kann die überprüfende Stelle (Qualitätsauditoren) [82] dies mit einem Zertifikat (Konformitätsnachweis) dokumentieren. Das Audit ist sodann ein Zertifizierungsaudit, das Produkt/Verfahren (System) zertifiziert.[83] Diese Vorgehensweise zur Entlastung von eigenen Organisations- und Untersuchungspflichten wird zivilrechtlich bereits weitgehend akzeptiert.[84] Strafrechtlich darf dies aber allenfalls als unterstützende Maßnahme im Rahmen primär eigener Sorgfaltspflichten gewertet werden.[85] Die Geschäftsführung kann sich insoweit nämlich nicht gänzlich originärer Sorgfaltspflichten durch weitläufige Delegation auf eine neutrale dritte Partei entledigen, auf die sie keinen oder nur wenig Einfluß hat.[86] Vielmehr ist sie verpflichtet, nach Abschluß eines möglichen Qualitätsaudits den Auditbericht anzufordern und darin eventuell vorgeschlagene sowie geeignete Vorbeuge- und Korrekturmaßnahmen einzuleiten.[87]

Ist cin Produkt bereits in den Verkehr gebracht worden, so muß dieses auf eine Bewährung in der täglichen Verwendung der Verbraucher adäquat überprüft werden.[88] Diese damit auch strafrechtlich relevante Produktbeobachtung [89] erstreckt sich auf sämtliche mögliche Fehlerquellen wie Konstruktions-, Fabrikations- oder Anleitungsfehler und Entwicklungsrisiken. Sie geht gar so weit, daß der Hersteller eines Produkts gegebenenfalls verpflichtet ist, auf die Gefahren einer möglichen Verbindung der Sache mit anderen Produkten fremder Hersteller zu achten.[90] Soweit unternehmensfremde neutrale Qualitätsprüfer die Produkte untersucht und dabei keine erheblichen Beanstandungen geltend gemacht haben, bedeutet dies zunächst lediglich, daß eine offensichtliche Gefahrenquelle im Moment der Prüfung durch diese nicht gefunden wurde. Das entbindet die Geschäftsführung des produzierenden Unternehmens aber nicht schon von weitergehenden Untersuchungspflichten. Möglicherweise sind nämlich Fehlerquellen gleichwohl latent vorhanden, aber im kurzzeitigen Moment der Untersuchung nicht festgestellt worden. Es ist deshalb grundsätzlich eine intensivere und anhaltende unternehmenseigene Qualitätsprüfung vorzunehmen.[91] Bei entsprechender Unterlassung angemessener Vorbeuge- bzw. Korrekturmaßnahmen ergäbe sich demgemäß ein Schuldvorwurf gegenüber der Geschäftsführung. In seinem »Bienenstichurteil« hat der *BGH* [92] hierzu für den Schutz vor verseuchtem Kuchen exemplarisch gezählt:

- Überprüfung der als gefährdend in Betracht kommenden Lagerbestände,
- unverzügliche Aussonderung der betroffenen schadhaften Ware,
- Verbringung der betroffenen Ware an einen abgesonderten Ort,
- deutliche Kenntlichmachung dieser Produkte zu deren Sperrung für einen Vertrieb,
- Ausspruch von Warnungen an Verbraucher, welche die Ware bereits erhalten haben, und gegebenenfalls:
- Durchführung einer umfassenden Rückrufaktion.

Der hier als erforderlich exponierte Maßnahmenkatalog läßt sich durchaus auch auf andere Fallkonstellationen übertragen. Neben der Durchführung qualitätssichernder Maßnahmen im eigenen Unternehmensbereich sind insofern als quasi mildestes Mittel der Gefahrenabwehr Warnhinweise zur Aufklärung und zum Schutz vor potentiellen Produktrisiken direkt an die Verbraucher zu richten. Sie haben sich sowohl am Verständnishorizont des vorgesehenen und in Betracht kommenden Verbraucherkreises als auch an der produktspezifischen Gefahrenprognose zu orientieren und müssen demgemäß hinreichend klar formuliert sein.[93] Einer Verdeutlichung bedarf es insbesondere, wenn durch die mit dem Produkt assoziierte Marketingstrategie des Unternehmens dem Verbraucher eine allgemeine Ungefährlichkeit suggeriert wird.[94] Nach der zivilrechtlichen Rechtsprechung des *BGH* sind dabei Warnhinweise auch dann an die Verbraucher zu richten, wenn das Produkt selbst zwar noch keine originäre Gefahr in sich birgt, der Benutzer aber im Vertrauen auf dessen (nicht gegebene) Wirksamkeit andere Schutzmaßnahmen unterläßt und es hierdurch zu einer Schädigung kommt.[95] Ähnlich hat es der *BGH* aus strafrechtlicher Sicht für die Bejahung des Kausalzusammenhangs zwischen unterlassener Aufklärung/Warnung und Schädigungserfolg ausreichen lassen, daß der Verletzte bei der bestimmungsgemäßen Verwendung ein vor Körperschäden nicht ausreichend vorbeugendes und damit schutzloses Produkt benutzte.[96] Ferner ist aber auch vor den Risiken eines naheliegenden Mißbrauchs des Produkts, wie etwa der Injektion eines Narkosemittels in eine Arterie anstelle einer Vene, hinreichend deutlich zu warnen.[97] Andererseits braucht mangels objektiver Vorhersehbarkeit sowohl in zivil- als auch in strafrechtlicher Hinsicht nicht vor jedwedem Fehlgebrauch gewarnt zu werden, dann nämlich, wenn das Produkt vorsätzlich mißbräuchlich oder ungewöhnlich leichtfertig benutzt wird. Dies wurde bisher für die Fälle angenommen, daß ein Kälteschutzmittel von Jugendlichen zum Inhalieren als Rauschgift verwendet wird[98] oder die mit einem Hobby-Chemiekasten gezüchteten Nickelsulfat-Kristalle von einem 2 1/2-jährigen Kleinkind verzehrt werden.[99]

Sind Warnungen nicht ausreichend zum Schutz geeignet, und besteht die Gefahr einer Verletzung hochwertiger Rechtsgüter wie Leib und Leben anderer, müssen weitere Maßnahmen getroffen werden, so beispielsweise ein unverzüglicher Produktionsstop[100] und/oder die Aufforderung an die Verbraucher, das Produkt umzutauschen oder den Defekt in einer Vertragswerkstatt beheben zu lassen. Lassen auch diese Aktionen noch die (selbst geringe) Möglichkeit einer Verletzung von Leib und Leben anderer bestehen, ist mittels einer Rückrufaktion sämtlicher ausgelieferter Produkte als Ultima ratio sicherzustellen, daß eine Gefährdung ausgeschlossen ist.[101]

Ein Rückruf ist besonders dann erforderlich, wenn das Unternehmen über keine Kundenkartei verfügt. Rückrufaktionen werden dabei von vielen Unternehmen immer noch als besonders schmerzhafte Krisensituation empfunden. Vor allem die Befürchtung, daß das Image und der Ruf des Unternehmens in der Öffentlichkeit Schaden erleiden könnte, bestimmt nicht selten das Handeln. Daß ein zu spätes Zurückrufen von Produkten jedoch teuer, ja existenzgefährend sein kann wird – wie die Praxis zeigt – häufig übersehen. Daß aber Rückrufaktionen den Kunden nicht unbedingt verprellen müssen, zeigen verschiedene Beispiele.[102] Geeignete Strategien lassen sich aus dem »Beschwerde- bzw. Reklamationsmanagement« generieren, wie es jedes leistungsfähige Unternehmen heute betreiben sollte.[103] Letztlich scheint es nur eine Frage der »Servicequalität« zu sein, wie Kunden auf derartige Aktionen reagieren. So kann ein Rückruf unter Umständen sogar das Image eines Unternehmens verbessern, voraugesetzt der Kunde erfährt hierdurch einen persönlichen Nutzen. Hat sich die Unternehmensführung für einen Rückruf entschieden, so können folgende Verhaltensweisen angebracht sein:[104]

- Der Rückruf muß der Öffentlichkeit verständlich und angemessen erklärt werden. Eine Geheimhaltungstaktik ist hierbei zu vermeiden.
- Einsetzen eines Gremiums, in dem alle betroffenen Abteilungen vertreten sind, und durch welches die intensive Fehlersuche, -beseitigung und -vorbeugung mit aller Schnelligkeit und Gründlichkeit betrieben wird. Dieser Kreis muß mit entsprechender Kompetenz ausgestattet sein.
- Penible Vorbereitung der Pressearbeit und sensibles, vertrauensbildendes Vorgehen während angesetzter Pressekonferenzen.

4.4.3 Haftung aus Ingerenz

Werden die zuvor genannten Maßnahmen schuldhaft unterlassen, kommt eine strafrechtliche Verantwortung wegen vorangegangenem, pflichtwidrigem Gefährdungsverhalten (Ingerenz) in Betracht.[105] Dabei wird die vorausgehende Pflichtwidrigkeit in der Regel dann vorliegen, wenn ein gefahrerhöhendes Verhalten bereits im Zeitpunkt des Inverkehrbringens der Produkte vorlag. Dies ist wiederum der Fall, wenn aufgrund schlechter, nicht ausreichender oder gänzlich fehlender Prüfungen und/oder Prüfergebnisse im Vorfeld der Auslieferung der Geschäftsführung bekannt sein mußte, daß eine Freigabe der Produkte eine nicht jederzeit beherrschbare Gefahr für die Verbraucher mit sich bringt. So läßt z.B. die sich bei einer versuchstechnischen Erprobung von Hochgeschwindigkeitsreifen ergebende Ausfallquote von 3,1 % keinerlei Anhaltspunkte für den Schluß zu, daß die geprüfte Reifenart den Anforderungen im täglichen Fahrbetrieb standhalten werde. Nach Ansicht des *LG München II* ergibt sich bereits hieraus der Verdacht eines Serienfehlers.[106]

Mit der »Lederspray-Entscheidung« wurde dieses pflichtwidrige Vorverhalten faktisch auf den zeitlichen Bereich zwischen Auslieferung der Ware und Schadenseintritt ausgedehnt.[107] Das gilt nach zutreffender Ansicht des *BGH* jedenfalls dann, wenn das Management infolge des Inverkehrbringens potentiell stets gefahrträchtiger Produkte eine besondere Sorgfaltspflicht (z. B. frühzeitiger Rückruf der Produkte) treffe und diese dennoch schuldhaft unbeachtet gelassen wird. Tritt infolgedessen eine Schädigung ein, ist das pflichtwidrige Vorverhalten in dem unterlassenen Ergreifen besonderer Schutzmaßnahmen zu sehen.[108] Letztlich sieht der *BGH* die Pflichtwidrigkeit damit aber stets in dem Unterlassen einer gebotenen Maßnahme begründet.[109] Derartige qualitätssichernde Maßnahmen können – wie für die hier diskutierten Fallkonstellationen – über den eigentlichen Unternehmensbereich hinaus bis in die Sphäre des Verbrauchers ragen. Insofern ist es nur konsequent, auf die zivilrechtlich anerkannte Produktbeobachtungspflicht zu verweisen.

4.4.4 Schadensabwendung durch die Ansätze des Total Quality Management

Mitarbeiter- und Unternehmensführung

Um eine Verletzung strafrechtlich relevanter Sorgfaltspflichten zu vermeiden und etwaige Schwachstellen im gesamten mit dem Herstellungsprozeß verbundenen Organisationsbereich entdecken und gefahrenadäquat beherrschen zu können, bedarf es aus vorgenannten Gründen letztlich eines auf konsequente Fehlereliminierung ausgerichteten Managements im Sinne des Qualitätsmanagements.[110,111] Es handelt sich also nicht um einen bloßen Nebeneffekt im Rahmen einer möglichen allgemeinen Umstrukturierung des Unternehmens. Auch kann sich die Geschäftsleitung ihren diesbezüglichen Pflichten dabei weder durch die ausschließliche Inanspruchnahme dritter Personen außerhalb des Unternehmens entledigen, noch etwa allein durch die Schaffung einer besonderen »Qualitätsabteilung« wie z. B. einem Qualitätswesen ausreichend nachkommen.[112] Diese Ansicht wird heute durch Forschungsergebnisse der Qualitätswissenschaft gestützt:[113] Qualität kann sich nicht nur auf das beschränkte Gebiet einer Abteilung erstrecken, sondern fällt in den Aufgabenbereich aller an der Erstellung einer Leistung beteiligten Mitarbeiter und Führungskräfte. Dazu gehören im übrigen auch die Zulieferbetriebe. Es bedarf hierfür eines umfassenden qualitätsorientierten Führungsverständnisses.[114,115] Seine Ausgestaltung nimmt in der jüngeren qualitätswissenschaftlichen Literatur zunehmend Raum ein: So hängt der Erfolg einer qualitätsorientierten Unternehmensentwicklung direkt vom Verhalten des Top-managements ab.[116] Konsequente Fehlereliminierung bedeutet demnach zunächst das Umsetzen eines gesteigerten Qualitätsbewußtseins bei den Mitarbeitern, so daß sich diese persönlich verpflichtet fühlen, Fehler und Schwachstellen in der Unternehmensstruktur aufzuspüren und nachhaltig zu beseitigen.[117] Organisatorisch kann dies durch eine partizipative Organisationsentwicklung bewirkt werden, d.h. die Mitarbeiter werden an der Gestaltung des Unternehmens aktiv beteiligt. Zu den auch in Unternehmen der Bundesrepublik Deutschland erfolgreichen Modellen lassen sich folgende zählen:[118]

1. *Qualitätszirkel – Das Jishu-Kanri-Prinzip*
Ein Qualitätszirkel besteht aus einer Gruppe von Mitarbeitern der operativen Ebene und vereinigt fünf bis sieben Personen unter freiwilliger Teilnahme zur Lösung einer konkretisierten Problemstellung aus ihrem Arbeitsbereich.[119] In der Regel kommen sie im vierzehntätigen Rhythmus oder nach Absprache zusammen. Sein Ursprung geht auf die japanische Jishu-Kanri-Bewegung zurück. Dennoch ist er keine japanische Erfindung, die theoretischen Grundlagen wurden in der USA entwickelt. Der Gedanke, dem der Qualitätszirkel folgt, ist die Erkenntnis, daß Probleme am ehesten dort gelöst werden können, wo sie tatsächlich anfallen. Somit muß Mitarbeitern die Möglichkeit gegeben werden, Schwierigkeiten in ihrem täglichen Arbeitsumfeld eigenständig zu bestimmen und diese sodann vor Ort selbst zu lösen. Teilweise wird das Konzept der Qualitätszirkel auch auf höheren Hierarchiestufen angewendet. Die Zirkel sind hierarchiefrei und werden meistens durch einen Moderator geleitet. Die Steuergruppe, bestehend aus Mitarbeitern höherer Hierarchieebenen, aber auch Betriebsrat und die Koordinatoren der Qualitätszirkelorganisation (z.B. Abteilungsleiter) sind für die Planung und organisatorischen Belange zuständig und haben die Aufgabe, die Zirkelarbeit zu fördern und die Umsetzung der erarbeiteten Lösungen zu unterstützen.[120] Abbildung 31 zeigt schematisch ein Modell zur Qualitätszirkelorganisation.

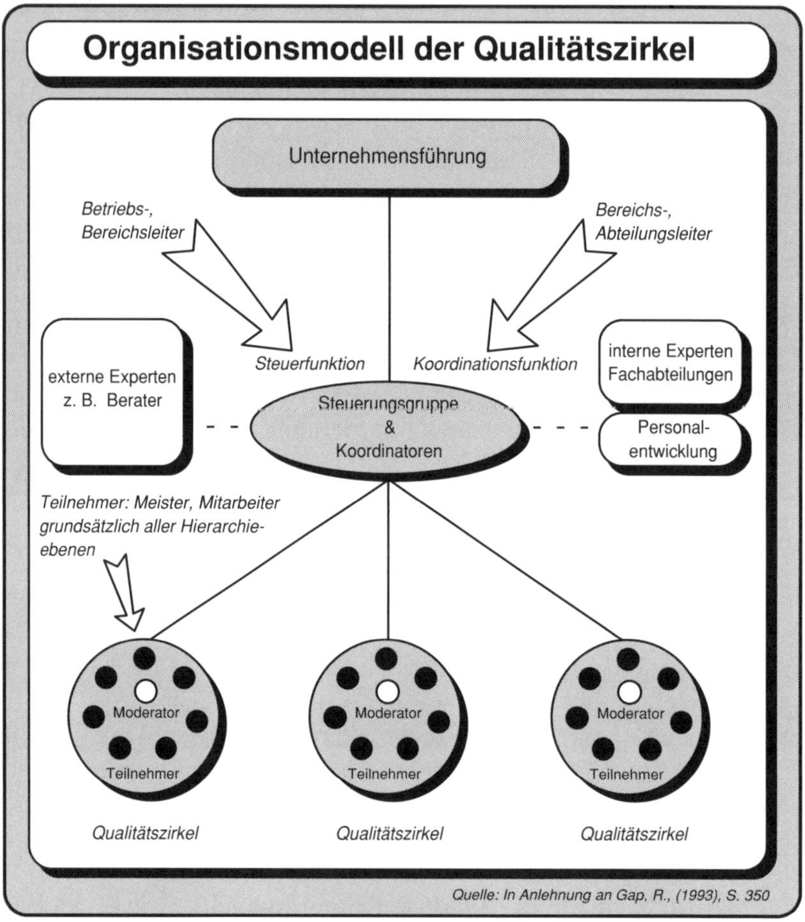

Abbildung 31: Qualitätszirkel benötigen eine geeignete Organisationsplattform.

Die Erfahrung zeigt, daß Qualitätszirkel – auch über Jahre hinweg – immer dann erfolgreich verlaufen, wenn die Unternehmensführung es versteht, eine konfliktfreie und kooperative Atmosphäre zu schaffen.[121] Die Erfolge, die sich einstellen können, sind beachtlich. Hierarchiebeziehungen werden aufgeweicht, Kommunikationsstrukturen wesentlich vereinfacht, mögliche Fehlerquellen präventiv ausgeschaltet. Besonders verbreitet sind Qualitätszirkel in Japan, vornehmlich in größeren Unternehmen (Abbildung 32).

Qualitätszirkel in japanischen Unternehmen

Unternehmensgröße nach Mitarbeitern	besitzen Qualitätszirkel [%]	Qualitätszirkelarbeit: während der regulären Arbeitszeit [%]	außerhalb der regulären Arbeitszeit [%]	davon unbezahlt [%]	andere [%]
50 - 99	39,3	63,9	31,7	14,5	4,4
100 - 299	49,2	56,9	39,0	18,5	4,1
300 - 999	53,6	57,9	37,6	13,3	4,5
1000 - 4.999	64,2	62,7	33,4	15,0	3,9
5000 und mehr	76,0	67,6	23,2	9,4	9,1
insgesamt	52,1	61,8	33,0	15,2	5,2

Quelle: MOL 1990

Abbildung 32: Qualitätszirkel in japanischen Unternehmen in Abhängigkeit von der Unternehmensgröße

Dort steht das »ständige (Weiter)Lernen« der Mitarbeiter im Vordergrund der Zirkel. Zu dem Sammelbegriff der Qualitätszirkel gehören hierzulande nach weitläufiger Ansicht auch die folgenden Konzepte: die Werstattzirkel, die Lernstatt und die Projektgruppen, die kurz skizziert werden sollen:

2. *Werkstattzirkel*

Werkstattzirkel sind ähnlich organisiert wie Qualitätszirkel.[122] Allerdings sucht sich die Mitarbeitergruppe ihre Problemstellung nicht selbständig aus, sondern sie wird ihr vorgegeben. Der Werkstattzirkel ist in der Regel befristet auf 5 bis 7 Zusammenkünfte angelegt. Damit ist er eher als eine projektgebundene Organisationsform ausgestaltet. Die Moderation der Zirkel wird von unteren Führungskräften übernommen. Durch die bereits vorstrukturierten Themenstellungen erlauben Werkstattzirkel grundsätzlich keinen allzu intensiven Kommunikations- und Erfahrungsautausch. Damit ist auch der Lernerfolg gegenüber dem Qualitätszirkel als geringer einzustufen.

3. *Lernstätten*
Die Lernstatt wurde maßgeblich in deutschen Unternehmen entwickelt und gilt mittlerweile als ausgereiftes Modell. Sie wurde vor dem Hintergrund eines gewachsenen Anteils ausländischer Mitarbeiter geschaffen. In der Lernstatt sollten diesen Grundkenntnisse für ihre Arbeitstätigkeit vermittelt werden. Wegen des vielfach großen Erfolgs wurde sie aber später auch auf deutsche Mitarbeiter übertragen. In einem Team, bestehehend aus 6 bis 8 Mitarbeitern wird dort Weiterqualifizierung betrieben. Kennzeichen der Lernstatt ist die Offenheit des Ansatzes. Durch die Lernstatt können betriebliche Erfahrungen diskutiert, ausgetauscht, vertieft und weitergegeben werden.

4. *Projektgruppen*
Die Projektgruppe arbeitet in der Regel an einer schwierigen, vorgegebenen Aufgabe. Je nachdem, welche Aufgabe zu lösen ist, können die Gruppenmitglieder aus allen Funktionen und Hierarchieebenen des Unternehmens kommen. Ebenso ist die Zeitdauer und Frequenz der Projektgruppentreffen von dieser abhängig. Projektgruppen können sich auch spontan bilden, sofern ein Mitarbeiterkreis originäres Interesse an einer bestimmten Aufgabenstellung zeigt. So ist beispielsweise die Entwicklung oder Einführung eines neuen Produkts eine selbstgestellte Herausforderung, die sich am geeignetsten durch ein interdisziplinär zusammengesetztes Team bewerkstelligen läßt.

Die Abbildungen 33 und 34 geben zusammenfassend einen prägnanten Abriß dieser Charakterisierungen, der Ziele und der möglichen Probleme der zuvor skizzierten Teammodelle.

Kennzeichen aller organisatorischen Gruppenarbeitsmodelle ist die Notwendigkeit einer ausgeprägten Teamfähigkeit zwischen den Beteiligten. Selbstverständlich bedarf es hierzu adäquater Schulungsmaßnahmen in Team- und Kommunikationsfähigkeit sowie in den Problemlösungstechniken, wie sie z.B. mit den »7 Qualitätswerkzeugen (QC-Tools)« von der Qualitätswissenschaft propagiert werden (vgl. Abbildung 35).[123] Wie sich die Effizienz von Gruppenarbeit steigern läßt, war bzw. ist Gegenstand vielfältiger Forschungsaktivitäten. Folgt man den bisherigen Erkenntnissen, so ist offenbar eine systematische Vorgehensweise beim Lösen eines Problems innerhalb der Gruppe entscheidend. Insofern sollten alle Teammitglieder die »Problemlö-

"Projektgruppe" und "Lernstatt" im Vergleich

	Projektgruppe	Lernstatt
Charakterisierung	★ 5-10 Mitarbeiter, 1 Gruppenleiter ★ qualifizierte Mitarbeiter und Spezialisten aus verschiedenen Abteilungen ★ Treffen während oder im Anschluß an die Arbeitszeit,Teilnahmepflicht ★ Themenvorgabe und Zusammenstellung der Gruppe durch die Problemstellung vorgegeben	★ 5-8 von der Betriebsleitung ausgewählte, gewerbliche Mitarbeiter, 1-2 speziell geschulte Moderatoren ★ Treffen während der Arbeitszeit, auf 2-3 Monate befristet ★ Themenvorgabe durch die Moderatoren anhand eines festen Schulungsprogramms
Ziele	★ Lösung schwieriger bereichsübergreifender Probleme ★ schnelle Lösung dringlicher Probleme ★ Nutzung eines wirkungsvollen Führungsinstrumentes durch die Unternehmensleitung ★ Erweiterung des Arbeitshorizontes der Gruppenteilnehmer	★ bessere Information und Integration der Mitarbeiter ★ Stärkung des Verantwortungsbewußtseins ★ Verbesserung der Kommunikation zwischen Arbeitern und Vorgesetzten ★ Schaffung einer guten Ausgangsbasis für weitergehende Gruppenaktivitäten
Probleme	★ die Gruppenmitglieder sind ausschließlich erfolgsmotiviert, da die Gruppe sich nach der Problemlösung auflöst ★ der Motivationseffekt kann durch die Teilnahmepflicht abgeschwächt werden ★ der Erfolg der Gruppenarbeit hängt entscheident von der Erfahrung und dem Geschick des Gruppenleiters ab	★ großer Aufwand vor und während der Einführung des Modells ★ Führungskräfte der operativen Ebene müssen vollständig von der Lernstattidee überzeugt sein ★ die Erfolge der Lernstatt lassen sich erst langfristig messen, da die Treffen primär Schulungscharakter haben

Quelle: In Anlehnung an Esser, J., Ruhnau, J., (1993), S. 356

Abbildung 33: Unterschiedliche Modelle der Teamarbeit im Vergleich

"Q-Zirkel" und "Werkstattzirkel" im Vergleich

Qualitätszirkel	Werkstattzirkel
Charakterisierung	
★ 5-10 freiwillige Teilnehmer, die ihre Arbeitsthemen selbst auswählen ★ Leitung durch einen Moderator ★ Beratung durch Spezialisten oder Aufteilung in Subzirkel zur Lösung von Teilproblemen möglich ★ selbständige Umsetzung erarbeiteter Lösungen	★ 8-10 Teilnehmer, bestehend aus Arbeitern, Vorarbeitern und Meistern ★ untere Führungskräfte übernehmen die Gesprächsmoderation ★ Aufgabenstellung wird vom Management definiert ★ die Gruppe arbeitet werkstattnah, während der Arbeitszeit und in der Nähe der Arbeitsplätze
Ziele	
★ gegenseitige Förderung und Erlernen von Kooperations-, Kreativitäts- und Problemlösungstechniken ★ sowohl ziel- und problemlösungsorientiert, als auch motivationsfördernd durch dauerhafte Zusammenarbeit	★ Mitwirken der Betroffenen an den Zielsetzungs- und Lösungsprozessen und Integration in die Arbeitswelt ★ humanere Gestaltung der Arbeitsbedingungen und des Arbeitslebens ★ Wecken und Ausschöpfen der Engagementbereitschaft des arbeitenden Menschen
Probleme	
★ hohe Anforderungen an alle Führungskräfte wegen des partizipativen und offenen Führungsstils ★ die Qualitätszirkelidee muß Bestandteil einer auf ständige Verbesserung ausgerichteten Unternehmenspolitik sein	★ Ausrichtung eher auf singuläre Problemlösungen läßt wenig Raum für das Erlernen von Beteiligung an sich sowie zum Artikulieren von Arbeitnehmerinteressen ★ Weiterqualifikation nur in beschränktem Umfang erreichbar

Quelle: In Anlehnung an Esser, J., Ruhnau, J., (1993), S. 356

Abbildung 34: Unterschiedliche Modelle der Teamarbeit im Vergleich

sungswerkzeuge« zum strukturierten Vorgehen beherrschen. Dabei ist zu berücksichtigen, daß für Gruppen, die präventive Fehlerbeseitigungsmaßnahmen am Produkt selbst erarbeiten sollen, ein enger Dialog mit dem Verbraucher äußerst nützlich ist, da diese am besten in der Lage sind, Unzulänglichkeiten an einem Produkt aufzuzeigen. Insofern fordert die Literatur kundenorientierte Organisationsmechanismen, die Mitarbeiter sehr flexibel auf individuelle Kundenanforderungen reagieren lassen.[124] Positive Beispiele zur Gestaltung solcher Strukturen aus der Praxis gibt es mittlerweile reichlich.[125] Insbesondere die kombinierte Anwendung der o.g. Modelle – zumindest in größeren Unternehmen – scheint Erfolg zu versprechen,[126] voraussgestzt Teamarbeit wird dauerhaft angelegt und mit aller Unterstützung durch das Top-management gefördert.

Derartige Maßnahmen kommen auch der von der Rechtsprechung geforderten Produktbeobachtungspflicht hinreichend nach. Um etwa über Konkurrenzprodukte und -verfahren einen prägnanten Überblick zu bekommen, eignen sich die Ansätze des »Benchmarking«.[127] Dieses beinhaltet die kontinuierliche Beobachtung und Analyse qualitätssichernder Verfahren und Maßnahmen anderer Unternehmen, die sodann mit den eigenen verglichen und ggf. als Vorlage zur Optimierung eigener Prozesse/Produkte dienen.[128] Unternehmen, die diese Strategie erfolgreich praktizieren, sind ständig auf der Suche nach den »weltbesten« Verfahren anderer Unternehmen, um diese zu kopieren und evtl. zu verbessern.[129]

Großen Raum in der Diskussion um fehlervermeidende Praktiken nimmt auch die Funktion des Top-managements als Leit- und Identifikationsfigur im Unternehmen ein.[130] Von ihm ist abhängig, ob sich überhaupt eine qualitätsorientierte Unternehmenskultur bilden kann, welche die notwendige Sensibilisierung, Anpassungs- und Lernfähigkeit eines Unternehmens und seiner Mitglieder erst gewährleistet.[131] Dem Management kommt hierbei eine herausragend prägende Stellung zu. Durch sein Vorbild und Vorleben beeinflußt es das Verhalten und die innere Einstellung untergeordneter Mitarbeiter.[132] Hierbei müssen vom Top-management aber zwei grundlegende Ansätze verfolgt werden: Zum einen muß Qualität als Führungsaufgabe der obersten Hierarchieebene erkannt werden (sinnorientiertes Handeln). Zum andern gilt es, eine entsprechende Führungsqualität zu entwickeln (Vorbildfunktion).[133] Beide Ansätze münden letztlich in das Total

Quality Management ein, wie es mit modellhaftem Charakter im »*European Quality Award*« für europäische Unternehmen ansatzweise beschrieben ist.[134] Darunter wird die auf der Mitwirkung aller Mitglieder einer Organisation beruhende Führungsmethode verstanden, welche die Qualität in den Mittelpunkt stellt und durch Zufriedenstellung der Kunden auf langfristigen Geschäftserfolg sowie auf Nutzen für die Mitglieder der Organisation und der Gesellschaft zielt.[135]

Qualitätsmanagementsysteme

Gerade auch wegen der Notwendigkeit, fehlerfreie Produkte auf den Markt zu bringen, setzen sich zunehmend Qualitätsmanagementsysteme (QM-Systeme) durch.[136] An solche sind jedoch bestimmte (Minimal-)Anforderungen zu stellen, wie sie die international abgestimmte und anerkannte Normenreihe DIN ISO 9000 ff., welche branchenneutral gehalten ist, beschreibt. Insgesamt kann diese als Mindeststandard systematischen Qualitätsmanagements verstanden werden, dem zukünftig alle Unternehmen genügen müssen.[137] In 20 Punkten ist darin niedergelegt, welche organisatorischen Maßnahmen und Verfahren notwendig sind, um ein systematisches QM-System aufzubauen. Zu den 20 Punkten der Norm gehören:[138]

- Die Verantwortung der obersten Leistung,
- Grundsätze zum QM-System,
- Vertragspüfung,
- Designlenkung,
- Lenkung der Dokumente,
- Beschaffung,
- Vom Auftraggeber bereitgestellte Produkte,
- Identifikation und Rückverfolgbarkeit von Produkten,
- Prozeßlenkung,
- Prüfungen,
- Prüfmittel,
- Prüfstatus,
- Lenkung fehlerhafter Produkte,
- Korrekturmaßnahmen,
- Handhabung, Lagerung, Verpackung, Versand,
- Qualitätsaufzeichnungen,
- Interne Audits,
- Schulungen,

- Kundendienst,
- Statistische Methoden.

Für jeden einzelnen der Punkte muß schriftlich dokumentiert werden, wie das Unternehmen diese zu handhaben gedenkt, und welcher Mitarbeiter für welchen Schritt verantwortlich ist. Wie aus den Punkten ersichtlich ist, reflektiert das QM-System dabei letztlich die Aufbau- und Ablauforganisation eines Unternehmens. In der qualitätswissenschaftlichen Literatur ist das QM-System heute als zweckmäßiges Koordinations- und Führungsinstrument anerkannt. Dabei zeigen neuere empirische Untersuchungen, daß der tatsächliche Erfolg eines QM-Systems abhängig ist vom Identifikationsgrad der obersten Geschäftsführung mit diesem.[139] Zu berücksichtigen ist ferner, daß an die Funktionsfähigkeit des QM-Systems immer neue Herausforderungen gestellt werden. Es bedarf einer dynamischen und kontinuierlichen Verbesserung des QM-Systems, so daß die Unternehmensorganisation ständig optimiert werden muß. Derartige Schritte zur Unternehmensgestaltung können aber von den einzelnen Mitarbeitern der unteren und mittleren Hierarchieebenen nicht erwartet werden. Initiative und Durchsetzung des kontinuierlichen Verbesserungsprozesses eines QM-Systems müssen wegen dessen enormer Komplexität vielmehr maßgeblich von der obersten Führungsebene verlangt werden.[140]

Ob ein Unternehmen die Anforderungen der DIN ISO 9000 ff. hinreichend verwirklicht, kann wiederum durch ein Audit analysiert werden. Diese zunehmend von einer neutralen Stelle durchgeführte Überprüfung berechtigt bei entsprechendem Prüfergebnis zur Ausstellung eines Zertifikats, welchem Nachweisfunktion zugesprochen wird.[141] Ein derartiges Zertifikat besitzen in der Bundesrepublik Deutschland derzeit zirka 2.500 Unternehmen. In anderen Ländern ist die Zahl erheblich höher: Beispielsweise erlangten in Großbritannien bisher ca. 20.000 Betriebe das QM-Systemzertifikat.[142]

Moderne Qualitätstechniken und herkömmliche Stichprobenprüfungen

Neben der an die Programmatik der DIN ISO 9000 ff. angelehnten systematischen Vorgehensweise zur Optimierung der Unternehmensorganisation gibt es eine Reihe weiterer qualitätssichernder Strategien, die in der Literatur unter dem Stichwort »Qualitätstechniken« bekannt geworden sind. Nach anerkannter Ansicht beinhalten Qualitätstechniken: »*diejenigen Methoden und Instrumente, die auf dem Gebiet des Qualitätsmanagements auf verschiedenen Ebenen zum Lösen von spezifischen Problemen eingestzt werden. Qualitätstechniken sind strukturiert und systematisch.*« [143] Konsequent und richtig angewendet unterstützen sie das Ziel, einen geplanten sicherheitsrelevanten Standard präventiv zu gewährleisten. Zu ihnen gehören im wesentlichen die folgenden fünf Techniken, die auch unter dem Begriff der Methoden/Techniken des Quality Engineering diskutiert werden:[144]

1. Mit der Methode des *Quality Function Deployment* (*QFD*) wird ein Unternehmen, hier besonders die Mitarbeiter der Entwicklungs- und der Konstruktionsbereiche, in die Lage versetzt, ermittelte Anforderungen der Verbraucher an Produkte unmittelbar in die Konstruktion eines Produktes einfließen zu lassen.[145]
2. Die *Fehlermöglichkeits- und -einflußanlyse* (*FMEA*), mit der man mögliche Fehlerrisiken, die sich aus der Produktkonstruktion oder dem Fertigungsverfahren ergeben können, erkennen und sodann vermeiden kann.[146]
3. Mit der *Versuchsplanung (Design of Experiments DOE)* können Prozeß- oder Produktparameter, die für die Güte einer Konstruktion oder einen Herstellprozeß ausschlaggebend sind, systematisch optimiert werden.[147]
4. Die *Statistische Prozeßsteuerung (SPC)* ermöglicht es, Produktionsprozesse mit Fehlerquoten im parts per million (ppm) Bereich (Fehler pro Million) zu überwachen und zu steuern.[148]
5. Die *Qualitätswerkzeuge*, die auch als »*Sieben Qualitätswerkzeuge*« oder »Elementaren Werkzeuge der Qualitätssicherung« bezeichnet werden, dienen der strukturierten Problemerkennung, dem -verständnis und schließlich der -lösung insbesondere innerhalb der Gruppenarbeitsmodelle – vorrangig der Qualitätszirkel. Sie sind visueller Art und basieren auf mathematisch-statistischen Grundlagen. Zu ihnen gehören die *Fehlersammelliste*, das *Histogramm*, das *Korrelationsdiagramm*, die *Qualitätsregelkarte*, das *Pareto-Diagramm*, das *Brainstorming* sowie das *Ursachen-Wirkungs-Diagramm*.[149]

Sämtlichen Qualitätstechniken ist ihre wirkungsvolle Anwendung gemein, vorausgesetzt es wird systematisch und konsequent vorgegangen. Sie sollten in den Unternehmen heute zum Stand der Technik gehören. Abbildung 35 zeigt, in welcher Phase der Produktentstehung welche der o.g. Qualitätstechniken zum Einsatz kommen kann.

Nach Ansicht der Qualitätswissenschaft ist deren Einsatz insbesondere vor dem Hintergrund flacher Hierarchien sowie Teamarbeit zur frühzeitigen Fehlererkennung und -vermeidung unerläßlich.[150]

Die Statistische Prozeß Regelung (SPC) ist insofern von besonderer Bedeutung, als z. B. in der Automobilbranche von Zulieferanten zunehmend Fehlerquoten von max. 60 ppm verlangt werden. D.h. die Abnehmer verlangen den Nachweis, daß auf eine Million gefertigter Teile nicht mehr als 20 fehlerhaft sind. Bei derartigen Maßstäben ist offensichlich, daß klassische Stichprobenverfahren nicht mehr greifen können. Herkömmliche Stichprobenverfahren können darüber hinaus sowieso nur Fehlerquoten zwischen 1 bis 4 Prozent ermitteln.[151] Da Vollprüfungen im ppm-Bereich grundsätzlich sowohl aus rechtlichen als auch wirtschaftlichen Erwägungen heraus unrealistisch erscheinen, bleibt letztlich nur die Anwendung der statistischen Prozeßsteuerung. Dabei kann diese weitgehend gewährleisten, daß Störungen und Fehlertrends im Produktionsprozeß unmittelbar ersichtlich werden und sodann die Möglichkeit eines vorbeugenden Eingriffs besteht – eben bevor fehlerhafte Teile (Ausschuß) anfallen.[152]

Freilich hat die Rechtsprechung zur ppm-Problematik bisher nicht Stellung nehmen müssen. Ebenso wie die immer noch weitverbreiteten klassischen Ansätze zur Fehler- und Schadensvermeidung sieht auch die bisherige Rechtsprechung in Stichprobenverfahren mit erforderlichen Stichprobengrößen ein probates Mittel, Gefahren vorzubeugen. Allerdings hat sie es bewußt vermieden, konkrete Angaben dafür zu machen, was als »gründlich genug« anzusehen ist:[153] Anleihen könnten zwar der zivilrechtlichen Judikatur entnommen werden, die bei Lebensmitteln eine Prüfung im Verhältnis von 5 bis 6 zu 2.400 [154] sowie bei 10 zu 5.000 [155] Dosen hat ausreichen lassen. Demgegenüber hat es das *Kammergericht* in seiner strafrechtlichen Judikatur aber als jedenfalls nicht genügend angesehen, wenn bei Lebensmitteln eine Stichprobengröße der untersuchten zu den übrigen Produkten im Verhältnis von 40 zu 80.000 [156] oder gar 1 zu 100 [157] gewählt wird. Die Festlegung einer bestimmten erforderlichen Stichprobengröße hat es dabei zutreffend vermieden. Für die strafrechtliche Verantwortlichkeit bedarf es insoweit nämlich stets einer individuellen, auf den Einzelfall bezogenen Schuldprüfung.[158] Innerhalb dieser darf sich die Frage eines evtl. Ver-

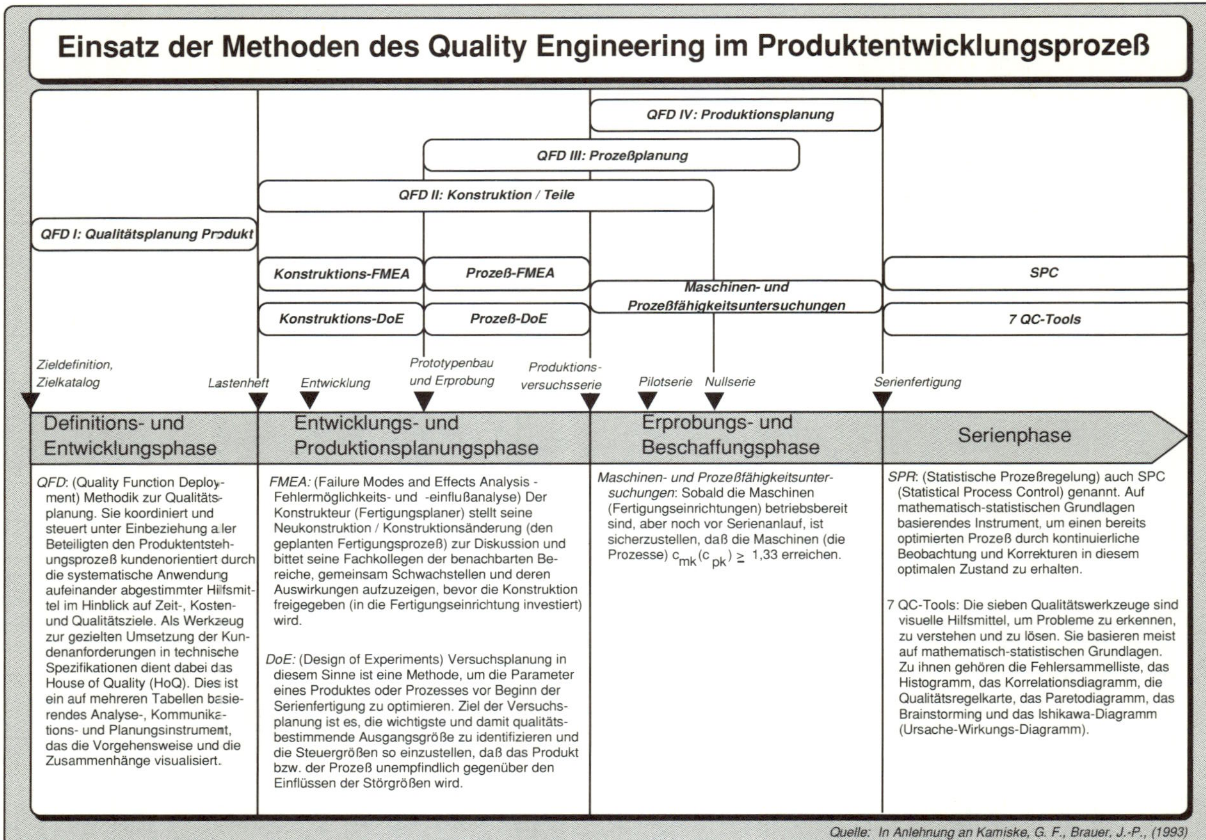

Abbildung 35: Zur Anwendung der Qualitätstechniken in den jeweiligen Phasen des Produktentwicklungsprozesses

stoßes gegen bestehende Sorgfaltspflichten nicht in dem starren Schematismus einer abstrakten Wahrscheinlichkeitsberechnung verlieren. Überdies geht es insoweit eben nicht nur um finanziellen, sondern um Schaden an Leib und Leben anderer natürlicher Personen, so daß besonders strenge Anforderungen an die Genauigkeit einer Stichprobenuntersuchung zu stellen wären; allerdings sind diese mathematisch begrenzt. Die rechnerische Determinierung der (nicht-) erwarteten Ausschußquote einer Produktreihe wird jedoch allein schon wegen der immanenten Möglichkeit des Hinzutretens menschlichen Versagens allzu leicht verfälscht.[159] Die technisch-naturwissenschaftlich geprägten Ansätze der Qualitätssicherung sind insofern ebenso zu gewährleisten wie das menschlich-soziale Qualitätsmanagement. Beide Komponenten bedürfen einer engen Abstimmung aufeinander, wobei potentielle Fehlerquellen der einen Seite keinesfalls schon durch Sicherungsmaßnahmen auf der anderen Seite ausgeglichen werden könnten. So zeigt die unternehmerische Praxis, daß die Anwendung o.g. Qualitätstechniken nur dann zum Erfolg führt, wenn zum einen die Mitarbeiter systematisch in den neuen Techniken geschult und diese sodann trainiert werden, zum anderen sich die Geschäftsführung die quantitativen Resultate der Qualitätstechniken vorlegen läßt, um sodann eventuell notwendige Verbesserungen einzuleiten bzw. das Risiko einer möglichen Gefahr durch ein Produkt abzuwenden. Abgesehen davon lassen sich Qualitätsmanagementsysteme und spezielle qualitätssichernde Verfahren grundsätzlich nicht vorgefaßt bestimmen, sondern müssen sich an rasch wechselnden Gegebenheiten wie Produkt (-Art), Stand von Wissenschaft und Technik [160], betrieblicher Ausstattung an Personal und Maschinen, Verbrauchererwartungen etc. orientieren.[161] Diesen Gesichtspunkten würde es kaum gerecht werden, wenn anhand lediglich theoretischer Stichprobengrößen oder -verfahren Rückschlüsse auf ein eventuell persönliches Versäumnis der Geschäftsführung gezogen würden.

Insofern ist ein Kriterium für sorgfaltsgemäßes Verhalten der Geschäftsführung, wenn im Rahmen der Unternehmensführung der jeweilige Stand von Wissenschaft und Technik (maßgeblich auf dem Gebiet der Qualitätswissenschaft) beachtet wird.[162] Das wäre aber jedenfalls dann nicht der Fall, wenn schon gegen anerkannte Regeln der Technik verstoßen würde. Diese kommen vornehmlich in DIN-Normen zum Ausdruck,[163] können sich aber auch in VDE-Richtlinien[164] oder internationalen Normen wie z.B. IEC-Publikationen (Bestimmungen der *International Electrotechnical Commission*) [165] widerspiegeln. In diesem Zusammenhang wird insbesondere die 1987 verabschiedete DIN ISO 9000 ff. Reihe, mit der erstmalig auf internationaler Ebene ein Qualitätsmanagementsystem modellhaft beschrieben wurde, eingehalten werden müssen. Auch diese Bestimmungen sind aber schon nach wohl herrschender Ansicht der Qualitätswissenschaft allenfalls unvollkommene Grundvoraussetzungen für ein funktionierendes und damit gefahrenadäquates Qualitätsmanagementsystem. Es handelt sich um anerkannte Mindeststandards zur Gefahrenabwendung. Werden deshalb DIN Normen wie u.a. die DIN ISO 9000 ff. Reihe, VDE-Richtlinien etc. ohne hinreichenden Grund nicht eingehalten, wird ein Sorgfaltspflichtverstoß in aller Regel anzunehmen sein.[166] Umgekehrt ist aber nicht schon die Beachtung einer solchen Regelung ausreichend, um in jedem Falle eine sichere Gefahrenabwehr und Einhaltung erforderlicher Qualitätsstandards zu gewährleisten. So banal diese Feststellung klingen mag, so vielfältig sind die hiermit verbundenen zahlreichen Beispiele aus der Praxis.

So wäre etwa nach Ansicht von *Nonas* das Tankwagen-Unglück von Herborn im Jahre 1987 wohl auch nicht bei einer vollen Einhaltung der (voraussichtlich noch) 1994 ergehenden EG-Druckbehälter-Richtlinie vermieden worden, obwohl diese ein Qualitätsmanagementsystem nach DIN ISO 9000 ff. fordert.[167] In Herborn starben aufgrund mangelhafter Wartung eines Tankwagens fünf Menschen, mehr als vierzig Personen wurden verletzt. Der Sachschaden belief sich auf mehr als 17 Millionen DM. Schon dieses kurze Beispiel zeigt, daß schriftliche Verfahrensanweisungen und schriftliche Verpflichtungen zur Einhaltung der Qualität keine Gewähr dafür sind, daß auch in der Praxis ein ausreichender Schutz gewährleistet ist bzw. nach ihnen gehandelt wird. *Schmidt-Salzer* verweist in diesem Zusammenhang auf den wohl berühmtesten Fall. Auf den Untergang der »*Titanic*«:[168]

Beim Bau der »*Titanic*« im Jahre 1912 galten in Großbritannien die vom *Board of Trade* für den Schiffsbau erlassenen Vorschriften, wonach Passagierschiffe von mehr als 15.000 t über mindestens 16 in sog. Davits aufgehängte Rettungsboote verfügen mußten. Die »*Titanic*« war am Unglückstag mit 2.207 Passagieren besetzt, hatte eine Tonnage von 46.328 t und war – vorschriftsgemäß – mit 16 Rettungsbooten ausgestattet, was einer maximalen Kapazität von 1.178 Bootsplätzen entsprach. Tatsächlich besetzt waren dann aufgrund schlechter Unterweisung der Crew im Falle von Havarien nur 711 Plätze.

So stellen sich folgerichtig nicht wenige Experten die Frage, ob es die EG-Kommission angesichts der faktischen Unsicherheit von QM-Systemen verantworten kann, daß in Zukunft die Prüfung – selbst gefährlicher Güter – allein durch den jeweiligen Hersteller ausreichend sein soll.[169]

Erforderlich ist eine Qualitätskultur als Führungs- und Unternehmensphilosophie

Getragen werden die zuvor genannten Ansätze allerdings nur durch eine entsprechende Unternehmenskultur. In ihr manifestiert sich, wie sich Mitarbeiter verhalten, welche Werte und Ziele im Unternehmen verfolgt werden und wie sich das Top-management in seiner Eigenschaft mit Vorbildfunktion verhält.[170] So ist sich heute die Wirtschaftswissenschaft auch weitgehend darüber einig, daß ein qualitätsorientiertes Verhalten von Mitarbeitern und Führungskräften eines mehrdimensionalen, nicht auf einfache Soll-Ist-Vergleiche beruhenden Führungsverständnisses seitens des Top-managements bedarf.[171] Derzeit verlagern sich deshalb die Managementaufgaben von dem Bemühen um ökonomisch-technische zur ökonomisch-sozial-humanen Rationalität.[172] Damit gewinnen die Mitarbeiter als langfristig zu betrachtende und weiterzuentwicklende Ressource einen zentralen Stellenwert für ein Unternehmen.[173] Insofern bedarf es eines Führungsverständnisses vom Top-management, welches den Mitarbeiter und seine Fähigkeiten in den Mittelpunkt stellt und diese ständig fördert.[174] Derartig ausgebildete Mitarbeiter sind dann auch in der Lage, selbständig und verantwortungsbewußt zu handeln, wenn es um ein fehlervermeidendes Verhalten geht.[175]

4.5 *Strafrechtliche Verantwortung für Zulieferunternehmen*

Auch die Auslagerung einzelner separater Produktionsabschnitte auf nicht unmittelbar weisungsgebundene andere Unternehmen (Zulieferer, Subunternehmer etc.) kann das Management des Endherstellers nicht von originären Sorgfaltspflichten für die Sicherheit des Endprodukts befreien. Besonders bedeutsam ist dies z.B. in der Automobil-, Maschinen- und Elektroindustrie, die großenteils lediglich eine Fertigungstiefe von 35 bis 40 Prozent (mit weiter abnehmender Tendenz) der beim Endprodukt verwendeten Teile aufweist und zudem Zulieferprodukte über nationale Grenzen hinweg bezieht.[176] Zwar gilt auch zwischen den so verbundenen Unternehmen der Vertrauensgrundsatz, so daß der Endhersteller gegebenenfalls von der Leistungsfähigkeit seiner Geschäftspartner ausgehen darf. Allerdings wird ein anderes Unternehmen der Geschäftsführung in der Regel nicht gleichermaßen bekannt sein wie eigene Mitarbeiter. Es sind deshalb strengere Anforderungen an eine mögliche Untersuchung der Qualität der jeweiligen Produkte oder Dienstleistungen zu stellen.[177] Qualifikation und Zuverlässigkeit des betriebsfremden Unternehmens bedürfen hierfür ebenso systematischer Überprüfung wie dessen eingesetzte Mitarbeiter und Produktionsmittel.[178] In der sog. »Krebsbachtalbrücken-Entscheidung« hat der *BGH* für den Fall der Einschaltung eines Subunternehmens (Baubranche) einen Katalog diesbezüglich erforderlicher Maßnahmen aufgestellt. Der Endhersteller/Generalunternehmer müsse sich spätestens im Moment der Delegierung diverse Überzeugung vom anderen Unternehmen verschaffen:[179]

1. daß es leistungsfähig und qualifiziert genug ausgestattet ist, die delegierten Aufgaben gefahrlos auszuführen;
2. dessen verantwortliche Personen die für die einzelnen Arbeitsschritte einschlägigen Sicherheitsbestimmungen beherrschen und ihre ausführenden Mitarbeiter sachgerecht einweisen können.
3. Kann eine Gewißheit bzgl. der Punkte 1 und 2 nicht ausreichend gewonnenwerden, so muß die Geschäftsführung selbst die für die Ausführung im anderenUnternehmen verantwortlichen Personen ordnungsgemäß einweisen und zur Vornahme erforderlicher Sicherheitsmaßnahmen anhalten.

Die Geschäftsführung des als Endhersteller fungierenden Unternehmens kann diese Überprüfungen grundsätzlich im Rahmen von Stichprobenkontrollen durchführen.[180] Ist ein Unternehmen mit seinen Produkten dem Endhersteller nicht hinreichend bekannt, sind in Intervallen stattfindende Betriebsbesichtigungen und Analysen über die Zusammensetzung der gelieferten Ware vorzunehmen.[181] Dabei ist jeweils auch die personelle Qualifikation der Mitarbeiter des anderen Unternehmens zu berücksichtigen. In nahezu allen Branchen ist es dabei üblich, Zulieferanten entsprechend zu begutachten (auditieren), was zunehmend auch von neutralen Stellen angeboten wird.[182] Diese überprüfen, meist auf Antrag des Zulieferunternehmens, ob dieser die oben erörterten Anforderungen an Qualitätsmanagementsysteme nach DIN ISO 9000 ff. hinreichend erfüllt. Gewinnen die Auditoren den Eindruck, daß die Anforderungen weitgehend erfüllt sind, so wird das Qualitätsmanagementsystem zertifiziert und eventuell noch bestehende geringe Abweichungen von den Anforderungen der Norm im Auditbericht dokumentiert. Das Zertifikat gilt heute vornehmlich im europäischen Ausland als Nachweis über die Wirksamkeit des Qualitätsmanagementsystems.[183] Aus dem Blickwinkel der strafrechtlichen Sorgfaltspflicht für Zulieferanten sollte darüber hinaus unbedingt auch vom Abnehmerunternehmen der Auditbericht über den tatsächlichen Erfüllungsgrad des Qualitätsmanagementsystems des Zulieferers eingesehen werden. Sodann sind in Kooperation mit diesem Maßnahmen zur Beseitigung eventuell bestehender Schwachstellen zu erarbeiten und unverzüglich durchzuführen. Insofern kommt der Auditierung als qualitätssicherndem Instrument an der Schnittstelle Abnehmer-Zulieferbeziehung eine ständig wachsende Bedeutung zu.[184]

Kommt es dann letztlich doch zur Verwirklichung eines Produktrisikos, so trifft die Geschäftsführung des Endherstellers gegebenenfalls eine strafrechtliche (Mit- oder Allein-) Verantwortung wegen der Übertragung von produkt- und gefahrenimmanenten Aufgaben an ein unqualifiziertes Unternehmen oder mangelhafte Überprüfung desselben.[185]

4.6
Schlußfolgerungen – Das strafrechtliche Risiko zwingt Manager in die Vorbildfunktion

Das Strafrecht formuliert einen breiten Katalog an Rahmenanforderungen für fehlervermeidendes Verhalten des Managements. Insbesondere die in den letzten Jahren durch die Rechtsprechung des *BGH* intensiv vorangetriebene Konkretisierung dieser Pflichten rückt das Top-management in das Scheinwerferlicht strafrechtlicher Verantwortlichkeit. Die Rechtsprechung setzt damit das Verhalten des Top-managements über die sichtbar gewordenen Produktfehler in ein direktes Verhältnis zu Mißständen in der gesamten Unternehmensorganisation. Damit gerät es in eine Vorbildfunktion, die es nur ausfüllen kann, wenn sein Bestreben auf eine qualitätsorientierte Führung ausgerichtet ist. Erst dann kann sich ein unternehmensweites Qualitätsbewußtsein bei nachgeordneten Mitarbeitern entwickeln. Diese Betrachtungsweise entspricht weitgehend den jüngeren Erkenntnissen der Qualitätswissenschaft, welche aus wirtschaftlicher Perspektive letztlich dieselben Standpunkte vertritt.

4.7 *Zusammenfassung*

Seit Ende der achtziger Jahre hat die strafrechtliche Produkthaftung durch verschiedene Entscheidungen der Rechtsprechung eine dramatische dogmatische wie auch praktische Ausgestaltung erfahren. Zunehmend werden strafrechtliche Ermittlungsverfahren gegen diverse Unternehmensangehörige eingeleitet, in erster Linie gegen die Mitglieder der obersten Geschäftsführung. Die Rechtsprechung ist über diese Entwicklung dabei, das Verhalten des Managements im Sinne einer fehlervermeidenden und qualitätssichernden Unternehmensgestaltung kritisch zu beleuchten. Ganz deutlich hat sie in all ihren Entscheidungen gemacht, daß derartige Maßnahmen das vorrangige Ziel des Managements sein müssen. Selbst wenn besondere Maßnahmen, wie Rückrufaktionen oder gar die Produktionseinstellung eines kompletten Produktes, notwendig werden und daraus einschneidende finanzielle Belastungen für Unternehmen und Management (verminderte Gewinnbeteiligung) entstehen, sind diese zugunsten des stets vorrangigen Verbraucherschutzes unmittelbar durchzuführen.

Anmerkungen

1 Goll, E., (1989), S. 597. An der Aussagekraft dieser Zahlen zweifelnd: Vogel, J., (1990), S. 247, 250 f.

2 Eine Ausnahme bildet insofern nur das Ordnungswidrigkeitenrecht, wonach eine Geldbuße auch gegen juristische Personen und Personenvereinigungen festgesetzt werden kann; § 30 OWiG. Hierzu: Göhler, E., (1992), § 30 Randnrn. 1 ff.; Achenbach, H., (1990), S. 605 ff.; Tiedemann, K., (1988), S. 1169 ff.

3 LG Aachen, JZ 1971, 507 ff. = Schmidt-Salzer, Entscheidungssammlung Produkthaftung (ES) Nr. III.15 sowie IV.26 (Contergan).

4 LG München II, ES, IV.28 (Monza Steel).

5 Hierzu ausf. Kamiske, G. F., Malorny, Chr., (1992), S. 274 ff.

6 Entsprechend der international abgestimmten Norm DIN ISO 8402, E 03.92, S. 14 ist der Begriff Qualität definiert: »Die Gesamtheit von Merkmalen einer Einheit bezüglich ihrer Eignung, festgelegte und vorausgesetzte Erfordernisse zu erfüllen.«

7 Zu erfolgreichen Beispielen: Kamiske, G., F., (Hrsg.), (1992), S. 3 ff.

8 Zur Null-Fehler-Strategie: Crosby, P., B., (1986), S. 116, 195-200.

9 In der Literatur ist heute anerkannt, daß fehlerhafte Produkte durch fehlerhafte Prozesse hervorgerufen werden. Insoweit muß die präventive Fehlervermeidung vorrangig im Prozeßbereich angesiedelt werden. Dabei wird unter einem Prozeß jegliche Aktivität verstanden. So z. B.: Herstellprozesse, Führungsprozesse, administrative Prozesse. Hierzu Wildemann, H., (1993), S. 3396 ff.

10 Vgl. hierzu: Köbler, G. (1981), S. 171.

11 Im Holzschutzmittelprozeß wird der BGH über die eingelegte Revision gegen das Urteil des LG Frankfurt voraussichtlich erst gegen Ende 1994 entscheiden; o.V., (1993a), S. 16. Die Anzahl der Publikationen in Massenmedien über (ehemaliges) Management und Unternehmen wird deshalb noch über Jahre hinweg andauern und noch nachhaltigere Publikumswirkung entfalten.

12 Wie eine unzureichende Sensitivität eines Unternehmens seinem Umfeld gegenüber dieses an den Rand der Existenz bringen kann, diskutiert z. B. weiterführend mit Beispielen: Gerken, G., (1991), S. 311 ff., oder auch Bösenberg, D., Metzen, H., (1993), S. 45-48.

13 Vogel, J. (1990), S. 246.

14 O.V., (1993b), S. 9.

15 Im Holzschutzmittelprozeß war dies von den Nebenklägern von vornherein beabsichtigt gewesen; o.V., (1993c), S. 13.

16 So auch Thevessen vor dem Wirtschaftclub Rhein-Main in Frankfurt; zitiert nach: Handelsblatt v. 07.01.1992, S. 5.

17 O.V., (1993d), S. 28.

18 Unter der Ablauforganisation wird das prozessuale Geschehen im Unternehmensgebilde verstanden. Hingegen betrifft die Aufbauorganisation die Gliederung des Unternehmens in arbeitsteilige Einheiten und deren Koordinationen. Siehe Bühner, R., (1991), S. 11. In der neueren Literatur zum Stellenwert

der Ablauf- bzw. Aufbauorganisation ist anerkannt, daß die Ablauforganisation zunehmend in den Vordergrund rückt; Reese, J., (1990), S. 523 ff.

19 Vgl. anders noch die ältere Rechtsprechung, die strafrechtlich relevantes Verhalten vornehmlich auf der Ebene des mittleren Managements begründet sah: BGH, MDR 1973, S. 596 f. = ES Nr. IV. 7, S. 195 (196 f.) (Skiabfahrt) [Betriebsleiter]; OLG Karlsruhe, LRE 1980, S. 32 ff. = ES Nr. IV. 23, S. 259 (262 ff.) (Schokitrunk) [Produktionsleiter]; BayObLG, DLR 1975, S. 155 f. = ES Nr. IV. 12, S. 222 (Trinkmilch) [Laborleiter]; LG Kleve, NStZ 1981, S. 266 (Glyzerinwasser) [Produktionsleiter, Produktionsmeister].

20 Hierzu Litke, H.-D., (1991), S. 3 ff. Weiterführend: Steinberg, C., (1990), S. 5 ff.

21 Hierzu Schwarz, H., (1983), S. 104.

22 Weiterführend: Juran, J. M., (1992), S. 334-403.

23 Heinen, E., (1985), S. 650-676.

24 Peters, T., (1992), S.3 ff.

25 Stratenwerth, G. u.a., (1992), S. 301 f.; Vogel, J., (1990), S. 248 f.; Schmidt-Salzer, J., (1988a), S. 51 ff; Schünemann, B., (1979), S. 42.

26 Goll, E., (1989), S. 599; Lenckner, T., (1991), §§ 13 ff. Randnrn. 103, 118; Pothast, U., (1993), S. 104 ff.; Volk, K., (1993), S. 430.

27 Albach, H., (1990), S. 542.

28 Siehe z.B. Nieder, P., (1993), S. 24.

29 Kühl, D., (1993), S. 20.

30 Wriedt, P., (1991), S. 208 ff.; Kamiske, G. F., (1993), S. 5 ff.

31 Hierzu insbesondere Kotter, J. P., (1991), S. 5 ff.

32 Attenhofer, M. W., (1990), S. 27 ff. Weitergehend: Müller-Seitz, P., (1988), S. 152 ff.

33 Finzer, P., Mungenast, M., (1990), S. 50 ff.

34 So insbesondere: Cramer, P., (1991), § 15 Randnr. 223.

35 Schmidt-Salzer, J., (1988b), S. 1940 f.

36 Z.B. in: OLG Zweibrücken, NStZ 1986, S. 411; OLG Karlsruhe, Natur + Recht 1982, S. 196; (Abfallbeseitigungsfälle); OLG Stuttgart, ES Nr. IV. 2.38 (Textilfärberei). So auch Schmidt-Salzer, J., (1990a), S. 2969; Hamm, R., (1985), S. 16 f.

37 Bleicher, K., (1992), Vortragsmanuskript.

38 Teilweise wird auch von der Zweck- zur Sinngemeinschaft gesprochen: Lietz, J. H., (1993), S. 235 ff.

39 So in BGH, Urt. v. 04.05.1988, NStE Nr. 5 zu § 223 StGB (Bienenstichkuchen); Hamm, R., (1985), S. 16.

40 Kuhlen, L., (1990), S. 566; Goll, E., (1989), S. 602. In diese Richtung auch BGH, Urt. v. 04.05.1988, NStE Nr. 5 zu § 223 StGB (Bienenstichkuchen).

41 So z.B. Bleicher, K., (1991a), S. 6 ff.

42 BGH, Urt. v. 04.05.1988, NStE Nr. 5 zu § 223 StGB (Bienenstichkuchen) [Zum Middle Management wurden gezählt: Für den Einkauf zuständiger Produktmanager, Gesamtvertriebsleiter, die jeweils hierarchisch den Geschäftsführungsmitgliedern unterstellt waren.]

43 BGH St 37, 106 (114, 116 ff., 124) = NJW 1990, S. 2560 = NStZ 1990, S. 588 = MDR 1990, S. 1025 = JR 1992, S. 27 = StrVert 1990, S. 446 = wistra 1990, S. 342.

Zustimmend: Stratenwerth, G., (1992), S. 298 f., der insoweit zutreffend auf den »Vertreter-Gedanken« aus § 14 StGB abstellt; Kuhlen, L., (1990), S. 567, 569; Schmidt-Salzer, J., (1990a), S. 2967 ff. und ders. so auch schon (1988b), S. 1940. Kritisch: Volk, K., (1993), S. 430, 433. Gänzlich ablehnend: Puppe, I., (1992), S. 30. Speziell zur zivilrechtlichen Verantwortung leitender Angestellter (bejahend): BGH, NJW 1987, S. 372, 374 (Verzinkungspray) [Labor- und Herstellungsleiter]; NJW 1975, S. 1827, 1828 f. = BB 1975, S. 1031 = VersR 1975, S. 922 (Spannbeton) [Produktionsleiter = Kommanditist]. Die zivilrechtliche Möglichkeit der Haftung leitender Mitarbeiter in Produkthaftungsstreitigkeiten dagegen grundsätzlich ablehnend: v. Bieberstein, W., (1976), S. 413.

44 Heinen, E., (1985), S. 701 f.

45 Näher zur Verantwortungsverteilung zwischen Middle und Top-management: Schmidt-Salzer, J., (1988b), S. 1938 ff. m.w.N.. Ders. speziell zur Verantwortung des Middle und Lower-Managements: (1988a), S. 87 ff.

46 O.V., (1993e), S. 19.

47 Siehe weiterführend Kamiske, G. F., (Hrsg.), (1992), S. 3 f.

48 Volk, H., (1988), S. 175 ff.

49 Deming, W., E., (1986), S. 3 ff. Siehe auch Masing, W., in: o.V., (1993f), S. 16.

50 Jeder Mitarbeiter darf grundsätzlich darauf vertrauen, daß seine Kollegen die ihnen obliegenden Aufgaben ordnungsgemäß bewältigen. Werden ihm gegenteilige Anhaltspunkte bekannt, muß er diesen nachgehen und u.U. selber schadensabwendende Maßnahmen ergreifen; BGH St 19, 286 (288 f.) (Gerüstbau); so auch LG München II, ES Nr. IV.28 (Monza-Steel); Cramer, P., (1991), § 15 Randnr. 223; Lackner, K., (1991), § 15 Randnrn. 39 f.; Schmidt-Salzer, J., (1990a), S. 2970, jeweils m.w.N.

51 So: Cramer, P., (1991), ebenda. Ausführlich: Kuhlen, L., (1989), S. 130 ff.

52 Vgl. OLG Stuttgart, NStZ 1981, S. 27: Redaktionsstatut.

53 BGH St 37, 106 (114 ff.). Zustimmend Schmidt-Salzer, J., (1990a), S. 2967 ff.; Kuhlen, L., (1990), S. 567, 569; Meier, B.-D., (1992), S. 3195 ff.

54 Zur praktischen Durchführung solch einer siehe: o.V., (1993g), S. 23.

55 BGH St 37, 106 (114 ff.). So auch in BGH, Urt. v. 04.05.1988, NStE Nr. 5 zu § 223 StGB (Bienenstichkuchen) [Geschäftsführer gegenüber »dominierender Führungskraft des Unternehmens« = anderem, grundsätzlich gleichrangigem Geschäftsführer.]; letzterer Entscheidung ebenfalls zustimmend: Schmidt-Salzer, J., (1990a), S. 2971; siehe so auch Kuhlen, L., (1990), S. 567, 569.

56 BGH St, 37, 106 (123 ff.); so auch schon BGH, Urt. v. 04.05.1988, NStE Nr. 5 zu § 223 StGB (Bienenstichkuchen). Ausführliche Diskussion und letztlich mit anderer Begründung zustimmend: Puppe, I., (1992), S. 31 ff. Ablehnend: Brammsen, J., (1991), S. 536 f.; Samson, E., (1991), S. 185 f.

57 OLG Stuttgart, NStZ 1981, S. 27, 28; zustimmend: Goll, E., (1989), S. 631.

58 Goll, E., (1989), S. 598.

59 Geissler, H., (1993), S. B12. Mit ähnlichen Größenverhältnissen: Möller, C., (1988), S. 182.

60 So auch Schmidt-Salzer, J., (1988a), S. 226, der aber in diesem Zusammenhang nicht auf die Handlungspflichten des einzelnen Mitgliedes der Geschäftsleitung gegenüber dieser insgesamt oder Teilen davon eingeht.

61 Siehe Müller, W., Riesenbeck, H.-J., (1991), S. 67 ff.
62 BGH St 37, 106 (122 f.); so auch schon BGH, Urt. v. 04.05.1988, NStE Nr. 5 zu § 223 StGB (Bienenstichkuchen); BGH, ES Nr. IV. 12 S. 222 (223, 225) (Trinkmilch); OLG Karlsruhe, NJW 1981, 1054 (Autoreifen); KG, ES, Nr. IV. 21, S. 253 (254) (Butterpackung II); Goll, E., (1989), S. 610.
63 So auch Vogel, J., (1990), S. 251 f.
64 In den USA ist auch ein Unternehmen an sich grundsätzlich strafrechtsfähig; vgl. Stratenwerth, G., (1992), S. 295 ff.; Volk, K., (1993), S. 429 ff.
65 1st Pulaski Circuit Court v. 13. März 1980, Cause No. 11-431, abgedruckt bei Schmidt-Salzer, J., (1988a), S. 482 ff. mit dessen kritischer Anmerkung ab S. 484. Vogel, J., (1990), S. 251 f. (m.w.N.) hat den bei Schmidt-Salzer insoweit nur teilweise wiedergegebenen Sachverhalt um die Zusammenhänge mit den »Pinto-Papers« zutreffend vervollständigt.
66 Buchenau, M.-W., (1993), S. 13.
67 O.V., (1993h), S. 18.
68 BGH St 37, 106 (114 ff.) (Lederspray); OLG Karlsruhe, ES, IV. 2.13 (Schachtbau); Cramer, P., (1991), § 15 Randnr. 223; Schmidt-Salzer, J., (1990a), S. 2968 ff.; jeweils m.w.N.
69 Diese Kontrolle ist zwar leistungsbezogen zu verstehen. Sie kann sich aber auch direkt auf die Person beziehen. So ist z.B. das Personal im Lebensmittelgewerbe laufend darauf hin zu überprüfen, ob durch Ausscheidung von Krankheitserregern Gefahren für eine Kontamination der Produkte ausgehen kann; BGH, ES, IV. 1.5 (Vorzugsmilch). So auch aus zivilrechtlicher Sicht: BGH, NJW 1992, S. 1039, 1040 ff.
70 OLG Karlsruhe, ES, IV. 2.13 (Schachtbau); Goll, E., (1989), S. 629 f.
71 So aber: Meier, B.-D., (1992), S. 3195. Vgl. auch insoweit mißverständlich: Schmidt-Salzer, J., (1988a), S. 1941 m.w.N. Ders. stellt dann aber (1990a), S. 2968 ebenfalls klar, daß diese schadensabwendenden Maßnahmen »aus besonderem Anlaß sowie in Krisen- und Ausnahmesituationen« auf eine dauerhafte Fehlervermeidung zielen müssen.
72 Vgl. insofern zu kurz greifend die Ansicht von Goll, E., (1989), S. 629 f., der lediglich eine (Stichproben-)Prüfung zur Gewährleistung eines bestimmten objektiven Qualitätsstandards für erforderlich hält.
73 Siehe hierzu weiterführend: Masaaki, I., (1986), S. 3 ff.
74 BGH St 37, 106 (114 ff.) (Lederspray). Die wohl h.L. stimmt dem mit der Anmerkung zu, daß zivilrechtliche Verkehrssicherungspflichten im Strafrecht nur in abgeschwächter Weise angewendet werden könnten: Kuhlen, L., (1990), S. 567; ders. (1989), S. 148 ff., 171 ff.; Schmidt-Salzer, J., (1988a), S. 35 ff. Gänzlich zweifelnd hingegen Vogel, J., (1990), S. 258; Tiedemann, K., (1990), S. 2052.
75 OLG Stuttgart, Beschl. v. 19.10.1988, NStE Nr. 11 zu § 222 StGB (Chemiekasten).
76 OLG Stuttgart, ebenda.
77 BGHZ 80, 186 (189) = BB 1981, S. 1045 = NJW 1981, S. 1603; BGHZ 80, 199 (201) = BB 1981, S. 1048 = NJW 1981, S. 1606 (Spritzmittel) [Auswertung des internationalen Fachschrifttums jedenfalls bei der Größe eines Unternehmens wie »Du Pont de Nemours«, Besuch von Kongressen]; NJW 1990, S. 906, 907 f. = ZIP 1990, S. 516 (Pferdeboxen) [Beobachtung der Konkurrenz].

78 OLG Stuttgart, Beschl. v. 19.10.1988, NStE Nr. 11 zu § 222 StGB (Chemiekasten).
79 BGH; ES, Nr. IV. 12, S. 222 (225) (Trinkmilch).
80 Unter einem Qualitätsaudit wird gemäß der Norm DIN ISO 8402, E03.1992, S. 35: »*Eine systematische und unabhängige Untersuchung, um festzustellen, ob die qualitätsbezogenen Tätigkeiten und die damit zusammenhängenden Ergebnisse den geplanten Anordnungen entsprechen und ob diese Anordnungen wirkungsvoll verwirklicht und geeignet sind, die Ziele zu erreichen*« verstanden.
81 Das kann sowohl eine Norm, Richtlinie oder ein anderweitiger Anforderungskatalog sein.
82 Unter einem Qualitätsauditor wird gemäß der Norm DIN ISO 8402, E03.1992, S. 36: »*Eine zur Durchführung von Qualitätsaudits qualifizierte Person*« verstanden.
83 Die Zertifizierung ist eine besondere Form des Konformitätsnachweises. Der Konformitätsnachweis wird allgemein als eine Vorgehensweise betrachtet, die in eine Feststellung einmündet, wonach Vertrauen darauf gegeben ist, daß ein Produkt oder ein Verfahren (System) vorgegebene Anforderungen erfüllt: Volkmann, D., (1993), S.6 ff. Siehe auch: Warner, A., (1989), S. 9 ff.
84 BGH, NJW – RR 1990, S. 406, 407: Ein Expander brach während einer Übung und verletzte die Klägerin. Der Expander war zuvor von zwei verschiedenen TÜVs untersucht und mit dem »GS-Zeichen« bzw. einem »Gut« ausgezeichnet worden. Der verklagte Händler durfte sich nach Ansicht des BGH hierauf verlassen.
85 So auch OLG Stuttgart, Beschl. v. 19.10.1988, NStE Nr. 11 zu § 222 StGB (Chemiekasten).
86 In diese Richtung auch: BGH St 19, 286 (288 ff.) (Gerüstbau).
87 Unter Vorbeugemaßnahmen wird entsprechend der Norm DIN ISO 8402, E.03.92, S. 36 folgendes verstanden: »*Tätigkeit, ausgeführt zur Beseitigung der Ursachen eines möglichen Fehlers, Mangels oder einer anderen unerwünschten Situation, um deren Vorkommen vorzubeugen*«. Demgegenüber ist der Begriff der Korrekturmaßnahme in derselben Norm wie folgt definiert: »*Tätigkeit, ausgeführt zur Beseitigung der Ursachen eines vorhandenen Fehlers, Mangels oder einer anderen unerwünschten Situation, um deren Wiederkehr vorzubeugen.*«
88 Mertens, H.-J., (1986), § 823 Randnr. 299; Steffen, E., (1989), § 823 Randnr 282; Thomas, H., (1993), § 823 Randnr. 208; Pieper, H., (1991), S. 987. Speziell für den Bereich der Kfz-Industrie: Hollmann, H. H., (1990), S. 38 ff.; Birkmann, A., (1990), S. 124 ff.
89 BGH St 37, 106 (114 ff.) (Lederspray). Der BGH verwies dabei explizit auf BGHZ 51, 91 = NJW 1969, S. 269 (Hühnerpest) und BGHZ 104, 323 = NJW 1988, S. 2611 (Sprudelflasche). Vgl. so auch jüngst für Kleinbetriebe: BGH, NJW 1992, S. 1039, 1040 ff.
90 BGHZ 99, 167 (174) (Honda): Anbringen der Lenkverkleidung eines fremden Ausrüsters an einem Motorrad führt bei höheren Geschwindigkeiten zum Pendeln des Fahrzeugs.

91 BGHZ 105, 346 (354): Kontaminiertes Fischfutter war von Kontrollbeamten nicht beanstandet worden.

92 BGH, Urt. v. 04.05.1988, NStE Nr. 5 zu § 223 StGB (Bienenstichkuchen).

93 OLG Stuttgart, Beschl. v. 19.10.1988, NStE Nr. 11 zu § 222 StGB (Chemiekasten); Goll, E., (1989), S. 633 - 637. Aus zivilrechtlicher Sicht ebenso: Thomas, H., (1993), § 3 Randnr. 5 (ProdHaftG); Nicklisch, F., (1986), S. 2290 f.

94 BGH, ZIP 1992, S. 38, 40 (Milupa).

95 BGHZ 80, 186 (189) = BB 1981, S. 1045 = NJW 1981, S. 1603; BGHZ 80, 199 (201) = BB 1981, S. 1048 = NJW 1981, S. 1606 (Spritzmittel- bzw. Apfelschorf-Fälle); Schmidt-Salzer, J., (1981), S. 1041.

96 BGH, ES, Nr. IV. 4, S. 170 (171) (Zwischenstecker).

97 BGHZ 59, 172 ff.; so auch BGH, ZIP 1992, S. 38, 39 ff. (Milupa). Zu dieser Entscheidung so auch v. Westphalen, F., (1992), S. 20 f.; BGH, NJW 1972, S. 2217, 2221 (ESTIL); jeweils m.w.N.

98 Aus zivilrechtlicher Sicht: BGH, NJW 1981, S. 2514, 2516 (Sniffing); bestätigt in BGHZ 105, 346 (351) (Fischfutter). Zustimmend: v. Westphalen, F., (1992), ebenda.

99 Aus strafrechtlicher Sicht: OLG Stuttgart, Beschl. v. 19.10.1988, NStE Nr. 11 zu § 223 StGB (Chemiekasten); Cramer, P., (1991), § 15 Randnr. 223.

100 OLG Karlsruhe, ES, Nr. IV. 23, S. 259 (260) (Schokitrunk).

101 Ganz h.M.; BGH St 37, 106 (119 ff.) (Lederspray); OLG Karlsruhe, NJW 1981, S. 1054 (Autoreifen); Lackner, K., (1991), § 13 Randnr. 5; Kullmann, H. J., (1991), S. 690; Schmidt-Salzer, J., (1990), S. 2971; Kuhlen, L., (1990), S. 569; Löwe, W., (1978), S. 289. Ablehnend - soweit ersichtlich - nur: Schünemann, B., (1979), S. 99 ff. So auch aus zivilrechtlicher Sicht: OLG München, VersR 1992, S. 1135 f.; OLG Frankfurt, DB 1991, S. 1451 f. und hierzu der bestätigende Nichtannahmebeschluß des BGH: ZIP 1992, S. 485, 489. Pieper, H., (1991), S. 987, 989 f., der aber im übrigen eine zivilrechtliche Anspruchsgrundlage für eine Rückrufaktion ablehnt. Im Rahmen des ProdHaftG wird dies insgesamt bestritten: Rolland, W., (1990), S. 100 f.

102 Vgl. hierzu die Nachweise in den beiden folgenden Fußnoten.

103 Günter, B., (1991), S. 126 ff. oder Hart, C., W., Heskett, J., L., Sasser, W., E., (1991), S. 128 ff.

104 O.V., (1993g), S. 23.

105 BGH St 37, 106 (117) (Lederspray).

106 LG München II, ES, IV.28 (S. 320, 326) (Monza Steel).

107 Nach (zust. Anm.) Samson, E., (1991), S. 184 und Kuhlen, L., (1990), S. 568 wurde damit gar das Merkmal des pflichtwidrigen Vorverhaltens gänzlich fallengelassen. A.A. Puppe, I., (1992), S. 31.

108 BGH St 37, 106 (117 ff.); ausführliche Besprechung bei: Meier, B.-D., (1992), S. 3196 f. Vgl. in diesem Zusammenhang auch Goll, E., (1989), S. 607 f., der ebenfalls die Produktbeobachtungspflicht als Ausprägung einer Garantenstellung sieht.

109 Insofern wäre die Pflichtwidrigkeit im Rahmen der unechten Unterlassungsdelikte mit Eintritt der Schädigung grundsätzlich indiziert und nur dann besonderes Prüfungsmerkmal, wenn sich Anhaltspunkte für ein schuldausschließendes pflichtgemäßes Verhalten im Sinne (wenigstens versuchter) er-

folgsabwendender Maßnahmen ergäben. Vgl. auch Meier, B.-D., ebenda; Kuhlen, L., (1990), S. 568.

110 Der Begriff des Qualitätsmanagements ist nach der Norm DIN ISO 8402, E03.92, S. 22. folgendermaßen definiert: »*Alle Tätigkeiten der Gesamtführungsaufgabe, welche die Qualitätspolitik, Ziele und Verantwortungen festlegen sowie diese durch Mittel wie Qualitätsplanung, Qualitätslenkung, Qualitätssicherung, Qualitätsverbesserung im Rahmen des Qualitätsmanagementsystems verwirklichen.*«

111 Siehe hierzu: Masing, W., (1987), S. 11 f.

112 Schmidt-Salzer, J., (1990b), Randz. S. 646 oder aus qualitätswissenschaftlicher Sicht Kamiske, G. F., (1991), S. 124-125.

113 Zu den tatsächlichen Aufgaben des Qualitätswesens: Malorny, Chr., (1992), Vortragsmanuskript.

114 Teichler, M., (1991), S. 430 f.; so auch schon v. Westphalen, F., (1979), S. 846.

115 Weiterführend aus betriebswirtschaftlicher Sicht: Oess, A., (1989), S. 13 ff.; Seghezzi, H. D., (Hrsg.), (1992), S. 3 ff.

116 Z.B. Seghezzi, H. D., (1993), S. 3 ff. So auch: Kamiske, G. F., Brauer, J.-P., (1993); Schildknecht, R., (1992).

117 Crosby, P. B., (1986), S. 35-52.

118 Einen übersichtlichen Überblick gibt Herzogenrath, R. G., (1993), S. 348 ff.

119 Zink, K. J., Schick, G., (1987).

120 Vgl. Kamiske, G. F. ,(1992), 12. Vortragsmanuskript.

121 Zink, K. J., (1986).

122 Herzogenrath, R. G., (1993), S. 351.

123 Raich, S., (1991), S. 53 ff.

124 Bleicher, K., (1991b), S. 15 ff.

125 Weiterführend mit zahlreichen Beispielen: Eiff v., W., (1991), S. 19 ff. Aus dogmatischer Sicht: Bösenberg, D., Metzen, H, (1993), S. 175-184.

126 Ruhnau, J., Esser, J., (1993), S. 354 ff.

127 Vaziri, H. K., (1992), S. 81 ff.

128 Siehe auch: Micklewright, M. J., (1993), S. 67 f.

129 Mercer, D. S., Judkins, P. E., (1990), S. 297 f. Als praxisrelevantes Beispiel: o.V., (1993i), S. 5 ff.

130 Hierzu: Kamiske, G. F., (1993), S. 5 ff. Siehe auch o. V., (1992a).

131 Weiterführend: Forster, W., (1990), S. 64 ff.

132 Hierzu: Bleicher, K., (1991c), S. 151.

133 Kamiske, G. F., Malorny, Chr., (1993a), (Beitrag in Druckvorbereitung).

134 O.V., (1993i). Aus unternehmerischer Sicht: o.V., (1993j).

135 Entsprechend der Norm DIN ISO 8402, E03.92, S. 25.

136 Entsprechend der Norm DIN ISO 8402, E03.92, S. 25 wird unter einem Qualitätsmanagementsystem folgendes verstanden: »Die Organisationsstruktur, Verantwortlichkeiten, Verfahren, Prozesse und erforderlichen Mittel für die Verwirklichung des Qualitätsmanagements.« Anmerkung 2 der Norm: »Das Qualitätsmanagementsystem einer Organisation ist in erster Linie dazu bestimmt, die internen Notwendigkeiten des Managements für die Organisation zu erfüllen.«

137 Weitergehende Ansätze eines systematischen Qualitätsmanagements sind z.

B. im European Quality Award beschrieben. Siehe hierzu: Zink, K. J., (1992), S. 585 ff.

138 Normenreihe DIN ISO 9000 ff. Hier im speziellen die Norm DIN ISO 9001.

139 Malorny, Chr., (1993), S. 269 ff.

140 Von der Unternehmenspraxis wird dies bestätigt: Ehrhart, K. J., Heger, H. D., (1992), S. 81 ff.

141 Ob das Zertifikat etwas über die Funktionsfähigkeit des Unternehmens insgesamt aussagt, ist gleichwohl umstritten.

142 O.V., (1992b).

143 Vgl. Brauer, J.-P., Gogoll, A., Theden, P., (1993), unveröffentlichtes Konzeptpapier des Lehrstuhls Qualitätswissenschaft.

144 Vgl insbesondere: Kamiske, G. F., Brauer, J.-P., (1993), S. 29, 87, 108, 127, 153-158,

145 Weiterführend: King, B., (1993).

146 Weiterführend: Scheucher, F., (1990), S. 3 ff.

147 Weiterführend: Gaub, H., (1990), S. B7.

148 Weiterführend: Herold, O., (1990), S. 47 ff.

149 Weiterführend: Kamiske, G. F., Brauer, J.-P., (1993), S. 87 ff.

150 Vgl. Kamiske, G. F., Brauer, J.-K, (1993)

151 O.V., (1975).

152 Drucker, P. F., (1991), S. 9-11.

153 BGH, ES, Nr. IV. 12, S. 222 (224 f.) (Trinkmilch). Deshalb kritisch: Goll, E., (1989), S. 613.

154 BGH, BB 1977, S. 1019 f. (Champignons).

155 RGZ 106, 359 (362) (Apfelmus).

156 KG, ES, Nr. IV. 20, S. 251 f. (Butterpackung I).

157 KG, ES, Nr. IV. 21, S. 253 ff. (Butterpackung II).

158 Cramer, P., (1991), § 15 Randnr. 195.

159 In diese Richtung auch: Steinmann, C., BB 1993, S. 873, 877 f.

160 Zu diesem Begriff: BVerfG, NJW 1979, S. 359, 362 (Schneller Brüter): Grundsätzlich sämtliche neuesten wissenschaftlichen Erkenntnisse. Kullmann, ProdHG, (1990), S. 48 f.; Kort, VersR 1989, 1113 ff.; Nicklisch, NJW 1986, S. 2287 ff.

161 KG, ES, Nr. IV. 21, S. 253 ff. (Butterpackung II); OLG Koblenz, ES, IV. 2.14 (Vorderschinken); OLG Köln, ES, IV. 2.6 (Brechbohnen); ausführlich auch LG München II, ES, IV. 28 (S. 330 ff.) (Monza-Steel); Goll, E., (1989), S. 613-617.

162 OLG Stuttgart, Beschl. v. 19.10.1988, NStE Nr. 11 zu § 222 StGB (Chemiekasten).

163 BGHZ 103, 338 (341 f.) = NJW 1988, S. 2267 = LM § 823 [Dc] BGB Nr. 165; DB 1991, S. 2080, 2081 m.w.N.

164 BGH, ES, IV 4, S. 170 und IV 34, S. 357 (Zwischenstecker-Fälle).

165 BGH, NJW 1992, S. 369, 371 (Steckdosen).

166 So auch zutreffend Goll, E., (1989), S. 613 – 617; Vogel, J., (1990), S. 260.

167 Nonas, R., (1993), S. 23.

168 Schmidt-Salzer, J., (1990b), Randz. 4.757 f.

169 Der RWTÜV merkt dazu an: »*Es wäre fatal, auf dem Gebiet der gefährlichen*

Anlagen, Experimente mit QS-Systemen zu wagen, deren absolut sicheres Funktionieren nicht zu erwarten ist.« Vgl. Nonas, R., (1993), S. 23.

170 Kamiske, G. F.,Malorny, Chr., (1992), S. 274 ff.

171 Kühl, D., (1993), S. 20.

172 Bleicher, K., (1991a), S. 26.

173 Ochsner, M., (1991), S. 349 ff.

174 Scheffold, Th., Hohenstatt, H., (1993), S. 12.

175 Weiterführend: Hennig, R., (1993), S. 28.

176 Während so z.B. die Fertigungstiefe im Volkswagen-Konzern im Jahre 1990 noch bei 40,5 % lag, betrug sie Ende 1992 nur noch 35,8 %; O.V., (1993e), S. 19.

177 Vgl. BGH, ES, IV. 1.2 (Kundenmehl); IV. 1.4 (Wurstwaren). Für das Verhältnis zwischen ausländischem Hersteller und inländischem Importeur haben das OLG Köln und das OLG Koblenz einen Vertrauensschutz zugunsten des Importeurs hingegen gänzlich abgelehnt: OLG Köln, ES, IV. 2.6. (2) (Brechbohnen); OLG Koblenz, ES, IV. 2.14 (Vorderschinken). Dagegen zutreffend Schmidt-Salzer, J., in seiner Urteilsanmerkung zur Entscheidung des OLG Köln: ES, IV. 2.6. (6). A.A. Goll, E., (1989), S. 638, der gleiche Maßstäbe an eine Überprüfung von anderen Unternehmen und eigenen Mitarbeitern anlegt.

178 BGH, ES, IV.1.2 (Kundenmehl); IV. 1.4 (Wurstwaren); OLG Köln, ES, IV. 2.6. (2, 4) (Brechbohnen) und zustimmend Schmidt-Salzer, J., in seiner Urteilsanmerkung, ES, IV. 2.6 (6); derselbe: (1988a), Randz. 1.358, 1.360; sowie (1988b), S. 1942.

179 BGH, MDR 1983, S. 985 = ES. IV. 1. 12; vgl. so auch OLG Karlsruhe, ES, IV. 2.13 (Schachtbau).

180 OLG Köln, ES, IV 2.6. (2, 4) (Brechbohnen); Schmidt-Salzer, J., (1988a), Randz. 1.352, 1.358 f.

181 BGH, ES, IV. 1.4 (Wurstwaren).

182 Kamiske, G. F., Malorny, Chr., (1993b), S. 46 ff.

183 Die Aussagekraft, inwieweit ein Unternehmen tatsächlich die Anforderungen der Norm DIN ISO 9000 ff. erfüllt, ist wesentlich von der Gründlichkeit des Auditablaufs, aber auch von der Qualifikation und Erfahrung der Auditoren abhängig. In der Literatur bestehen über die tatsächliche Aussagekraft des Zertifikats unterschiedliche Meinungen.

184 Gleichwohl stehen viele Zulieferer dieser Praxis skeptisch gegenüber, da der Abnehmer tiefe Einblicke in die Unternehmenspraxis des Zulieferers bekommt. Hierzu weiterführend Wildemann, H., (1992), S. 22.

185 So auch dem BGH zustimmend: Schmidt-Salzer, J., (1988b), S. 1942, unter Hinweis auf die französische Rechtsprechung des Tribunal de Grande Instance Pontoise.

Zitierte Literatur

Achenbach, H., (1990): Die Sanktionen gegen die Unternehmensdelinquenz im Umbruch, in: Juristische Schulung (JuS) 1990, S. 601 ff.

Albach, H., (1990): Der dispositive Faktor in Theorie und Praxis, in: ZfB 60. Jg. (1990), H. 5/6, S. 533-548

Attenhofer, M. W., (1990): Führen mit Leitbild, Grundsätzen und Strategien, in: io Management Zeitschrift 59 (1990) Nr. 5, S. 27-31

Bieberstein, W. Freiherr Marschall von, (1976): Zur Verantwortlichkeit leitender Angestellter im Produktenhaftpflichtrecht, in: Versicherungsrecht (VersR) 1976, S. 411 ff.

Birkmann, A., (1990): Produktbeobachtungspflicht bei Kraftfahrzeugen – Entwicklung und Weiterentwicklung der Produktbeobachtungspflicht durch die Rechtsprechung des Bundesgerichtshofs, in: Deutsches Autorecht (DAR) 1990, S. 124 ff.

Bleicher, K., (1991a): Das Konzept integriertes Management, Hamburg 1991

Bleicher, K., (1991b): Organisation: Kundenorientierte Strukturen verstärken, in: IBM Nachrichten 44 (1991) Heft 304, S. 15-23

Bleicher, K., (1991c): in: Unternehmenskulturen – Erkennen der Machbarkeitsgrenzen durch die Führung, in: Organisation – Erfolgsfaktor der Unternehmensführung, hrsg. v. Eiff, W. v., Landsberg/Lech, 1991, S. 147-162

Bleicher, K., (1992): Organisationstrends – Thesen für zukünftige Organisationsarbeit, in: Tagungsband »Organisation‘92«, hrsg. v. Digital Equipment GmbH, Frankfurt/Main, 1992, Einzelmanuskript

Bösenberg, D., Metzen H., (1993): Lean Management – Vorsprung durch schlanke Konzepte, 2. Auflage, Landsberg/Lech 1993

Brammsen, J., (1991): Kausalitäts- und Täterschaftsfragen bei Produktfehlern, in: Juristische Ausbildung (JURA) 1991, S. 533 ff.

Brauer, J.-P, Gogoll, A., Theden, P., (1993): unveröffentlichtes Konzeptpapier zum Begriff der Qualitätstechniken des Lehrstuhls Qualitätswissenschaft an der Technischen Universität Berlin, Berlin 1993

Buchenau, M.-W., (1993): Kekshersteller will hohen Schadenersatz für seine aufwendige Rückholaktion fordern, in: Handelsblatt v. 14.08.1993, S. 13

Bühner, R., (1991): Betriebswirtschaftliche Organisationslehre, 5. Auflage, München u. a. 1991

Cramer, P., Schönke, A., Schröder, H. u.a. (1991): Strafgesetzbuch - Kommentar, 24. Auflage, München 1991

Crosby, P. B., (1986): Qualität bringt Gewinn, Hamburg 1986

Deming, W. E., (1986): Out of the Crisis, Cambridge MA, 1986

Drucker, P. F., (1991): So funktioniert die Fabrik von morgen, in: Harvard manager, 1/1991, S. 9-17

Eiff, W. v., (1991): Megatrends der Organisationsgestaltung, in: Organisation – Erfolgsfaktor der Unternehmensführung, hrsg v. Eiff, W. v., Landsberg/Lech 1991

Ehrhart, K. J., Heger, H. D., (1992): Das Qualitätssicherungssystem ein Schritt auf dem Weg zu TQM, in: »Die Hohe Schule – Total Quality Management«, hrsg. v. Kamiske, G. F., Berlin 1992, S. 81-107

Finzer, P., Mungenast, M., (1990): Führungsgrundsätze: Führungsinstrumente oder Unternehmenszeremonie, in: ZfO 1/1990, S. 50 ff.

Forster, W., (1990): Qualitäts-Management als Kulturentwicklung, in: Organisationsentwicklung 3/1990, S. 65-71

Gaub, H., (1990): Genichi Taguchi weist den Weg zur Optimierung, in: Handelsblatt v. 13.06.1993, S. B7

Geissler, H., (1993): Wenn Kunden wunschlos glücklich sind, in: FAZ Beilage »CeBIT 93« v. 22.03.1993, S. B12

Gerken, G., (1991): Abschied vom Marketing, 3. Auflage, Düsseldorf u.a. 1991

Göhler, E. u.a., (1992): Ordnungswidrigkeitengesetz - Kommentar, 10. Auflage, München 1992

Goll, E. u.a., (1989): Strafrechtliche Produktverantwortung, in: Produkthaftungshandbuch Band I: Vertragliche und deliktische Haftung, Strafrecht und Produkt-Haftpflichtversicherung, München 1989, S. 597 ff.

Günter, B., (1991): Der Klient - König oder Bittsteller, in: Harvard manager 4/1991, S. 126-128

Hamm, R., (1985): Strafrechtliche Produktverantwortung, in: Produkthaftung International (PHI) 1985, S. 15 ff.

Hart, C. ,W. L., Heskett, J., L., Sasser, W., E., (1991): Wie Sie aus Pannen Profit ziehen, in: Harvard manager 1/1991, S. 128-136

Heinen, E., (1985): Industriebetriebslehre - Entscheidungen im Industriebetrieb, 8. Auflage, Wiesbaden 1985

Henning, R., (1993): Es geht vor allem um mehr Verantwortungsbewußtsein, in: Handelsblatt v. 19.05.1993, S. 28

Herold, O., (1990): SPC-Anwendung in der Praxis, 10 Jahre Erfahrung, in: »Die Hohe Schule der Qualitätstechnik«, hrsg. v. Kamiske, G. F., Berlin 1990, S. 47-90

Herzogenrath, P. G., (1993): Partizipative Organisationsentwicklung - Praktische Modelle in Deutschland, in: Personal Heft 8/1993, S. 348-352

Hollmann, H. H., (1990): BR Deutschland: Produktbeobachtungs-, Prüfungs- und Warnpflichten für Kraftfahrzeuge und Zubehör, in: Produkthaftung International, 1990, S. 38 ff.

Juran, J. M., (1992): Juran on Quality by Design, New York 1992

Kamiske, G. F., (1991): Das große Mißverständnis, in: QZ 36 (1991) 3, S. 124-125

Kamiske, G. F., (1992): Qualitätszirkel, in: Tagungsband »Orientierungsseminar Qualität, hrsg. v. selbigem, Berlin 1993, 12. Vortragsmanuskript

Kamiske G. F. (Hrsg.), (1992): Total Quality Management - Fallbeispiele erfolgreicher deutscher Unternehmer mit Strategien zur Zukunftssicherung, Berlin 1992

Kamiske, G. F., (1993): Führen mit Qualität, in: »Die Hohe Schule - Führen mit Qualität«, hrsg. v. Kamiske, G., F., Berlin 1993, S. 5-24

Kamiske, G. F., Brauer, J.-P., (1993): Qualitätsmanagement von A-Z, München u.a. 1993

Kamiske G. F., Malorny, Chr., (1992): Total Quality Management - Ein bestechendes Führungsmodell mit hohen Anforderungen und großen Chancen, in: ZfO, 5/1992, S. 274-278

Kamiske, G. F., Malorny, Chr., (1993a): Total Quality Management, in: Handbuch Produktionsmanagement, hrsg. v. Corsten H., (Buch in Druckvorbereitung)

Kamiske, G. F., Malorny, Chr., (1993b): Den Audit-Tourismus eindämmen, in: Beschaffung aktuell 4/1993, S. 46-50
King, B., (1993): Better Design in Half the Time – An Introduction to QFD, in: Tagungsband: Quality Function Deployment, hrsg. v. gfmt, München 1993
Köbler, G., (1982): Rechtsgeschichte, 3. Auflage, München 1982
Kort, M., (1989): »Stand der Wissenschaft und Technik« im deutschen und »state of the art« im amerikanischen Produkthaftungsrecht, in: Versicherungsrecht (VersR) 1989, S. 1113 ff.
Kotter, J. P., (1991): Abschied vom Erbsenzähler, 2. Auflage, Düsseldorf 1992
Kuhlen, L., (1989): Fragen einer strafrechtlichen Produkthaftung, Heidelberg 1989
Kuhlen, L., (1990): Strafhaftung bei unterlassenem Rückruf gesundheitsgefährdender Produkte, in: Neue Zeitschrift für Strafrecht (NStZ) 1990, S. 566 ff.
Kullmann, H. J., (1990): Produkthaftungsgesetz: Gesetz über die Haftung für fehlerhafte Produkte – Kommentar, Berlin 1990
Kullmann, H. J., (1991): Die Rechtsprechung des BGH zum Produkthaftpflichtrecht in den Jahren 1989/90, in: Neue Juristische Wochenschrift (NJW) 1991, S. 675 ff.
Kühl, D. u.a., (1993): Abschied vom Management des Mißtrauens, in: FAZ v. 10.03.1993, S. 20
Lackner, K., (1991): Strafgesetzbuch – Kommentar, 19. Auflage, München 1991
Lenckner, T., Schönke, A., Schröder, H. u.a. (1991): Strafgesetzbuch – Kommentar, 24. Auflage, München 1991
Litke, H.-D., (1991): Projektmanagement – Methoden, Techniken, Verhaltensweisen, München u.a., 1991
Lietz, J. H., (1993): Von der Zweck- zur Sinngemeinschaft, in: »Die Hohe Schule – Führen mit Qualität«, hrsg. v. Kamiske, G. F., Berlin 1993, S. 235-260
Löwe, W., (1978): Rückrufpflicht des Warenherstellers, in: Deutsches Autorecht (DAR) 1978, S. 288 ff.
Malorny, Chr., (1992): Qualitätssicherung im Wandel, in: Tagungsband »Berliner Qualitätsgespräche«, Vortragsmanuskript, Berlin 1992
Malorny, Chr. u.a., (1993): Qualitätsmanagement nach DIN ISO 9000: Wo liegen die Schwierigkeiten?, in: QZ 38 (1993) 5, S. 269-274
Masaaki, I., (1992): Kaizen – Der Schlüssel zum Erfolg der Japaner im Wettbewerb, München u.a. 1992
Masing, W., (1987): Null Fehler, in: QZ 32 (1987) 1, S. 11-12
Meier, B.-D., (1992): Verbraucherschutz durch Strafrecht ?, in: Neue Juristische Wochenschrift (NJW) 1992, S. 3193 ff.
Mercer, D. S., Judkins, P. E., (1990): Rank Xerox: A Total Quality Process, in: Managing Quality, hrsg. v. Dale, B. G., u. Plunkett, J. J., Hertfordshire/Großbritannien 1990, P. 297-306
Mertens, H.-J. u.a., (1986): Münchener Kommentar zum Bürgerlichen Gesetzbuch Band 3: Schuldrecht Besonderer Teil 2. Halbband, 2. Auflage, München 1986
Micklewright, M. J., (1993): Competitive Benchmarking: Large Gains for Small Companies, in: Quality Progress, June 1993, S. 67-68
Möller, C., (1988): Persönliche Qualität – Die Voraussetzung für jede andere Qualität, hrsg. v. TMI A/S, 2. Auflage, Uhingen 1988
Müller, W., Riesenbeck, H.-J., (1991): Wie aus zufriedenen auch anhängliche Kunden werden, in: Harvard manager 3/1991, S. 67-79

Müller-Seitz, P., (1988): Führungsgrundsätze als Bestandteil von Unternehmensverfassungen?, in: ZfO 3/1988, S. 152 ff.
Nicklisch, F., (1986): Das Recht im Umgang mit dem Ungewissen in Wissenschaft und Technik, in: Neue Juristische Wochenschrift (NJW) 1986, S. 2287 ff.
Nieder, P., (1993): Viele Vorgesetzte nehmen sich zuwenig Zeit für die Führung, in: FAZ v. 10.02.1993, S. 24
Nonas, R., (1993): QS-System der Hersteller soll künftig ausreichen, in: Handelsblatt v. 25.08.1993, S. 23
Ochsner, M., (1991): Strategische Management-Entwicklung im Unternehmen, in: ZfO 5/1991, S. 349-366
Oess, A., (1989): Total Quality Management, Die Praxis des Qualitäts-Management, Wiesbaden 1989
O.V., (1975): Qualitätssicherung von eingekauften Gütern – Einführung in das AQL-Stichprobensystem; eine Schrift für unsere Lieferanten, hrsg. v. N.V. Philips Gloeilampenfabrieken Konzern Einkauf, Eindhoven 1975
O.V., (1992a): Jede Geschäftsführung hat auch eine strafrechtliche Generalverantwortung, in: Handelsblatt v. 07.01.1992, S. 5
O.V., (1992b): The United Kingdom Register of Quality Assessed Companies, hrsg. v. Department of Trade and Industry, London 1992
O.V., (1993a): Im Holzschutzmittelprozeß entscheidet der BGH, in: FAZ v. 04.06.1993, S. 16
O.V., (1993b): Freiheitsstrafen für Manager gefordert, in: FAZ v. 14.05.1993, S. 9
O.V., (1993c): Freiheitsstrafen auf Bewährung im Holzschutzmittelprozeß, in: FAZ v. 26.05.1993, S. 13
O.V., (1993d): Manager-Rechtsschutz belebt das Geschäft, in: FAZ v. 30.09.1993, S. 28
O.V., (1993e): Ferdinand Piech: Wir haben keine Zeit zu verlieren, in: FAZ v. 01.04.1993, S. 19
O.V., (1993f): Mängel durch Managementfehler – Thesen v. W. Masing auf den »Kasseler Qualitätstagen«, in: FAZ v. 22.03.1993, S. 16
O.V., (1993g): Der Rückruf schadet dem Unternehmen nicht, in: FAZ v. 05.02.1993, S. 23
O.V., (1993h): Rückholaktion für holländische Bierflaschen, in: FAZ v. 31.08.1993 S. 18
O.V., (1993i): Total Quality Management – Das europäische Modell für die Selbstbewertung 1993, hrsg. v. The European Foundation for Quality Management (EFQM), Eindhoven 1992
O.V., (1993j): The European Quality Award 1992 – Rank Xerox, St. Albans, Eindhoven 1993
Peters, T., (1992): Jenseits der Hierarchien, Düsseldorf 1992
Pieper, H., (1991): Verbraucherschutz durch Pflicht zum Rückruf fehlerhafter Produkte?, in: Betriebs-Berater (BB) 1991, S. 985 ff.
Pothast, U., (1993): Probleme bei der Rechtfertigung staatlicher Strafe, in: Juristische Arbeitsblätter (JA) 1993, S. 104 ff.
Puppe, I., (1992): Anmerkung zum Urteil des BGH vom 6.7.1990 (Lederspray) – 2 StR 549/89, in: Juristische Rundschau (JR) 1992, S. 30 ff.
Raich, S., (1991): Quality Circles sind ein Führungsinstrument, in: io Management Zeitschrift 60 (1991) Nr. 1, S. 53-56

Reese, J., (1990): Perspektiven der Unternehmensführung, in: ZfB 60. Jg. (1990), H. 5/6, S. 523-532
Rolland, W., (1990): Produkthaftungsrecht – Kommentar, Köln 1990
Ruhnau, J., Esser, J., (1993): Vorschlagswesen und Gruppenmodelle, in: Personal Heft 8/1993, S. 354-357
Samson, E., (1991): Probleme strafrechtlicher Produkthaftung, in: Strafverteidiger (StrVert) 1991, S. 182 ff.
Scheffold, Th., Hohenstatt, H., (1993): Die wichtige Vorbildrolle der Führungskräfte, in: Handelsblatt v. 07.06.1993, S. 12
Scheucher, F., (1990): FMEA, in: »Die Hohe Schule der Qualitätstechnik«, hrsg. v. Kamiske, G. F., Berlin 1990, S. 3-22
Schildknecht, R., (1992): Total Quality Management – Konzeption und State of the Art, Frankfurt/Main 1992
Schmidt-Salzer, J., (1981): Rechtliche und tatsächliche Aspekte der Produktbeobachtungshaftung, in: Betriebs-Berater (BB) 1981, S. 1041 ff.
Schmidt-Salzer, J., (1988a): Produkthaftung Band I: Strafrecht, 2. Auflage, Heidelberg 1988
Schmidt-Salzer, J., (1988b): Strafrechtliche Produktverantwortung, in: Neue Juristische Wochenschrift (NJW) 1988, S. 1937 ff.
Schmidt-Salzer, J., (1990a): Strafrechtliche Produktverantwortung, in: Neue Juristische Wochenschrift (NJW) 1990, S. 2966 ff.
Schmidt-Salzer, J., (1990b): Produkthaftung Band III/1: Deliktsrecht 1. Teil, 2. Auflage, Heidelberg 1990
Schünemann, B., (1979): Unternehmenskriminalität und Strafrecht, Köln – Berlin – Bonn – München 1979
Schwarz, H., (1983): Betriebsorganisation als Führungsaufgabe, 9. Auflage, Landsberg/Lech 1983
Seghezzi, H. D. (Hrsg.), (1992): Top Management and Quality, München u.a. 1992
Seghezzi, H. D., (1993): Konzepte, Strategien und Systeme qualitätsorientierter Unternehmen, in: Qualitätsstrategien – Anforderungen an das Management der Zukunft, hrsg. v. selbigem, München u.a. 1993, S. 3 ff.
Steffen, E. u.a., (1989): Das Bürgerliche Gesetzbuch – Kommentar; Band II 5, 12. Auflage, Berlin – New York 1989
Steinberg, C., (1990): Projektmanagement in der Praxis, Düsseldorf 1990
Steinmann, C., (1993): Abdingbarkeit der Wareneingangskontrolle in Qualitätssicherungsvereinbarungen, in: Betriebs-Berater (BB) 1993, S. 873 ff.
Stratenwerth, G. u.a., (1992): Strafrechtliche Unternehmenshaftung ?, in: Festschrift für Rudolf Schmitt zum 70. Geburtstag, Tübingen 1992, S. 295 ff.
Teichler, M., (1991): Qualitätssicherung und Qualitätsvereinbarungen, in: Betriebs-Berater (BB) 1991, S. 428 ff.
Tiedemann, K., (1988): Die »Bebußung« von Unternehmen nach dem 2. Gesetz zur Bekämpfung der Wirtschaftskriminalität, in: Neue Juristische Wochenschrift (NJW) 1988, S. 1169 ff.
Tiedemann, K., (1990): Buchbesprechung von: »Kuhlen, L., Fragen einer strafrechtlichen Produktverantwortung«, in: Neue Juristische Wochenschrift (NJW) 1990, S. 2051 f.

Thomas, H. u.a., (1993): Palandt – Bürgerliches Gesetzbuch – Kommentar (inkl. Kommentar zum Produkthaftungsgesetz), 52. Auflage, München 1993
Vaziri, H. K., (1992): Using Competitive Benchmarking to Set Goals, in: Quality Progress, Oktober 1992, P. 81-85
Vogel, J., (1990): Verbraucherschutz durch strafrechtliche Produkthaftung, in: Goltdammers Archiv für Strafrecht, Band 90 (1990), S. 241 ff.
Volk, H., (1988): Das neue Bild vom Vorgesetzten: Lernziel Sozialkompetenz, in: ZfO 3/1988, S. 175-178
Volk, K., (1993): Zur Bestrafung von Unternehmen, in: Juristenzeitung (JZ) 1993, S. 429 ff.
Volkmann, D., (1993): Zertifizierung für Akkreditierung – Konzept und Ziele, in: DIN-Mitteilung 72, 1993, Nr. 1, S. 6 ff.
Warner, A., (1988): Quo vadis Zertifizierung? Freie und gelenkte Entwicklung einer wichtigen Aussage, in: Zertifizierung in Europa – Meinungen und Perspektiven, DIN Manuskriptdruck, Berlin 1989, S. 9-13
Wildemann, H., (1992): Risiken abbauen durch Information des Abnehmers über die Leistungsfähigkeit des Zulieferanten, in: Handelsblatt v. 01.06.1992, S. 22
Wildemann, H., (1993): Produktion, Organisation der, in: Handwörterbuch der Betriebswirtschaft – Teilband 2 (I-Q), 5. Auflage, Stuttgart 1993
v. Westphalen, F. Graf, (1979): Produkthaftung – Haftungsfreizeichnung und Haftungsfreistellung nach dem AGB-Gesetz, in: Neue Juristische Wochenschrift (NJW) 1979, S. 838 ff.
v. Westphalen, F. Graf, (1992): Das Milupa-Urteil – eine beträchtliche Verschärfung der Produkthaftung, in: Zeitschrift für Wirtschaftsrecht (ZIP), 1992, S. 18 ff.
Wriedt, P., (1991): Humanistisches Management und Charakter – Ein Beitrag zur Führungsethik, in: ZfO 3/1991, S. 208-214
Zink, K. J., Schick, G., (1987): Quality Circles 1 – Grundlagen, 2. Auflage, München u.a. 1987
Zink, K. J., (Hrsg.), (1986): Quality Circles 2 – Fallbeispiele, Erfahrungen, Perspektiven, München u.a. 1986
Zink, K. J. u.a., (1992): Quality Assessment – Instrumentarium zur Analyse von Qualitätskonzepten aud der Basis von EN 29000, Malcolm Baldrige Award und European Quality Award, in: QZ 37 (1992) 10, S. 585-590

5. Kapitel

Funktion und Nutzen von Auditierung und Zertifizierung

Die Bedeutung der Auszeichnung von Produkten und Qualitätsmanagementsystemen

Managementinformation

Die Auditierung und anschließende Zertifizierung von Produkten und Qualitätsmanagementsystemen durch einen unparteiischen Dritten (third-party-audit) findet sowohl durch einen sich verschärfenden internationalen Wettbewerb als auch durch wirtschaftspolitischen Druck der EG-Kommission zunehmende Verbreitung in den Unternehmen. Die Kosten dieser Maßnahmen stehen dabei häufig in keinem Verhältnis zum tatsächlichen Nutzen. In den Unternehmen herrscht vielfach große Unsicherheit über die wirtschaftlichen und rechtlichen Hintergründe des Auditierungs- und Zertifizierungsphänomens. Der Wert der Auditierung für die Leistungs- und Qualitätsfähigkeit eines Unternehmens besteht vor allem darin, das Ergebnis in Form des Auditberichts als Grundlage ständiger Verbesserungen (steady improvement) zu nutzen, wobei das verliehene Zertifikat selbstverständlich einen positiven Marketingeffekt für das Produkt und das Unternehmen erzielen soll. Das gilt insbesondere für die Anbahnung von Geschäftsbeziehungen. Die Verfasser zeigen auf, daß Produkt- und Qualitätsmanagementsystemzertifikate in diesem Zusammenhang als Ausdruck des Leistungswillens seines Verwenders verstanden werden müssen, ohne dessen tatsächliche Qualitätsfähigkeit zu garantieren. Der Verwender eines Zertifikats darf sich keinesfalls auf die damit verbundene Dokumentation (Auditbericht) seiner vermeintlich erwiesenen Leistungs- und Qualitätsfähigkeit verlassen. Basis hierfür können nur Qualitätsmanagementsysteme sein, die über die Forderungen der Normenreihe DIN ISO 9000 ff. hinausgehen, insoweit also nicht primär auf das Produkt bezogen werden, sondern eine dynamisch-prozessuale Qualitätsfähigkeit in sämtlichen Unternehmensabläufen schaffen. Auch die rechtliche Bedeutung eines Zertifikats ist für den Produzenten in etwaigen Produkthaftungsstreitigkeiten entgegen den Aussagen von Teilen der Zertifizierungs- und auch Consultingbranche eher zweifelhaft. Vielmehr setzt sich der Verwender eines solchen Zertifikats im Einzelfall gerade einer verschärften Mängelgewährleistung aus.

5.1 Hintergrund und Anwendung der Normenreihe DIN ISO 9000 ff.

5.1.1 Historische Entwicklung

Mit Verabschiedung und Veröffentlichung der Normenreihe DIN ISO 9000 ff. im Jahre 1987 durch die International Organization for Standardization (ISO) wurde unter die bis dahin in der Bundesrepublik Deutschland geführte Diskussion über den Sinn und Zweck normierter Qualitätsmanagementsysteme (QM-Systeme)[1] ein erster Schluß-strich gezogen. Während in verschiedenen Ländern bereits vor diesem Zeitpunkt nationale Normen zur Gestaltung von QM-Systemen vorlagen, gab es derartige Grundlagen in der Bundesrepublik Deutschland nicht. Vornehmlich waren dies Großbritannien (Normen BS 5750), Norwegen (Normen NS 5801), die Schweiz (Normen SN 029100), die USA (Normen ANSI/ASQC Z 1.15), Südafrika (Normen SABS 0157) und Kanada (Normen CAN Z 299). Zwar wurde in der Bundesrepublik Ende der siebziger Jahre ein erster Entwurf zur Diskussion gestellt.[2] Dieser wurde jedoch von der deutschen Industrie mit dem Hinweis auf eine zusätzliche Kostenbelastung beim Aufbau derartiger Systeme abgelehnt.[3] Dementsprechend konnte das Deutsche Institut für Normung (DIN) als Mitglied der ISO mit keiner eigenen Norm an den einsetzenden internationalen Bestrebungen zur Harmonisierung normierter QM-Systeme mitarbeiten, was sich später als erhebliches Defizit gegenüber anderen Ländern herausstellte. Innerhalb des DIN beschäftigte sich bis Februar 1992 der Ausschuß »Qualitätssicherung und angewandte Statistik« (AQS) mit der Thematik. Seit März 1992 trägt dieser den Namen »Normenausschuß Qualitätsmanagement, Statistik und Zertifizierungsgrundlagen« (NQSZ). Auf internationaler Normungsebene ist es das Technical Comittee (TC) 176, das sich im Rahmen der ISO mit der Thematik beschäftigt. Die Normung auf den Gebieten des Qualitätsmanagements und der Qualitätssicherung binden heute 50 % des gesamten ISO-Arbeitsaufwandes.[4]

Die heute vorliegende Normenreihe DIN ISO 9000 ff.[5] wurde maßgeblich durch die kanadischen Normen CAN Z 299, die britischen Normen BS 4801 und BS 5750 und die amerikanische Norm

ANSI/ASQC Z1.15 geprägt.[6] Forciert durch Großbritannien wurde sie dem Europäischen Komitee für Normung (CEN) vorgelegt und fand dort durch Übernahme als EN-Normenreihe große Anerkennung. Im Europäischen Komitee für Normung sind heute sowohl die EG-Länder als auch die EFTA-Länder gleichberechtigte Mitglieder. Ihr Stimmgewicht ist allerdings abgestuft. Ob ein vorgeschlagener Normentwurf zur EN-Norm erhoben wird, ist abhängig vom Votum der Mitglieder, es gilt die Mehrheitsentscheidung. So hat z.B. die Bundesrepublik Deutschland die Annahme der Normenreihe DIN ISO 9000 ff. abgelehnt, wurde aber letztlich überstimmt. Mit der Annahme waren alle Mitgliedsstaaten der EG verpflichtet, diese Normenreihe in ihr nationales Normenwerk aufzunehmen. Die abwartende Haltung der Bundesrepublik Deutschland zeigt sich noch heute im nationalen Vorwort zur Normenreihe wo es u.a. heißt: »*Ein genormtes Qualitätssicherungssystem kann es nicht geben.*«

Die Kommission der Europäischen Gemeinschaft erkannte hingegen den hohen Stellenwert der DIN ISO 9000 ff. im Rahmen ihres »globalen Konzepts« (global approach), mit dem sie u.a. zugelassene QM-Systeme fordert.[7,8] Die der Normenreihe DIN ISO 9000 ff. zugrunde liegende Strategie wird dabei gelegentlich auch als der »Europäische Weg zur Qualität« bezeichnet.[9] Im Gegensatz dazu spielen beispielsweise Normen zur Qualitätsförderung in Japan und den USA nur eine untergeordnete Rolle.[10] So wurde in Japan der Aufbau von Qualitätsmanagementsystemen nach DIN ISO 9000 ff bisher mit der Begründung der für den Weltmarkt ungenügenden Anforderungen abgelehnt.[11] Dennoch wird vereinzelt in einschlägigen Publikationen das Gegenteil behauptet.[12] Danach sollen japanische Unternehmen die DIN ISO 9000 ff. mittlerweile als ideale Ergänzung zu ihren Total Quality Control (TQC) Aktivitäten ansehen. Nach unserer Ansicht muß vor solchen »Statements« ausdrücklich gewarnt werden. Wenn sich japanische Unternehmen nach DIN ISO 9000 ff. zertifizieren lassen, so nur deshalb, weil sie sich hierdurch einen erleichterten Zugang zum europäischen Binnenmarkt versprechen. Studien der Verfasser zur Intention der japanischer Unternehmen, die DIN ISO 9000 ff. anzuwenden, ergaben:[13] Nach übereinstimmender Aussage verschiedener japanischer Unternehmen zwingt das Erreichen eines zertifizierbaren Zustandes diese dazu, Dokumente hinsichtlich eines normativen QM-Systems und der verschiedenen Verfahren- und Prozesse zu erstellen.

Dies begrüßen die Japaner durchaus, weil sie, aufgrund ihrer auf ein Minimum reduzierten Dokumentation, ihren internationalen Kunden gegenüber Schwierigkeiten haben, ihre Prozeßabläufe hinreichend darzulegen. Allerdings sollte dies hierzulande nicht zu der Fehlinterpretation führen, daß damit nun ein Einblick in die »Geheimnisse« japanischer Unternehmen bzw. deren Führung möglich wird. »Japanische QM-Systeme« sind weit umfangreicher ausgebildet als solche nach der DIN ISO 9000 ff. Über die Dokumentation hinaus dürfte es schwer sein, japanischen Unternehmen einen weiteren konkreten Nutzen der Normenreihe begreiflich zu machen. So verweist die *Japanese Standards Association – JSA*, daß folgende Elemente in der DIN ISO 9000 ff. im Gegensatz zum japanischen Total Quality Control – TQC -Verständnis nicht verlangt werden:[14] Quality Improvement Activities (Kaizen), Management by Policy, Quality Circle Activites, Education and Training. Insoweit trifft nach Aussage der Japaner eben nicht zu, daß die Normenreihe DIN ISO 9000 ff. als optimale Ergänzung zu den TQC-Aktivitäten angesehen werden kann. Sie dient lediglich der Dokumentation, ist jedoch für die Produktqualität sowie für die tatsächliche Wertschöpfung irrelevant.

Das bekannte *Ministerium für Außenhandel und Industrie (Ministry of International Trade and Industry – MITI)* führt in diesem Zusammenhang das »JIS-Marking System« an, ein seit 1949 bestehendes Zertifizierungssystem für Produkte, das auch auf die Fähigkeit eingeht, die gleichbleibende Qualität eines Produktionsverfahrens über einen längeren Zeitraum zu gewährleisten. In enger Anlehnung an die Elemente des Total Quality Control – TQC muß der Hersteller z.B. nachweisen, daß Kundenreklamationen entsprechend gehandhabt und genutzt, Qualitätszirkel organisiert, notwendige Aus- und Weiterbildungsmaßnahmen für Mitarbeiter verfolgt, Prozesse überwacht und deren Daten (control charts) für Verbesserungsaktivitäten genutzt werden. Große Beachtung findet dabei das systematische und kontinuierliche Vorgehen innerhalb des Unternehmens bezüglich des TQC. In Japan haben sich bis Oktober 1993, 16.000 japanische Unternehmen diesem Zertifizierungssystem unterzogen. Im Ausland beläuft sich die Zahl auf 240 – jene ausländischen Unternehmen, die nach Japan Produkte liefern, welche dem JIS-Zertifizierungssystem unterliegen. Die Zulassung ausländischer Unternehmen wird erst seit 1980 angeboten. Insofern war die Herstellung von Produkten, die dem JIS-Marking System unterliegen, bis in die achtziger Jahre ausschließlich japanischen Unternehmen vorbehalten. Daneben bietet das *MITI* eine dreistufige Auszeichnung an (Awarding System for the Excellent Factories in Implementation of Industrial Standardization), die Unternehmen je nach Erreichen einer bestimmten Punktzahl für ihre Anstrengungen auf dem Gebiet der Qualitätsverbesserung im Unternehmen verliehen bekommen. Bewertungskriterien entsprechen denen des japanischen TQC Verständnis.[15] Zu diesem gehören: Quality Control Activities which performed with all personell of all section, Policy Management, Quality Control Diagnosis, Quality Assurance Activity, Quality Control Circle, Quality Control Education and Training, Practical use of Quality Control methods, Others. Insofern fördert und unterstützt das MITI die TQC-Aktivitäten im erheblichen Maße.

In diesem Zusammenhang sei desweiteren auf den »Deming Application Prize« - vergeben von der *Union of Japaneses Scientists and Engineers – JUSE* – verwiesen, der erheblich höhere Maßstäbe als die Normenreihe DIN ISO 9000 ff. für die Qualitätsfähigkeit eines Unternehmens definiert und als Bewertungssystem seit 1951 von der japanischen Industrie angewendet wird.[16] Der Deming Application Prize hat in der japanischen Wirtschaft einen erheblichen Prestigewert und gilt als hoher Motivationsfaktor, Spitzenleistungen im Qualitätsmanagement zu erreichen. Ähnliche Ansätze verfolgt seit 1987 auch die amerikanische Regierung mit dem »Malcolm Baldrige National Quality Award«, der jährlich durch den Präsidenten der USA an amerikanische Unternehmen mit nachweislich mustergültig installierten und geführten QM-Systemen verliehen wird.[17] Sowohl der »Deming Application Prize« als auch der »Malcolm Baldrige National Quality Award« stellen heute von der Wissenschaft anerkannte Qualitätskonzepte dar.[18] Inwieweit sich diese Konzepte von den Ansätzen und Inhalten der Normenreihe DIN ISO 9000 ff. unterscheiden, soll im Rahmen dieses Beitrags nicht weiter ausgeführt werden.[19] Bemerkenswert für das Verständnis der nachfolgenden Diskussion erscheint jedoch der Befund, daß die Normenreihe DIN ISO 9000 ff. einen Basisstandard definiert, während der japanische und amerikanische »Quality Award« unternehmerische »Spitzenleistungen auf dem Gebiet des Qualitätsmanagements« würdigen und die Wege dorthin erläutern. So müssen sich die Preisträger verpflichten, ihre Erkenntnisse der Öffentlichkeit zugänglich zu machen, um insoweit als Vorbild für andere Unternehmen zu wirken. Derartig weitreichende Ansätze gibt es in der Bundesrepublik Deutschland nicht. Gleichwohl lassen sich – wenn auch regional begrenzte – Ansätze beobachten. So wurde am 2. März 1993 erstmalig der »Bayerische Qualitätspreis« durch den Bayerischen Staatsminister für Wirtschaft und Verkehr verliehen.[20] Auf europäischer Ebene gibt es seit 1992 den »European Quality Award«, der jährlich von der »European Foundation for Quality Management« (EFQM) vergeben wird.[21] Allerdings ist dieser »Quality Award« inhaltlich an den amerikanischen »Award« angelehnt. Er kann insofern noch nicht als eigenständige europäische Konzeption verstanden werden.[22] Dies ergibt sich schon aus seinem noch jungen Bestehen. So gewann denn auch 1992 die europäische Tochter *Rank Xerox* des amerikanischen Unternehmens *Xerox Corporation* den »European Quality Award«.[23]

5.1.2 Die Anwendung der DIN ISO 9000 ff. bereitet Schwierigkeiten

Hauptsächlich Kunden des innereuropäischen Auslands erwarteten mit Etablierung der Normenreihe zunehmend von deutschen Unternehmen den Nachweis eines QM-Systems. Diesen Erwartungen entsprechend begann sich auch die deutsche Industrie intensiver mit der Thematik zu befassen. Schnell zeigte sich, daß der Aufbau eines QM-Systems erhebliches Know-how voraussetzt. So läßt sich beobachten, daß das Wissen um die Inhalte der Normenreihe und deren erfolgreiche Umsetzung außerordentliche Probleme bereitet.[24] Deutlich wird dies beispielsweise im Förderprogramm »Qualitätssicherung 1992 – 1996« des Bundesministeriums für Forschung und Technologie (BMFT).[25] So beantragten mehr als 600 Unternehmen und Forschungseinrichtungen ihre aktive Mitarbeit im Forschungsprojekt: »*Umsetzung der DIN ISO 9000 ff. zur Einführung von Qualitätssicherungssystemen in kleinen und mittleren Unternehmen aus unterschiedlichen Produktions- und Dienstleistungsbereichen.*« In der Literatur wird zu diesem Themenkomplex als offenkundiger Grund der branchenneutrale Charakter der Normenreihe und deren teilweise schwer verständliche Übersetzung ins Feld geführt (allgemeingültig formulierte Anforderungen).[26] Die neutrale Ausrichtung der Normenreihe bewog wiederum branchenspezifische Institutionen – vornehmlich

Verbände -, Leitfäden zur Anwendung der Norm in Unternehmen ihrer Branche herauszugeben. Die Gefahr, die sich dadurch für die Normenreihe an sich ergibt, ist offensichtlich: werden branchenspezifische Anforderungen formuliert und sodann als eigener Normenentwurf eingebracht, so wird der branchenneutrale Charakter der Normenreihe DIN ISO 9000 ff. unterlaufen. Hierdurch geht die einheitliche Zertifizierungsgrundlage letztlich verloren.[27] Aus Abbildung 36 gehen die aktuellen Normungsaktivitäten zur DIN ISO 9000 ff. hervor.

Es ist ersichtlich, daß die Dienstleistungsbranche, die Industriezweige verfahrenstechnischer Produkte sowie die Softwarehersteller erste Schritte auf dem Weg zu einer eigenständigen Normung gegangen sind. Der Wert der DIN ISO 9000 Reihe ist damit offensichtlich in Frage gestellt.[28] Auch berücksichtigt die Normenreihe keine strukturellen unternehmensspezifischen Gegebenheiten, was besonders kleine und mittelständische Unternehmen als Barriere empfinden.[29] Andere Autoren sehen darin, daß die Normenreihe maßgeblich durch die ISO-Mitgliedsländer des angelsächsischen Raums geprägt wurde, eine mögliche Erklärung für die zögerliche Anwendung und Umsetzung.[30]

So erkannten die Consulting-Branche und professionelle Seminaranbieter ihre Chance. Mit ca. 25 Prozent nimmt die Schulung zur Thematik der QM-Systeme nach DIN ISO 9000 ff. den größten Raum im Gesamtschulungsangebot auf dem Gebiet des Qualitätsmanagements in der Bundesrepublik Deutschland ein. So jedenfalls die Befunde einer 1993 durchgeführten empirischen Erhebung zur »Analyse des überbetrieblichen Wissenstransfers in der Bundesrepublik Deutschland« im Auftrag des BMFT.[31] Weniger das Ziel verbesserter Prozeßabläufe, d.h. geringere Fehlerkosten und höhere Produktivität, als vielmehr das Erlangen des Zertifikats rückte in den Mittelpunkt der Interessen. Derartige Orientierung führte bei Teilen der Consulting-Branche zu der Aussage: »*Wir führen Sie innerhalb kürzester Zeit zur Zertifizierung*«. Unterstützend wurde parallel auf die scheinbar rechtliche Notwendigkeit derartiger Zertifikate verwiesen.[32] Nur unwesentlich anders die mittlerweile vielfältigen Seminare zur Thematik mit so schillernden Titeln wie: »*Unternehmensziel Zertifizierung*«, »*ISO 9000 – Wege zum Zertifikat*« oder, noch vielversprechender: »*ISO 9000 – Wege zur »Lean Company« durch Zertifizierung*«.

Da das Wissen um die wirtschaftlichen und rechtlichen Hintergründe der Zertifizierung in den Unternehmen häufig unzureichend ist, ent-

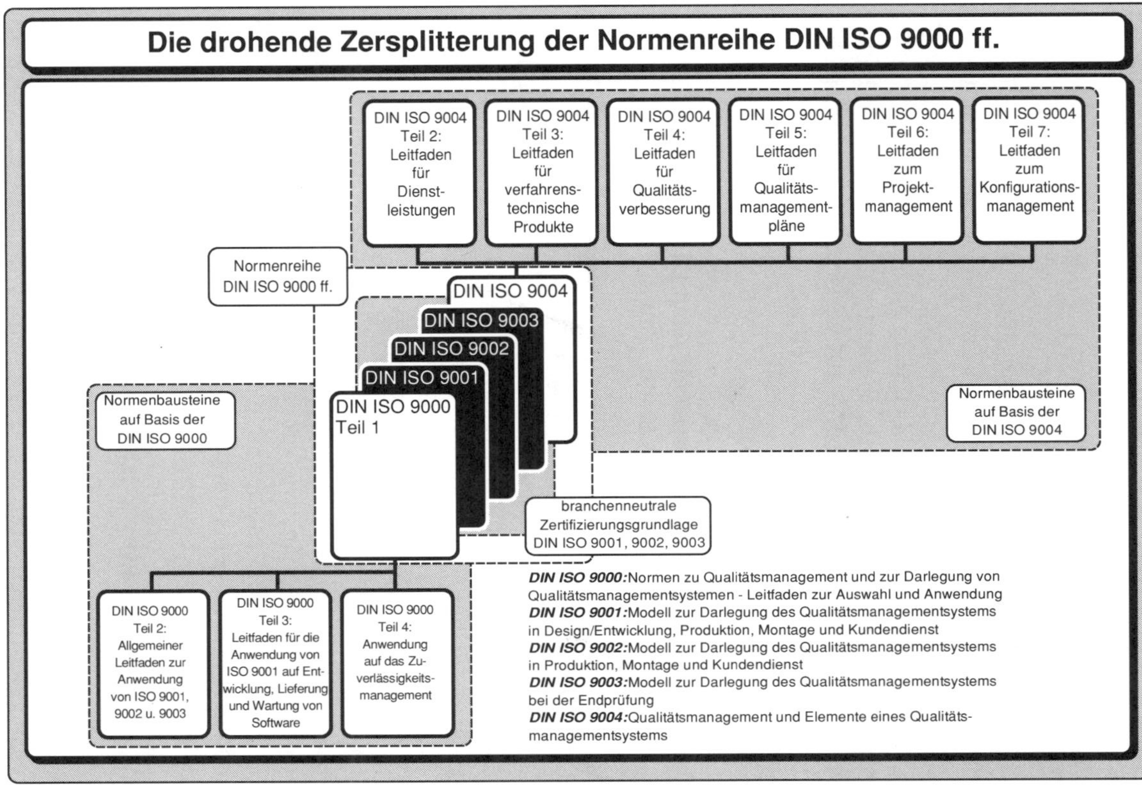

Abbildung 36: Zur Ausuferung der Normungsaktivitäten auf Basis der DIN ISO 9000 ff.

scheidet sich so mancher Unternehmer heute für den »schnellen Weg«. Es läßt sich jedoch feststellen, daß eine erhebliche Divergenz zwischen Anspruch (z.B. Anwendervorträge auf Seminaren, Zeitschriftenbeiträge, firmenbezogene Veröffentlichungen) und Realität im Sinne einer entsprechenden Umsetzung wirtschaftlich funktionierender QM-Systeme besteht.[33] So beginnt auch die Wirtschafts-, Rechts- und Qualitätswissenschaft sich mit diesem Problemfeld auseinanderzusetzen.[34] Im folgenden soll zunächst, basierend auf einer neueren Studie, der Versuch unternommen werden, den Verbreitungsgrad und das allgemeine Verständnis der DIN ISO 9000 ff. in Unternehmen der Bundesrepublik Deutschland aufzuzeigen. Sodann sollen hierzu die Hintergründe und Intentionen dargestellt – aus wirtschaftlicher und rechtlicher Sicht beleuchtet – und kritisch hinterfragt werden.

5.1.3 Qualitätsmanagementsysteme nach DIN ISO 9000 ff. – Placebo oder echter Gewinn?

Der wirtschaftliche Nutzen eines Qualitätsmanagementsystems rückt zunehmend in den Mittelpunkt des Interesses

Praxisnahe Veröffentlichungen, welche die Schwierigkeiten und Anstrengungen in der Einführungsphase von QM-Systemen nach DIN ISO 9000 ff. thematisieren, haben seit geraumer Zeit in Zeitschriften und Tagungsbänden Hochkonjunktur. Charakteristisch für viele Beiträge ist, daß sie zum einen aus der Sicht des Qualitätswesens verfaßt werden, zum anderen unternehmensspezifische und damit nur sehr spezielle Problemstellungen aufarbeiten. Insofern erhält man zwar umfangreiche Informationen, wie ein derartiges QM-System eingeführt werden kann. Wie steht es aber mit dem tatsächlichen wirtschaftlichen Nutzen eines QM-Systems nach DIN ISO 9000 ff.? Welche Erfahrungen haben zertifizierte Unternehmen gesammelt? Kann das QM-System überhaupt einen originären Beitrag zur Wertschöfung leisten? Jene Fragen wären früher kaum jemandem in den Sinn gekommen. Doch je mehr zertifizierte Unternehmen es am Markt gibt, desto stärker bewegt sich das Interesse von der Zertifizierung hin zu Wirtschaftlichkeitsbetrachtungen von QM-Systemen. Wurde ursprünglich die DIN ISO 9000 ff. hierbei als europäisches Patentrezept gefeiert, so stößt sie heute weithin auf Skepsis. Hauptsächlich der erhebliche Aufwand zum Erreichen und Behalten des Zertifikats – einige Autoren sprechen von einer Investition – macht es zwingend notwendig, den unternehmensinternen Wert eines QM-Systems über die Zertifizierung hinaus aufzuzeigen. Hinweise, wonach das Zertifikat verglichen werden kann mit einer bestandenen Führerscheinprüfung, werden in Zukunft wohl keinen Unternehmer mehr zur Tätigung derartiger Investitionen bewegen. Auch Kunden werden vom Nachweis eines Zertifikats absehen, wenn sich herausstellt, daß mit einem normativen QM-System allein ihre spezifischen Anforderungen nicht erfüllt werden können.

Jedoch lassen sich weder für die eine noch für die andere Ansicht repräsentative Daten qualitativer oder quantitativer Art finden. Die unterschiedlichen Standpunkte werden deshalb mit Argumenten vertreten, die allzuleicht in grauer Theorie verblassen. Dabei wird für den wirtschaftlichen Erfolg langfristig entscheidend sein, welchen Weg des Qualitätsmanagements ein Unternehmen gehen soll.

Diesem Informationsdefizit abhelfend führte der *RWTÜV* und der *TÜVCERT* jüngst in Zusammenarbeit mit der *Technischen Universität Berlin* eine empirische Untersuchung durch, die die Erfahrungen bereits zertifizierter Unternehmen mit »ihrem« QM-System erfassen sollte. Zielrichtung war dabei insbesondere das Herausarbeiten sowohl allgemeiner Strukturdaten hinsichtlich des Verbreitungsgrades normativer QM-Systeme als auch die Ermittlung von Daten zu Fragen der Wirtschaftlichkeit von QM-Systemen, aufgebaut nach der DIN ISO 9001, 9002 oder 9003. Die Studie beruht auf einer schriftlichen Befragung von 800 Leitern des Qualitätswesens zertifizierter Unternehmen der Bundesrepublik Deutschland. Sie wurde durchgeführt im Zeitraum zwischen Mai und August 1993. Der Rücklauf war beachtlich: 41 Prozent = 325 Unternehmen konnten in die Studie einbezogen werden. Im folgenden sollen die prägnantesten Ergebnisse skizziert und mögliche Entwicklungslinien aufgezeigt werden.

Strukturdaten zu Qualitätsmanagementsystemen, deren Aufbau und Zertifizierung

Die relative Mehrheit der zertifizierten Unternehmen (24 Prozent) gehört der Elektroindustrie an, gefolgt von der chemischen Industrie mit 19 Prozent, dem Maschinenbau (13 Prozent), der Metallverarbeitung (12 Prozent), der Dienstleistungsbranche (11 Prozent) sowie dem Anlagen- und Behälterbau mit 10 Prozent. Fast alle Betriebe (92 Prozent) gaben an, innerhalb Deutschlands Lieferbeziehungen zu unterhalten. Darüber hinaus pflegen 84 Prozent Geschäftsbeziehungen mit dem europäischen Ausland. Lediglich 30 Prozent sind in Nord-Amerika tätig und »nur« 13 Prozent der zertifizierten Unternehmen liefern nach Japan. Lieferschwerpunkt innerhalb des europäischen Binnenmarktes sind Frankreich (23 Prozent), Großbritannien (17 Prozent), Italien (16 Prozent) sowie die Niederlande (14 Prozent). Dies deckt sich mit der verbreiteten Ansicht, wonach gerade Kunden dieser Länder in ihren Ausschreibungen das Zertifikat eines QM-Systems verlangen.

Als Gründe für die Zertifizierung wurden von den Unternehmen folgende Antworten gegeben (Mehrfachnennung war möglich):
- Wettbewerbsvorsprung vor der Konkurrenz (76 Prozent)
- Der Kunde hat das Zertifikat verlangt (60 Prozent)
- Zur Nutzung in Werbung und Marketing (55 Prozent)
- Zwecks Verbesserung der Produktqualität (54 Prozent)
- Absicherung gegen Produkthaftungsfälle (30 Prozent)
- Die Muttergesellschaft hat das Zertifikat verlangt (24 Prozent)

Was die Einführungsdauer für ein zertifizierbares QM-System betrifft, so kann folgende Faustregel gelten: Hat das Unternehmen weniger als 100 Mitarbeiter, so sollte mit durchschnittlich rund einem 3/4 Jahr gerechnet werden. Bei weniger als 500 Mitarbeitern kann von durchschnittlich einem Jahr ausgegangen werden. Bei mehr als 500 Mitarbeitern muß mit etwa ein bis anderthalb Jahren kalkuliert werden, aber auch zwei bis zweieinhalb Jahre sind durchaus möglich.

Zur Durchführung des Zertifizierungsaudits selbst: Üblich sind zwei, drei oder vier Tage, durchgeführt von zwei Auditoren der gewählten Zertifizierungsgesellschaft. Der Schwerpunkt der Prüfung lag nach 18 Prozent der Nennungen bei dem QM-Element »Verantwortung der obersten Leitung«, gefolgt von den Elementen »Lenkung der Dokumente« (12 Prozent), »Prüfmittel« (11 Prozent), »Interne Qualitätsaudits«, »Korrekturmaßnahmen« und »Schulungen« (jeweils 9 Prozent). 67 Prozent aller 325 Qualitätsleiter gaben an, daß Auditoren vornehmlich auf eine vollständige Dokumentation zum QM-System achten würden, wobei 42 Prozent zusätzlich die Ansicht vertraten, daß insgesamt QM-Elemente, bei denen eine mögliche Abweichung von den Anforderungen der Norm leicht ersichtlich ist, im Mittelpunkt des eigentlichen Zertifizierungsaudits stehen. Als maßgebliches Kriterium für die

Auswahl einer bestimmten Zertifizierungsgesellschaft gaben 157 Unternehmen an, anerkannte Branchenkenntnisse seien für sie entscheidend gewesen. 82 Unternehmen vertrauten einer persönlichen Empfehlung. 75 Unternehmen wählten unter verschiedenen Angeboten aus. 39 Unternehmen (immerhin etwa 10 Prozent) sind der Empfehlung ihres Unternehmensberaters gefolgt. Einem besonderen Kundenwunsch folgten 31 Unternehmen. Entsprechend den Antworten sind die *DQS* mit einem Marktanteil von 57 Prozent und der *TÜVCERT* mit 28 Prozent hierzulande die führenden Zertifizierungsgesellschaften.

33 Prozent der Unternehmen wurden bei dem Aufbau des QM-Systems durch eine externe Beratung unterstützt. Die verbleibenden 67 Prozent nannten folgende Vorgehensweise: 141 Unternehmen gaben an, daß systematische Ansätze zum Qualitätsmanagement bereits zuvor vorhanden waren, insoweit der Aufbau keiner externen Unterstützung bedurfte. 60 Unternehmen haben eigene Mitarbeiter geschult/schulen lassen, um ohne externe Berater die Einführung vollziehen zu können. 17 Unternehmen haben für den Aufbau extra neue Mitarbeiter eingestellt. Von den 33 Prozent der Unternehmen, die einen externen Berater konsultierten, gaben wiederum 45 Prozent an, daß dieser nur bei Bedarf kam, 30 Prozent, daß die Beratung nach einem festen Zeitplan erfolgte, 22 Prozent, daß eine periodische Beratung erfolgte.

Beitrag zur Wertschöpfung

Zu den Auswirkungen des sodann erlangten Zertifikats wurden folgende Angaben gemacht:
- Kunde verzichtet auf ein eigenes Audit (60 Prozent)
- erfolgreiche Verwendung in der Werbung und
- bei Vertragsverhandlungen (56 Prozent)
- stabileres Verhältnis zum Kunden (45 Prozent)
- verbessertes Vertauensverhältnis unter den Mitarbeitern (29 Prozent)

Aus Abbildung 37 ist der von den zertifizierten Unternehmen angegebene wirtschaftliche Nutzen des QM-Systems ersichtlich.

So wurde versucht, eine Aussage über den Einfluß des QM-System auf die wirtschaftlichen Schlüsselgrößen »Kundenzufriedenheit«, »Fehlerkosten«, »Durchlaufzeit« sowie »Produkt-/Prozeßqualität« zu erhalten. *Zur Kundenzufriedenheit:* 31 Prozent der 325 Unternehmen

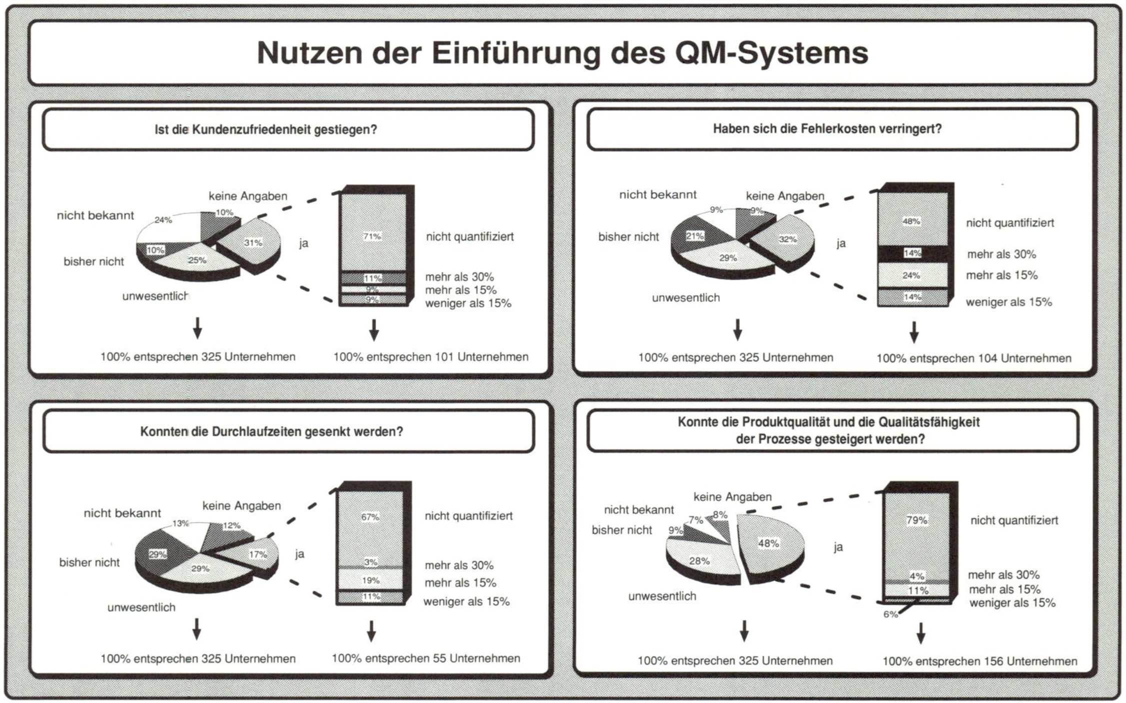

Abbildung 37: Nutzeffekte eines Qualitätsmanagementsystems

gaben an, daß seit Einführung des QM-Systems die Kundenzufriedeheit gestiegen sei. Allerdings können hierbei wiederum 71 Prozent keine diesbezügliche quantitative Aussage machen. *Zu Fehlerkosten:* 32 Prozent nannten eine Senkung der Fehlerkosten. Von diesem Anteil gaben rund die Hälfte auch quantitative Daten an. So sind in 14 Prozent der Unternehmen die Fehlerkosten um mehr als 30 Prozent gesunken, bei 24 Prozent der Unternehmen um rund 15 Prozent und in 14 Prozent der Unternehmen verringerten sich die Fehlerkosten um 15 Prozent. Allerdings waren auch hier immerhin 48 Prozent der Unternehmen nicht in der Lage eine quantitative Einschätzung abzugeben. *Zur Durchlaufzeit:* Nur 17 Prozent = 55 Unternehmen sahen einen positiven Zusammenhang zwischen der Durchlaufzeit und dem QM-System. Von diesen konnte jedoch abermals der weitaus größte Teil (36 Unternehmen= 67 Prozent) keine konkreten Daten angeben. *Zur Produkt- und Prozeßqualität:* Immerhin fast die Hälfte der 325 Unternehmen sieht mit dem QM-System eine Verbesserung der Produkt- und Prozeßqualität einhergehen. Sodann ebenfalls das gewohnte Bild. 79 Prozent = 123 Unternehmen dieser Betriebe kann keine Aussage zu tatsächlichen quantitativen Zahlen machen.

Im Hinblick auf wirtschaftlich funktionsfähige QM-Systeme läßt sich danach konstatieren, daß nur ein geringer Teil der zertifizierten Unternehmen ökonomisch relevante Kennzahlen über die Entwicklung und Verbesserung des QM-Systems und damit des Unternehmens ermittelt und verfolgt. Nutzeffekte von QM-Systemen können oft nur vermutet werden. Offenbar besteht hinsichtlich der Meßbarkeit, ob und wie das QM-System einen Beitrag zur Wertschöpfung leisten kann, ein erhebliches Defizit. Obwohl der Nachweis eines solchen Beitrags im elementaren Interesse des Managements sein müßte, kann dies aber schon deshalb nicht verwundern, weil die DIN ISO 9001, 9002 oder 9003 eine generelle Meßbarkeit wirtschaftlich relevanter Daten eben nicht fordert. Um aus diesem Dilemma herauszufinden, sollte die umfangreiche schriftliche Dokumentation, wie sie für den zertifizierbaren Zustand derzeit verlangt wird, zurückgefahren und gegen konkrete unternehmensprozeßrelevante Meßgrößen bzw. Kennzahlen ersetzt werden.[35] Das Argument, daß die Dokumentation mehr Transparenz in Abläufe und Prozesse bringen kann, ist offensichtlich. Allerdings nützt das dem Unternehmensergebnis an sich letztlich wenig (vgl. Kapitel 6.4). Es soll an dieser Stelle die Prognose gewagt werden, daß sich normative QM-Systeme langfristig nur dann auf breiter Ebene etablieren können, wenn deren Beitrag zur Wertschöpfung für jedermann belegbar wird. Dazu bedarf es allerdings handfester Meßgrößen. Können diese nicht erbracht werden, so wird zukünftig die DIN ISO 9000 ff. am Markt nur eine ungeordnete Rolle spielen.

Welchen Stand die Auditierung und Zertifizierung in Europa gegenwärtig erreicht hat, welche Perspektiven bestehen, und welche Konsequenzen sich für die bundesdeutschen Unternehmen hieraus ergeben, wird im folgenden erläutert:

5.2 *Auditierung und Zertifizierung finden in Europa zunehmende Verbreitung*

5.2.1 Das globale Konzept der EG-Kommision

Zur Auditierung und Zertifizierung hat die *EG-Kommision* ihr sog. globales Konzept entwickelt.[36] Nach der international abgestimmten Norm 8402 wird unter einem Audit »*eine systematische und unabhängige Untersuchung, um festzustellen, ob die qualitätsbezogenen Tätigkeiten und die damit zusammenhängenden Ergebnisse den geplanten Anordnungen wirkungsvoll verwirklicht und geeignet sind, die Ziele zu erreichen*«, verstanden. Das Audit wird typischerweise auf ein QM-System oder Elemente davon, auf Prozesse oder Produkte angewendet. Solche Audits werden »Systemaudit«, »Verfahrensaudit«, »Produktaudit« oder »Dienstleistungsaudit« genannt.[37,38] Die Zertifizierung ist hingegen eine besondere Form des Konformitätsnachweises. Der Konformitätsnachweis wird allgemein als eine Vorgehensweise betrachtet, die in eine Feststellung einmündet, wonach Vertrauen darüber gegeben ist, daß ein Produkt, ein Verfahren oder auch eine Dienstleistung vorgegebene Anforderungen erfüllt.[39] Der Begriff der »Zertifizierung« selbst geht auf das spätlateinische »certificare=sicher, gewiß machen« zurück; ins Deutsche kam es über die französische Sprache (certifier), wo es im allgemeinen Sprachgebrauch die Bedeutung »(amtlich) beglaubigen, bescheinigen« hat.[40]

Die Zertifizierung von Produkten und QM-Systemen findet mittlerweile auch in der Bundesrepublik Deutschland zunehmende Verbreitung. Nicht zuletzt das globale Konzept der EG-Kommission zur Prüfung und Zertifizierung von Produkten und QM-Systemen in den EG-Mitgliedsstaaten läßt zukünftig ein forciertes Wachstum der Zertifizierungsbranche erwarten. Diesbezügliche Aktivitäten der Zertifizierung von QM-Systemen wurden in Großbritannien von dem British Institute of Standards (BSI) und von der Schweizerischen Vereinigung für Qualitätssicherungszertifikate (SQS) schon 1982 angeboten. Die Bundesrepublik Deutschland folgte ab 1987. Zu diesem Zeitpunkt gab es in Großbritannien bereits ca. 3.400 zertifizierte Unternehmen, in der Schweiz ca. 140. Während in Großbritannien heute ca. 20.000 Unternehmen ein zertifiziertes QM-System aufweisen,[41] beläuft sich die Zahl in der Bundesrepublik Deutschland im Herbst 1992 bisher nur auf rund 660 Unternehmen.[42] Nach Einschätzung der Verfasser dürfte die Zahl mittlerweile (März 1994) auf ca. 2.500 Zertifikate gestiegen sein.

Kern der europäischen Überlegungen ist ein differenziertes System nach verschiedenen Prüfmodulen (A – H), die je nach Risikopotential eines Produkts angewendet werden müssen (Abbildung 38).

Ihre praktische Handhabung ist aus der jeweils einschlägigen EG-Richtlinie ersichtlich. Diese Module gliedern sich von der einfachen Anbietererklärung [43] (Modul A), wonach ein in Verkehr gebrachtes Produkt den betreffenden EG-Richtlinien entspricht, bis zur Prüfung jedes einzelnen Produkts einer Serie durch eine notifizierte Stelle. Eine notifizierte oder auch benannte Stelle ist eine neutrale Organisation, deren Kompetenz zur Durchführung von Konformitätsbewertungsverfahren im Sinne von EG-Harmonisierungsrichtlinien durch ihre nationale Regierung bestätigt wird. Sie wird der Europäischen Kommission sowie allen Mitgliedstaaten gemeldet.[44] Mehrere Prüfmodule verlangen zudem ein zertifiziertes QM-System nach DIN ISO 9000 ff. Die Zertifizierung selbst ist dabei eine Maßnahme, die von einem unparteiischen Dritten durchgeführt wird (third-party-audit).[45] Ihr Ergebnis ist sodann eine Konformitätsbescheinigung (Zertifikat). Da die Kenntnis der einzelnen Module für die Produktzulassung vom 01.01.1993 an von eminenter Wichtigkeit für jedes Unternehmen in Europa ist, sollen diese im folgenden kurz vorgestellt werden:[46]

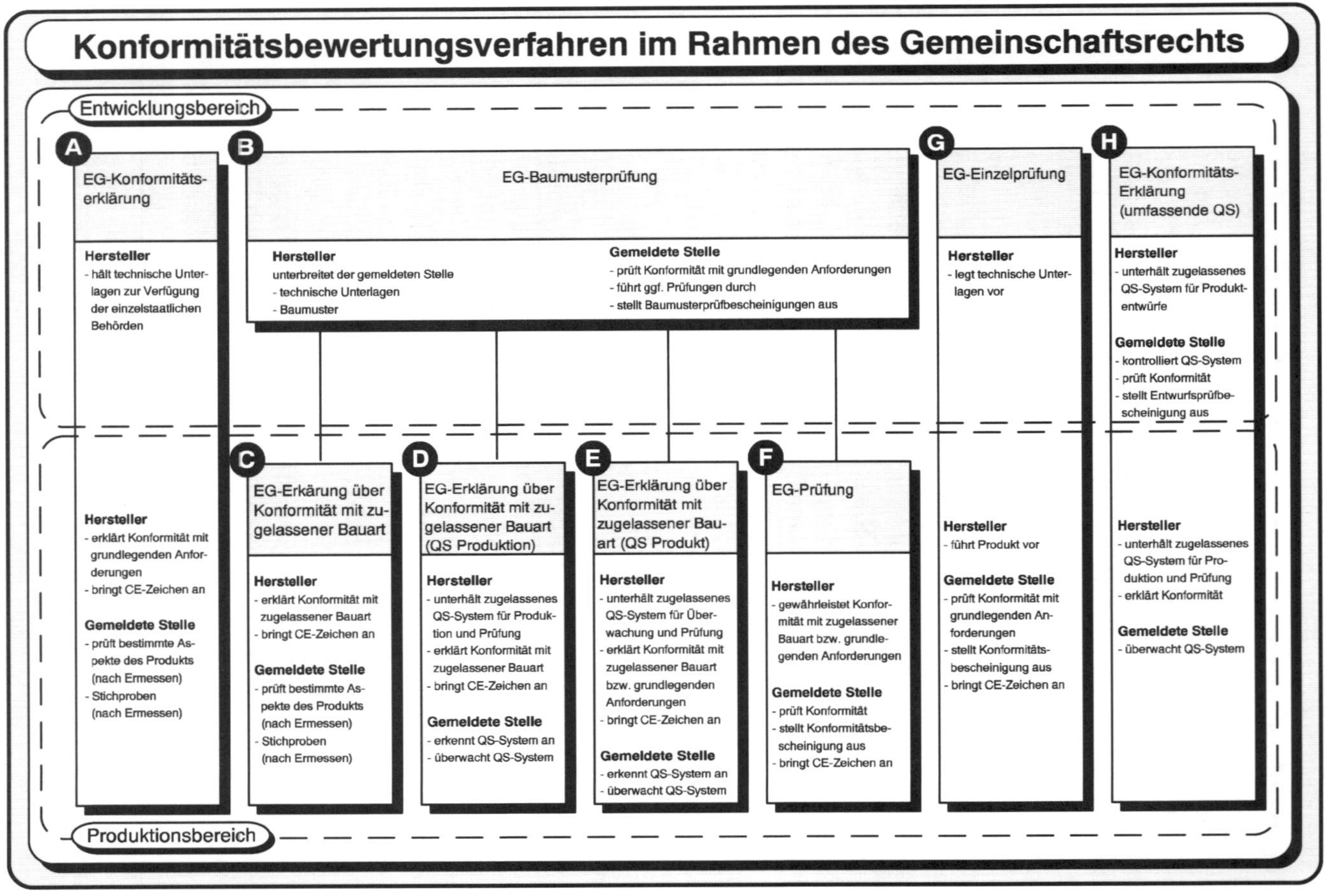

Abbildung 38: Das »Modulare Konformitätsbewertungsverfahren« in der Europäischen Gemeinschaft

- Modul A: Der Hersteller gibt ohne Hinzuziehen Dritter eine Anbietererklärung – Konformitätserklärung – ab.
- Modul B: Der Hersteller läßt in der Entwurfsphase seines Produktes eine EG-Baumusterprüfung von einer anerkannten notifizierten Stelle durchführen. – Die Module C bis F müssen zusätzlich alternativ angewendet werden.
- Modul C: Der Hersteller gibt aufgrund der Baumusterprüfung eine Anbietererklärung ab.
- Modul D: Der Hersteller gibt aufgrund der Baumusterprüfung eine Anbietererklärung ab und unterhält ein zugelassenes Qualitätsmanagementsystem für Produktion und Prüfung entsp. DIN ISO 9002.
- Modul E: Der Hersteller gibt aufgrund der Baumusterprüfung eine Anbietererklärung ab und unterhält ein zugelassenes Qualitätsmanagementsystem für Überwachung und Prüfung entspr. DIN ISO 9003.
- Modul F: Der Hersteller läßt sein Produkt nach erfolgter Baumusterprüfung noch einer Typprüfung am fertigen Produkt unterziehen.
- Modul G: Der Hersteller läßt sein Produkt einer Typprüfung unterziehen.
- Modul H: Der Hersteller erklärt die Konformität auf Basis eines umfassenden Qualitätsmanagementsystems für Entwicklung, Produktion und Prüfung entspr. DIN ISO 9001.

5.2.2 Akkreditierung der Zertifizierungsgesellschaften

Die formelle Kompetenz von Zertifizierungsanbietern leitet sich aus ihrer Akkreditierung ab. Es handelt sich hierbei um eine vertrauensbildende Maßnahme, bei der eine autorisierte Stelle – Akkreditierstelle – die Kompetenz des Prüf- oder Kalibrierlaboratoriums bzw. der Zertifizierungsstelle offiziell anerkennt. Die Akkreditierstelle bestätigt damit, daß diese Einrichtung in der Lage ist, bestimmte Aufgaben sachkompetent auszuführen.[47] Grundlage einer erfolgreichen Akkreditierung ist das Erfüllen von Anforderungen der jeweiligen Teile der Normenreihe EN 45000. Diese besteht aus sieben selbständigen Normen, deren Anwendung von der Art des Angebots der zu akkreditierenden Stelle abhängt. So gilt für das Betreiben von Prüflaboratorien die Norm 45001, für Stellen, die QM-Systeme zertifizieren, die Norm 45012. In der Bundesrepublik Deutschland wird die Akkreditierung vom *Deutschen Akkreditierungsrat* (*DAR*) koordiniert (Abbildung 39).

Dieser arbeitet im Sinne einer Arbeitsgemeinschaft und wird vom Bund, den Ländern und der deutschen Industrie getragen. Die Koordinierungstätigkeiten betreffen hauptsächlich den Interessenausgleich zweier Bereiche: dem gesetzlich geregelten und dem gesetzlich nicht geregelten (privaten) Bereich. In ersterem werden Zertifizierungsstellen von staatlichen Behörden akkreditiert und kontrolliert. Der gesetzlich ungeregelte Bereich ist hingegen unter dem Dach der *Trägergemeinschaft für Akkreditierung* (*TGA*) organisiert.[48] Die *TGA* wurde am 01.08.1990 als Teil des deutschen Akkreditierungssystems von nahezu allen bedeutenden Wirtschafts- und Handelsverbänden der Bundesrepublik Deutschland gegründet.[49] Im Vergleich zu anderen europäischen Ländern wurden Organisation und Gründung der *TGA* nicht staatlich geregelt oder unterstützt, d.h. sie wurden dem freien Markt überlassen. Obwohl kein Zwang für einen Zertifizierer besteht, dort akkreditiert zu sein, setzt sich die Akkreditierung im privatwirtschaftlichen Bereich gleichwohl zunehmend durch.

Es scheint uns langfristig gesehen sinnvoll, diese Akkreditierung schlechthin als Zulassungsvoraussetzung für eine Betätigung als QM-System-Zertifizierer einzuführen. Verwiesen sei in diesem Zusammenhang auf die Organisation von Ärzten, Rechtsanwälten etc. in sog. »Kammern«, durch die eine gegenseitige Selbstüberwachung der Mitglieder auf Basis eigenständig gesetzter Regelungen gewährleistet ist. Für die Glaubwürdigkeit und Leistungsfähigkeit der Zertifizierungsgesellschaften sehen wir deshalb eine vielversprechende Perspektive darin, die *TGA* in eine »Kammer« zu überführen. Würden Zertifizierer die von einer solchen »Kammer« definierten Voraussetzungen nicht erfüllen, so könnten sie von der Betätigung als Zertifizierer rechtlich bindend ausgeschlossen werden. Der heute international übliche Standard der Akkreditierung nach der EN 45012 müßte insofern im Sinne eines »Standesrechts für Zertifizierer« einem Ehrenkodex unterworfen werden. Da dies aber international nur schwer durchzusetzen sein wird, sollte auf nationaler Ebene ein zukunftsweisender Maßstab gesetzt werden. Nicht zuletzt ließen sich hierdurch imageschädigende Diskussionen um den Wert der Zertifizierung vermeiden. Gerade die

Abbildung 39: Darstellung der Organisation des deutschen Akkreditierungswesens

»massenhafte« Vergabe von (ca. 20.000) Zertifikaten an britische Unternehmen läßt Zweifel an der individuellen Aussagekraft eines Zertifikats und die Voraussetzungen seiner Verleihung aufkommen. Um dies für deutsche Verhältnisse zu vermeiden, liegt es im originären Interesse der Unternehmen und Zertifizierer, hierfür frühzeitig eine eigene Schutzgemeinschaft aufzubauen. Es dürfte dann nur noch eine Frage der Zeit sein bis sich auch ausländische Unternehmen von Zertifizierern der Bundesrepublik Deutschland zertifizieren lassen wollen bzw. deren Zertifikat von ihren Zulieferern verlangen.

5.2.3 Das CE-Zeichen für Produkte und seine Bewertung – der gesetzlich geregelte und nicht geregelte Bereich

Im gesetzlich geregelten Bereich sind Produktzertifikate aufgrund von Gesetzen und Verordnungen zwingend vorgeschrieben. Das ist stets dann der Fall, wenn bestimmte öffentliche und gesellschaftspolitische Interessen (z.B. Gesundheit, Verbraucher- oder Umweltschutz) möglichst umfassend geschützt werden sollen. Aus europäischem Blickwinkel werden hierzu sämtliche Produkte gezählt, die einschlägigen EG-Harmonisierungsrichtlinien entsprechen sollen: so z.B. die Maschinenrichtlinie (Nr. 89/392/EWG), die Spielzeugrichtlinie (Nr. 88/378/EWG), die Gasverbrauchsgeräterichtlinie (Nr. 90/396/EWG) oder die Bauproduktenrichtlinie (Nr. 89/106/EWG) etc.[50] Die Konformität von Produkten mit diesen Bestimmungen wird dem Verbraucher durch das Anbringen des CE-Zeichens (CE = Communaté Européen) auf den Produkten selbst signalisiert. Dennoch ist das CE-Zeichen kein Herkunftszeichen oder Qualitätszeichen. Es handelt sich vielmehr um ein Verwaltungszeichen.[51] Ob Verbraucher daraus Qualitätsansprüche ableiten können, ist umstritten. So wird zum einen dessen undifferenzierte einheitliche Verwendung für sämtliche Branchen kritisiert. Es muß befürchtet werden, daß die erforderlichen individuellen Sicherheits-, Qualitäts- und Prüfaussagen nicht von nur einem Zeichen geleistet werden können.[52] Zum anderen ist die Problematik zu beachten, daß ein Produkt, welches von mehreren Richtlinien erfaßt wird, auch mit all diesen übereinstimmen muß. Durch das Anbringen des Zeichens wird jedoch nicht erkenntlich, um welche einschlägigen Richtlinien es sich konkret handelt.

In Konkurrenz kann das CE-Zeichen mit einzelstaatlichen Zeichen treten, die im gesetzlich ungeregelten Bereich vergeben werden.[53] So haben sich z.B. in der Bundesrepublik Deutschland das GS-Zeichen, das RAL-Gütezeichen oder auch TÜV-Prüfzeichen im Sinne von Qualitätszeichen etabliert. Die Anforderungen, die daran geknüpft werden, derartige Zeichen zu führen, können weitaus strenger sein als die der EG-Richtlinien zum Erlangen des CE-Zeichens. Verschiedene nationale Zertifikate gelten insoweit im In- und Ausland als anerkannte deutsche Markenzeichen, die auch im europäischen Vergleich von ausländischen Importeuren bevorzugt beantragt werden. So hat sich das GS-Zeichen (Geprüfte Sicherheit) als Sicherheits- und Qualitätszeichen so bewährt, daß Frankreich sechs eigene Prüfstellen nach dem deutschen GS-System geschaffen hat. Auch britische Importeure verlangen zunehmend Geräte mit dem GS-Zeichen, dessen Abkürzung dort für »German Safety« steht.[54] Dennoch stehen diesen Zeichen verschiedene Mitgliedsstaaten der EG kritisch gegenüber, da sie das »Made in Germany« weiterhin fürchten. So wurde von der Bundesregierung und der deutschen Wirtschaft denn auch der Entwurf einer EG-Richtlinie zum CE-Zeichen mit der berechtigten Begründung abgelehnt, daß dieser die bei uns herrschenden Standards verwässern würde. Hierdurch könnte die Sicherheit und Mindestqualität dem Verbraucher gegenüber nicht mehr eindeutig kenntlich gemacht werden.[55]

So sieht schon die EG-Richtlinie selbst vor, daß sich CE-Zeichen vom Freiverkehrszeichen (Verwaltungszeichen) zum allgemeinen Sicherheitszeichen weiterentwickeln sollen. Im Gegensatz zu den verschiedenen nationalen Qualitätszeichen, hat das CE-Zeichen auch keinen Marketingwert. Das ergibt sich schon daraus, daß alle Produkte, die einer bestimmten Richtlinie unterliegen, das CE-Zeichen tragen müssen, weil sie sonst gar nicht angeboten werden dürften. So fürchten besonders kleine und mittelständische Unternehmen, deren Werbeetats beschränkt sind, den Verlust der nationalen Qualitätszeichen, bieten sie doch eine kostengünstige Möglichkeit, das Image zu unterstützen und zu fördern.[56]

5.2.4 Auditierung und Zertifizierung von QM-Systemen entsprechend DIN ISO 9000 ff.

Zum gesetzlich ungeregelten Bereich gehört die Auditierung und Zertifizierung von QM-Systemen nach DIN ISO 9001, 9002 oder 9003. Die DIN ISO 9001, 9002 oder 9003 (Modelle) werden für Zwecke der externen Darlegung des Qualitätsmanagements in vertraglichen Situationen gebraucht. Welches der drei Modelle in einem Unternehmen zur Anwendung kommt, ist abhängig vom Leistungsspektrum des Unternehmens.[57] Indirekt wird die Zertifizierung der QM-Systeme durch den gesetzlich geregelten Bereich aber insofern tangiert, als in den jüngsten EG-Harmonisierungsrichtlinien ein zertifiziertes QM-System verlangt wird, wenn Hersteller das CE-Zeichen im Rahmen einer Anbieterklärung selbst auf ihren Produkten anbringen möchten. Kann ein solches QM-Systemzertifikat nicht vorgewiesen werden, so müssen die Produkte von einer unabhängigen dritten Stelle geprüft und zertifiziert werden. Diese Entwicklung ist jedoch unter wirtschaftlichen Aspekten zu kritisieren, da letztlich der Aufbau und die anschließende Zertifizierung von QM-Systemen nicht über die natürlichen Mechanismen des Marktes, sondern über EG-Richtlinien den Unternehmen oktroyiert werden sollen. Diesbezüglich sei nur auf die Kritik am »Fortress Europe« hingewiesen, wie sie in der ausländischen Literatur und Presse vermehrt auftaucht.[58] Treibende Kraft dieser Tendenz sind industriepolitisch geprägte Intentionen zur forcierten Verbreitung von QM-Systemen.[59] Problematisch ist dies insofern, als der Nachweis bis heute nicht erbracht ist, daß Unternehmen, die ein QM-System nach DIN ISO 9000 ff. aufgebaut haben, eine höhere Qualitätsfähigkeit besitzen als solche, die kein entsprechendes System eingeführt haben.[60] So verweisen einige Autoren auf die Gefahr, daß o.g. Vorgehen im gesetzlich ungeregelten Bereich zu faktischen Handelshemmnissen führt, die dann wiederum durch die gegenseitige Anerkennung von QM-Systemzertifikaten abgebaut werden müssen.[61] Beispielhaft hierfür ist der Zusammenschluß von 16 europäischen QM-Systemzertifizierern im *EQNET* (*European Network for Quality System Assessment and Certification*).[62] Ziel ist dabei, die gegenseitige Anerkennung ihrer Zertifikate untereinander herbeizuführen. Von den 16 Zertifizierern in der Bundesrepublik Deutschland ist dort lediglich die *DQS* engagiert.[63] Insofern erscheint die Wirksamkeit derartiger Zusammenschlüsse noch gering. Darüber hinaus müssen die Mitglieder des *EQNET* nicht zwangsweise in ihrern Ländern akkreditiert sein, bilaterale Verträge und gemeinsamme »Joint-Audits« bilden die Basis der Mitgliedschaft. Anders die Bedingungen in der »*International Organisation for Certification*« (*IIOC*). Diese als Konkurrenz zum *EQNET* gegründete Organisation, schreibt die jeweilige nationale Akkreditierung ihrer Mitglieder vor.[64] Derzeit sind der *IIOC* sechs Zertifizierer angeschlossen. Auch in dieser Organisation ist lediglich ein deutscher Zertifizierer vertreten, der *Germanische Loyd*.

Andere Autoren sehen in der politischen Vorgabe, QM-Systemzertifikate gesetzlich zu etablieren, lediglich das gezielte Schaffen eines voluminösen Marktes für private Zertifizierungsstellen. So ist nach Ansicht der Autoren allein in der Bundesrepublik Deutschland ein Marktvolumen in der Größenordnung von 6,5 Milliarden DM zu erwarten, wenn man berücksichtigt, daß rund 260.000 Unternehmen – das sind ca. 10% der in der Bundesrepublik Deutschland registrierten Betriebe/Betriebsteile – [65] für ein QM-Systemzertifikat in Betracht kommen. Hinzu kommen die jährlichen Kosten für das Überwachungsaudit bzw. die Erneuerung des Zertifikats alle drei Jahre. Der Preis für die Zertifizierung beläuft sich je nach Größe des Betriebs in der Regel auf DM 15.000,- bis DM 50.000,-. Gleichwohl kann er in Einzelfällen, so z. B. bei Groß-Konzernen mit mehreren Produktsparten und Betriebsstandorten (Werken) erheblich höher sein. (Zum Ablauf eines Zertifizierungsverfahrens siehe Abbildung 40).

Auch das *DIN* selbst macht sich zunehmend Gedanken, ob die Aktivitäten um die DIN ISO 9000 ff. der Industrie tatsächlichen Nutzen bringen oder als überzogen gelten müssen. Offenbar hat man als originärer Herausgeber der Normenreihe bemerkt, daß trotz Vorstellung der Normenreihe 1987 und mittlerweile etwa 1.100 zertifizierten Unternehmen, ein Nutzen kaum belegbar ist:[66] In einem Expertengespräch sollte geklärt werden, ob ein möglicher Forschungsauftrag zum Erlangen nachprüfbarer und realer Zahlen aus der Wirtschaft vergeben werden soll. Letztlich wurde dieser Ansatz zunächst verworfen, da richtigerweise sowohl ein die DIN ISO 9000 ff. ablehnendes wie zustimmendes Ergebnis keine bzw. wenig Relevanz für die tatsächliche Entwicklung der Normenreihe auf internationaler Ebene haben dürfte.

Allein in der Bundesrepublik Deutschland gab es zum 1. Juli 1993 sechzehn im Wettbewerb stehende akkreditierte Zertifizierungsgesell-

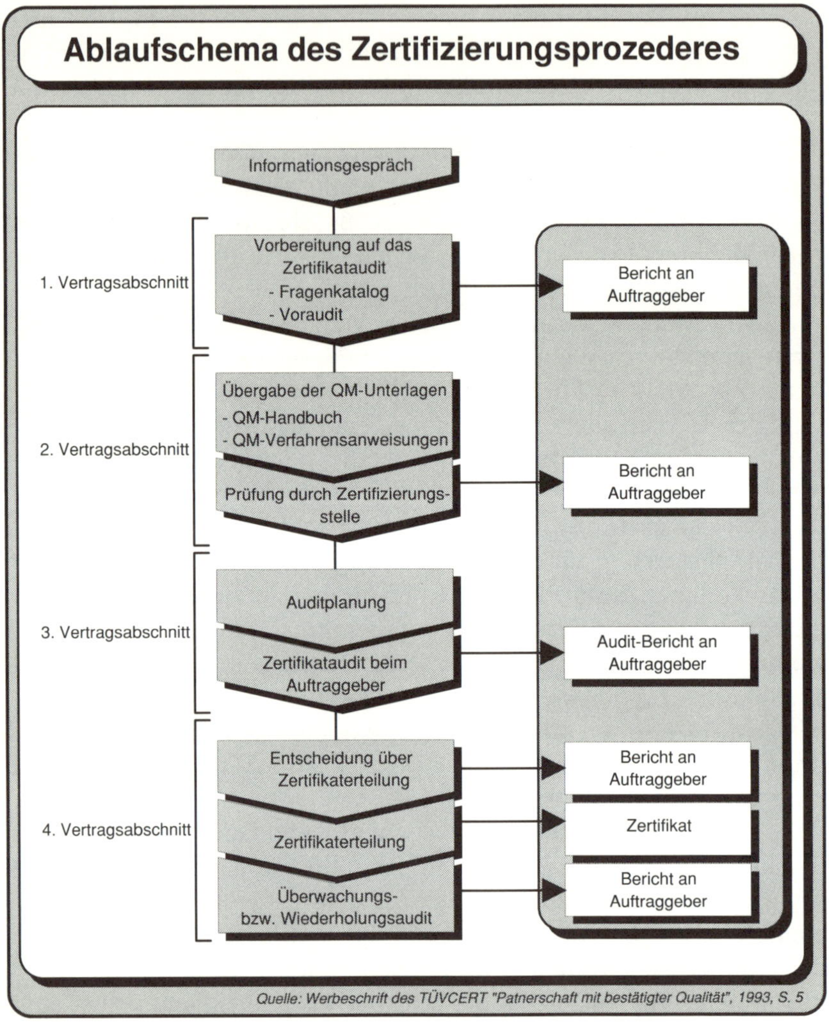

Abbildung 40: Ablauf des QM-System – Zertifizierungsverfahrens

schaften, die QM-Systeme nach DIN ISO 9000 ff. auditieren und zertifizieren (Abbildung 41).

Letztlich steht es jedem frei, sich als QM-Systemzertifizierer zu betätigen. Daher kann aus der Akkreditierung einer Zertifizierungsgesellschaft auch lediglich eine Anerkennung ihrer Kompetenz, Unabhängigkeit und Integrität abgeleitet werden. Mit Unabhängigkeit ist insbesondere entsprechend der EN-Norm 45012 die klare Trennung der Zertifizierung eines QM-Systems von der Beratung zum Aufbau eines solchen gemeint. Es muß allerdings konstatiert werden, daß beim Studium der Marketingpublikationen weiter Teile der Zertifizierungsgesellschaften der gegenteilige Eindruck entsteht – insoweit auch der Wert der Akkreditierung in Frage gestellt ist. Das gilt im übrigen auch für die Auditoren persönlich, die teilweise sowohl als Auditoren bestellt werden, daneben jedoch häufig auch als Berater fungieren. Die Qualität der Akkreditierung selbst wird demgemäß auch von verschiedenen Autoren als unzureichend angesehen. Gestützt werden diese Ansichten durch das Argument, daß entsprechend der EN 45012 ein akkreditierter QM-Systemzertifizierer kein eigenes QM-System nachweisen, sondern lediglich über ein QM-Handbuch verfügen muß.[67] Ob eine Zertifizierungsgesellschaft über die Akkreditierung hinaus vom Markt anerkannt wird, ist nicht ersichtlich. Dies drückt sich vorrangig in der Anzahl der von ihr verliehenen Zertifikate aus.

5.3 *Welcher Nachweis wird durch ein QM-Systemzertifikat erbracht?*

Produktzertifikate bescheinigen im allgemeinen die Einhaltung der Anforderungen einer bestimmten Norm oder einer anderen vertraglichen Regelung – so die Ansichten der einschlägigen Literatur. Anders bei QM-Systemzertifikaten:

Folgt man den zahlreichen Publikationen und Seminaren zu dieser Thematik, so ist bis heute weitgehend ungeklärt, welcher konkrete Nachweis durch ein QM-Systemzertifikat tatsächlich erbracht werden kann. So wird diskutiert, ob ein derartiges Zertifikat ausschließlich die Konformität mit den Modellen (Nachweisstufen) der DIN ISO 9001, 9002 oder 9003 bescheinigt oder das Zertifikat wohlmöglich eine Aussage zur Funktions- und/oder Qualitätsfähigkeit des auditierten QM-Systems zuläßt. Nach Ansicht diverser Autoren sollen damit lediglich die in der Norm aufgestellten Forderungen im Unternehmen erfüllt sein, was dann zur Anerkennung des QM-Systems führt.[68]

Akkreditierte QM-Systemzertifizierer in der Bundesrepublik Deutschland

- Bureau Veritas Quality International Ltd.
- DEKRA AG (Zertifizierungsdienst)
- DQS (Deutsche Gesellschaft zur Zertifizierung von Qualitätssicherungssystemen e. V.)
- Det Norske Veritas Qualitätssicherungsservice (DNVQS)
- Dr. Adams und Partner Unternehmensberatung
- Germanischer Lloyd, QS Zertifizierungsstelle
- Landesgewerbeanstalt Bayern
- LRQA Lloyds Register Quality Assurance
- NIS Ingenieurgesellschaft mbH
- RWTÜV Anlagentechnik GmbH
- Staatliches Materialprüfungsamt Nordrhein-Westfalen
- TÜV Bayern-Sachsen
- TÜV CERT e. V. (TÜV Zertifizierungsgemeinschaft e. V.)
- Verein des Schienenfahrzeugbaus zur Zertifizierung und Warenkennzeichnung e. V.
- VDE Prüf- und Zertifizierungsinstitut
- VdS. e. V. (Verband der Sachversicherer e. V.)

Quelle: Liste der akkreditierten QM-Zertifizierer, TGA, Frankfurt/Main, Juli. 1993

Abbildung 41: Übersicht der akkreditierten QM-Systemzertifizierer

Wieder andere sehen mit dem Zertifikat die Aussage verbunden, daß sich das QM-System wenigstens im Zeitpunkt der Auditierung als funktionsfähig und damit wirkungsvoll erweist.[69] Nach erneut anderer Ansicht ist gar von einer grundsätzlich nachgewiesenen Funktions- und Qualitätsfähigkeit auszugehen, wobei einige Autoren sich nur auf das QM-System an sich beziehen, andere auf die Funktionsfähigkeit des gesamten Unternehmens.[70,71] So sollen Zertifikate der Unternehmensleitung die Sicherheit geben, daß das QM-System zeitgemäß aufgebaut und wirksam sei, dem Leiter des Qualitätswesens sollen sie die Richtigkeit seiner Arbeit bestätigen, dem Kunden erleichtern sie angeblich die Auftragsvergabe, und auch im Werbesektor sollen Zertifikate wirkungsvoll eingesetzt werden können.[72] *Petrick*, Geschäftsführer der *DQS*, brachte jüngst zum Ausdruck, »*läßt der Lieferant sein QM-System von einer anerkannten unabhängigen Stelle auf Erfüllung der Forderungen von DIN ISO 9001, 9002 oder 9003 auditieren und erhält er ein entsprechendes QM-Systemzertifikat, kann er dieses als Ausdruck seiner Qualitätsfähigkeit verwenden.*«[73] Daß aber eine derartige Sicherheit nicht gegeben sein kann, ist am Beispiel der Unfallserie in den *Frankfurter Hoechst-Werken* im März 1993 deutlich geworden, obwohl diese zumindest teilweise ein QM-Systemzertifkat besaßen.[74] So führte der Vorstandsvorsitzende der *Hoechst AG* selbst aus, daß es »*keine Sicherheitskonzepte von der Stange*« geben könne.[75]

Die bestehende Unsicherheit wurde nicht zuletzt dadurch hervorgerufen, daß selbst unter den akkreditierten Zertifizierungsstellen weitgehende Uneinigkeit zu diesem Themenkomplex herrscht. So ergab eine analytische Studie der einschlägigen Marketingpublikationen der in der Bundesrepublik Deutschland akkreditierten Zertifizierungsgesellschaften folgendes Ergebnis: Die Versprechungen, was das Zertifikat tatsächlich ausdrückt, gehen über die anerkannten Definitionen zum Begriff der »Zertifizierung« weit hinaus und können insoweit nur unter Werbeaspekten gesehen werden.[76,77] So findet man in den Broschüren der Zertifizierungsgesellschaften u.a. folgende Aussagen:

- »*Das Zertifikat ist ein Nachweis des Erfolgs der internen Anstrengungen zur Systematisierung der Arbeit des Unternehmens. Das auf Antrag erhältliche DQS-Zertifikatsymbol kennzeichnet die Qualitätsfähigkeit der zertifizierten Organisation.*«[78]
- »*Ein Zertifikat bescheinigt die Qualitätsfähigkeit des Unternehmens*«.[79]

- »*Das Zertifiakt – ein Instrument, das einerseits dem potentiellen Auftraggeber klaren Aufschluß über Qualitätsziele und Qualitätsstandards gibt und gleichzeitig im Bereich des Marketing neue Wege öffnet. Zertifiakt ist Qualitätsiegel.*«[80]

Lediglich zwei Zertifizierungsgesellschaften beziehen sich bei ihren Beschreibungen zum Stellenwert des Zertifikats auf durch die Rechtsprechung abgesicherte Aussagen.[81] Insofern müßte es aber im originären Interesse der Zertifizierer selbst liegen, an dieser Stelle eine eindeutigere Position zu beziehen, zumal es um deren Glaubwürdigkeit bei Unternehmen und Verbrauchern geht.[82] Es erscheint wenig förderlich, im Rahmen der Zertifizierung von einer vertrauensbildenden Maßnahme an der Schnittstelle Abnehmer (Kunde) / Zulieferer zu sprechen, wenn nicht klar definiert ist, welche Aussage durch das Zertifikat eigentlich erbracht wird. Nicht zuletzt aus diesem Grunde erkannten bisher die bundesrepublikanischen Automobilhersteller QM-Systemzertifikate ihrer Zulieferer nicht an. Insoweit bedarf es in Zukunft der kritischen Auseinandersetzung, inwieweit die Zertifizierung eines QM-Systems nach DIN ISO 9000 ff. die tatsächliche Funktions- und Qualitätsfähigkeit eines Unternehmens/QM-Systems überhaupt erbringen kann. Auch der Begriff der Funktions- und Qualitätsfähigkeit ist in sich schon erklärungsbedürftig. Folgt man dem gegenwärtigen Stand der Qualitätswissenschaft, wonach die Qualitätsfähigkeit eines Unternehmens im wesentlichen von der Führungskompetenz des Managements abhängt, so stellt sich die berechtigte Frage, wie selbst geschulte und erfahrene Auditoren die Führungsprozesse und deren Determinanten in einem zwei- bis dreitägigen Zertifizierungsaudit abschließend beurteilen wollen.

Die verschiedenen Sichtweisen führen zwangsläufig auch zu unterschiedlichen Aussagen bei der Prüfung: Was bringt einem Unternehmen das Zertifikat? Daß Zertifikate mittlerweile in vielen Branchen als Zugangsberechtigung zu Märkten im Sinne der Anbahnung von Geschäftsbeziehungen, insbesondere im Rahmen der Europäischen Gemeinschaft, verstanden werden, ist dabei unumstritten und kann insofern nur marktwirtschaftlich gedeutet werden. So wird von Experten vermutet, daß der Zertifizierungsdruck auf die Unternehmen in vielen Branchen so stark ansteigt, daß diese ohne derartige Zertifikate kaum noch Marktchancen in bestimmten Ländern haben werden. Für den Export nach Großbritannien, Frankreich und den Niederlanden ist ein

QM-Systemzertifikat bereits von exorbitanter Wichtigkeit und muß bei sämtlichen Angeboten für öffentliche Ausschreibungen beiliegen.[83]

Zahlreiche Beispiele belegen jedoch, daß erst ein QM-System, welches weit über die Anforderungen der DIN ISO 9000 ff. hinausgeht, faktisch wirtschaftlichen Nutzen erbringt.[84] Insoweit kann erst die Anwendung eines derartig umfassenderen QM-Systems im originären Interesse der Unternehmen selbst liegen.[85] Ob jedoch Unternehmen aufgrund des benötigten Zertifikats auf Dauer motiviert werden können, ihr QM-System über die DIN ISO 9000 ff. hinaus ständig zu verbessern, erscheint illusionär, auch wenn Zertifizierer darauf verweisen.[86] So sehen einige Autoren bereits in der Aufrechterhaltung des zertifizierbaren Zustandes und Anpassung an sich verändernde Forderungen der DIN ISO 9000 ff. eine unternehmerische Herausforderung.[87]Es war beabsichtigt, die Normenreihe DIN ISO 9000 ff. alle fünf Jahre zu überarbeiten, d.h. einer Revision zu unterziehen. Allerdings zeichnet sich bereits jetzt ab, daß dieses Intervall nicht eingehalten werden kann. Mit einer umfassenden Revision der 1987 erschienenen Normenfassung ist frühestens 1996 zu rechnen. Schon aus diesem Grunde kann die Wettbewerbsfähigkeit von Unternehmen auf diese Weise augenscheinlich nicht erhalten werden.

Auch die jüngere betriebswirtschaftliche und qualitätswissenschaftliche Forschung hat die Problematik möglicher Leistungs- und Wirtschaftlichkeitsnachweisen von QM-Systemen aufgegriffen und erste Gedankenansätze zur Lösung formuliert.[88] Kern dieser Aussagen ist zum einen die Abkehr von den traditionell verstandenen »Qualitätskosten« im Sinne einer zusätzlichen finanziellen Belastung,[89] zum anderen das erweiterte Verständnis, wonach ein QM-System als die gesamte Ablauf- und Aufbauorganisation des Unternehmens zu verstehen ist.[90] Der Bedeutung der Qualität Rechnung tragend wird daher zunehmend auch der Gedanke des sog. »Qualitätscontrolling« in Anlehnung an das Finanzcontrolling propagiert. Ein funktionsfähiges QM-System erstreckt sich demnach zwingend auf sämtliche Prozesse und Tätigkeiten des Unternehmens (präventiver Ansatz) und beschränkt sich nicht lediglich auf dessen Produkte oder Ergebnisse (kontrollierend-nachsorgender Ansatz). Entsprechend löst z.B. das Qualitätsmanagementhandbuch, in dem das Unternehmen mit seiner Ablauf- und Aufbauorganisation beschrieben wird, das traditionelle Organisationshandbuch ab. Außerdem gehen die Überlegungen zu QM-Systemen in Richtung des

Führungsmodells des Total Quality Managements.[91] Insofern kann die Normenreihe DIN ISO 9000 ff. lediglich als Einstiegsbasis verstanden werden, von der ausgehend die Leistungs- und Qualitätsfähigkeit des Unternehmens gesteigert werden muß. Dies wird insbesondere auch von Geschäftsführern, die durch konsequentes Qualitätsmanagement herausragende Ergebnisse erzielen konnten, ins Feld geführt.[92]

Hinweise, wonach ein QM-Systemzertifikat im Rahmen einer Werbestrategie effektiv zu gebrauchen sein soll, müssen eher als »weicher« Argumentationsfaktor denn als zwingender Überzeugungspunkt betrachtet werden.[93] Am treffendsten publizierte wohl die dänische Unternehmensberaterin *Bach*, was von einem QM-Systemzertifkat zu halten sei:[94] »*Ein ISO-Zertifikat kann vielleicht die Voraussetzung dafür sein, den Zuschlag für einen Auftrag zu erhalten, garantiert jedoch keinesfalls, daß das Unternehmen gut funktioniert und profitabel arbeitet.*« Auch Aussagen von Teilen der Zertifizierungsbranche zu einer möglichen rechtlichen Relevanz der QM-Systemzertifikate werden weitgehend unbedacht gehandhabt. Hierzu müssen zunehmend auch Consulting-Unternehmen gezählt werden. So ist es üblich, Zertifikaten die Fähigkeit einer möglichen Beweislasterleichterung zuzuschreiben. Eine empirische Erhebung der *Technischen Universität Berlin* in Zusammenarbeit mit dem *TÜVCERT* und *RWTÜV* bei 325 zertifizierten Unternehmen der Bundesrepublik Deutschland im Herbst 1993 belegt tatsächlich, daß 50 Prozent aller Unternehmen davon ausgehen, sich mittels eines Zertifikats in Produkthaftungsstreitigkeiten entlasten zu können. Darüber hinaus wollen 59 Prozent der Unternehmen hierdurch ihren Kunden eine bestimmte Qualität als garantiert zusichern.[95] Vielfach wird diesbezüglich auf das in der Bundesrepublik Deutschland zum 1. Januar 1990 in Kraft getretene Produkthaftungsgesetz verwiesen.[96] Diese Ergebnisse sind nicht verwunderlich, wenn man die irreführenden neuesten Forschungsresultate zur Thematik der Ausgestaltung von Fragenkatalogen (Checklisten) zwecks Durchführung einer Zertifizierung betrachtet. In einem Forschungsprojekt der *Friedrich-Schiller-Universität Jena* – getragen von der *Forschungsgemeinschaft Qualitätssicherung e.V. (FQS)* – wird hierzu empfohlen, pauschal abzufragen: »*Wird das Produkthaftungsgesetz v. 15.12.89 eingehalten?*«,[97] »*Werden die Schutzgesetze nach § 823 BGB eingehalten?*«. Als Antwortmöglichkeit wird offeriert: »*ja/nein*«.[98] Es ist wohl illusorisch, zu glauben, der Inhalt dieser Gesetze sei jedem Unternehmen (dem Beantworter der Checkliste) hinreichend bekannt. Es ist schon nicht ersichtlich, was eine »*ja/nein*« – Beantwortung dieser Fragen überhaupt juristisch oder für die Qualitätsfähigkeit des Unternehmens an sich für einen Sinn oder Nutzen haben könnte.

Insgesamt ist aus juristischem Blickwinkel bei Aussagen zu Zertifikaten Vorsicht geboten. Unter Umständen können Zertifikate sogar erhebliche rechtliche Konsequenzen für ein Unternehmen bedeuten, insbesondere dann, wenn sie als werbewirksames Marketinginstrument eingesetzt werden.[99,100] In diesem Zusammenhang sei nur auf eine neuere Studie von *Price/Waterhouse* verwiesen, in der Unternehmen nach Gründen für die Zertifizierung eines QM-Systems befragt wurden. Die Nutzung der »Zertifizierung als Marketinginstrument« steht danach hinter der »Verbesserung der Kundenzufriedenheit« an zweiter Stelle. »Reduzierung der Nacharbeit« wird erst auf Platz elf genannt. »Vorteile im Bereich der Produkthaftung« rangiert auf Platz neun von insgesamt fünfzehn möglichen Antworten.[101] In diesem Zusammenhang sei auf die zuvor genannte Studie der *Technischen Universität Berlin* verwiesen, wonach diese Ergebnisse bestätigt werden. Insoweit muß befürchtet werden, daß das zertifizierte QM-System im Sinne einenes »plakettenorientierten« Ansatzes in vielen Unternehmen mißverstanden wird. Es darf deshalb nicht die rechtliche Tragweite der Verwendung von Zertifikaten außer acht gelassen werden.

5.4
Das Image des Zertifikats ist die Haftungsgrundlage in einem Rechtsstreit

Ausschlaggebend für eine rechtliche Beurteilung des Verhältnisses des Verwenders eines Zertifikats zum Verbraucher ist das Ausmaß der etwaigen Diskrepanz zwischen der vom Verbraucher mit dem Zertifikat assoziierten Qualität und der tatsächlichen Beschaffenheit. Wird nämlich ein Gegenstand oder QM-System eines Unternehmens mit Zertifikaten versehen, so sind diese in der Regel geeignet, bestimmte Erwartungen auf eine gesteigerte Qualität von Produkt und Produzent hervorzurufen.[102] So hat z.B. eine empirische Erhebung in einem Rechtsstreit vor dem *Bundesgerichtshof* (*BGH*) ergeben, daß 30,4 % der befragten Brillenträger Brillenfassungen mit einem TÜV-Prüfzeichen als »etwas besser« und 27,3 % sogar als »wesentlich bessere Qualität« bewerten. Objektiv war das jedoch keineswegs der Fall.[103] Welche Konsequenzen lassen sich hieraus ableiten?

Verbraucher und Kunden,[104] die auf die Qualitätsaussage solcher Zertifikate vertrauen, können für den Fall einer in Wirklichkeit geringeren Qualität deren Verwender (z.B. Produzent, Verkäufer etc.) grundsätzlich regreßpflichtig machen. Dies gilt gerade auch deshalb, weil 62 Prozent aller zertifizierten Unternehmen das Zertifikat zum Gegenstand ihrer Vertragsverhandlungen machen.[105] Insofern haben Zertifikate auch für »ausgezeichnete« Unternehmen weitreichende Bedeutung: Normalerweise können sich Produzenten in einem etwaigen Rechtsstreit nicht schon dadurch entlasten, daß sie ihre Produkte und/oder Organisation (u.U. durch Dritte) einem Audit unterzogen und diese sodann haben zertifizieren lassen.[106] Andere am Herstellungsprozeß und Vertrieb beteiligte Unternehmen treffen aber geringere Sorgfaltspflichten als den Hersteller. So können sich z.B. Auftragsfertiger, Assembler, Händler [107] oder Importeure [108] darauf berufen, daß die Produkte von entsprechend sachverständigen Experten geprüft und mit einem Zertifikat ausgezeichnet worden sind. Anhand eines vom *BGH* entschiedenen Falles soll das verdeutlicht werden:

Die Kundin eines Händlers hatte von diesem einen Expander erworben, dessen Griff bei einer Übung infolge eines Konstruktionsfehlers brach. Der Expander schnellte so unglücklich in ein Auge der Kundin, daß sie hierauf erblindete. Der Händler hatte den Expander nicht untersucht. Der Produzent hatte diesen aber vom *TÜV* prüfen lassen. Dort war das Gerät mit dem »GS-Zeichen«[109] versehen worden. Ein anderer *TÜV* hatte ihn bei einem Test sogar mit »gut« bewertet. Nach Ansicht des *BGH* durfte sich der Händler auf diese Aussagen verlassen, so daß er mangels eigenen Verschuldens nicht in Regreß genommen werden konnte.[110]

Systematisch nach ihrer Funktion lassen sich diese Kennzeichnungen einteilen in:[111]

1. *Zulassungszeichen* = Es besteht die gesetzliche Pflicht, ein Produkt bestimmten Qualitätsanforderungen anzugleichen (z.B. Waagen entsprechend dem Eichgesetz, TÜV-Plakette für Kraftfahrzeuge).
2. *Sicherheitszeichen* = Auf Basis freiwilliger Anwendung wird die Sicherheit von Produkten und Anlagen dokumentiert. Sicherheitsstandards sind gesetzliche Bestimmungen oder Regelungen von Verbänden (z.B. DIN- oder VDE-Normen).
3. *Konformitätszeichen* = Es wird die Einhaltung einer Norm oder mit jedweden anderen Spezifikationen dokumentiert (z.B. QM-Systemzertifikate nach DIN ISO 9001, 9002 oder 9003 von Kunden und/oder neutralen Zertifizierern).
4. *Gütezeichen* = RAL-Zeichen als Ausdruck einer besonderen Qualität des jeweiligen Produkts und Produzenten.

Abbildung 42 zeigt ausgewählte Beispiele verschiedener Kennzeichnungen, wie sie von Prüfstellen vergeben werden.

In rechtlicher Hinsicht ist jedoch eine hiervon partiell abweichende Differenzierung geboten. Das liegt im wesentlichen daran, daß Kunden und Verbraucher diese systematische Gliederung nach Aufgabenbereichen nicht vollständig nachvollziehen, sondern subjektive Maßstäbe und Erwartungshaltungen an die jeweiligen Zeichen stellen. Das ist auch durchaus verständlich. So gibt es doch allein in Deutschland insgesamt schon mehr als 200 unterschiedliche Zertifizierungszeichen, die alle die Konformität mit in Normen oder anderen Regelwerken festgeschriebenen Mindestanforderungen belegen sollen. Der ganz überwiegende Teil hiervon wird dabei für Produkte vergeben.[112] Wie soll sich der Laie durch dieses Dickicht an denkbaren Kennzeichnungen finden und ihre jeweilige Bedeutung kennen? Was ist, wenn seine

Abbildung 42: Beispiele verschiedener Kennzeichnungen von Produkten/Prozessen, die von Prüfstellen vergeben werden.

objektive Erwartungshaltung enttäuscht wird? Sicherlich wäre es wenig sachgerecht, ihn auf die – ursprüngliche/eigentliche – Funktion des Zeichens zu verweisen. Schon deshalb ist eine eigene rechtliche Gliederung nach Zeichen- bzw. Zertifikatgruppen erforderlich. Danach ist zunächst zu unterscheiden zwischen einer bloßen Anbietererklärung, daß DIN- oder ähnliche Bestimmungen beachtet werden, und Zertifikaten durch einen unparteiischen Dritten. Bei letzteren ist wiederum abzugrenzen zwischen »einfachen« Zertifikaten und »Prüf- und Gütezeichen«.

5.5
Die Bedeutung nationaler und internationaler Sicherheitsstandards

In einer ganzen Reihe von Entscheidungen hat der *BGH* ausgeführt, daß DIN-Normen des *Deutschen Instituts für Normung e.V.* anerkannte Regeln der Technik sind.[113] Ebenso bewertet der *BGH* auch VDE-Bestimmungen und internationale Normen wie z.B. IEC-Publikationen (Bestimmungen der International Electrotechnical Commission), da ihnen angesichts der internationalen technischen und wirtschaftlichen Verflechtung die gleiche Bedeutung wie nationalen DIN-Normen beizumessen sein sollen.[114] Werden sie nicht berücksichtigt, so spricht wegen der damit verbundenen Gefahrerhöhung eine widerlegbare Vermutung dafür, daß Schäden bei einer Einhaltung dieser vermieden worden wären. Hierdurch wird der Anschein hervorgerufen, daß Rechtsgutsverletzungen auf die Mißachtung von DIN-Normen zurückzuführen sind.[115] Der Produzent und gegebenenfalls auch der Händler müssen demgemäß darlegen und beweisen, daß der Schaden selbst dann eingetreten wäre, wenn DIN-Normen eingehalten worden wären. Zweifel gehen zu deren Lasten.[116,117]

5.5.1 Das »normenkonforme« Produkt

Produzenten und Verkäufer bieten ihr Produkt häufig mit dem Hinweis bzw. der Werbung an, es entspreche einer bestimmten DIN-Norm oder einer anderen Sicherheits- bzw. Qualitätsbestimmung. Wird ein Produkt dann den Anforderungen, die der Kunde hiermit verknüpft, nicht ausreichend gerecht, steht ihm grundsätzlich ein Mängelgewährleistungsanspruch zu. Voraussetzung hierfür wäre aber, daß das Produkt entweder »fehlerhaft« ist oder eine »zugesicherte Eigenschaft« nicht besitzt.

Im Gegensatz zum üblichen Fehlerbegriff des Mängelgewährleistungsrechts wird beim Fehlen einer zugesicherten Eigenschaft dabei schon dann gehaftet, wenn es sich um eine vermeintlich unerhebliche Eigenschaft handelt und auch wenn hierdurch nicht einmal der Wert oder die Gebrauchstauglichkeit der Sache an sich beeinträchtigt wird.[118] So liegt z.B. nicht unbedingt ein »Fehler« vor, wenn ein PKW anstelle eines Original- mit einem Austauschmotor verkauft wird oder die Indikationsbreite eines medizinischen Meßgeräts nicht ersichtlich ist etc. Hat der Verkäufer diese Eigenschaften aber zugesichert, kommt es auf die Frage, ob ein »Fehler« im rechtlichen Sinne vorliegt, gar nicht erst an. Der Kunde kann damit also den Verwender eines solchen Zeichens für nahezu jedwede Abweichung der hierdurch assoziierten Qualität von der tatsächlichen Beschaffenheit haftbar machen und gegebenenfalls vom Kauf zurücktreten, den Kaufpreis mindern oder auch Schadensersatz wegen Nichterfüllung verlangen. Auch in bezug auf die möglichen Rechtsfolgen zeigt sich damit eine umfangreichere Haftung bei einer Verwendung solcher Zeichen:

1. Sie kann grundsätzlich nicht vertraglich ausgeschlossen werden.[119]
2. Es besteht ein gesetzlicher Schadensersatzanspruch wegen Nichterfüllung.[120]

Die Rechtsprechung wertet DIN-Normen als »Empfehlungen« des Deutschen Normungsausschusses, deren freiwillige Anwendung erwartet wird. Zu ihrem Sinn und Zweck führt der *BGH* lapidar aus: »*Sie sollen der Sicherheit von Mensch und Sache sowie der Qualitätsverbesserung in allen Lebensbereichen dienen.*«[121] Bezieht sich der Verkäufer auf diese, beinhalten sie aber noch keine gesetzliche Vermutung dafür, daß dem Kunden die ihnen zugrunde liegenden Mindesterfordernisse zugesichert werden sollen.[122] Hierfür müssen vielmehr besondere Umstände hinzukommen, aus denen sich ergibt, daß der Verkäufer ohne eigenes Verschulden für das Vorhandensein dieser Merkmale im Sinne einer Garantiehaftung einstehen will.[123] Ein Beispiel:

In der DIN-Norm 51 601 sind Mindestanforderungen aufgestellt, wie Dieselkraftstoff beschaffen zu sein hat. Mit der bloßen Bezeichnung des etwa zu verkaufenden Kraftstoffs als »Diesel« werden die Anforderungen der DIN 51 601 noch nicht im juristischen Sinne (stillschweigend) zugesichert, selbst wenn auf diese Norm vertraglich hingewiesen wird.[124] Erklärt der Verkäufer also, er liefere Diesel nach DIN 51 601, handelt es sich hierbei lediglich um eine Produktbeschreibung, nicht aber eine verbindliche Zusicherung einer bestimmten Qualität. Der Grund hierfür liegt vornehmlich darin, daß nach Ansicht des *BGH* und der überwiegenden Literatur wesentliche Teile der produzierenden Industrie auf die Bezugnahme auf DIN-Normen angewiesen sind, um ihre Lieferungen im Sinne einer Standardisierung aufeinander abzustimmen.[125]

In einem anderen Fall hat z.B. das *OLG Köln* entschieden, daß bei einem PKW-Kauf in dem Hinweis auf eine gerade erfolgte TÜV-Abnahme (durch Verweis auf TÜV-Plakette) keine Zusicherung dergestalt zu sehen ist, daß sich das Fahrzeug in einem verkehrsgerechten Zustand befindet.[126]

Nimmt der Verkäufer vertraglich auf DIN-Normen Bezug, ohne daß diese jedoch eingehalten werden, kann der Kunde aber u.U. noch wegen eines Mangels am gelieferten Produkt bestimmte Gewährleistungsansprüche geltend machen.

Die Außerachtlassung des Regelungsgehalts einer DIN-Norm muß zwar nicht unbedingt schon generell die Fehlerhaftigkeit der Ware bedeuten. Nach Ansicht des *BGH* sind dem Kunden aber nur solche Qualitätsunterschiede zumutbar, die sich im Toleranzbereich nicht vermeidbarer Schwankungen der industriellen Serienfertigung bewegen.[127] Demgemäß bedeutet z.B. ein erhebliches Abweichen des tatsächlichen Verbrauchs eines PKW gegenüber den Werksangaben (hier: DIN-Verbrauch), das diesen Toleranzbereich überschreitet, einen Fehler. Der *BGH* hatte so z.B. folgenden Fall zu entscheiden:

Der Kraftstoffverbrauch eines PKW wurde vom Herstellerwerk nach DIN 70030 pro 100 Kilometer mit 7,5 l im Stadtzyklus, mit 5,1 l bei 90 km/h und mit 6,8 l bei 120 km/h angegeben. Tatsächlich verbrauchte der PKW mehr: im Stadtzyklus: 15,2 %, bei 90 km/h: 41,37 %, bei 120 km/h: 29,71 %. Nach Ansicht des *BGH* lag damit ein Fehler im Sinne des § 459 Abs. 1 BGB vor.[128] Der Verkäufer war danach verpflichtet, die Ware zurückzunehmen oder den Kaufpreis zu mindern.

5.5.2 Das »normenkonforme« Qualitätsmanagementsystemzertifikat und seine Relevanz für die Produkthaftung

Glaubt man den Aussagen von Teilen der Zertifizierungsbranche, sollen Zertifikate, daß nach DIN ISO 9000 ff. produziert werde, von geradezu existentieller Wichtigkeit für eine Entlastung in potentiellen Produkthaftungsstreitigkeiten sein.[129] Warnend wird dabei u.a. auf angeblich entlastende »Dokumentationspflichten« hingewiesen.[130] Die Rechtsprechung vertritt zu diesen Punkten eine differenzierte Ansicht:[131]

Verwirklicht ein Unternehmen beispielsweise die in der DIN ISO 9000 ff. Reihe determinierten Vorschläge für ein QM-System und läßt es sich hierfür ein Zertifikat ausstellen, so spricht das dafür, daß es wenigstens die Mindeststandards der systematischen Qualitätssicherung umzusetzen imstande ist. Es muß gleichwohl noch nichts darüber besagen, daß gegebenenfalls doch mangelhafte Ware produziert und ausgeliefert wird. Es ist aber erst ein ausgeliefertes mangelhaftes Produkt, das außerhalb der Unternehmenssphäre Verbraucher in ihren Rechtsgütern verletzt. Beim Aufbau und Einsatz von QM-Systemen handelt es sich hingegen primär um eine interne Angelegenheit der Unternehmensorganisation. Wieso sollten also schon Zertifikate über eine vermeintlich qualitätsbewußte Produktion als Entlastung in einem Produkthaftungsprozeß dienen können?[132]

Die Bedeutung solcher Zertifikate liegt vornehmlich darin, daß die Rechtsprechung seit dem »Hühnerpest-Urteil« des *BGH* von 1968[133] stets dem Produzenten die Beweislast dafür aufbürdet, nachzuweisen, daß er einen etwaigen Mangel der Ware nicht verschuldet hat. Mit anderen Worten: Er müßte alles wirtschaftlich Zumutbare getan haben, um den Mangel zu verhindern.

Zugunsten des Produzenten kann ein »QM-Systemzertifikat« insofern grundsätzlich geeignet sein, eine Beweiserleichterung (z.B. im Sinne eines Beweises des ersten Anscheins) dafür zu schaffen, daß ihn kein Vorwurf im Sinne eines Organisationsverschuldens trifft. Letzteres kann aber grundsätzlich schon durch *jede* Nachlässigkeit der Geschäftsleitung hervorgerufen werden, so z.B. wenn Mitarbeiter überlastet oder überfordert sind, ein Organisationsplan nicht hinreichend verwirklicht wurde, Informationssysteme zu langsam arbeiten, die innerbetriebliche Kommunikation durch Hierarchieebenen unnötig behindert wird etc.[134,135] In aller Regel ist dabei kein noch so qualifiziertes Auditorenteam in der Lage, sämtliche möglichen Aspekte vollständig zu untersuchen und objektiv zu bewerten. In diesem Zusammenhang ist die Praxis der Auditierung zu berücksichtigen: Das zu auditierende Unternehmen, das der Zertifizierungsgesellschaft unter 16 verschiedenen Anbietern den Auftrag hierfür erteilt hat, erwartet von dieser als Abschluß ihrer Auditierungsleistung das anvisierte Zertifikat.

Nach einer empirischen Erhebung erreichen dies in der Bundesrepublik Deutschland tatsächlich etwa 70 % der Unternehmen auf Anhieb.[136] Die Erwartungshaltung verfestigt sich, wenn das Unternehmen die Beratung zum Aufbau eines QM-Systems und dessen Zertifizierung von derselben Gesellschaft – möglicherweise von derselben Abteilung – erhält. Das Auditorenteam steht dabei allgemein unter einer erheblichen psychischen Belastung, die durch die übliche zeitliche Beschränkung des Audits auf 1 bis 4 Tage verstärkt wird. Ein späterer Verbraucher, der nur das QM-Systemzertifikat erkennbar wahrnimmt, kann sich demgemäß jedoch nicht vollständig darauf verlassen, daß in dem zertifizierten Unternehmen keinerlei Führungs- oder Organisationsmängel vorhanden sind. Gerade diese können aber zum Qualitätsverlust (Nichtkonformität) einzelner Produktanforderungen führen. Auch in einem etwaigen späteren Rechtsstreit ist daher die Beweiskraft von QM-Systemzertifikaten gegenüber einem Gericht äußerst gering,[137] wenn überhaupt von einer solchen gesprochen werden kann.[138]

Von seiten der Assekuranzunternehmen wird deshalb aus vorgenannten Gründen die Ansicht vertreten, daß QM-Systemzertifikate nach DIN ISO 9001 bis 9003 nicht geeignet seien, als Argument für ein Reduzieren von (Versicherungs-) Prämien zu dienen.[139] Auch insoweit dürfte der tatsächliche wirtschaftliche Wert von QM-Systemzertifikaten häufig geringer sein als angenommen.

Eine weitere rechtliche Relevanz dieser QM-Zertifikate ist gegenwärtig [140] nicht ersichtlich.

5.6
Der mögliche Wert weitläufig bekannter Zertifikate

Wie auch bei DIN-Normen handelt es sich bei Zertifikaten der privaten Zertifizierungsgesellschaften zunächst nur um eine reine Produktbeschreibung oder unverbindliche Konformitätsbewertung, die noch keine besondere rechtliche Bedeutung für den Verwender dieser Zeichen oder dessen Kunden hat. Die Werbung mit Zertifikaten und die Aussagen dieser werden jedoch zunehmend agressiver. So werben manche Unternehmen z. B. mit den Botschaften:[141] »*Für Sie leisten unsere Mitarbeiter ausgezeichnete Arbeit – ISO 9001 zertifiziert*«, »*Der Oskar für Qualität*«, »*Alle wollen es, wir haben es: Das Zertifikat*«, »*Qualitätssicherung auf höchstem Niveau*«. Vielfach entsteht dabei der Eindruck, es sei nach der Auszeichnung so gut wie unmöglich, daß die Produkte noch Qualitätsschwankungen unterworfen sind. In diesen Fällen darf nicht verkannt werden, daß eine rechtliche Zusicherung im Sinne einer Garantiehaftung dann vorliegen kann, wenn die durch das Zertifikat beim Kunden hervorgerufene Qualitätserwartung sich derart festigt, daß dieser davon ausgehen mußte, der Hersteller oder Verkäufer wolle in jedem Falle für diese Qualität einstehen. So geht der *BGH* in seiner jüngeren Rechtsprechung davon aus, daß bei einer Werbung für Produkte unter Anführung bestimmter Normen (DIN, VDE etc.) oder Zertifikate der Verbraucher grundsätzlich erwarten darf, daß diese den ihnen zugrunde liegenden Regelwerken vollständig und in jeder Hinsicht entsprechen.[142] Ob diese Konstellation konkret vorliegt, ist zwar stets eine Frage des Einzelfalls. Inwiefern aber durch derartige »Firmensiegel« eine gewährleistungsbegründende Qualitätszusicherung für Produkte solcher Unternehmen angenommen werden kann, soll hierbei kurz anhand des sog. »Hohlloch-Ziegel-Falls«[143] dargestellt werden:

Die Klägerin benötigte für den Bau eines Hochhauses Mauerziegel mit einer Druckfestigkeit von 350 Kg/cm2. Sie erkundigte sich deshalb bei dem beklagten Unternehmen, ob es entsprechende Hohllochziegel in verschiedenen Größen liefern könne. Dieses sandte ihr daraufhin zwei Prüfzeugnisse eines Instituts für Ziegelforschung zu, wonach diverse untersuchte Ziegel ihres Unternehmens der gewünschten Festigkeitsgruppe angehörten. Als Herstellerbetrieb für Ziegel war die Beklagte auch in die Liste der »Güterschutz-Ziegelindustrie« eingetragen, was nur durch besondere unternehmensinterne und -externe Überprüfungen hinsichtlich der Ziegelqualität der Mitgliedsunternehmen möglich war und worauf sie die Klägerin besonders hinwies. Wie sich bald nach Lieferung herausstellte, entsprachen die gelieferten Ziegel nicht den gewünschten Anforderungen. Die Klägerin verlangte daraufhin Ersatz der durch die Beseitigung des bereits gefestigten Mauerwerks entstandenen Kosten.

Der *BGH* vertrat die Ansicht, daß der Kunde in der Regel eine exakte Qualität zugesichert haben wolle, wenn er Ware von einer ganz bestimmten Qualitätswertigkeit bestelle. Es komme hierfür auch nicht etwa darauf an, ob der Verkäufer deren tatsächlichen Verwendungszweck kenne oder nicht. Eine daraufhin erfolgende Zusage des Verkäufers könne als stillschweigende Qualitätszusicherung nach § 459 Abs. 2 BGB verstanden werden. Diese sei im vorliegenden Fall bereits in der Zusendung der beiden »Prüfzeugnisse« zu sehen. Eine Zusicherung sei im übrigen »umso mehr« gegeben, als daß die Beklagte in der Liste der »Güteschutz-Ziegelindustrie« eingetragen war und auf diesem Wege erhöhtes Vertrauen der Kunden in ihre Leistungsfähigkeit zu gewinnen suchte.[144] Der Anspruch der Klägerin auf Schadenersatz war deshalb begründet.

In anderen Entscheidungen hat der *BGH* diese Ansicht bestätigt: So sei die Kennzeichnung eines gebrauchten KFZ mit dem Vermerk »werkstattgeprüft« als Zusicherung zu werten, der Wagen sei von einem Fachmann in einer Werkstatt untersucht und dabei festgestellte Mängel seien behoben worden. Der *BGH* hat sich dabei zur Begründung der insoweit strengeren Haftung des Verkäufers darauf berufen, daß er ja schließlich diese Erklärungen bewußt in werbewirksamer Weise einsetze, um besonderes Vertrauen bei seinen Abnehmern zu erwecken.[145]

Abgesehen von diesen Besonderheiten können Produkt- oder Unternehmenszertifikate juristische Relevanz darüber hinaus auch in gewissem Maße für die Beweisführung in einem Rechtsstreit erlangen. Diese Möglichkeit kann jedoch jederzeit durch einen entsprechenden Gegenbeweis wie z.B. durch ein Gegengutachten eines Sachverständigen widerlegt werden. Fallbeispiel:

Bei einem Autounfall mit einem gemieteten PKW lassen sich auf der Fahrspur des vermeintlichen Unfallverursachers keine Bremsspuren feststellen. Hierdurch entsteht der Verdacht, daß die Bremsanlage seines Mietwagens nicht funktionierte. Diese Vermutung ließe sich dadurch widerlegen, daß der Autovermieter kurz zuvor eine *TÜV*-Untersuchung vornehmen ließ. Nachweis: TÜV-Plakette.[146] Damit besteht wieder die Vermutung, daß ein Fahrfehler des etwaigen Unfallverursachers kausal für den Unfall ist. Dieser wiederum könnte gegebenenfalls einen Sachverständigen mit der Untersuchung des Autos beauftragen. Stellt dieser (entgegen der Aussage des *TÜV)* fest, daß die Bremsanlage nicht funktioniert hat, ist der Anscheinsbeweis des Autovermieters widerlegt.[147,148]

5.7
Die rechtliche Bedeutung des CE-Zeichens für den Verbraucher

Bereits unter Abbschnitt 5.2.3 wurde ausgeführt, daß das CE-Zeichen als Verwaltungszeichen in erster Linie dazu dient, staatlichen Behörden die Übereinstimmung eines Produkts mit einschlägigen EG-Richtlinien zu signalisieren.[149] Damit korreliert, daß durch die betreffenden EG-Harmonisierungsrichtlinien primär eine Angleichung der Sicherheitsstandards in den EG-Mitgliedstaaten erreicht werden soll. Das muß aber im Einzelfall nicht zwangsläufig eine Verbesserung der Sicherheit von Produkten zur Folge haben, so z.B. wenn bereits nationale Sicherheitsbestimmungen wie DIN-Normen diese gewährleisten.[150] Nach Ansicht der Verfasser [151] kann u.a. aus diesen Gründen noch nicht von einer allgemeinen Verkehrsauffassung dahin ausgegangen werden, der Verbraucher assoziiere mit diesem Zeichen eine bestimmte gesteigerte Qualität des Produkts oder gar des Unternehmens.[152] So hat z.B. eine empirische Erhebung der *Deutschen Handwerkszeitung* zum Investitionsgüterangebot auf der *Internationalen Handwerksmesse München* (März 1993) ergeben, daß selbst bei vielen Herstellern noch eine nicht unbeträchtliche Verunsicherung wegen der Aussagekraft von CE-Zeichen vorherrscht.[153] Gewährleistungsansprüche gegen den Verwender dieses Zeichens lassen sich demnach ebenfalls nicht begründen.

5.8
Prüf- und Gütezeichen als Siegel für Qualität

5.8.1 Vom »Markenprodukt« zum »Zertifikatprodukt«

Im Gegensatz zu vorgenannten Zertifikaten werden nach zunehmender Ansicht sog. »Prüf- und Gütezeichen« generell als Zusicherung einer bestimmten Qualität verstanden. Die Rechtsprechung versteht »Prüf- und Gütezeichen« im Sinne der RAL-Grundsätze [154] als:

»interessenneutrale, objektive Ausweise der Gütesicherung, d.h. einer stetig überwachten Güte, die den jeweils öffentlich festgelegten und anerkannten Bedingungen entspricht (Abschn. 1.4 der Grundsätze). Demgemäß setzt die Schaffung eines Gütezeichens nach den RAL-Grundsätzen ein besonderes Anerkennungsverfahren voraus, in dem unter Beteiligung der interessierten Öffentlichkeit, insbesondere der betroffenen Wirtschafts- und Verbraucherkreise und der zuständigen Behörden, der Zweck des Gütezeichens, der technisch erfaßte und beanspruchte Wirkungsbereich, Form und Verwendung des Gütezeichens, das Satzungswerk der Gütezeichengemeinschaft und die Gütebedingungen festgelegt werden. Ein RAL-Gütezeichen beruht daher auf einer Gemeinschaftsarbeit der interessierten Kreise, wodurch gewährleistet wird, daß in einem neutralen Verfahren Gütebedingungen bestimmt werden, die den praktischen Bedürfnissen des betreffenden Wirtschaftszweigs gerecht werden.«[155]

Ein »Gütezeichen«, das in seinem Logo diesen Begriff oder die Begriffe »Güteschutz« oder »RAL« enthält, wird als Verbandszeichen beim deutschen Patentamt in die Warenzeichenrolle eingetragen; §§ 17, 18 Warenzeichengesetz (WZG). Ohne die Anerkennung des *RAL* wird die Eintragung vom Patentamt abgelehnt; § 4 Abs. 2 Nr. 4 WZG.[156] Der *RAL* kann dabei auf eine lang gewachsene »Qualitätstradition« verweisen. Seine Institution wurde bereits im Jahre 1925 vom »*Reichsausschuß für Lieferbedingungen und Gütesicherung*« ins Leben gerufen. Seine Satzung macht ihn zum neutralen Wächter für die Qualität von Produkten und Herstellern, so daß er »*für die Durchsetzung der Gütesicherung in der Wirtschaft im Interesse der Aufrechterhaltung der Redlichkeit im Handelsverkehr und der Förderung des Verbraucherschutzes einzutreten*« hat.[157]

Welche konkrete Bedeutung haben nun solche Zeichen für Kunden einerseits und Produzenten oder Händler andererseits? Jedenfalls dürften Prüf- und Gütezeichen, die ein derartig aufwendiges und umfangreiches Anerkennungsverfahren aufweisen, differenziert von einfacheren Zertifikaten oder DIN-Normen zu behandeln sein. Hierbei ist insbesondere auch beim DIN zu differenzieren: Die Übernahme des Verbandszeichens »DIN« ist eine Markierung des Zeichennehmers in dessen eigener Verantwortung. Die Kongruenz des Produktes mit der jeweiligen DIN-Norm wird nicht durch eine unabhängige Stelle überwacht. Daneben gibt es aber auch das DIN-Prüf- und Überwachungszeichen. Dieses wird nur vergeben, wenn die Übereinstimmung des Produktes mit einschlägigen DIN-Normen von einer unabhängigen Stelle bestätigt wurde.[158] Letzteres kann somit als »Prüf- und Gütezeichen« verstanden werden. Entgegen der landläufigen Meinung sind demgegenüber DIN-Normen gerade keine »Gütezeichen« im rechtlichen Sinne.[159] Das DIN-Prüf- und Überwachungszeichen sowie das RAL-Zeichen gewinnen damit eine besondere rechtliche Bedeutung:

5.8.2 Regreßanspruch gegen den Verwender bei minderer als der mit dem Prüf- und Gütezeichen verbundenen Qualität

Selbst für den Fall, daß die tatsächlich gelieferte Ware in ihrer Qualität nicht dem mit ihr versehenen Prüf- oder Gütezeichen entspricht, hat der *BGH* in einer Entscheidung aus dem Jahre 1974 eine besondere Haftung des Verwenders des Zertifikats verneint. Auch diese Zeichen enthielten grundsätzlich keine Garantiezusage, aus der die Abnehmer der Produkte vertragliche Ersatzansprüche wegen Qualitätsmängeln herleiten könnten.[160] Der *BGH* hat in diesem Urteil aber auch ausgeführt, daß die Verkehrsgeltung von Zertifikaten jeweils auf der Handhabung der Gütesicherung durch deren Verband und Gütegemeinschaft, also auf ihrer Überzeugungskraft im Wettbewerb beruhe.[161] Wie bereits zu den Abschnitten 5.5.1 bis 5.5.3 ausgeführt, hat seit dieser Entscheidung die Branche der professionellen Zertifizierer jedoch einen weitgehenden Wandel vollzogen. Ohne daß der *BGH* in grundsätzlicher Weise erneut zu diesem Themenkomplex Stellung genommen hätte, soll deshalb nach zutreffender Ansicht der juristischen Literatur die Verwendung derartiger Prüf- und Gütezeichen generell als rechtlich verbindliche Zusicherung von Qualitätsmerkmalen/Eigenschaften verstanden werden.[162]

5.9
Schlußfolgerungen

Zertifikate entfalten u.U. eine beträchtliche Marketingwirkung. Gegenüber einem nicht zertifizierten Konkurrenten entsteht der subjektive Eindruck eines leistungsfähigeren Unternehmens oder eines qualitätswertig höheren Produkts. Insofern können Zertifikate als vertrauensbildende Maßnahmen gewertet werden. Dieser wirtschaftliche Nutzen läßt sich nur schwer manifestieren. Um das Vertrauen in die Qualitätsaussage von Zertifikaten und damit das Leistungsvermögen ihrer Verwender nicht zu enttäuschen, dürfen sich diese nicht auf den Feststellungen eines Produkt- oder QM-Systemaudits ausruhen. Die hierdurch zum Ausdruck gekommene Qualitätsfähigkeit eines Unternehmens bedeutet lediglich eine begrenzte Momentaufnahme. Produkt-, Prozeß- und Unternehmensqualität bedürfen hingegen ständiger Verbesserungen und damit einer dynamischen Definition. Zahlreiche Beispiele belegen, daß das Anpassen des QM-Systems an die alle fünf bis sieben Jahre überarbeitete Normenreihe DIN ISO 9000 ff. nicht hinreichend ist. So hat nicht zuletzt aus diesem Grunde z.B. auch die Zertifizierung von QM-Systemen in *Japan* nur eine marginale Bedeutung.[163]

Nach zutreffender Ansicht des *Bundesverfassungsgerichts* besteht im Hinblick auf Warenzeichen die maßgebliche Bedeutung von Zertifikaten in Folgendem: »*Wer durch ein Warenzeichen auf Besonderheiten seiner betrieblichen Erzeugnisse hinweisen kann, benennt damit nicht lediglich die Herkunft seines Produktes, es ist Ausdruck seines Leistungswillens.*«[164] Ihre rechtliche Bedeutung ist im Verhältnis zum Werbeeffekt regelmäßig zwar nur gering.[165] Im Einzelfall kann der Zertifikatverwender durch eine damit verbundene allzu intensive Werbebotschaft von seinen Kunden und Verbrauchern jedoch eher in Anspruch genommen werden, sollte die tatsächliche nicht mit der mit dem Zertifikat assoziierten Qualität übereinstimmen.

5.10
Zusammenfassung

Die Unternehmen in der Bundesrepublik Deutschland beginnen zunehmend ihre Produkte und – soweit vorhanden – QM-Systeme durch eine neutrale dritte Partei auditieren und zertifizieren zu lassen. Initiiert wurde diese Entwicklung vornehmlich auf wirtschaftspolitischen Druck der EG-Kommission und Forderungen ausländischer Kunden. Mittlerweile zeichnet sich ab, daß der vielfach erhoffte wirtschaftliche Nutzen und Wert hinter den Erwartungen zurückbleibt. Besonders markant ist dieser Umstand bei der nicht nachweislich steigenden Leistungs- und Qualitätsfähigkeit. Ein ähnlicher Effekt läßt sich im rechtlichen Bereich beobachten. Während sich Unternehmen vielfach dem Trugschluß hingeben, sich mit einem Zertifikat in etwaigen Produkthaftungsstreitigkeiten entlasten zu können, muß gerade konstatiert werden, daß sie sich einer verschärften Mängelgewährleitung aussetzen. Diese Fehlinterpretation der Funktion von Auditierung und Zertifizierung wird nicht zuletzt von Aussagen weiter Teile der Zertifizierungs- und Consultingunternehmen gefördert.

Anmerkungen

1 Nach DIN ISO 8402, E03.92, S. 25, ist ein Qualitätsmanagementsystem, »*die Organisationstruktur, Verantwortlichkeiten, Verfahren, Prozesse und erforderlichen Mittel für die Verwirklichung des Qualitätsmanagements*«. In der Praxis wird weitläufig noch der Begriff »Qualitätssicherungssystem« verwendet.

2 O.V., (1979).

3 Eingebracht wurde die Ablehnung über das DIN-Präsidium auf drängen des BDI; vgl. Hansen, W., (1993a)., S. 155.

4 Hansen, W., (1993b).

5 Unter diesem Begriff soll in der folgenden Abhandlung jeweils nur die DIN ISO 9000, 9001, 9002, 9003 und 9004 verstanden werden. Zu weiteren Normungsaktivitäten im Rahmen der Normenreihe siehe Abbildung 29.

6 Vgl. Kamiske, G. F., (1991), S. 73-83.

7 O.V., (1989a), S. 3-27.

8 Vgl. Döttinger, K., Spägele, S., (1991), S. 12 ff.

9 Petrick, K. u.a., (1991), S. 344 ff.

10 Vgl. Schulz, W., (1993), S. 20.

11 Kawamura, M., (1993), S. 219 ff.

12 Siehe beispielsweise o.V., (1993a), S. 7. Es muß nachdenklich stimmen, wenn ein international tätiger Zertifizierer in seiner monatlichen Zeitschrift den Lesern suggeriert, die Japaner würden jetzt auch die Normenreihe DIN ISO 9000 ff. anwenden, was als Bestätigung der bei uns praktizierten Zertifizierung von QM-Systemen gelten könne.

13 So durchgeführt auf Interviewbasis in den Unternehmen, Komatsu, Kawasaki, Minolta, Nissan im Herbst 1993.

14 Entsprechend eines Vortrags von Mr. Masamobu Kawamura, Executive Director der Japanese Standards Association – JSA am 01.11.1993 bei der JSA anläßlich einer Studienreise der Verfasser in den japanischen Wirtschaftsraum.

15 Siehe unveröffentlichtes Konzeptpapier »TQC and JIS Marking System in Japan, hrsg. von Ministry for International Trade and Industry-MITI, November 1993.

16 Suze, K., (1985).

17 Steeples, M. M., (1992).

18 Garvin, D. A., (1991), S. 80 ff.

19 Verwiesen sei hier auf die Studie mit dem Titel: »*Vergleichende Analyse und Darstellung der Ziele, Wege und strukurellen Elemente des Malcolm Baldrige National Quality Award gegenüber der DIN ISO 9000 ff.*«, die am Lehrstuhl Qualitätswissenschaft der Technischen Universität Berlin angefertigt wurde und von dort angefordert werden kann.

20 Vgl. Wildemann, H., (1993a), S. 600 f.

21 O.V., (1992a).

22 Vgl. auch Peacock, R. D., (1992), S. 525 ff.

23 Vgl. o.V., (1993b), S. 1.

24 Wagner, F. E., (1991), S. 524 ff.
25 Mikosch, F., (1993), S. 70 f.
26 Vgl. o.V., (1993c), S. 14.
27 Petrick, K., (1992a), S. 50 ff.
28 Siehe u.a. die Normen: DIN ISO 9000-3 »Qualitätsmanagement und Qualitätssicherungsnormen Teil 3 – Leitfaden für die Anwendung von ISO 9001 für die Entwicklung, Lieferung und Wartung von Software«; DIN ISO 9004-2 »Qualitätsmanagement und Element von Qualitätssicherungssystemen – Teil 2: Leitfaden für Dienstleistungen«; DIN ISO 9004-3 »Qualitätsmanagement und Element eines Qualitätssicherungssystems – Teil 3: Leitfaden für verfahrenstechnische Produkte«.
29 O.V., (1980).
30 Vgl. Hiersekorn, F., (1992), S. 28.
31 So die zusammengefaßten, unveröffentlchten Ergebnisse zur »Analyse des überbetrieblichen Wissenstransfers in der Bundesrepublik Deutschland« – Seminarevaluation, im Rahmen der Forschergruppe 8 »Konzepte zur Umsetzung v. Qualitätswissen«, die vom Projektträger des BMFT für Fertigungstechnik und Qualitätssicherung am Kernforschungszentrum Karlsruhe unter dem Förderkennzeichen 02QF8001 gefördert wird.
32 Vgl. Koch, H., (1993), S. 114 ff.
33 Diese Aussage ist das Ergebnis einer unveröffentlichten empirischen Untersuchung, die der RWTÜV in Zusammenarbeit mit dem Lehrstuhl Qualitätswissenschaft der TU-Berlin in 94 Unternehmen der produzierenden Industrie durchführte.
34 Vgl. o.V., (1992b).
35 So wurde auch auf einen Expertengespräch am 26. August 1993 zur DIn ISO 9000 ff. bemerkt: *»Deutsche Gründlichkeit« könnte dazu geführt haben, daß bei der Umsetzung des »Top-Down-Entwurfs« der DIN ISO 9000 ff. im Praxisbereich bürokratische Strukturen gefordert wurden, die so nicht gemeint waren«* (aus: Protokoll zum Gespräch)
36 O.V., (1989a), S. 3 ff.
37 DIN ISO 8402, E03.92, S. 35.
38 Vgl. Kamiske, G. F., Brauer, J-P., (1993), S. 5-9
39 Volkmann, D., (1993), S. 6 f.
40 Warner, A., (1989), S. 9 ff.
41 O.V., (1992c).
42 Richter, H.-J., (1993), S. 136. Gleichwohl dürfte die Anzahl an zertifizierten Unternehmen in der Bundesrepublik Deutschland mit Stand Juli 1993 in etwa die Zahl 900 erreicht haben.
43 Vielfach wird statt »Anbietererklärung« auch der Begriff »Herstellererklärung« oder »Konformitätserklärung« verwendet.
44 Mittmann, H.-U., Steffen, B., Wlodka, S. M., (1993), S. 44.
45 Vgl. Kamiske, G. F., Malorny, Chr., (1993), S. 28.
46 Dreger, G., (1993), S. 126.
47 Grundlage der Akkreditierung ist das Erfüllen der entsprechenden Anforderungen der Normenreihe EN 45000; vgl. Berghaus, H., (1989), S. 128 ff.
48 Kleinert, R., (1992), S. 17 ff.

49 O.V., (1992d).
50 Scholz, U., (1993), S. 12.
51 Berghaus, H., (1992), S. D29 ff.
52 Vgl. Böshagen, U., (1993), S. 33.
53 Vgl. Previdi, E., (1989), S. 14 f.
54 O.V., (1992e), S. 16.
55 Böshagen, U., (1993), S. 32 f.
56 Schirmer, W., (1992), S. B8.
57 Vgl. DIN ISO 9000, S. 10.
58 Siehe z.B. Schulz, W., (1993), S. 20 oder Sayle, A., (1992), S. 25.
59 Siehe zu dieser Ansicht beispielsweise Berghaus, H., (1993), S. 15.
60 Vgl. Michael, H., (1992a), S. 65 ff.
61 Berghaus, H., (1993), S. 15 f.
62 O.V., (1990), S. 69 f.
63 O.V., (1992f).
64 Vgl. o.V., (1993d).
65 Vgl. Statistisches Jahrbuch für die Bundesrepublik Deutschland 1992, S. 134.
66 Im August 1993 lud diesbezüglich das DIN zu einem ersten Expertengespräch ein.
67 So auch Klaiber, E., (1992), S. 76 ff.
68 Vgl. beispielsweise Döttinger, K. H., (1992), S. D35. oder o.V., (1992g).
69 Vgl. beispielsweise Hansen, W., (1988), S. 23. Hansen geht noch einen Schritt weiter und führt aus: »*Ein Zertifikat über das Qualitätssicherungssystem ist eine Aussage über den Prozeßablauf zum Zeitpunkt der Prüfung und eine solche über den wahrscheinlichen Ablauf in der Zeit danach.*« Anmerkung der Verfasser: Es bleibt offen, welche Art von Prozeßablauf gemeint ist. So kann es sich um Abläufe im Bereich der Führungsprozesse, Geschäftsprozesse, Fertigungsprozesse usw. handeln.
70 Siehe hierzu Pärsch, J. G., (1991), S. 677, 679. Siehe auch Petrick, K., (1992b), S. 20 ff. Petrick führt aus: »*Das Zertifikat dokumentiert, daß ein wirksames Qualitätssicherungssystem nachgewiesen werden konnte.*« Weiter an anderer Stelle: »*Das QS-Systemzertifikat bestätigt folglich die Qualitätsfähigkeit eines Unternehmens oder Unternehmensbereichs.*« Und derselbe, in: Verlagsbeilage »Qualitätsmangement« zur FAZ, Nr. 237 v. 12. Oktober 1992, S. B12: »*Der wesentliche Nutzen für das Unternehmen liegt insgesamt im Vorhandensein eines funktionierenden und wirksamen Qualitätsmanagements. Dadurch werden im Sinne einer richtigen Unternehmensführung die organisierten und miteinander abgestimmten Tätigkeiten zum Wohle des Unternehmens und der Kunden durchgeführt.*« Vgl. Petrick, K., (1992c), S. B12. Nach Ansicht der Verfasser ist fraglich, ob die praktische Auditierungs- und Zertifizierungsleistung diesen Aussagen tatsächlich gerecht wird.
71 Wobei zwischen Funktionsfähigkeit und Qualitätsfähigkeit verschiedentlich differenziert wird. So z. B. bei Bläsing, J. P., (1993), S. 8.
72 Zu diesen Aussagen vgl. Dietz, W., (1993), S. 24.
73 Petrick, K., (1993), S. 4.
74 O.V., (1993e), S. 22. Für die Griesheimer Anlage existierte lediglich eine im August 1990 überarbeitete Sicherheitsanalyse.

75 O.V., (1993f), S. 16.
76 Zur anerkannten Definition siehe Volkmann, D., (1993), S. 6; oder auch Warner, A., (1989), S. 9.
77 In der unveröffentlichten Studie des Arbeitskreises »Qualität und Recht« der Verfasser wurden die Marketingpublikationen der vierzehn zum 1. März 1993 in der Bundesrepublik Deutschland akkreditierten QM-Systemzertifizierungsgesellschaften berücksichtigt.
78 Vgl. o.V., (1993g), ohne Seitenangabe.
79 Vgl. o.V., (1993h), ohne Seitenangabe.
80 Vgl. o.V., (1993i), S. 2.
81 Diese Aussage machen nur der Verband der Sachversicherer (VdS) e.V. und die Landesgewerbeanstalt Bayern (LGA). Die Autoren sind der Ansicht, daß vom VdS. aufgrund seiner Herkunft (Versicherungswesen) hier offenbar erheblich objektiver und durch die Rechtsprechung abgesicherter vorgegangen wird.
82 Siehe hierzu auch Volkmann, D., (1993), S. 7.
83 Vgl. Theuer, A., (1993), S. 93 ff.
84 Vgl. Ehrhart, K.-J., (1992), S. 83 ff., siehe auch Kamiske, G. F., (1990), S. 5 ff.
85 Vgl. Hansen, W., (1991), S. 666.
86 So aber richtungweisend: Michael, H., (1992b), S. 48.
87 Vgl. beispielsweise Bläsing, J. P., (1993), S. 8.
88 Vgl. aus betriebswirtschaftlicher Sicht: Wildemann, H., (1992), S. 761 ff.. Aus qualitätswissenschaftlicher Sicht: Kamiske, G.F., Tomys, A.-K., (1993), S. 41 ff.
89 Inwieweit der Begriff »Qualitätskosten« impliziert, daß Qualität »kostet«, soll hier nicht weiter erörtert werden. In der Literatur bestehen dazu unterschiedliche Meinungen; vgl. Wildemann, H., (1993b), S. 1-63. Einen strategisch weitsichtigeren Ansatz machen Kamiske, G. F., Tomys, A.-K., (1992), 8. Vortragsmanuskript.
90 Vgl. auch Malorny, Chr., u.a., (1993), S. 269 ff.
91 Um den Rahmen dieser Untersuchung nicht zu sprengen, sehen die Verfasser von einer eingehenderen Besprechung dieser Thematik ab. Siehe hierzu aber weiterführend: Kamiske, G. F., Malorny, Chr., (1992), S. 274-278.
92 Siehe z.B. Ehrhart, K.-J., (1992), S. B4 oder Esser, K.-P., Emmerich, L., (1992), S. 39 ff..
93 Siehe hierzu beispielsweise Hansen, W., (1993a), S. 156.
94 Bach, A., (1993), S. 76.
95 Bisher unveröffentlichte Studie der Technischen Universität Berlin (Lehrstuhl Qualitätswissenschaft), des TÜVCERT und des RWTÜV; Stand Oktober 1993. Veröffentlichungen in Vorbereitung.
96 Siehe z.B. Mittmann, H.-U., (1992), S. 143 f.; Arp, F., (1992), S. 24.
97 Anmerkung der Verfasser: Schon das genannte Datum des Produkthaftungsgesetzes ist nicht korrekt. Zwar ist dieses am 15.12.1989 im Bundesgesetzblatt verkündet worden, nach dessen § 19 aber erst am 01.01.1990 in Kraft getreten.
98 Siehe Hofmann, D., u.a., (1993), S. 242.
99 Hierzu Lahrmann, K., (1990), S. 34 f.
100 Schweer, C. S., (1992), S. 32-34.
101 Vgl. Gutberlet, Th., (1993), S. 19.
102 Schweer, C. S., (1992), S. 32-34.

103 Bei: BGH, BB 1991, S. 292, 293.

104 Als »Verbraucher« ist in diesem Sinne derjenige zu verstehen, der in irgendeiner Weise mit dem Produkt/Unternehmen in Verbindung kommt. Wird er durch diesen Kontakt in seinen Rechten tangiert steht ihm möglicherweise ein deliktischer Schadensersatzanspruch (§ 823 Bürgerliches Gesetzbuch, BGB) oder ein solcher nach dem Produkthaftungsgesetz zu. »Kunde« ist, wer ein Produkt vertraglich (z.B. durch Kauf- oder Werkvertrag) erwirbt. Ihm können *neben* vorgenannten Ansprüchen auch vertragliche (u.a. Schadenersatz-) Ansprüche (z.B. §§ 459, 480, 633 – 635 BGB) zustehen. In aller Regel kann er diese vertraglichen Ansprüche aber nur gegen seinen Vertragspartner geltend machen. Um den vorliegenden Beitrag nicht mit rechtlichen Differenzierungen der verschiedenen Anspruchsgrundlagen zu überfrachten, verzichten die Verfasser wenigstens partiell auf eine explizite Unterscheidung zwischen den diskutierten Normen.

105 So die Ergebnisse einer bisher unveröffentlichten Studie der Technischen Universität Berlin (Lehrstuhl Qualitätswissenschaft), des TÜVCERT und des RWTÜV; Stand Oktober 1993. Veröffentlichungen in Vorbereitung.

106 BGHZ 99, 167 (176) = NJW 1987, S. 1009 = LM § 823 [Dc] BGB Nr. 157 (Honda-Entscheidung); NJW 1987, S. 372 = LM § 823 [Db] BGB Nr. 22 = VersR 1987, S. 102 (Verzinkungsspray-Entscheidung).

107 Zu deren Produkthaftung insgesamt: Kossmann, H., (1984), S. 1664 ff.

108 BGH, NJW 1980, S. 1219 = LM § 823 [Dc] BGB Nr. 128 = VersR 1980, S. 380, 382 (Klapprad-Entscheidung).

109 Vgl. hierzu § 3 Abs. 4 S. 1 Gerätesicherheitsgesetz: »*Der Hersteller oder Einführer eines technischen Arbeitsmittels darf dieses mit dem vom Bundesminister für Arbeit und Sozialordnung im Bundesarbeitsblatt bekanntgemachten Zeichen »GS = geprüfte Sicherheit« versehen, wenn es von einer Prüfstelle einer Bauartprüfung unterzogen worden ist.*«; hierzu Schiffer, H. W., Delbrück, K., (1991a), S. 1004 f.

110 BGH, NJW – RR 1990, S. 406, 407.

111 Vgl. so auch differenzierend: Volkmann, E. D., (1988), S. 593 ff., 595-599.

112 Hohler, B., (1993), S. 301.

113 Siehe hierzu nur BGHZ 103, 338 (341 f.) = NJW 1988, S. 2267 = LM § 823 [Dc] BGB Nr. 165; DB 1991, S. 2080, 2081, jeweils m.w.N.

114 BGH, NJW 1992, S. 369, 371: Im Fall ging es um die jeweiligen Vorschriften zur Sicherheit von Steckdosen-Kombinationen.

115 BGH, NJW 1991, S. 2021 f.: Bei der Aushebung und Sicherung einer Baugrube wurden einschlägige DIN-Normen nicht beachtet. Da der BGH nur über Rechtsfragen, nicht aber zur Tatsachenfeststellung entscheidet, wurde der Rechtsstreit zur näheren Sachverhaltsaufklärung an die Vorinstanz zurückverwiesen. So auch Marburger, P., (1979), S. 448 ff., 453 f. m.w.N.

116 BGH, NJW 1991, S. 2021 f.

117 Näher zu diesem sog. Beweis des ersten Anscheins (= prima facie Beweis): Thomas, H., Putzo, H., (1991), § 286 Anm. 4.

118 Zum Begriff der zugesicherten Eigenschaft: Putzo, H., (1993), § 459 Anm. 4.

119 Vgl. § 11 Nr. 10, 11 AGBG (Gesetz zur Regelung des Rechts der Allgemeinen Geschäftsbedingungen).

120 Bei einem Fehler der Ware ist dieser Anspruch nur gegeben, wenn der Verkäufer diesen arglistig verschwiegen hat; vgl. §§ 463, 480 BGB.
121 BGH, DB 1991, S. 2080, 2081.
122 BGH, NJW 1968, S. 2238, 2240.
123 BGH, BB 1980, S. 1068, 1069: PVC-Platten entsprachen nicht der DIN-Norm 68763; NJW 1975, S. 1693 = WM 1975, S. 895; Knöpfle, R., (1987), S. 801, 802 f. und dort in Fußn. 6; Hüffer, U., (1973), S. 608.
124 BGH, NJW 1968, S. 2238, 2240; bestätigt u.a. in: BGHZ 59, 303 (308 f. – Trinkwasser nach DIN 2000 u. 2001).
125 Wiebe, A., (1993), S. 164 m.w. Rechtsprechungsübersicht. Zweifelnd: Westermann, H. P. u.a., (1988), § 459 Randnr. 59.
126 OLG Köln, NJW 1993, S. 271.
127 Siehe hierzu so auch Reinking, K., Eggert, C., (1992), Randnrn. 413 ff., 433 ff.
128 BGH, NJW 1987, S. 3012, 3013; vgl. auch OLG Zweibrücken, DAR 1984, S. 87; 1982, S. 162.
129 Vgl. so z.B. Arp, F., (1992), S. 24; Koch, H., (1993), S. 114.
130 So beispielsweise Combüchen, M., (1993), S. B23.
131 Daß es Dokumentationspflichten in diesem Sinne nicht gibt, hat der BGH erst jüngst wieder klargestellt: NJW 1993, S. 528 ff. = BB 1993, S. 248, 249; ZIP 1993, S. 440, 441 f.
132 Es sei an dieser Stelle darauf verwiesen, daß zwischen Produkt- und QM-Systemzertifikaten ein signifikanter Unterschied besteht. Siehe so auch: Petrick, K., (1992b), S. 20 ff.
133 BGHZ 51, 91 ff. = NJW 1969, S. 229; vgl. auch jüngst BGH, NJW 1992, S. 1039 ff. bzgl. Kleinbetriebe und NJW 1993, S. 528 ff. = BB 1993, S. 248 ff.
134 Bauer, C.-O., (1990).
135 Siehe hierzu auch aus strafrechtlicher Sicht: Cramer, P. u.a., (1991), § 15 Randnr. 223 m.w.N.
136 Gutberlet, Th., (1993), S. 19.
137 In diese Richtung auch: Bauer, C.-O., (1990).
138 Der HDI weist dies z.B. gänzlich von der Hand: O.V., (1989b), S. 9 f.
139 O.V., ebenda.
140 Daß ein »Unternehmenszeichen« (z.B. Made by Grundig, Mercedes Benz) oder »QM-Systemzertifikat« – im Rahmen vertraglicher oder deliktischer Ansprüche (anders im Wettbewerbsrecht) – bei Verbrauchern ebenso geeignet ist wie »Warenzeichen«, Vertrauen in die Qualität der Produkte zu erwecken, wird von Rechtsprechung und juristischer Literatur nur äußerst zögerlich befürwortet. In diese Richtung: BGHZ 48, 118 ff. = DB 1967, S. 1407 (Trevira-Entscheidung); VersR 1966, S. 241, 242 (Hohllochziegel-Entscheidung); Gladt, K.W., (1991), S. 40 – 67.
141 Siehe zu diesen Beispielen und den mit diesen Botschaften werbenden Unternehmen Verlagsbeilage »Qualitätsmanagement« der FAZ Nr. 237 v. 12. Oktober 1992.
142 BGH, NJW 1992, S. 369, 371; LM § 3 UWG Nr. 231 = GRUR 1985, S. 973, 974 = WRP 1985, S. 546, 547 f. So auch Putzo, H., (1993), § 459 Anm. 4; Wiebe, A., (1993), S. 163.
143 BGH, VersR 1966, S. 241 ff.

144 BGH, VersR 1966, S. 241, 242; zustimmend: Mezger, H.-R., (1978), § 459 Randnr. 21.
145 BGHZ 87, 302 (306).
146 Beispiel auch bei: Hübner, U., (1985), S. 707.
147 Vgl. so auch die ähnliche Beweissituation, in: OLG Köln, NJW 1993, S. 271.
148 Insgesamt zur Beweislastsituation in Produkthaftungsstreitigkeiten: BGH, NJW 1993, S. 528 ff. = BB 1993, S. 248 ff. m.w.N.
149 So im übrigen auch: Schiffer, H. W., Delbrück, K., (1991a), S. 1004 f. und dieselben, (1991b), S. 22. Weitgehender: Lötz, W., (1989), S. 1 ff.
150 In diese Richtung auch: Berghaus, H., (1993), S. 11 f.; Eckstein, D., (1993), S. 107.
151 Soweit ersichtlich, ist zu CE-Zeichen in diesem Bereich noch keine gerichtliche Entscheidung oder Stellungnahme der juristischen Fachliteratur bekannt.
152 Langfristig gesehen dürften mit zunehmender Verbreitung und Bekanntheitsgrad CE-Zeichen aber ebensolche rechtliche Bedeutung wie z.B. nationale GS-Zeichen erlangen.
153 O.V., (1993j), S. 20
154 RAL – Deutsches Institut für Gütesicherung und Kennzeichnung e.V. Hierzu Wiebe, A., (1993), S. 74 ff.; Müller, K., (1987), S. 521.
155 BGH, BB 1991, S. 292, 293, m.w.N. Demzufolge sollte im konkreten Fall ein »TÜV-Prüfzeichen« für Brillenfassungen kein Gütezeichen sein.
156 Baumbach, A., Hefermehl, W., (1985), §§ 17 – 23 WZG Randnr. 5; Busse, R., Starck, J., (1990), § 17 Randnrn. 3 bis 8; Müller, K., (1987), S. 521.
157 So auch (bei) Schirmer, W., (1988), S. 619 f.
158 Hierzu: Schiffer, H. W., Delbrück, K., (1991a), S. 1005 m.w.N.
159 So aber z.B. Küffner, G., (1991), S. T1.
160 BGH, NJW 1974, S. 1503, 1504 f.: Röhren entsprachen nicht der Qualitätsaussage der mit ihnen gekennzeichneten Prüfzeichen des Deutschen Vereins von Gas- und Wasserfachmännern (DVGW). Der Produzent hatte dem DGVW Röhren von besserer Qualität vorgelegt, als er dann später tatsächlich an seine Kunden lieferte.
161 BGH, ebenda.
162 Insoweit grundlegend: Müller, K., (1987), S. 1521 ff.; Schirmer, W., (1988), S. 619 ff., 629 f.; Schweer, C. S., (1992), S. 33 und dort u.a. in Fußn. 115; Wiebe, A., (1993), S. 164. So auch schon Honsell, H. u.a., (1978), § 459 Randnr. 74. In diese Richtung auch selbst schon BGHZ 48, 118 ff. = DB 1967, S. 1407 (Trevira-Entscheidung); BGH, DB 1954, S. 928 = MDR 1955, S. 31 (Pfefferminzöl-Entscheidung) und dort wörtlich: »*Unter Umständen kann die Verwendung des bloßen Warennamens als Zusicherung der dieser Ware innewohnenden Eigenschaften angesehen werden.*«.
163 Dort sind bisher nach DIN ISO 9000 ff. nur etwa 50 Unternehmen zertifiziert; vornehmlich um damit unkomplizierter in EG-Mitgliedstaaten exportieren zu können. Schulz, W., (1993), S. 20.
164 BVerfG, MA 1979, S. 561; abgedruckt auch bei: Giefers, H. W., (1987), S. 15.
165 Ebenso wertend: Schwendemann, U., (1988), S. 11, 12; Giefers, H. W., (1987), S. 12-15.

Zitierte Literatur

Arp, F., (1992): Im Wettbewerb um Gefahrengut läuft nichts mehr ohne Qualitätssicherungssysteme, in: Handelsblatt v. 12.11.1992, S. 24

Bach A., (1993): Qualitätsmanagement - Managementqualität, in: Lean Service, hrsg. v. Biehal, F., Wien, Bern 1993, S. 76-96

Bauer, C.-O., (1990): Aufgaben der Normenstelle - Organisationsverantwortung - Zukunftssicherung, in: HDI - Information H III 4/90, hrsg. v. Haftpflichtverband der Deutschen Industrie, Hannover 1990

Baumbach, A., Hefermehl, W., (1985): Warenzeichenrecht, 12. Auflage, München 1985

Berghaus, H., (1989): Europäische Aktivitäten im Bereich der Zertifizierung - Die Intention der Brüsseler EG-Kommission, in: DIN-Mitteilung 68. 1989, Nr.3, S. 128 ff.

Berghaus, H., (1992): Entwicklungstendenzen im Prüf- und Zertifizierungswesen, in: Tagungsband »Messen, Prüfen, Zertifizieren« - Erster Europäischer Kongreß für Technische Sicherheit, hrsg. v. Zentrale für Produktivität und Technologie e. V., Saarbrücken 1992

Berghaus, H., (1993): Die Zertifizierung-/Akkreditierungspolitik der europäischen Gemeinschaft, in: Zertifizierung und Akkreditierung, hrsg. v. Hansen, W., München, Wien 1993, S. 3-16

Bläsing, J. P., (1993): Der Total Quality Management Baukasten, in: Readme.TQU, 11. Ausgabe, Dezember 1992 - März 1993, S. 8

Böshagen, U., (1993): Zertifizierung und Normung, wirtschaftliche Aspekte des EG-Binnenmarktes und deren Auswirkung auf den freien Waren- und Handelsverkehr, in: Zertifizierung und Akkreditierung, hrsg. v. Hansen, W., München, Wien 1993, S. 17-40

Busse, R., Starck, J., (1990): Warenzeichengesetz, 6. Auflage, Berlin, New York 1990

Combüchen, M., (1993): Vom Stiefkind zum Imageträger, in: FAZ v. 22. März 1993, Beilage »CeBIT 1993«, S. B23

Cramer, P., u.a., (1991): Strafgesetzbuch - Kommentar, 24. Auflage, München 1991

Dietz, W., (1993): QS-System mit Zertifikat, in Ausgewählte Veranstaltungen aus den Bereichen Qualitätsmanagement u.a., hrsg. v. Haus der Technik e.V., Essen 1993

Döttinger, K., Spägele, S., (1991): Zertifizierung von Produkten und QS-Systemen im Hinblick auf den europäischen Markt, in: DIN-Mitteilung 70, 1991, Nr. 1, S. 12-15

Döttinger, K. H., (1992): Die Zertifizierung von Qualitätssicherungssystemen im internationalen Vergleich, in: Tagungsband »Messen, Prüfen, Zertifizieren - Erster Europäischer Kongreß für Technische Sicherheit«, Saarbrücken 1992, S. D31-36

Dreger, G., (1993): Zertifizierung von elektronischen Erzeugnissen, in: Zertifizierung und Akkreditierung (hrsg. v. Hansen, W.), München 1993

Eckstein, D., (1993): Zertifizierung im Maschinenbau, in: Zertifizierung und Akkreditierung, hrsg. v. Hansen, W., München, Wien 1993, S. 99-108

Ehrhart, K.-J., (1992): Eigenverantwortung großgeschrieben, in: Verlagsbeilage »Qualitätsmanagement« zur FAZ, Nr. 237 v. 12. Oktober 1992, S. B4

Ehrhart, K.-J., (1992): Das Qualitätssicherungssystem – ein Schritt auf dem Weg zu TQM, in: Tagungsband »Die Hohe Schule – Total Quality Management, Fallbeispiele erfolgreicher deutscher Unternehmer mit Strategien zur Zukunftssicherung, hrsg. v. Kamiske, G. F., Berlin 1992, S. 83-107

Esser, K.-P., Emmerich, L., (1992): Eine neue Unternehmenskultur als Voraussetzung für Total Quality Management, in: Tagungsband »Die Hohe Schule – Total Quality Management, Fallbeispiele erfolgreicher deutscher Unternehmer mit Strategien zur Zukunftssicherung, hrsg. v. Kamiske, G. F., Berlin 1992, S. 39-80

Garvin, D. A., (1991): How the Baldrige really works, in: Harvard Business Review, Nov.-Dez. 1991, S. 80-93

Giefers, H. W., (1987): Markenschutz, 2. Auflage, Freiburg im Breisgau 1987

Gladt, K. W., (1991): Die »Ausbeutung« von Kennzeichen im Wettbewerb, Wien, New York 1991

Gutberlet, Th., (1993): Qualitäts-Attest macht stark am Markt – Unternehmensberatung Price Waterhouse legt Studie zu DIN ISO 9000 vor, in: VDI Nachrichten Nr. 6 v. 12. Feb. 1993, S. 19

Hansen, W., (1989): Zertifizierung von Produkten und Dienstleistungen – Zertifizierung und Qualitätssicherungssysteme, in: DIN Manuskriptdruck »Zertifizierung in Europa – Meinungen und Perspektiven, Berlin 1989, S. 22-24

Hansen, W., (1991): Cui bono? Wem nützt es?, in: Qualität und Zuverlässigkeit 36 (1991) 12, S. 666

Hansen, W., (1993a): Zertifizierung von Qualitätsmanagementsystemen, in: Zertifizierung und Akkreditierung, hrsg. v. selbigem, München, Wien 1993, S. 151-171

Hansen, W., (1993b): Welche Beiträge zur Verbesserung des Qualitätsmanagements sollte die Forschung erbringen?, in: Tagungsband »Karlsruher Arbeitgespräche Qualitätssicherung«, hrsg. v. Kernforschungszentrum Karlsruhe, März 1993, lose beiligendes Manuskript

Hiersekorn, F., (1992): Immer mehr Unternehmen lassen ihr Qualitätssicherungssystem zertifizieren, in: Handelsblatt v. 1. Dezember 1992, S. 20

Hofmann, D., u.a., (1993): Untersuchung zur Verbesserung der Qualitätsfähigkeit und Qualitätszirkelarbeit in rechnerunterstützter Arbeitsumwelt unter besonderer Beachtung internationaler Zusammenhänge, Bericht zur Forschungstagung Qualitätssicherung 93 der Forschungsgemeinschaft Qualitätssicherung (FQS) e.V. am 15. Sept. 1993, Franfurt/Main 1993, S. 229-245

Hohler, B., (1993): Qualitätssicherung und Zertifizierung von Software, in: Tagungsband »Quality 93«, hrsg. v. Messe Stuttgart, Stuttgart 1993, S. 301-317

Honsell, H. u.a., (1978): J. von Staudingers Kommentar zum Bürgerlichen Gesetzbuch mit Einführungsgesetz und Nebengesetzen, 12. Auflage, Berlin 1978

Hübner, U., (1985): Haftungs- und versicherungsrechtliche Probleme der Schadenserkennung durch Sachverständige, insbesondere TÜV, in: Versicherungsrecht (VersR) 1985, S. 701 ff.

Hüffer, U., (1973): Zusicherung von Eigenschaften der Kaufsache durch schlüssiges Verhalten und Haftung für Entwicklungsschäden – BGHZ 59, 158, in: Juristische Schulung (JuS) 1973, S. 606 ff.

Kamiske, G. F., (1990): Qualität und Produktivität, in: Zeitschrift für wirtschaftliche Fertigung, 1/1990, S. 5-7
Kamiske, G. F., (1991): Auditierung und Zertifizierung, in: Tagungsband der 3. Arbeitskreissitzung »Qualität und Information – Strategien für den Wettbewerb«, hrsg. v. Wildemann, H., München 1991, S. 73-83
Kamiske, G. F., Brauer, J., (1993): Qualitätsmanagment von A-Z, München 1993
Kamiske, G. F., Malorny, Chr., (1992): Total Quality Management – Ein bestechendes Führungsmodell mit hohen Anforderungen und großen Chancen, in: Zeitschrift Führung+Organisation 5/1992, S. 274-278
Kamiske, G. F., Malorny, Chr., (1993): Beurteilung der Zulieferer durch eine neutrale Stelle bringt Vorteile, in: Handelsblatt v. 23.01.1993, S. 28
Kamiske, G. F., Tomys, A.-K., (1992): Ausblick zur Kostentheorie – Leistung anstelle »Qualitätskosten«, in: Tagungsband »Die Hohe Schule – Führen mit Qualität«, hrsg. v. Kamiske, G. F., Berlin, 1993, Manuskript zum 8. Vortrag
Kamiske, G. F., Tomys, A.-K., (1993): Qualitätsmanagement verbessert den Wirkungsgrad der Produktion, in: Zeitschrift für wirtschaftliche Fertigung 1/1993, S. 41-43
Kawamura, M., (1993): Die Zertifizierung des Qualitätssicherungssystems in Japan, in: Zertifizierung und Akkreditierung , hrsg. v. Hansen, W., München 1993, S. 219-234
Klaiber, E., (1992): Qualitätssicherungssysteme für Prüflaboratorien, Voraussetzungen für die internationale Anerkennung von Prüfleistungen, in: Tagungsband »Quality 92«, hrsg. v. Messe Stuttgart, Stuttgart 1992, S. 76-81
Kleinert, R., (1992): Marktzugang durch Nachweis der Normenkonformität, in: DIN-Mitteilung 71, 1992
Knöpfle, R., (1987): Zum Inhalt des Fehlers und der Zusicherung i.S. des § 459 I, II BGB, in: Neue Juristische Wochenschrift (NJW) 1987, S. 801 ff.
Koch, H., (1993): ISO-Star, in: manager magazin, Heft August 8/1993, S. 114-119
Kossmann, H., (1984): Der Handel im System der Produkthaftpflicht, in: Neue Juristische Wochenschrift (NJW) 1984, S. 1664 ff.
Küffner, G., (1991): Das pingeligste Normenarsenal haben die Deutschen, in: FAZ v. 1. Okotober 1991, Technik und Motor, S. T1
Lahrmann, K., (1990): Steuerung des Produkthaftungsrisikos durch Marketing, in: Produkthaftung International (PHI) 1990, S. 30 ff.
Lötz, W., (1989): Europäische Produktnormen als Instrumente des freien Warenverkehrs, des Umweltschutzes und der technischen Sicherheit – aus Sicht der Verwaltung, in: Gewerbe-Archiv (GewArchiv) 1989, S. 1 ff.
Malorny, Chr. u.a., (1993): Qualitätsmanagementsysteme nach DIN ISO 9000 ff. – Wo liegen die Schwierigkeiten, in: Qualität und Zuverlässigkeit 5/1993, S. 269-274
Marburger, P., (1979): Die Regeln der Technik im Recht, Köln – Berlin – Bonn – München 1979
Mezger, H.-R., u. a., (1978): Das Bürgerliche Gesetzbuch (BGB-RGRK) – Kommentar, Band II 2. Teil, 12. Auflage, Berlin – New York 1978
Michael, H., (1992a): Sind QS-Systeme Feigenblatt oder Fortschritt?, in: Zeitschrift »Das Papier«, Heft 10/1992, S. 65-68
Michael, H., (1992b): Konzepte zur Nutzung eines Qualitätssicherungssystems nach der Zertifizierung, in: Tagungsband »Quality 92«, hrsg. v. Messe Stuttgart, Stuttgart 1992, S. 48-49

Mikosch, F. ,(1993): Grundlagenforschung zum Qualitätsmanagement – Was ist das?, in: Qualität und Zuverlässigkeit 38 (1993) 2, S. 70-71
Mittmann, H.-U., (1992): Auditieren, Zertifizieren, Akkreditieren – die Entwicklung zu einem europäischen System, in: Tagungsband »Die Hohe Schule – Management für Qualität und Produktivität, Die Zulieferindustrie im Blickwinkel«, hrsg. v. Kamiske, G. F., Berlin 1992, S. 139-152
Mittmann, H.-U., Steffen, B., Wlodka, S. M., (1993): Akkreditierung von Prüflaboratorien und Zertifizierungsstellen in Deutschland, in: Zertifizierung und Akkreditierung, hrsg. v. Hansen, W., München, Wien 1993, S. 41-78
Müller, K., (1987): Die haftungsrechtliche Bedeutung des Gütezeichens im Kaufvertrag mit dem Endabnehmer als Käufer, in: Der Betrieb (DB) 1987, S. 521 ff.
O.V., (1979): DIN 55355 – Grundelemente für Qualitätssicherungssysteme, Beuth-Verlag, Berlin
O.V., (1980): Qualitätssicherung in kleineren Unternehmen, DGQ-Schrift Nr. 12-40, 2. Auflage, hrsg. v. Deutsche Gesellschaft für Qualität (DGQ), Frankfurt/Main
O.V., (1989a): Ein Globales Konzept für Zertifizierung und Prüfwesen, in: Amtsblatt der Europäischen Gemeinschaft (Nr. L 380/13) v. 19.Oktober 1989, S. 3-27
O.V., (1989b): Qualitätssicherungssysteme – Normen und Zertifikate, in HDI-Information H III 10/89, hrsg.v. Haftpflichtverband der Deutschen Industrie V.a.G., Hannover 1989
O.V., (1990): Kooperationsvereinbarung zu Zertifikaten über Qualitätssicherungssysteme, von acht Partnern unterzeichnet: EQNET, in: DIN-Mitteilungen 69, S. 69-70
O.V., (1992a): Total Quality Management – Das europäische Modell für die Selbstbewertung, hrsg. v. EFQM, Eindhoven 1992
O.V., (1992b): BMFT-Programm »Qualitätssicherung«, Pressedokumentation hrsg. v. Bundesministerium für Forschung und Technologie, Bonn 1992
O.V., (1992c): The United Kingdom Register of Quality Assessed Companies, hrsg. v. Department of Trade and Industrie, London 1992
O.V., (1992d): Akkreditierung von Prüflaboratorien und Zertifizierungsstellen – Die TGA stellt sich vor, hrsg. v. TGA, Frankfurt/Main 1992
O.V., (1992e): Geprüfte Sicherheit wird auch im Ausland gschätzt, in: Handelsblatt v. 17. Dez. 1992, S. 16
O.V., (1992f): Informationsschrift der Deutschen Gesellschaft zur Zertifizierung von QS-Systemen mbH, hrsg. v. derselben, Frankfurt/Main 1992
O.V., (1992g): Richtlinien zur Zertifizierung von Qualitätssicherungssystemen, hrsg. v. Verband der Sachversicherer e.V., Köln 1992
O.V., (1993a): Japan – Pursuing higher quality standards, in: Review – News from Loyd's Register Quality Assurance Limited, July 1993, S. 7
O.V., (1993b): Quality Link, EFQM Newsletter, Volume 5, No. 23
O.V., (1993c): Aufbau eines Qualitätssicherungssystems in kleinen und mittleren Unternehmen, hrsg. v. Verband Deutscher Maschinen und Anlagenbau e.V. u. Deutsche Gesellschaft für Qualität e.V. (DGQ), Frankfurt/Main
O.V., (1993d): Review – News from Loyd's Register Quality Assurance Limited, July 1993
O.V., (1993e): Hoechst: Vorsorge gegen Störfälle mit technischer Sicherheit, in: FAZ v. 22. März 1993, S. 22

O. V., (1993f): Nicht hinter jedem Schichtführer kann ein Aufsichtsbeamter stehen, in: FAZ v. 17. März 1993, S. 16

O. V., (1993g): Werbepublikation (ohne Titel) der Deutschen Gesellschaft zur Zertifizierung von Qualitätsmanagementsystemen mbH, Frankfurt/Main, Berlin 1993

O. V., (1993h): Qualität kann man zeigen (Werbepublikation), hrsg. v. Dekra AG, Stuttgart 1993

O. V., (1993i): Zertfizierung von Qualitätssicherungssystemen durch NIS-ZERT, hrsg v. NIS Ingenieurgesellschaft mbH, Hanau 1993

O. V., (1993j): Qualitätssicherungssysteme noch für viele neu, in: FAZ v. 3. März 1993, S. 16.

Pärsch, J. G., (1991): Nachweis eines Qualitätssicherungssystems, in: Qualität und Zuverlässigkeit 36 (1991) 12, S. 677 ff.

Peacock, R. D., (1992): Ein Qualitätspreis für Europa, in: Qualität und Zuverlässigkeit 37 (1992) 9

Petrick, K. u.a., (1991): Eine Strategie zur Entwicklung internationaler Normen zu Qualitätsmanagement und Qualitätssicherung für die 90er Jahre (Vision 2000), Konzeptpapier der Arbeitgruppe ISO/TC 176, Berlin, in: DIN-Mitteilungen 70, 1991 Nr. 6, S. 344-351

Petrick, K., (1992a): Weiterentwicklung der internationalen Normung zum Qualitätsmanagement, in: Tagungsband »Quality 92«, hrsg. v. Stuttgarter Messe- und Kongressgesellschaft mbH, Stuttgart 1992, S. 50-55

Petrick, K., (1992b): Zertifizierung von Qualitätssicherungsystemen, in: TU-International, Berlin 1992, S. 20-22

Petrick, K., (1992c): Verlagsbeilage »Qualitätsmanagement«, in: FAZ, Nr. 237 v. 12. Oktober 1992, S. B12

Petrick, K., (1993): Qualitätsmanagementsysteme – Teil 3: Zertifizierung – Ein Überblick, in: Qualitätsmanagement im Unternehmen, hrsg. v. Hansen, W., Jansen, H. H., Kamiske, G. F., Berlin u. a. 1993, S. 1-7

Previdi, E., (1989): Quo vadis, Zertifizierung? Die Entwicklung in der EG, in: Zertifizierung in Europa – Meinungen und Perspektiven, DIN-Manuskriptdruck, Berlin 1989, S. 14-15

Putzo, H. u.a., (1993): Palandt – Bürgerliches Gesetzbuch, 52. Auflage, München 1993

Reinking, K., Eggert, C., (1992): Der Autokauf, 5. Auflage, Düsseldorf 1992

Richter, H.-J., (1993): QM-System-Zertifizierung in Deutschland, in: Qualität und Zuverlässigkeit 28 (1993) 3, S. 136

Sayle A., (1992): Audits – the Key to the Future, in: Journal of the European Organization for Quality, No. 3/92, S. 25

Schiffer, H. W., Delbrück, K., (1991a): Kennzeichnung als Instrument des produktbezogenen Umweltschutzes, in: Der Betrieb (DB) 1991, S. 1002 ff

Schiffer, H. W., Delbrück, K., (1991b): Umweltaspekte der Harmonisierung des Europäischen Produktrechts – die Bauproduktenrichtlinie der EG und ihre Umsetzung, in: Gewerbe-Archiv (GewArchiv) 1991, S. 17 ff.

Schirmer, W., (1988): Das System der RAL-Gütezeichen in Deutschland, in: Handbuch der Qualitätssicherung, hrsg. v. Masing, W., 2. Auflage, München, Wien 1988, S. 619 ff.

Schirmer, W., (1992): Erfolgreiches Konzept im Qualitätsgeschehen, in: Verlagsbeilage »Qualitätsmanagement« zur FAZ, Nr. 237 v. 12. Oktober 1992, S. B8
Scholz, U., (1993): CE-Zeichen für den Binnenmarkt, in: Ingenieur Digest, 41. Jahrgang, 3/93, S. 12 ff.
Schulte, D., (1992): Bausteine der Qualitätssicherung - Harmonisierung, Zertifizierung, Akkreditierung und Normung, in: Technische Mitteilungen Krupp 1/1992, hrsg. v. Fried Krupp GmbH, Zentralbereich Technik, Essen 1992, S. 9-18
Schulz, W., (1993): Zertifizierte Qualität in den USA noch unterentwickelt, in: VDI Nachrichten v. 5. März 1993, S. 20
Schweer, C. S., (1992): Die erste Markenrechts - Richtlinie der Europäischen Gemeinschaft und der Rechtsschutz bekannter Marken, Baden-Baden 1992
Schwendemann, U., (1988): Markenrecht in der Praxis, Stuttgart 1988
Steeples, M. M., (1992): The Corporate Guide to the Malcolm Baldrige National Quality Award, Milwaukee Wisconsin 1992
Suze, K., (1985): Deming-Prize 35 - The 35th Anniversary of the Deming Prize Establishment, Tokyo 1985
Theuer, A., (1993): Die Trägergemeinschaft für Akkreditierung - Konzept und Ziele, in: Zertifizierung und Akkreditierung (hrsg. v. Hansen, W.), München 1993
Thomas, H., Putzo, H., (1993): Zivilprozeßordnung, 18. Auflage, München 1993
Volkmann, D., (1993): Zertifizierung und Akkreditierung aus Sicht des Zertifizierers, in: DIN-Mitteilung 72. 1993, Nr. 1, S. 6 ff.
Volkmann, D. E., (1988): Warenkennzeichnung, in: Handbuch der Qualitätssicherung, hrsg. v. Masing, W., 2. Auflage, München, Wien 1988, S. 593 ff.
Wagner, F. E., (1991): Qualitätssicherung in den Neunzigern, in: Qualität und Zuverlässigkeit 39 (1991), Heft 9, S. 524-527
Warner, A., (1989): Quo vadis Zertifizierung?, in: Zertifizierung in Europa - Meinungen und Perspektiven, DIN-Manusskriptdruck, 1989, 9-13
Westermann, H. P., u.a., (1988): Münchener Kommentar zum Bürgerlichen Gesetzbuch, 2. Auflage, München 1988
Wiebe, A., (1993): Wettbewerbs- und zivilrechtliche Rahmenbedingungen der Vergabe und Verwendung von Gütezeichen, in: Wettbewerb in Recht und Praxis (WRP) 1993, S. 74 ff. (1. Teil), S. 156 ff. (2.Teil)
Wildemann, H., (1992): Kosten- und Leistungsbeurteilung von Qualitätssicherungssystemen, in: Zeitschrift für Betriebswirtschaft 62. Jg. (1992), H. 7, S. 761-782
Wildemann, H., (1993a): Bayerischer Qualitätspreis 1994, in: Qualität und Zuverlässig 38 (1993) 11, S. 600-601
Wildemann, H., (1993b): Qualität und Information - Strategien für den Wettbewerb - Ergebnisse einer betriebswirtschaftlich-empirischen Studie, in: Tagungsband Qualität und Information - Strategien für den Wettbewerb, hrsg. v. selbigem, München 1992, S. 1-63

6. Kapitel

Tragweite, Dilemma und Perspektive der Auditierung von Qualitätsmanagementsystemen

Zur Auditierungspraxis und deren Verbesserungspotential aus wirtschaftlichem und rechtlichem Blickwinkel

Managementinformation

Eine Qualitäts- und Wertschöpfungspartnerschaft wird langfristig nur dann wirtschaftlich erfolgreich sein, wenn sich alle Beteiligten aufeinander verlassen können und sich gegenseitig vertrauen. Schon aus rechtlichen Erwägungen heraus ist der Kunde (Endhersteller) aber gehalten, die Qualitätsfähigkeit des Zulieferers zu überprüfen. Setzten deshalb Unternehmen in der Vergangenheit vornehmlich auf Wareneingangskontrollen, so tritt die Auditierung von Produkten und Qualitätsmanagementsystemen zunehmend an deren Stelle. Sie ist vom Ansatz her auch grundsätzlich geeignet, als vertrauensbildende Maßnahme das Verhältnis zwischen Endhersteller und Zulieferer zu bestimmen. Es besteht gegenwärtig aber die Gefahr, daß sich diese Entwicklung verselbständigt. Insbesondere die Mehrfachauditierung von Zulieferbetrieben durch unterschiedliche Endhersteller führt zu unnötigen Kostenbelastungen, welche durch die Ergebnisse der Auditierung vielfach nicht gerechtfertigt werden. Abhilfe bringt hier die Auditierung durch neutrale Zertifizierungsgesellschaften für eine gesamte Branche. Um eine breite Akzeptanz zwischen allen Beteiligten erreichen zu können, wird es dabei erforderlich sein, Prüfkriterien branchenweit zu definieren.

In diesem Zuge ließe sich die Qualität der Auditierung an sich zusätzlich dadurch steigern, daß sie branchenspezifisch nur noch von ein bis zwei – vom jeweiligen Industrieverband empfohlenen – Zertifizierern durchgeführt wird, die sich dementsprechend spezialisieren. Die neutrale Zertifizierung muß von der bisherigen Praxis abweichend insofern aber vermehrt auf die individuellen Stärken und Schwächen der geprüften Unternehmen eingehen. Allgemein gehaltene Regelungswerke wie etwa die DIN ISO 9000 ff. verlieren deshalb als Grundlage des Audit-Fragenkatalogs zwar nicht an Bedeutung, müssen aber modulartig um branchenspezifische Charakteristika ergänzt werden. Hierdurch würde die Aussagekraft des Auditierungsergebnisses entscheidend präzisiert werden.

Auch die Gefahr einer unberechtigten Weitergabe und Nutzung von Geschäfts- und Betriebsgeheimnissen könnte durch Einschalten einer neutralen Institution vermindert werden. Sollte es gleichwohl hierzu kommen, so stünden den überprüften Unternehmen schlagkräftige juristische Intrumentarien zur Verfügung, die bis zu einer vollen Gewinnabschöpfung des unberechtigten Unternehmens reichen könnten.

6.1
Die Auditierung von Qualitätsmanagement-systemen durch externe Parteien

6.1.1 Auditierte Qualitätsmanagementsysteme können Vertrauen schaffen

Einführung – Informationsdefizite führen zur Unsicherheit des Herstellers gegenüber dem Zulieferer

An der Schnittstelle Zulieferer – Hersteller wird vielfach ein aussagekräftiger Nachweis über die Qualitätsfähigkeit des Zulieferanten verlangt.[1] Erst dann sind die meisten Produzenten bereit, Vertrauen und Kapital in eine gemeinsame Entwicklung und Produktion mit ihren Wertschöpfungspartnern zu investieren. Dieses latente Mißtrauen ist auch durchaus berechtigt. Schließlich geht der Endhersteller das Risiko ein, daß er bei einem Auftreten etwaiger Qualitätsmängel an Zulieferteilen mit erheblichen Folgekosten wie Fehlleistungs- oder Garantiekosten, Regreßansprüchen, entgangenen Deckungsbeiträgen, Umsatzeinbrüchen etc. belastet wird.[2] Die so vorhandene Skepsis zwischen den jeweiligen Partnern eines Kooperationsverbandes resultiert dabei im wesentlichen daraus, daß infolge mangelnder Kenntnis von der Sphäre anderer Unternehmen eine erhebliche Unsicherheit hinsichtlich der angestrebten Qualität gemeinsamer Produktionsprozesse entsteht.[3] *Spremann* prägte in diesem Zusammenhang den Begriff der sog. »Informationsasymmetrie«, wonach der Hersteller sich schon deshalb nicht über die Qualitätsfähigkeit seiner Zulieferer gewiß sein kann, weil er nicht sämtliche Informationen über dessen Produktionsablauf besitzt.[4]

Die Schnittstelle zwischen Endhersteller und Zulieferer bietet gleichwohl ein nicht zu unterschätzendes Rationalisierungspotential im Rahmen präventiver Fehlervermeidung. Die hierbei erreichbaren Rationalisierungs- und Qualitätsverbesserungspotentiale hat bereits *Wildemann* in verschiedenen Abhandlungen aufgezeigt.[5] Sie sind erheblich. Konnten in der Vergangenheit Qualitätsmängel an Zulieferteilen noch durch Wareneingangskontrollen entdeckt werden, so ist dies vor dem Hintergrund komplexer System-Anlieferungen und anvisierter Fehlerquoten im ppm-Bereich nicht mehr ohne weiteres möglich (vgl.

Kapitel 7).[6] Wie kann nun ohne die bisherige Praxis der Wareneingangskontrollen ein adäquater Nachweis über die Qualitätsfähigkeit der Zulieferer erbracht werden?

Die Qualitätsfähigkeit eines Zulieferers wird maßgeblich durch die Funktionstüchtigkeit und Leistungsstärke seines Qualitätsmanagementsystems (QM-System) bestimmt. Es liegt deshalb im originären Interesse eines Zulieferes, die Effizienz seines QM-Systems hinreichend darzulegen, will er nicht Aufträge an andere Konkurrenten verlieren. Hierdurch entsteht das gemeinsame Streben, vorhandene Unsicherheiten zwischen den Partnern der Wertschöpfungskette abzubauen.[7] Die Entwicklung und die Festigung gegenseitigen Vertrauens benötigt hierfür nachvollziehbare und zwischen den Unternehmen kompatible Daten.

Die Auditierung bietet die Chance, eine Momentaufnahme der Qualitätsfähigkeit zu erlangen

Nach verbreiteter Ansicht soll die Funktionsfähigkeit eines QM-Systems durch ein sog. »Systemaudit«[8] nachgewiesen werden können.[9] Hierunter wird eine systematische und unabhängige Untersuchung verstanden, um festzustellen, ob qualitätsbezogene Tätigkeiten und die damit zusammenhängenden Ergebnisse den jeweiligen Anordnungen entsprechen und ob diese wirkungsvoll und geeignet sind, die Zielsetzungen zu erreichen.[10] Insoweit ist das Audit letztlich nichts anderes als ein Soll-Ist-Vergleich, wobei das »Soll« zwischen dem zu auditierenden Unternehmen und dem Auditierer einer individuellen Konkretisierung bedarf. Mit dieser Definition wird auch die Abgrenzung zur Zertifizierung, wie sie im Kapitel 5 diskutiert wurde, deutlich: Zwar ist die Zertifizierung ebenfalls ein Soll-Ist-Vergleich. Das »Soll« ist aber in jedem Falle eine beiden Parteien vorgegebene Norm oder eine andere normative Bestimmung.[11]

Tatsächlich bietet die System-Auditierung dic Möglichkeit, Schwachstellen und Verbesserungspotentiale aufzudecken, die sodann beseitigt bzw. genutzt werden können.[12] Diese Umsetzungsmaßnahmen werden bei den Mitarbeitern wiederum zu einem gesteigerten Qualitätsbewußtsein, verbesserter Kommunikation und erhöhter Motivation führen.[13] Auch aus rechtlichen Erwägungen heraus sind kundenspezifische Auditierungen von Zulieferunternehmen deshalb durchaus sinnvoll: Wie bereits mehrfach ausgeführt, muß der Endhersteller im Rahmen seiner Sorgfaltspflichten stets darauf achten, daß die von ihm in den Verkehr gebrachten Produkte dem jeweils erforderlichen sicherheitsrelevanten Standard entsprechen. Bedient er sich der Hilfe eines Zulieferers, so ist er demgemäß gehalten, vor der Verwendung von Zulieferprodukten dessen Qualitätsfähigkeit sowie diejenige der jeweils gelieferten Teile zu überprüfen.[14] Traditionell geschieht dies gegenwärtig noch vielfach durch die Untersuchung seiner Produkte im Rahmen von Wareneingangskontrollen.[15] Wareneingangskontrollen sind jedoch – wie hierzu in Kapitel 7 näher ausgeführt wird – weder aus wirtschaftlicher Sicht praxisgerecht noch aus juristischem Blickwinkel ein allzeit brauchbares Instrument der gefahrenadäquaten Qualitätssicherung.[16] An deren Stelle kann vielmehr eine Überprüfung des Qualitätsmanagementsystems im Unternehmen des Zulieferers selbst treten.[17] Voraussetzung dafür, daß der Endhersteller hierdurch seinen eigenen Sorgfaltspflichten gerecht wird, ist allerdings, daß eine solche Auditierung hinreichend geeignet ist, Aufschluß darüber zu geben, ob das Zulieferunternehmen die Mittel besitzt und so einzusetzen vermag, daß die erforderliche Qualität insgesamt gewährleistet ist.

Inwiefern aber Schwachstellen en détail erkannt werden, ist letztlich abhängig von der Leistungfähigkeit der Auditierung selbst.[18] Hierfür sind wiederum zwei Faktoren ausschlaggebend: der Anspruch an das zu erreichende »Soll« und die Sorgfalt sowie die Güte der Auditdurchführung selbst. Dazu gehören die präzise Bestimmung der Zielsetzung, Rahmenbedingungen und der methodischen Genauigkeit. Audits können dabei sowohl für unternehmensinterne wie auch für externe Zwecke durchgeführt werden.[19] So werden im Rahmen der QM-Systeme nach DIN ISO 9000 ff. regelmäßig interne Audits verlangt.[20] Deren Ergebnisse sind sodann durch die »oberste Leitung"[21] im Sinne eines »Management-Reviews"[22] zu bewerten. Sowohl intern wie auch extern ist die Auditierung des QM-Systems damit ein wichtiges Instrument in der Kette qualitätssichernder Techniken und Werkzeuge.

Basis jedes Systemaudits ist der sog. Audit-Fragenkatalog [23], nach dem das QM-System abgefragt und begutachtet wird. In der Regel basiert der Katalog selbst auf einer normativen Bestimmung, in der die Anforderungen an das QM-System beschrieben sind. So orientiert sich der Fragenkatalog zunehmend an der branchenneutralen und international abgefaßten DIN ISO 9000 ff., kann aber, je nachdem welche Institution die Auditierung durchführt, auch branchenspezifische Fragen enthalten. Ob diese Normenreihe als ausreichende Grundlage anzusehen ist, ist dabei umstritten (vgl. auch Kapitel 5).[24] So führte *Döttinger* jüngst aus:[25] »*Es ist eine Illusion, entlang eines Leitfadens, wie ihn jede Norm nur darstellen kann, ein wirksames QM-System zu erstellen. Ein wirksames System erfordert, daß im Unternehmen Verhaltensänderungen von der Unternehmensführung bis hin zum einzelnen Mitarbeiter erfolgen. Nur so wird ein normengerechtes QM-System auch zu einem wirksamen, kostensparenden totalen QM-System.*«

Dieser Erkenntnis folgend verweisen heute Unternehmensberater, die QM-Systeme propagieren, jedoch ihren wirtschaftlichen Nutzen trotz langjähriger Erfahrungen nicht darlegen können, pauschal auf die Anforderungen der EG-Richtlinien, der Rechtsprechung zur Produkthaftung oder auf vermeintliche Kundenwünsche. Zweifelhaft ist, ob eine Unternehmensführung aufgrund dieser scheinbar äußeren Zwänge zur Investition in ein genormtes QM-System zu begeistern ist.[26] Wird diese Motivation nicht eigenständig vom Management getragen, so wird ein etwaiges QM-System zwar der jeweiligen Norm entsprechen können, aber keineswegs wirtschaftlich funktionsfähig sein. So merkt *Klaiber* an:[27] »*Wenn in einem Unternehmen die Philosophie für ein wirksames QM-System gelebt wird, drängt sich die Frage auf: Wieviele Normen sind eigentlich noch notwendig, um zu einem unternehmensspezifischen Qualitätsmanagement zu kommen?*« Daß der Aufwand für den Aufbau eines zertifizierbaren QM-Systems in Unternehmen der Bundesrepublik Deutschland aus eben diesem Grunde weitgehend in keine Nutzeffekte überführt werden konnte, ist mittlerweile empirisch belegt: So lautet das Fazit einer Studie der Unternehmensberatung *Price/Waterhouse*:[28] »*Insgesamt enttäuschend fiel im Durchschnitt aller Befragten die Bewertung erlangter Nutzeffekte aus*«. Vertreter der Chemieindustrie, innerhalb deren die Auditierung und Zertifizierung am weitesten verbreitet ist, sehen demgemäß den wesentlichen Nutzen einer Auditierung in der Erlangung des (papierenen) Zertifikats an sich – zumal die DIN ISO 9001 nur eine Teilmenge der ohnehin in ihrem Bereich vorhandenen Standards darstelle und es deshalb nur einer formalen Anpassung bedürfe.[29] Angesichts dieser Befunde stellt die Normenreihe DIN ISO 9000 ff. keine hinreichende Auditierungsgrundlage zur Überprüfung eines wettbewerbsfähigen QM-Systems dar.

Bevor die notwendigen Verbesserungen einer geeigneten Auditierungsgrundlage besprochen werden, sollen zunächst die unterschiedlichen Entwicklungsstufen der Auditierung, wie sie heute je nach Branche vorzufinden sind, dargestellt und diskutiert werden.

6.1.2 Das kundenspezifische Systemaudit führt zum Audit-Tourismus

Kundenspezifische Audits als unmittelbare Möglichkeit der Einflußnahme auf die Qualitätsmanagementaktivitäten des Zulieferers

In vielen Branchen ist es noch üblich, daß Systemaudits bei Zulieferanten durch ihren jeweiligen Kunden durchgeführt werden (kundenspezifisches Systemaudit).[30] Insbesondere der Auditierpraxis von Endherstellern der Automobilbranche kommt hierbei eine Vorreiterfunktion auch für andere Industriezweige zu.[31] Das kundenspezifische Systemaudit bedeutet dabei an sich nichts anderes, als daß jeder Hersteller seine Zulieferer auditiert und ihre prinzipielle Qualitätsfähigkeit nach spezifischen Kriterien, d. h. nach einem selbst entwickelten Fragenkatalog feststellt.[32] Die Ford-Richtlinie Q 101 [33] und der VDA-Fragenkatalog [34] sind hierfür die Paradebeispiele. Diese Vorgehensweise ist auch in der zweiten Wertschöpfungsebene unter den Zulieferern selbst (first-tier-supplier) und den ihnen wiederum nachgeschalteten Zulieferern (second-tier-supplier) weit verbreitet. So verlangen die Endhersteller von ihren unmittelbaren Zulieferern, daß diese ebenfalls eine Auditierung nach diesen spezifischen Kriterien bei ihren eigenen Zulieferern durchführen. Die Verfechter dieser individuellen Auditierung vertreten diesbezüglich die Ansicht, es sei notwendig, einzelfallspezifische Kriterien für QM-Systeme bei Zulieferern zu überprüfen. Da die Endhersteller diese für ihr Unternehmen jeweils am besten beurteilen könnten, sollte die Auditierung auch nur von ihnen vorgenommen werden.[35] Für den Zulieferer ergäbe sich auf diese Weise der Vorteil einer unmittelbar dem Kunden nachgewiesenen Qualität seiner Einrichtungen und Prozesse.

Kritik an der kundenspezifischen Auditierpraxis aus Sicht der Zulieferer

Die individuelle Auditierung der Zulieferer ist schon unter wirtschaftlichem Blickwinkel kritisch zu betrachten.[36] Es muß konstatiert werden, daß sie bisher insgesamt zu keiner signifikanten Verbesserung der Wettbewerbssituation deutscher Unternehmen führte.[37] Vornehmlich die Zulieferer sehen sich dabei sogar erhöhten wirtschaftlichen Belastungen ausgesetzt. Da Zulieferer oftmals zugleich mehrere Branchen beliefern, kommt es zu einer ganzen Reihe von Kritikpunkten:[38]

Die Vielzahl der Audits mit sich letzten Endes gleichenden Ergebnissen trotz individueller Fragenkataloge läßt aus wirtschaftlichem Blickwinkel die Frage nach dem Sinn dieses »*Audit-Tourismus*« aufkommen.[39] Die Mehrfach-Auditierung führt nämlich unweigerlich zu einer erheblichen Bindung unproduktiver Zeit und Kosten – sowohl bei den Zulieferern als auch bei den Herstellern (Abbildung 43).[40]

Abbildung 43: Jeder Endhersteller auditiert jeden seiner Zulieferanten, was letztendlich zur Mehrfach-Auditierung (Audi-Tourismus) führt. (Beispiel: 3 Endhersteller/3 Zulieferanten = 9 Audits)

Während Hersteller kostenintensive Auditierungsabteilungen mit hochqualifizierten Auditoren unterhalten müssen,[41] sind Zulieferer mit der jeweils mehrtägigen Betreuung der Auditorenteams beschäftigt.

Fraglich ist überhaupt, ob und wie eine Auditierung hinreichend objektiv durchgeführt und ihre Ergebnisse genutzt werden können. Kundenspezifische Audits basieren zwar stets auf unterschiedlichen, auf den jeweiligen Abnehmerbetrieb fixierten Kriterien mit originären Beurteilungs-Gewichtungen. Gleichzeitig wird aber auch bei einer Auditierung durch mehrere Abnehmer der Großteil der Prüfungspunkte identisch sein (z.B. die Prüfung der Ausstattung des Unternehmens, der Stellenbeschreibungen etc.).[42] Die Kosten einer Mehrfach-Auditierung des Zulieferbetriebs durch verschiedene Abnehmer stehen insofern häufig in keinem Verhältnis zum Nutzen der Aussagekraft spezialisierter Audit-Ergebnisse.

Darüber hinaus steht auch der eigentliche Auditierungsablauf [43] und -rhythmus zur Disposition.[44] Dieser ist oft zu stark auf einen vorgefaßten Fragenkatolog fixiert, ohne betriebliche Besonderheiten zu berücksichtigen. Nur wenige Abnehmer gestalten einen dynamischen Auditierungsrhythmus, der die tatsächlich erreichte Qualitätsfähigkeit eines Zulieferers berücksichtigt. Entsprechend heute vielfach üblichen Prüfabläufen in der Wareneingangskontrolle[45] könnte, wenn ein Zulieferer seine Qualitätsfähigkeit kontinuierlich steigert, der Zeitraum zwischen den Audit-Terminen jeweils vergrößert werden – und umgekehrt.

Nicht zuletzt besteht die Gefahr, Zulieferer zu »gläsernen Lieferanten« zu degradieren.[46] Da die Auditoren weitreichende Einblicke in den Produktionsprozeß und damit mögliches »Fertigungs-Know-how« eines Zulieferunternehmens bekommen, stellt sich das Problem eines hinreichenden »Know-how"-Schutzes.[47] Verschärft wird diese Situation zusätzlich, wenn der auditierende Kunde Einsicht in die Preiskalkulation nehmen möchte. Daß die Bedenken seitens der Zulieferer durchaus berechtigt sind, zeigen die Vermutungen, wonach z.B. *General Motors* betriebseigene Informationen von Zulieferern an deren Konkurrenten weitergegeben haben soll, um von den begünstigten Zulieferern niedrigere Einkaufspreise zu erwirken.[48] In diesem Zusammenhang haben bereits verschiedene Autoren darauf hingewiesen, daß die Vorteile der Auditierung hauptsächlich dem Abnehmer durch die Senkung seiner Transaktionskosten zugute kommen.[49]

6.1.3 Branchenspezifische Lösungen führen zu vergleichbaren Auditergebnissen

Zur Lösung der Probleme des »Audit-Tourismus« bieten sich zunächst zwei Lösungen an: die Gestaltung eines brancheneinheitlichen Kriterienkatalogs und der Aufbau einer branchenspezifischen Auditierungsstelle.

Die branchenspezifische Definition von Auditierungskriterien

Die Entwicklung des sog. VDA-Fragenkatalogs und seine Veröffentlichung im Jahre 1992 stellen in der Automobilindustrie den erfolgreichen Versuch dar, den Nachweis des QM-Systems zu vereinheitlichen und damit branchenspezifisch auszurichten.[50] An ihm haben diverse namhafte Automobilhersteller und vornehmlich größere Zulieferer (first-tier-supplier) im Rahmen des *VDA* mitgearbeitet, was von vornherein eine breite Akzeptanz der hierin aufgestellten Untersuchungskriterien gewährleistete. Die wirtschaftlichen Chancen, die sich mit dieser Vorgehensweise bieten, liegen auf der Hand:[51]

Die nunmehr einheitliche Verfahrensweise der Auditierung und die Vergleichbarkeit ihrer Ergebnisse führt zu einer gegenseitigen Anerkennung der Systemaudits zwischen Zulieferern und Endherstellern. Das ermöglicht es, daß nicht jeder Hersteller alle seine Zulieferanten individuell auditieren muß, sondern daß das Ergebnis einer einmal durchgeführten Auditierung von verschiedenen Endherstellern zur Grundlage ihrer Qualitäts- und Wertschöpfungspartnerschaft mit Zulieferern gemacht werden kann (Abbildung 44).

Die Anzahl der heute noch durchgeführten Audits wird dadurch erheblich verringert, was eine beachtliche Kosten- und Zeiteinsparung für alle Beteiligten zur Folge hat: Endhersteller können die Anzahl ihrer hochqualifizierten Auditoren verringern und ihr umfangreiches Wissen bei anderen Schwerpunkten einsetzen; bei Zulieferern reduzieren sich die aufwendigen Vorbereitungen für Audits. Qualitätsverbesserungen könnten hierdurch insgesamt effizienter realisiert werden.

Um eine solche einheitliche Auditier-Praxis in weiteren Branchen zu etablieren, bedarf es jedoch stets einer engen Kommunikation und Abstimmung unter allen Beteiligten. Besonders die Frage, welcher Endhersteller welchen Zulieferer auditiert, verlangt ein umfassendes Einvernehmen. Sinnvoll erscheint hier ein rotierendes Verfahren, in dem

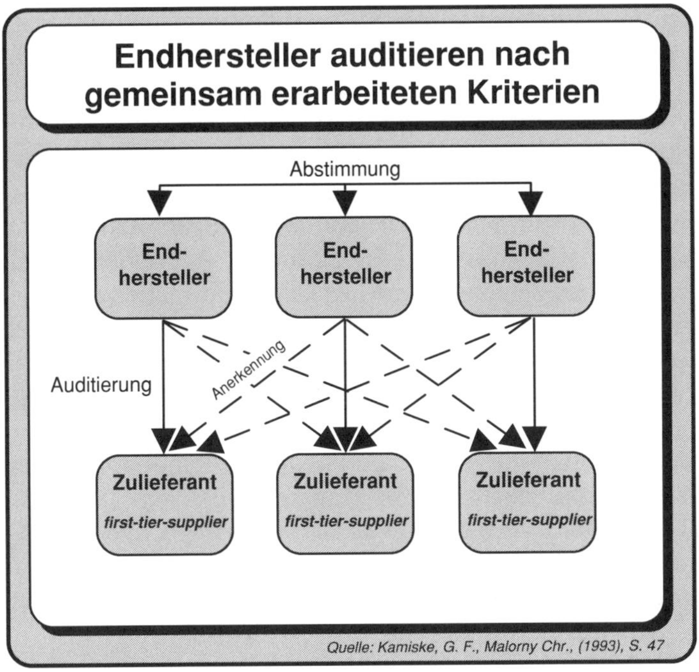

Abbildung 44: Verringerung der Auditanzahl durch gegenseitige Anerkennung der Auditergebnisse (Beispiel: 3 Endhersteller/3 Zulieferanten = 3 Audits)

die Audit-Partner (Hersteller – Zulieferer) jährlich wechseln. Allerdings bleibt zu berücksichtigen, daß dieses Verfahren das Know-how der Zulieferanten mehreren Personen offenbart und die Auditoren eines Endherstellers Einblicke in zukünftige Produkte vieler potentieller Wettbewerber erhalten. Das kann insbesondere in der Automobilbranche bei der Auditierung von Press-Werkzeugherstellern eine zentrale Rolle spielen, wo neue Preßwerkzeuge unmittelbaren Aufschluß über zukünftige Karosserieformen der Konkurrenz geben. Es ist deshalb fraglich, ob sich die Endhersteller einer Branche darüber einigen werden, wer welchen Zulieferer auditiert. Schließlich besitzt dieser Abstimmungsprozeß auch eine emotionale Komponente. Persönlicher Ehrgeiz, gar Eifersucht und die Befürchtung eines Verlusts an Einfluß und Macht in der Branche können hier eine nicht unbedeutende hinderliche Rolle spielen. Nicht vergessen werden darf auch das Mitspracherecht der Zulieferer selbst. Sollen sich diese einen ihrer Kunden, der sie dann auditiert, selbst wählen? Was ist, wenn ein Zulieferer mit dem Ergebnis oder der Art eines bestimmten Auditierers unzufrieden ist und eine Auditierung durch diesen schlichtweg ablehnt?

Aus diesen Erwägungen heraus hat der *VDA* als neutrale Instanz der Automobilhersteller mit der Einrichtung einer Anlaufstelle zur Registrierung bereits auditierter Zulieferer einen ersten Schritt zur Lösung dieser Problematik vollzogen. Hier können Automobilhersteller die Auditierung ihres Zulieferers melden oder Informationen über bereits durchgeführte Audits abrufen. Insofern haben sich die Hersteller zumindest geeinigt, ihre Lieferantenbewertungen formell gegenseitig anzuerkennen. Um die objektive und glaubhafte Anerkennung dieser branchenspezifischen Auditierung langfristig sicherzustellen, wird darüber hinaus jedoch die Akkreditierung der Automobilproduzenten als qualifizierte Zertifizierer bei der *Trägergemeinschaft für Akkreditierung* (*TGA*) erforderlich sein. Es ist allerdings fraglich, ob die *TGA* Unternehmen als solche akkreditieren würde, da diese nur schwerlich die erforderliche Neutralität bei der Auditierung (hier: ihrer eigenen Zulieferbetriebe) wahren dürften.

Freilich hat sich der junge VDA-Fragenkatalog bisher noch nicht übergreifend durchsetzen können.[52] So wird bemängelt, daß selbst Unternehmen, die an seiner Entwicklung mitgewirkt haben, diesen nicht konsequent anwenden.[53] Auch wird kritisiert, die branchenübergreifende Problematik der Auditierung sei im Fragenkatatlog nicht ausreichend berücksichtigt worden. So werden in der Tat Zulieferer, die Kunden aus unterschiedlichen Branchen beliefern, auch weiterhin von mehreren Kunden – wenn auch nur noch von einem der Automobilindustrie – auditiert.

Aufbau einer branchenspezifischen Auditierstelle

Eine denkbare Alternative zum VDA Fragenkatalog und der VDA-Anlaufstelle ist der Aufbau von branchenspezifischen Auditierungsorganisationen. Diesen Weg hat beispielsweise die Schienenfahrzeugbranche beschritten. Deren (Auditier-) Zertifizierstelle ist ebenso wie die branchenübergreifenden, selbständig agierenden Zertifizierergesellschaften bei der *TGA* akkreditiert, darf jedoch lediglich in ihrer originären Branche auditieren und auch das QM-Systemzertifikat vergeben.[54] Eine derartige Zertifizierstelle sollte demgemäß einer übergeordneten

Brancheninstanz zugeordnet sein, wie etwa dem entsprechenden Industrieverband. Hinsichtlich der damit neu definierten Arbeitsgebiete der Auditoren von Herstellern wären hier verschiedene Wege gangbar:

1. Zu einer branchenspezifischen Auditierungsstelle könnten zumindest Teile der Auditoren der Endhersteller überwechseln, die sodann dort fest angestellt die Zulieferer auditieren. Der andere Teil könnte bei den Herstellern verbleiben und neue Aufgaben wahrnehmen.
2. Sinnvoll wäre auch ein rollierendes System, indem die Hersteller ihre Auditoren zeitweise an die branchenspezifische Auditierungstelle überstellen. Die verbleibende Zeit könnten die Auditoren für andere Schwerpunkte in den Unternehmen zur Verfügung stehen.
3. Der dritte Weg wäre ein gemischtes Verfahren, wonach die Auditoren verschiedener Hersteller gemeinsam die Audits im Team durchführen.

Noch weitsichtiger und vor allem die Endhersteller personell und finanziell entlastend ist die Auftragsvergabe zur Durchführung des Systemaudits an eine neutrale Zertifizierungsgesellschaft. Es ist dabei insbesondere davon auszugehen, daß die Kosten für das Erlangen eines neutralen Zertifikats nicht die Endhersteller tragen, sondern der jeweilige Zulieferant. Angesichts der bereits 16 akkreditierten Zertifizierungsgesellschaften scheint dieser Weg der geeignetste für alle Beteiligten zu sein. Eine derartige Vorgehensweise führt auch zu einer Entspannung in oben erläuterten Kritikpunkten – sowohl aus wirtschaftlicher wie aus rechtlicher Sicht.

6.1.4 Wirtschaftliche Vorteile der Auditierung durch eine neutrale Stelle

Der Nachweis der Konformität eines QM-Systems mit einem normativen Standard wird in aller Regel nicht nur durch den Kunden selbst, sondern ebenso durch eine neutrale Zertifizierungsgesellschaft erbracht werden können.[55] Das neutral erstellte Zertifikat wird dabei schon heute nach verbreiteter Praxis zum Gegenstand eines Angebots an potentielle Kunden gemacht und besitzt unter diesem Gesichtspunkt einen erheblichen Marketingeffekt. (Gleichwohl nur so lange, bis die meisten Unternehmen das Zertifikat besitzen oder dieses selbst an Image und Aussagekraft verliert.)[56] Auf dieser Art der neutralen

Zertifizierung baut nicht zuletzt auch das sog. »Globale Konzept für die Konformitätsbewertung« der EG auf, das zukünftig im Rahmen des gemeinsamen Binnenmarktes verstärkter Beachtung bedarf (vgl. Kapitel 5). Die Zertifizierungsgesellschaft auditiert hierbei das QM-System eines Unternehmens auf dessen Antrag hin und vergibt bei Erfüllung der Anforderungen ein Zertifikat (Abbildung 45) – üblicherweise nach der branchenneutralen Norm DIN ISO 9001, 9002 oder 9003 (Modelle zur Darlegung des Qualitätsmanagements).

In einem Auditbericht wird zusätzlich dokumentiert, ob die Norm vollständig eingehalten ist oder noch Abweichungen zur Norm bestehen. Bei gravierenden Defiziten kommt es zu einem Nachaudit – was allerdings in Deutschland bei nur bei knapp einem Drittel der Unternehmen der Fall ist. Die Vorteile, die sich hierdurch ergeben können, sind jeweils abhängig von der Kompetenz und dem Bekanntheitsgrad der Zertifizierungsgesellschaft.

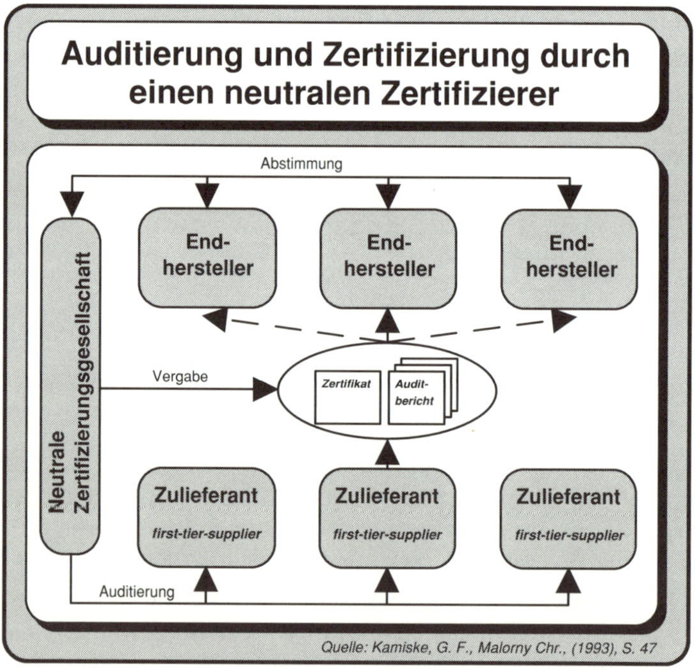

Abbildung 45: Eine neutrale Zertifizierungsgesellschaft, die mit dem Vertrauen der Branchenmitglieder auditiert und zertifiziert.

Die unterschiedliche Durchdringung der Branchen mit neutral zertifizierten Unternehmen zeigt u.a. eine Studie der *PA Consulting Group*:[57] So besitzen nur 15 % der befragten Unternehmen der Automobilbranche ein solches Zertifikat, in der chemischen Industrie sind es dagegen schon 46 %, die Elektroindustrie liegt bei 43 % und der Maschinenbau bei 36 Prozent zertifizierter Unternehmen.[58] Auch in der Liste zertifizierter Unternehmen der *Deutschen Gesellschaft zur Zertifizierung von QM-Systemen* (*DQS*) liegt mit 226 Unternehmen die chemische Industrie vorn, gefolgt von der Elektrobranche mit 182 Unternehmen, dem Maschinenbau mit 72 und der Papierindustrie mit 53 zertifizierten Unternehmen.[59] Diese Abweichungen sind darauf zurückzuführen, daß neutrale Zertifikate von den Automobilherstellern lange Zeit nicht anerkannt wurden (vgl. Abschnitt 6.1.2).

Mittlerweile hat aber auch der *VDA* damit begonnen, seine Konzeption zu modifizieren: So soll neben der gegenseitigen Anerkennung von Lieferantenbewertungen auch eine Zertifizierung der Zulieferer durch neutrale Dritte möglich sein. Maßgeblichen Einfluß auf diese Entscheidung hatte dabei nicht zuletzt die von 1996 an verbindlich geltende EG-Richtlinie 92/53/EWG zur Typengenehmigung von Kraftfahrzeugen in Europa.[60] Danach kann die von der Genehmigungsbehörde durchzuführende Überprüfung von qualitätssichernden Verfahren und Maßnahmen in der Produktion des Herstellers durch seine Registrierung nach der harmonisierten Norm DIN ISO 9002 ersetzt werden. Das bedeutet für die Automobilhersteller zunächst, den Aufbau und die Zertifizierung ihrer QM-Systeme entsprechend der Norm zu forcieren.[61] Insofern ist der jüngste Beschluß des *VDA*, eine mögliche Zertifizierung durch neutrale Dritte anzuerkennen, auch für andere Branchen richtungweisend.

Aus der neutralen Zertifizierung ergeben sich darüber hinaus noch eine ganze Reihe weiterer wirtschaftlicher und qualitativer Vorteile: Endhersteller und Zulieferer können Kosten und Zeit einsparen. Die notwendige partnerschaftliche Zusammenarbeit zwischen ihnen kann sich auf Entwicklungsleistungen, tatsächliche Qualitätsverbesserungen und systematische Senkung der Herstell-(Gesamt)kosten konzentrieren. Daß eine enge Zusammenarbeit gerade bei diesen Entwicklungsleistungen dringend geboten ist, belegen die Ergebnisse verschiedener Studien: 75 % aller Fehler entstehen heute bereits in der Entwicklungs- und Planungsphase der Produkte. Diese werden jedoch zu 80 % erst nach der Fertigung oder im Einsatz beim Kunden erkannt und behoben.[62] Die Kosten für die Beseitigung der sog. Fehlleistungen sind dabei erheblich. Untersuchungen ergaben Einsparungspotentiale in Größenordnungen von bis zu 30 % des Umsatzes (vgl. Kapitel 2). Die Ausschöpfung dieses Potentials sollte Zielrichtung engerer Zusammenarbeit sein. Insofern muß in Zukunft die Qualitätsplanung und -sicherung verstärkt im Entwicklungsstadium ansetzen.[63] Zur Förderung dieser Stragtegie sollten die Endhersteller ihren Zulieferanten partnerschaftliche und intensive Hilfestellung anbieten. *Wildemann* zeigte schon frühzeitig auf, wie sich eine solche Partnerschaft mit unterschiedlicher Intensität entwickeln könnte.[64] Die gemeinsame Wertschöpfung muß sich im Sinne präventiver Fehlervermeidung auf die Prozesse und Produkte konzentrieren. So hat z.B. *Ford* als erster Automobilhersteller diesen Weg beschritten: Können Zulieferer das ISO-Zertifikat nach 9001 oder 9002 nachweisen, so beschränkt sich die zukünftige Zusammenarbeit auf Ford-Spezifika, wie Kostenreduzierungen im Rahmen der Prozeß- und Qualitätsverbesserung.[65] Aber auch Unternehmen anderer Branche beschreiten zunehmend diesen Weg. So sind beispielsweise die »*Motorola* Corporate Quality Systems Review Guidelines« beispielhaft, wenn es um die Auditierung von QM-Systemen geht, die die ständige Qualitätsverbesserung zum Ziel haben. Auch das Spannungsfeld zwischen dem »gläsernen Lieferanten« und der wirtschaftlichen Notwendigkeit engerer Zusammenarbeit löst sich damit weitgehend auf.

Und noch ein Kritikpunkt könnte beseitigt werden: die praktisch nicht zu bewerkstelligende Trennung von Auditierung und Beratung. Im Falle eines Kunden, der seinen Zulieferer auditiert, um dessen Qualitätsfähigkeit zu ermitteln und diese evtl. zu verbessern, ist es selbstverständlich, daß der Auditor auch als Berater fungiert. Dabei wird er ganz natürlich auch auf Kenntnisse zurückgreifen, die er bei anderen Zulieferern (Wettbewerbern) gesammelt hat. *Ehrhart* wies hierzu darauf hin, daß dieses Verfahren im Grunde genommen auf die Verbreitung individueller Entwicklungsleistungen und unternehmerischen Know-hows unter konkurrierenden Betrieben hinausläuft.[66] Bei der Auditierung durch eine neutrale Zertifizierungsgesellschaft ist diese Gefahr zumindest als geringer einzustufen.[67]

Es bleibt insofern festzuhalten, daß Zertifikate über den Nachweis eines QM-Systems hinaus Voraussetzung zur engen Zusammenarbeit zwischen Endherstellern und Zulieferern sowie Ausgangspunkt für Qualitätsverbesserungsmaßnahmen mit dem Ziel der Kostensenkung sein können. Die Durchführung der Auditierung und Zertifizierung durch neutrale Dritte vermindert in diesem Zusammenhang den Aufwand zur Beurteilung der Qualitätsfähigkeit der Zulieferanten. Gleichwohl besteht bei weiten Teilen der Zulieferunternehmen noch große Zurückhaltung gegenüber unternehmensfremden Personen, die in ihr Unternehmen Einblick nehmen sollen. Egal, ob es sich dabei um Kunden oder neutrale Zertifizierer handelt, niemand möchte zum »gläsernen Zulieferer« werden. Was ist schließlich mit dem Schutz unternehmensinterner Entwicklungsleistungen sowie des gesamten Qualitäts-Know-hows?

Die auditierten Unternehmen brauchen aber schon aus rechtlichen Erwägungen keine grundsätzlichen Bedenken gegen ihre Überprüfung zu hegen. Der ihnen zur Seite stehende Schutz ist in der Bundesrepublik Deutschland im Rahmen des Wettbewerbsrechts derart umfangreich ausgestaltet, daß es sogar vorteilhaft sein kann, wenn unternehmensinternes Know-how (unberechtigt) weitergetragen wird. Es könnte dann nämlich z.B. der gesamte hierdurch vom Verwender erwirtschaftete Gewinn eingefordert werden, ohne daß eigene Produktionskosten anfielen. Auch die Beweislage wird in diesem Bereich vielfach für das auditierte Unternehmen nicht ungünstig sein, da es u.U. der vermeintliche Verwender ist, der gegebenenfalls beweisen muß, daß er ein bestimmtes Verfahren nicht kopiert. Dies wird im folgenden näher ausgeführt.(Insbesondere unter 6.3)

6.2
Der rechtliche Rahmen der Auditierung – Möglichkeiten und Grenzen

6.2.1 Preisgabe von Geschäfts- und Betriebsgeheimnissen (Know-how)

Ein Unternehmen hat es grundsätzlich selbst in der Hand, darüber zu entscheiden, in welchem Maße es Informationen über sein eigenes QM-System weitergeben möchte, ob es Betriebsbesichtigungen, Zugriffe auf seine EDV-Anlage etc. zuläßt.[68] Wird zwischen Zulieferer und Endhersteller vereinbart, daß eine Auditierung des Zulieferunternehmens – zum Zwecke der Geheimhaltung gegebenenfalls durch eine neutrale Auditierungsgesellschaft – stattfinden soll, so begegnet selbst dies nach zutreffender Ansicht keinen rechtlichen Bedenken.[69] Allenfalls die Vereinbarung eines ständigen Zugangsrechtes zum Betrieb des Zulieferers wird wegen einer unverhältnismäßigen Benachteiligung des Zulieferers als unwirksam angesehen werden müssen.[70] Um so problematischer ist jedoch, ob und inwiefern die hierdurch gewonnenen Kenntnisse vom Auditierer selbst oder von Dritten genutzt werden dürfen. Zu diesen Informationen können u.a. sowohl der gewonnene Eindruck über das Unternehmen gehören, wie auch der üblicherweise schriftlich verfaßte Bericht (Auditabweichungsbericht) über das Ergebnis eines durchgeführten Audits. Das auditierte Unternehmen kann an sich jedweder Weitergabe und Nutzung zustimmen. Fehlt es aber an einer dementsprechenden expliziten Äußerung, oder besteht gar der Wille, die zunächst nur dem Auditierenden bekannt gewordenen Informationen geheimzuhalten (was wohl die Regel ist), so sind nachfolgende Regeln zu beachten:

Für die Frage, ob und wie die betriebliche Sphäre vor einer Weitergabe interner Informationen geschützt wird, ist die Definition des Begriffes vom Geschäfts- oder Betriebsgeheimnis[71] der wesentlichste Ausgangspunkt. Was gilt z. B. als allgemein bekanntes »Qualitätswissen« und was als rein unternehmensintern verfügbares Know-how? Inwieweit dürfen ehemalige Mitarbeiter mittels ihrer Tätigkeit gewonnenes Wissen in anderen Unternehmen nutzen?[72] etc. Der rechtliche Schutz dieser Geheimnisse ist dabei für unsere (wie jede andere) Volkswirtschaft deshalb so wichtig, weil solche Informationen oftmals den Schlüssel zu einem Wettbewerbsvorsprung gegenüber der Konkurrenz beinhalten. Die eigene Innovationsleistung muß rechtlich und damit auch wirtschaftlich geschützt sein.[73] Anderenfalls würde sich nur noch eine Produktion von Plagiaten rentieren, da diese jegliche Entwicklungskosten vermeidet. Das würde aber wiederum dazu führen, daß Vision und Innovationsfreudigkeit eines Unternehmens, seiner Mitarbeiter und letztlich der gesamten Volkswirtschaft ad absurdum geführt werden würden, wenn sie sich nicht mehr auszahlten. Dadurch würde im Ergebnis eine generelle Lähmung jeglichen Strebens nach einer Weiterentwicklung bewirkt werden.[74] Zumindest sämtliche Industrienationen verfügen deshalb über einen nationalen wie internationalen Wettbewerbsschutz, wie er z. B. durch das Europäische Patentamt in München gewährleistet wird.[75]

Hinsichtlich der deutschen Situation ist nach einigem dogmatischen Streit von Rechtsprechung und Rechtswissenschaft mittlerweile anerkannt, daß es sich bei den zu schützenden Geschäfts- und Betriebsgeheimnissen jedenfalls um »Rahmenrechte« handelt, die keine absolute, exakt umrissene Schutzposition im herkömmlichen Sinne gewähren, sondern in erster Linie Schutz vor bestimmten Verhaltensformen.[76] Als solche kommen vorrangig die Weitergabe und/oder Nutzung bisher nur innerhalb des Unternehmens bekannter Umstände in Betracht, die nach dessen Willen geheimgehalten werden sollen.[77] Hiervon zu unterscheiden sind offenkundige Tatsachen. Diese liegen dann vor, wenn sie von jedem Interessenten ohne größere Schwierigkeiten in Erfahrung gebracht werden können, z. B. bei vorheriger Publikation in einer Zeitschrift. Bei den Produktionsabläufen in einer Fabrik wird dagegen in der Regel von einem Geheimnis auszugehen sein, da sie nicht ohne weiteres über den überschaubaren Kreis der Mitarbeiter hinaus anderen Personen zugänglich sind. Das gilt selbst dann, wenn sie in einer betriebsinternen Mitteilung einem größeren Kreis von Mitarbeitern zur Kenntnis gebracht wurden.[78] Ferner ist bei Maschinen, die bereits vertrieben werden, eine Offenkundigkeit hinsichtlich der Details ihrer Konstruktion jedenfalls dann nicht gegeben, wenn sich diese nur unter erheblichen Aufwendungen und im Rahmen ihrer Zerlegung eruieren ließen.[79] So werden auch die üblichen Dokumentationsunterlagen des QM-Systems wie die Verfahrens- und Prüfanweisungen sowie Arbeitsplatzbeschreibungen dieser Kategorie zuzuordnen sein. Das Qualitätsmanagementhandbuch wird in der Regel nicht dazu gehören. Dementsprechend hat sich auch der *VDA* 1987 zu den erarbeiteten Formblättern einer Fehlermöglichkeits- und -einflußanalyse (FMEA) wie folgt geäußert:[80]

»*Rückfragen bei den laufenden VDA/DGQ-Seminaren über FMEAs veranlassen uns, darauf hinzuweisen, daß die von Lieferanten zu erstellenden Prozeß-FMEAs in keinem Fall und Konstruktions-FMEAs nur ausnahmsweise, nämlich dann, wenn kundenspezifische detaillierte Vorgaben im Lastenheft vorlagen, den Abnehmern auszuhändigen sind. Dies hat der aus den Qualitätschefs der deutschen Automobilhersteller und von Teileherstellern bestehende VDA/DGQ-Arbeitskreis »Verbesserung des Qualitätsstandards« festgestellt; diese Unterlagen enthalten nämlich in erheblichem Umfang Know-how des Lieferanten. Den Automobilherstellern bleibt es indessen unbenommen, sich bei Inspektionen den Nachweis, daß die erforderlichen FMEAs gemacht wurden und beim Teilehersteller vorliegen, durch Einsichtnahme vor Ort vorführen zu lassen, ähnlich wie bei archivierten Dokumentationen der Qualitätskontrolle*«.

Zur betrieblichen Geheimnissphäre können im einzelnen zählen:
- Konstruktionspläne,
- Fertigungsmethoden bzw. Herstellungsverfahren,
- Rezepturen,
- Änderungen des Produktionsprogramms,
- Kundenkarteien,
- Bezugsquellen,
- Computerprogramme und EDV-Technik,
- Liquidität des Unternehmens,
- Gewinn- und Konzernstruktur,
- Beteiligungsverhältnisse,
- Kalkulationsunterlagen,
- geplante Preissenkungen,
- Unterlagen über Serviceleistungen, wie Wartungsarbeiten u. ä.[81]

Wie sehr Zulieferunternehmen der Gefahr ausgesetzt sind, durch Geheimnisverrat um die Früchte ihrer Entwicklungsleistungen gebracht zu werden, hat der Geschäftsführer eines mittelständischen Automobil-Zulieferers erst jüngst wieder zum Ausdruck gebracht: Er selbst habe es erlebt, daß ein Kunde seinem Unternehmen eine Konstruktionszeichnung für ein Bauteil mit der Bitte übergeben habe, einen alternativen Entwicklungsvorschlag zu machen. Nachdem er schließlich seine eigene Entwicklung präsentiert hatte, habe dieser jedoch plötzlich drastische Stückpreisreduzierungen gefordert, welche er unmöglich habe erfüllen können. Er habe daraufhin den (vermeintlichen) Auftrag ablehnen müssen und um eine Sicherung der Schutzrechte an seiner Idee gebeten, was der Kunde jedoch rundweg ablehnte. Nach seiner und der Ansicht vieler Kollegen habe der Kunde mit dieser Taktik lediglich angestrebt, in den kostenlosen Genuß fremder Entwicklungsleistungen zu gelangen, um diese mittels anderer Zulieferunternehmen in Billiglohnländern kostengünstig auszuschlachten.[82] Kann man sich gegen solche Machenschaften überhaupt hinreichend schützen?

6.2.2 Rechtliche Schutzmaßnahmen einer Informationssicherung

Um dem Mißbrauch einer durch die Auditierung oder auf sonstigem Wege gewonnenen unternehmensinternen Information vorzubeugen, ist dem Zulieferer – wie anderen überprüften Unternehmen auch – in jedem Falle dringend zu raten, mit Auditierer und Endhersteller eine schriftliche Geheimhaltungsvereinbarung abzuschließen.[83] Diese kann separat geregelt werden, sollte aber sinnvollerweise Gegenstand des Liefervertrages sein. Da der Endhersteller im Einzelfall geneigt sein könnte, das Know-how des Zulieferers im eigenen Produktionsverfahren zu verwenden bzw. die Zulieferteile künftig selbst oder anderweitig zu produzieren, wird oftmals die Betreuung eines neutralen Dritten, wie eben eines unabhängigen Auditierunternehmens, mit den Aufgaben der Zulieferüberprüfung und -begutachtung die interessengerechteste Lösung bieten. Ohne daß die Rechtsprechung hierzu bisher Stellung genommen hat, werden von der rechtswissenschaftlichen Literatur in diesem Zusammenhang Klauseln, die eine Überprüfung durch den Endhersteller selbst beinhalten, zumindest dann als unwirksam angesehen, wenn hierfür nicht ein besonderer sachlicher Grund spricht.[84]

Auch gegenüber Mitarbeitern, die unter Umständen später das Unternehmen verlassen, um bei einem anderen Unternehmen anzuheuern, sollte bereits direkt im Beschäftigungsvertrag eine sog. nachvertragliche Geheimhaltungsvereinbarung abgeschlossen werden. Ohne dem Mitarbeiter eine – sonst nicht unübliche – Entschädigung dafür zahlen zu müssen, daß er nicht sein (gesamtes) Wissen in anderen Unternehmen nutzen darf, würde dieser damit langfristig verpflichtet sein, Geschäfts- und Betriebsgeheimnisse im Rahmen seines neuen Arbeitsgebietes außer acht lassen zu müssen.[85] Abgesehen davon kann es generell zweckmäßig sein, Arbeitnehmern, die Zugriff auf Unternehmensinterna haben und Ihre Kündigungsabsicht anzeigen, von der Arbeit freizustellen oder ihre Tätigkeit auf nur noch ungefährliche Arbeitsfelder zu beschränken. In diesen Fällen müßte der Arbeitgeber aber auch weiterhin das volle Gehalt entrichten.

Gelangen später dann doch Informationen unter Verletzung dieser Pflichten an unberechtigte Personen, so müßte grundsätzlich der Zulieferer nachweisen, daß Auditor oder Endhersteller ihren Geheimhaltungspflichten wenigstens fahrlässig nicht nachgekommen sind.[86] Um hier nicht in eine fatale Beweisnot zu geraten, könnte außerdem eine vertragliche Beweislastregel vereinbart werden. Diese könnte so aussehen, daß vereinbart wird, daß der Zulieferer bei der Geltendmachung seiner (Schaden-)Ersatzansprüche ein Verschulden von Auditierer und Endhersteller bei der Geheimhaltung nicht nachzuweisen hat. Insofern käme es dann im Streitfalle zu einer Beweislastumkehr auf Auditierer und Endhersteller. Darüber hinaus besteht die Möglichkeit, eine Vertragsstrafe zu vereinbaren. Danach könnte z. B. geregelt werden, daß im Falle eines – auch verschuldensunabhängigen – Durchsickerns unternehmensinterner Informationen der Endhersteller verpflichtet ist, einen bestimmten Geldbetrag zu zahlen.[87] Neben der Funktion eines Druckmittels gegen den Endhersteller auf Geheimhaltung wird dem Zulieferer hierdurch erspart, einen konkreten Nachweis bezüglich der Höhe des ihm entstandenen Schadens erbringen zu müssen.[88] Auch insoweit wäre er damit im Streitfalle deutlich bessergestellt. Schließlich ist darauf hinzuweisen, daß derartige (Schaden-)Ersatzansprüche oftmals in nur sechs Monaten verjähren (§§ 477, 638 BGB). Es sollte deshalb eine verlängerte Verjährungsfrist vereinbart werden, die etwa zwischen drei bis fünf Jahren beträgt.[89]

6.3 Rechtsfolgen einer Verletzung des Geschäfts- oder Betriebsgeheimnisses

Betriebs- und Geschäftsgeheimnisse werden als Rechtsgut der uneingeschränkten Ausübung gewerblicher Betätigung umfassend zivil- und strafrechtlich geschützt. Ihrer Weitergabe und Benutzung steht bereits ein gesetzlicher Unterlassungsanspruch entgegen. Werden diese Rechte dennoch verletzt, so hat das betreffende Unternehmen einen Schadenersatzanspruch gegen den unbefugten Nutzer des Geheimnisses.[90] Die Schadenshöhe kann es danach berechnen, welcher eigene Gewinn hierdurch entgangen ist, welche Lizenz für die Nutzung üblicherweise hätte verlangt werden können oder welchen Gewinn der Nutzer des Geheimnisses hiermit erzielt hat.[91] Alle drei Berechnungsmethoden stehen alternativ zueinander; der Verletzte kann sich nach eigenem Ermessen für die Geltendmachung des ihm am günstigsten erscheinenden Anspruchs entscheiden.[92] Kommt es zu einem Prozeß, so muß das geschädigte Unternehmen im Gegensatz zur sonst üblichen Regelung nicht beweisen, daß diese Informationen von einem anderen tatsächlich unerlaubt genutzt wird. Es ist zunächst ausreichend, wenn dies wahrscheinlich ist. Der andere Produzent hat sodann die Verschiedenartigkeit der Prozesse beider Parteien zu beweisen,[93] was in der Praxis zunehmend auf die Durchführung einer Besichtigung des Unternehmens des vermeintlichen Verletzers von neutralen Dritten hinausläuft.[94] Nicht nur gegenüber einem Unternehmen können aber die nachfolgenden Rechtsansprüche geltend gemacht werden. Nach zutreffender Ansicht des *Bundesarbeitsgerichts* (*BAG*) ist das vielmehr auch gegenüber ehemaligen Mitarbeitern der Fall, die durch (ihren) Geheimnisverrat Vorteile erlangen.[95]

6.3.1 Ersatz entgangenen Gewinns

Der Schaden, der einem Unternehmen durch die unbefugte Verwertung von Geschäfts- und Betriebsgeheimnissen entsteht, berechnet sich grundsätzlich aus der Differenz zwischen dem Zustand, den das Vermögen ohne diese Einwirkung haben würde, und dem Zustand, den es effektiv besitzt. Dabei ist jede nachteilige Einwirkung auszugleichen, somit auch die Beeinträchtigung einer bloßen Erwerbsaussicht. Nun läßt sich nur selten der Nachweis führen, daß zukünftig mit Sicherheit ein ganz bestimmter Umsatz und damit ein exakt bezifferbarer Gewinn erzielt worden wäre. Eine derartige Beweisführung des geschädigten Unternehmens wird demgemäß auch gar nicht verlangt. Das Gericht wird in der Regel überprüfen, ob die hierzu gemachten Angaben bezüglich seiner bisherigen Umsatzentwicklung, Kundenstamm, Preispolitik etc. nach der allgemeinen Lebenserfahrung den geltend gemachten Betrag als entgangenen Gewinn realistisch erscheinen lassen oder ob nach dem Vortrag des Beklagten hierzu eine abweichende Beurteilung angebracht ist (§ 252 BGB, § 287 ZPO).[96] Um aber dem geschädigten Unternehmen einen solchen gerichtlichen Disput, in dem es gegebenenfalls seine eigenen unternehmensinternen Daten dieser Art offenbaren müßte, zu ersparen, kann es sinnvoll sein, statt dessen die Zahlung einer angemessenen Lizenzgebühr oder des Verletzergewinns geltend zu machen.[97]

6.3.2 Ersatz einer Lizenzgebühr

Im normalen Geschäftsgang ist es nicht unüblich, anderen Unternehmen, die ebenfalls eine bisher nur im Anwenderbetrieb entwickelte und geheimgehaltene Verfahrenstechnik benutzen möchten, dies gegen die Zahlung einer Lizenz zu gestatten.[98] Da derjenige, der ein solches Verfahren unbefugt anwendet, nicht besser stehen soll als derjenige, der hierfür eine solche Lizenz entrichtet, kann vom geschädigten Unternehmen diese als Schadenersatz geltend gemacht werden. Irrelevant für deren Berechnung ist, ob überhaupt und unter welchen Umständen ein Vertrag potentiell zustande gekommen wäre.[99] Die Lizenzgebühr selbst liegt im Industriebereich üblicherweise zwischen 1 bis 10 % des Gesamt-Nettoverkaufswertes der vom Verwender veräußerten Produkte, kann bei erheblicher Bedeutung für den Verletzten aber im Einzelfall auch bis zu 20 bis 30 Prozent betragen.[100] In der Masse der gerichtlichen Auseinandersetzungen liegt sie zwischen 2 bis 5 % des vom verklagten Unternehmen mit seinem unbefugten Gebrauch dieser Techniken erzielten Umsatzes.[101]

6.3.3 Anspruch auf Auskunft und Schadenersatz in Höhe des Gewinns des unbefugten Nutzers

Schließlich kann auch der durch die unbefugte Nutzung des Geschäfts- oder Betriebsgeheimnisses erzielte gegnerische Gewinn vom geschädigten Unternehmen als eigener Schadenersatz verlangt werden.[102] Um diesen gerichtlich geltend zu machen, darf jedoch nicht von einem etwaigen geschätzten Betrag ausgegangen werden, sondern nur von dem tatsächlich erzielten Gewinn. Da dem anspruchstellenden Unternehmen hierfür naturgemäß die erforderlichen Informationen über den gegnerischen Umsatz sowie die Produktions- und Vertriebskosten, Abschreibungen etc. fehlen, um exakt kalkulieren zu können, stellt ihm das Gesetz einen Auskunftsanspruch zur Verfügung, den es mit seiner Schadenersatzklage kombinieren kann.[103] Wie weit dieser Auskunftsanspruch geht, hängt stark vom Einzelfall ab. Die Rechtsprechung tendiert dazu, einen unparteiischen Dritten wie z. B. einen Wirtschaftsprüfer einzuschalten, an den die Auskunft zu erteilen ist, der daraufhin den Gewinn- und damit Klagebetrag für Gericht und Parteien errechnet.[104] Gerade wenn das geschädigte Unternehmen mit dem unbefugten Nutzer des Geheimnisses aber vertraglich verbunden ist (wie das in der Beziehung Zulieferer – Endhersteller regelmäßig der Fall sein würde), hat die Rechtsprechung eher ein umfangreiches direktes Auskunftsrecht an den Kläger angenommen. Dieses kann dabei bis zu einer Offenlegung von Umsatz, Lieferzeiten, Preisen und Kundenstamm gehen.[105]

6.3.4 Verstöße gegen das Patent- und Strafrecht

Hat ein Zulieferbetrieb ein Produktionsverfahren zur Herstellung eines Erzeugnisses neu entwickelt, so ist ihm dringend zu raten, sich dieses patentieren zu lassen (sog. Verfahrenspatent). Eines besonderen Beweises, daß es sich um die Verwertung eines Geschäfts- oder Betriebsgeheimnisses und nicht lediglich um die Nutzung offenkundiger Tatsachen handelt, bedarf es dann nämlich nicht. Wird dann eine Verletzung dieses besonderen Schutzrechtes festgestellt, so kann der Patentinhaber vom Verletzer verlangen, das in seinem Eigentum oder Besitz befindliche Erzeugnis, welches mittels dieser besonderen Verfahrenstechniken hergestellt wurde, zu vernichten.[106] Wird ein derartiges Verfahren unbefugt angewendet, so macht sich der Verletzer außerdem nach patentrechtlichen Grundsätzen strafbar. Der mögliche Strafrahmen reicht bis hin zu einer Freiheitsstrafe von fünf Jahren. Es besteht hier außerdem die Besonderheit, daß eine gerichtliche Verurteilung auf Antrag des Patentinhabers öffentlich bekanntzumachen ist. Die nach diesen Verfahren hergestellten Erzeugnisse werden in aller Regel vom Gericht eingezogen, wenn sie nicht schon im Rahmen des zivilrechtlichen Anspruches vernichtet wurden.[107]

Gerade auch im Bereich des Patentschutzes zeigt sich das innovationsbewußte Verhalten japanischer Unternehmen.[108] Von deutschen Unternehmen werden vorwiegend nur wesentliche Neuerungen zum Patent angemeldet, und auch nur dann, wenn deren spätere wirtschaftliche Nutzung bereits feststeht. Im Gegensatz hierzu ist für japanische Patentanmelder kennzeichnend, daß sie auch nur geringfügige Änderungen ihrer bisherigen Verfahrenstechniken anmelden, um einen möglichst umfassenden Schutz ihrer Entwicklungsleistungen zu garantieren. Nach Ansicht des Präsidenten des Deutschen Patentamtes, *Häußer*, gelingt es japanischen Wettbewerbern hierdurch, »*möglichst alle Wege zu einem bestimmten technischen Ergebnis abzusichern, um Wettbewerbsteilnehmer fernzuhalten und definierte Produktfelder exklusiv zu beherrschen und durch Weiterentwicklungen auf Dauer zu besetzen.*«[109]

Neben diesen patentrechtlichen Besonderheiten kommt eine strafrechtliche Sanktionierung der Weitergabe von Geschäfts- oder Betriebsgeheimnissen schon generell nach dem »Gesetz gegen den unlauteren Wettbewerb« (UWG) in Betracht. Nach dessen § 17 ist deren vorsätzlich begangene unbefugte Verschaffung, Sicherung, Verwertung und Mitteilung an andere Personen mit einer Geld- oder Freiheitsstrafe bis zu fünf Jahren bedroht, wenn dies

- zu Zwecken des Wettbewerbs,
- aus Eigennutz,
- zugunsten eines Dritten oder
- in der Absicht geschieht, dem Inhaber des Geschäftsbetriebes Schaden zuzufügen.

Selbst wenn jemand nur versuchen sollte, einen anderen zu einer solchen Tat anzustiften, ohne daß sich dieser hierzu tatsächlich verleiten läßt, ist bereits dieses Verhalten mit Geld- oder Freiheitsstrafe bis zu zwei Jahren bedroht. Ebenso wird bestraft, wer ein solches Erbieten annimmt, ohne daß es zu einer späteren Tatausführung kommt (jeweils: § 20 UWG).[110]

In der Praxis der Strafgerichte spielte eine Verfolgung nach diesen Grundsätzen ganz im Gegensatz zu den zahlreichen Verurteilungen der Zivilgerichte lange Zeit eher eine Schattenrolle. So wurden in den Jahren von 1980 bis 1985 in den alten Bundesländern jährlich »nur« 50 bis 60 Ermittlungsverfahren im Zusammenhang mit der Verwirklichung dieser Straftatbestände eingeleitet. In nur etwa 10 % dieser Fälle kam es dann tatsächlich zu einer Verurteilung. Ohne daß hierzu bisher weitere konkrete Erhebungen – soweit ersichtlich – bekannt geworden wären, ist die strafrechtliche Verfolgung dieser Delikte aber deutlich angewachsen. Dies lag zum einen daran, daß der Gesetzgeber 1986 die Straftatbestände und Strafrahmen auf das vorgenannte Maß erweiterte, zum anderen an dem sich mit dem steigenden Wettbewerbsdruck verschärfenden und skrupelloseren Konkurrenzkampf.[111] Offenbar wollen verschiedene Unternehmen, wenn es in schwierigen Zeiten um Marktanteile geht, von Ethik und Moral in der Wirtschaft nichts mehr wissen.[112] Enorm hoch dürfte auch die Dunkelziffer in diesem Bereich der Industriespionage liegen. Von Optimisten wird sie auf »nur« 90 % aller (bekannten wie unerkannten) Verstöße gegen das UWG geschätzt.[113] Tatsächlich dürfte sie aber noch wesentlich höher anzusiedeln sein. Allein die Anzahl der in den (west-)deutschen Unternehmen für die (damaligen) Ostblockstaaten unerkannt tätigen Spione wurde so z.B. für das Jahr 1987 auf 500 bis 3.000 Personen beziffert.[114] Erst jetzt kommt es allmählich zu einer gerichtlichen Aufdeckung (ehemals) ostdeutscher Industriespionageaktivitäten. So wurden etwa im November 1993 zwei Diplomingenieure aus der Elektronikbranche vom *Bayerischen Obersten Landesgericht* zu Freiheitsstrafen von vier bzw. dreieinhalb Jahren verurteilt, weil diese von Februar 1978 bis November 1989 dem Ministerium für Staatssicherheit der DDR hochwertiges Material ihrer Unternehmen auf dem Gebiet elektronischer Schaltkreise geliefert hatten. In anderen Industrienationen ist die Industriespionage ebenfalls weit verbreitet. In den USA sollen derzeit nach Angaben des früheren CIA-Geheimdienstchefs *R. Gates* annähernd 20 Staaten, darunter auch Verbündete, systematisch ihre Geheimdienste zu Zwecken der Industriespionage einsetzen.[115]

6.3.5 Die Auditierung als Rückversicherung: Ersatzansprüche gegen das Zertifizierungsunternehmen

Überträgt ein Endhersteller seine Prüf- und Überwachungspflichten hinsichtlich der Qualitätsfähigkeit seiner Zulieferer auf ein Auditierunternehmen, so übernimmt dieses hiermit keine eigenen Sorgfaltspflichten, sondern diejenigen des Endherstellers.[116] Diese Auslagerung von Sorgfaltspflichten führt zunächst dazu, daß der Endhersteller primär[117] (nur noch) die Qualifikation und Zuverlässigkeit des Auditierunternehmens zu prüfen und sicherzustellen hat. Dieses muß nämlich in der Lage und willens sein, das Qualitätsmanagement im Herstellungsverbund zum Zulieferer hinreichend genau und gefahrenadäquat zu untersuchen.[118] Kommt es dann letztlich wegen eines unentdeckten Prozeß- oder Produktfehlers doch zu einer Verletzung von Verbrauchern, so wird sich der Endhersteller im Außenverhältnis zwar häufig nicht schon dadurch entlasten können, er habe Auditier-Spezialisten mit der Gefahrensuche und -abwehr beauftragt.[119] Gelingt es ihm aber nachzuweisen, daß bei der Auditierung des Zulieferunternehmens Qualitätsdefizite fahrlässig nicht erkannt und ausgemerzt wurden, so kann ihm im Innenverhältnis zum Auditierer ein Ausgleichsanspruch auf Ersatz des eigenen Schadens zustehen.[120] Dieser dürfte sich regelmäßig aus den Regreßforderungen von Verbrauchern und seinem entgangenen Gewinn zusammensetzen. Darüber hinaus hat der Auditierer für eine fahrlässige Nichterkennung der Gefahrenquelle und hierdurch verursachte Schadensrealisierung aber auch im Außenverhältnis zu verletzten Verbrauchern für ihren erlittenen Schaden – neben dem Endhersteller – einzustehen. Es kommt mithin zu einer sog. Gesamtschuld, bei der der Verletzte entweder beide gemeinsam oder nur einen dieser beiden verklagen kann (§ 840 BGB).

Es liegt gerade vor diesem Hintergrund auch im Interesse der Zertifizierungsgesellschaften selbst, die Leistungsfähigkeit der Auditierung auf ein Maximum zu steigern, wollen sie sich nicht selbst regreßpflichtig machen. Nach Ansicht der Verfasser ist die heute gängige Auditierungspraxis hiervon aber noch weit entfernt. Das liegt zum einen daran, daß die der Auditierung häufig zugrunde liegende Norm DIN ISO 9000 ff. seit ihrem Inkrafttreten 1987 nicht weiterentwickelt wurde und damit längst nicht mehr dem gegenwärtigen Stand von Wissenschaft und Technik entspricht.[121] Mit diesem Beharren auf veralteten (zumindest im juristischen Sinne) Audit-Grundlagen hat sich zum anderen auch die tatsächliche Praxis der Auditierung kaum verändert. Allenfalls konnten die Auditoren ihren Erfahrungsschatz seitdem ausweiten und nutzbringend anwenden.[122] Es ist deshalb notwendig, nunmehr die möglichen Verbesserungspotentiale einer Auditierung deutlich zu machen. Dies soll im folgenden Abschnitt geschehen. Neben konkreten Vorschlägen sollen vor allem Anstöße zu einer sich langfristig ständig verbessernden Auditierung gegeben werden.

6.4
Schwachstellen und Verbesserungspotentiale in der Auditierungspraxis

6.4.1 Audit-Kriterienkataloge und deren Detaillierungsgrad sind uneinheitlich ausgerichtet

Grundlage jeder Auditierung ist der Fragenkatalog mit seinen jeweiligen Kriterien, die es vom auditierten Unternehmen zu erfüllen gilt. Je nachdem welche Institution auditiert, variiert zum einen dessen normative Grundlage, zum anderen der Detaillierungsgrad der Fragen und die mögliche Gewichtung und Bewertung. Die ausgeprägteste Diskrepanz besteht zwischen den Fragenkatalogen der neutralen Zertifizierungsgesellschaften und den branchenspezifisch ausgerichteten Kriterien der selbst auditierenden Kunden. Die neutralen Zertifizierer der Bundesrepublik Deutschland wenden dabei durchweg die Normen DIN ISO 9001, 9002 oder 9003 als Basis der Auditierung an. Dennoch sind die Auditiergebnisse zwischen den Gesellschaften nur beschränkt vergleichbar. Da eine eingehende Untersuchung aller Zertifizierer den Rahmen dieser Besprechung sprengen würde, seien hier lediglich die prägnantesten Befunde wiedergegeben, wie sie anhand einer Studie über (u.a.) Fragenkataloge und deren Aussagekraft bei den beiden führenden Zertifizierungsgesellschaften in der Bundesrepublik Deutschland ermittelt wurden:[123]

Danach setzt der Fragenkatalog der *DQS* [124] hinsichtlich der 20 abzufragenden Elemente eines QM-Systems nach DIN ISO 9001 deutlich andere Akzente als der Fragenkatalog des *TÜV CERT*.[125] Schon von ihrer Konzeption her sind sie nur schwerlich miteinander in Einklang zu bringen: Während sich das Zertifikatsaudit des *TÜV CERT* auf 152 Fragen stützt, stehen dem *DQS*-Auditor 124 Hauptfragen und 419 Hilfsfragen zur Verfügung. Desweiteren werden die Fragen je nach Zertifizierer unterschiedlich gewichtet. So wendet die *DQS* ein vierstufiges System (von 1 = Anforderung erfüllt, bis 4 = Anforderung nicht erfüllt) für die Bewertung der Konformität zwischen Anforderung der Norm und den nach Meinung der Auditoren vorgefundenen Gegebenheiten an. Demgegenüber basiert die Aussagekraft des *TÜV CERT* Audits auf einem dreistufigen (1 = Anforderung erfüllt bis 3 = Anforderung nicht erfüllt) Modell.

Noch diffiziler gestaltet sich ein Vergleich zwischen Institutionen und Unternehmen, die ihre Auditierungskriterien nicht nach der DIN ISO 9001 bis 9003 ausrichten. Sie verwenden in der Regel entweder eigene Grundlagen oder orientieren sich an der DIN ISO 9004. So favorisiert z.B. der *VDA* immer noch den Fragenkatalog nach der DIN ISO 9004.[126,127] Entscheidend für die Haltung des *VDA* ist dabei das QM-Element »Wirtschaftlichkeitsbetrachtungen«, das etwa in anderen Regelungen wie der DIN ISO 9001 keine Berücksichtigung findet, aber vom *VDA* als Schlüsselfaktor für den Erfolg eines QM-Systems angesehen wird. Die Qualitätswissenschaft und Teile der Betriebswirtschaftslehre haben demgegenüber bewiesen, daß ein genormtes und danach zu auditierendes QM-System kaum in der Lage ist, den Fehlleistungsaufwand wesentlich zu senken, geschweige denn die Produktivität nachhaltig zu steigern.[128] Insofern muß die drastische Senkung der Herstellkosten auch noch nach einer erfolgreichen Zertifiziererung zentrales Ziel einer engen Zusammenarbeit zwischen einem Zulieferer und seinem Kunden bleiben. Dazu bedarf es letztlich systematischer, prozeßorientierter Controlling-Ansätze, die ein vorgefaßt normiertes QM-System gar nicht leisten kann. Schon vom Ansatz des Gedankens der »Qualitätskosten« oder auch »qualitätsbezogenen Kosten« her, wie sie das QM-Element 6 der DIN ISO 9004 widerspiegelt, ist deshalb kein durchgreifender wirtschaftlicher Erfolg zu erwarten.[129] Insofern ist das Festhalten des *VDA* an der DIN ISO 9004 eher als unbedeutend einzustufen – der Wettbewerb verlangt viel weitreichendere Ansätze zur Kostenreduzierung, als sie die DIN ISO 9004 vorgibt.

Die unterschiedliche Aussagekraft der Auditiergebnisse verschärft sich zusätzlich im Verhältnis zu neutralen Zertifizierern, da diese ihre Bewertung der Leistungskriterien nach abweichenden Punktesystemen vornehmen.[130]

Aber auch andere Institutionen, die selbst keine Auditierung und Zertifizierung betreiben, kritisieren die DIN ISO 9001 als Auditierungsgrundlage. So bemängelt beispielsweise der *Haftpflichtverband der Deutschen Industrie*, daß sie den Anforderungen der Judikatur zur Produkthaftung keinesfalls gerecht werde.[131] Hinzu kommt die Branchenneutralität der Normenreihe selbst, die insofern nur wenig auf die jeweiligen Besonderheiten eines Industriezweigs eingeht (vgl. Kapitel 5). Vornehmlich die Industrieverbände fordern infolgedessen die Aufnahme branchenspezifischer Auditfragen.

Eine Steigerung der Auditierleistung kann deshalb erzielt werden, wenn auf der Basis des grundsätzlich branchenneutralen Fragenkatalogs aufbauend dieser modulartig um branchenspezifische Kriterien ergänzt wird. Es ließe sich im Einzelfall eine individuellere Gestaltung der Auditierung erzielen, die auf die Qualitätsfähigkeit jedes QM-Systems besonders eingeht. Stellen sich Auditoren auf diese Situation ein, so wird es zwangsläufig zu einer Spezialisierung unter ihnen nach jeweiligen Branchen kommen. Hierdurch wird wiederum eine größere Erfahrung der Auditoren erzielt, die den geprüften Unternehmen zugute käme.[132] Dabei ist schon jetzt für jede Branche diejenige Zertifizierungsgesellschaft am qualifiziertesten, die traditionell Erfahrung im Umgang mit einer Branche hat, insofern branchenspezifische Kenntnisse mitbringt. Es erscheint in diesem Zusammenhang sinnvoll, wenn sich der Industrieverband einer Branche auf wenige Zertifizierungsgesellschaften festlegte, die nach seiner Empfehlung von den Herstellern für die Zertifizierung ihrer Zulieferer betraut würden. Anderenfalls kann mit ständig wechselnden Partnern auch hier eine enge Zusammenarbeit mit dem Ziel ständiger Verbesserungen nur schwerlich erreicht werden. Letztlich würde die branchenweite Akzeptanz der Auditierergebnisse nicht sichergestellt sein.[133]

Darüber hinaus ist die Vereinheitlichung der Bewertungssysteme hinsichtlich der Konformität einer Anforderung mit den tatsächlichen Gegebenheiten in einem Unternehmen zweckmäßig. Die akkreditierten Zertifizierer müßten hier zu einer gemeinsamen Lösung kommen. Erst dann könnten Auditergebnisse endlich objektiv verglichen werden, was die Glaubwürdigkeit der Auditierleistung insgesamt maßgeblich verbessert (vgl. diesbezüglich auch Kapitel 5).[134] So fordert bereits die DIN ISO 10011 – Teil 3 »*Leitfaden für das Audit von Qualitätsmanagementsystemen – Management von Auditprogrammen*«, daß »*Audits, die von verschiedenen Qualitätsauditoren durchgeführt werden, zu ähnlichen Schlußfolgerungen kommen sollten, wenn derselbe Vorgang unter den gleichen Bedingungen auditiert wird*«.[135] Gelingt das nicht, so steht auch der Wert derartiger Normenaussagen in Frage.

6.4.2 Das externe Audit in seiner Durchführung muß dynamischer gestaltet werden

Die wiederholte Anwendung eines gleichbleibenden Fragenkatalogs ist nicht ausreichend

Die regelmäßige Auditierung von QM-Systemen bedarf einer dynamischen Handhabung, will sie nicht Ermüdungs- und Abnutzungserscheinungen anheim fallen. Das gilt sowohl für die ihr zugrunde liegenden normativen Standards als auch ihre Handhabung im Rahmen einer individualisierten Ausgestaltung. Es ist heute in der wissenschaftlichen Literatur weithin gesicherte Erkenntnis, daß die regelmäßige Auditierung eines QM-Systems nach der DIN ISO 9001, 9002 oder 9003 keine Steigerung der Wettbewerbsfähigkeit mit sich bringt. Hierfür unterliegt sie einem zu starren Schematismus. Auch die Argumentation, daß das Qualitätsniveau nach einer Auditierung stetig abfällt und sodann durch wiederkehrende Auditierungen auf das Ausgangsniveau zurückzuführen ist, ist schlichtweg nicht belegt und lenkt von tatsächlichen Qualitätsverbesserungen ab.[136] Geschäftsführer dürfen sich deshalb von Unternehmensberatern und Zertifizierern nicht mit dem Argument blenden lassen, die Aufrechterhaltung des zertifizierbaren Zustandes sei bereits die eigentliche Innovationsleistung. Unter Umständen kann ein Unternehmen jahrelang immer wieder auf Basis des gleichen Fragenkatalogs das Zertifikat bestätigt bekommen, ohne etwas im Unternehmensablauf zu verändern.[137]

Es stellt sich deshalb die Frage, ob nicht ein stetiges Anheben des zu erfüllenden Qualitätsniveaus, repräsentiert in modulartigen (evolutionären) Kriterien-Katalogen, besser geeignet ist, den Anforderungen des sich verschärfenden Wettbewerbs gerecht zu werden. Zwar steht bei einer erstmaligen Auditierung naturgemäß der Nachweis eines mit der Norm übereinstimmenden QM-Systems im Vordergrund. Sodann müßte jedoch eine permanente Qualitätssteigerung nachgewiesen werden.[138] Die Auditierung geriete (erst) damit zu einem nicht mehr wegzudenkenden Beitrag zur Erhöhung der Wertschöpfung eines Unternehmens.[139] Derartige Zukunftsausrichtung hätte auch noch eine weitere Dimension: Es werden nicht nur Versäumnisse und Defizite der Vergangenheit angeprangert, sondern Aufgaben und Zielstellungen »von morgen« finden Eingang in die Auditierung. Das bedeutet, daß die Auditierung nicht nur »Schwächen«, sondern auch »Stärken« anzeigen sollte. Schwächen könnten abgebaut und Stärken gezielt ausgebaut werden. Geeignet wäre hier ein stufenförmiges System: Ist eine Stufe definierter Anforderungen erklommen, wird der nächste Schritt zu einem insgesamt höheren Leistungsniveau getan. Ein derartiges System würde auch den Lern-Effekt des gesamten Unternehmens, wie er im Rahmen moderner Managementansätze zur »lernenden«, sich »selbst organisierenden« Organisation gefordert wird, unterstützen.[140] Da nicht zu erwarten ist, daß sich die Mitglieder der *ISO* hierzu in absehbarer Zeit auf internationaler Ebene durchringen werden, bleibt qualitätsorientierten Unternehmen nur die Entwicklung eigener Ansätze. Der Weg führt dabei unweigerlich zu einem Qualitätscontrolling im Sinne der unternehmensinternen Auditierung.

Von der internen periodischen Auditierung zum on-line Qualitätscontrolling

Um den Anforderungen des Marktes zu genügen, wird die Auditierung (im folgenden als »klassische« bezeichnet) zum Qualitätscontrolling weiterentwickelt werden müssen.[141] Gemeinsam mit dem Finanzcontrolling können sich hieraus weitreichende Maßnahmen zur Prozeßkorrektur und -verbesserung ergeben. So stellte *Wildemann* jüngst das sog. »Auditierungs-Rentabilitäts-Portfolio« vor, das in eine ähnliche Richtung zielt (Abbildung 46).[142]

Werden den Ergebnissen der Auditierung solche des Finanzcontrollings in einem Portfolio gegenübergestellt, so läßt sich hierdurch eine klarere Transparenz in den Prozessen und Qualitätsleistungen erreichen. Das würde für Führungskräfte eine mehrdimensionale Entscheidungsbasis bieten. Unter derartigen Prämissen wird jedoch ein Fragebogen in der bekannten Form als Basis der Auditierung nicht mehr ge-

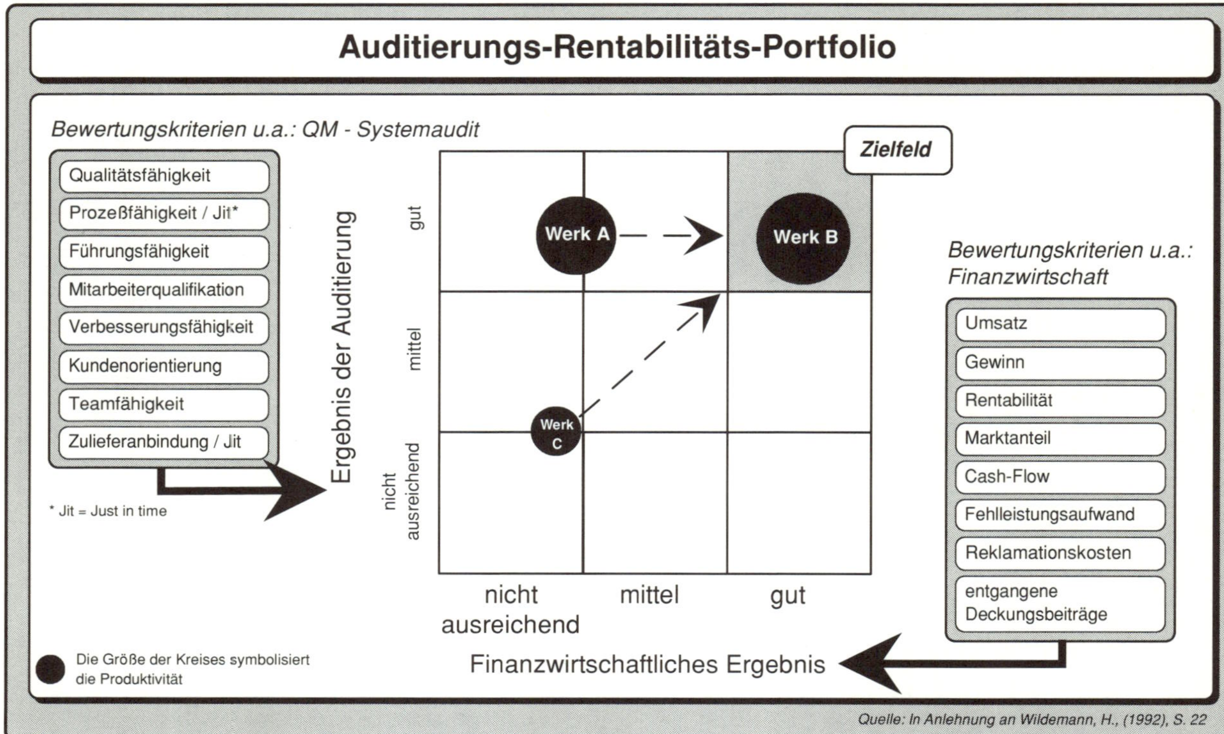

Abbildung 46: Die Gegenüberstellung von Audit- und finanzwirtschaftlichem Ergebnis als möglicher erster Schritt auf dem Weg zum Qualitätscontrolling.

nügen. An seine Stelle müssen Soll-Ist-Vergleiche auf Grundlage qualitätsorientierter Kennzahlensysteme treten.[143] Darüber hinaus wird auch die klassische Auditierung der Geschwindigkeit, mit der entscheidungsrelevante Daten abgerufen werden, immer weniger gerecht. Kennzahlensysteme können mögliche Trends erheblich früher und effektiver – sozusagen »on-line« – sichtbar machen.[144] Langfristig müssen hierbei für jeden Prozeß Meßkriterien definiert werden, die seine Qualitätsfähigkeit exakt repräsentieren. Je nach verantwortlicher Entscheidungsebene im Unternehmen sind die Meßkriterien dementsprechend verdichtet in Kennzahlen darzustellen. Damit könnte sich die heute noch vielfach anzutreffende klassische Auditierung tatsächlich zu einem effektiven Führungsinstrument entwickeln.[145] Aber eines soll hier nochmals ganz deutlich gesagt werden: Jegliche Auditierung, und sei sie noch so leistungsfähig, kann nur als Entscheidungsgrundlage für weitere Verbesserungsmaßnahmen dienen. Der Entschluß zur Durchführung hierzu für sinnvoll erachteter Maßnahmen kann von der Unternehmensspitze nicht delegiert werden.

6.4.3 Das starre Festhalten an dem Kriterienkatalog ist unzweckmäßig

Ein immer wiederkehrender Kritikpunkt an der Auditierungspraxis ist das starre Festhalten der Auditoren an »ihrem« Fragenkatalog. Insbesondere in der Anfangszeit der Auditierung zeigten die Auditoren offenbar wenig Flexibiltiät in seiner Handhabung. Teilweise gilt das auch heute noch. Davon zeugen nicht zuletzt so markant formulierte Seminarthemen wie: »*Wie bestehen wir erfolgreich ein Audit?*"[146] oder eine Reihe von Veröffentlichungen wie »*Keine Angst vor Audits*"[147], »*Audit-Taktik*"[148] oder »*How to survive ISO 9000 surveillance*"[149]. Da letzlich auch Unternehmensberater am Erfolg eines Audits im von ihnen beratenden Unternehmen partizipieren, kann es nicht verwundern, daß sie ihre Klienten im Umgang mit Auditoren (fast im Sinne eines Überlebenstrainings) schulen. Aussagen wonach am Audit beteiligte Mitarbeiter nicht »autoritär« oder »drohend« dem Auditor gegenüber antworten und keine verwirrenden Taktiken anwenden sollen, Konflikte mit dem Auditor über Meinungsverschiedenheiten bei der

Bewertung vermieden, oder der Auditor nicht »herausgefordert« werden soll, sind Gegenstand derartiger Schulungen.[150]

Angesichts der gespannten Situation, in der sich alle Parteien während eines externen Audits befinden, stellt sich nach Ansicht der Verfasser weniger die Frage, wie man am besten die Auditierung »übersteht«,[151] als vielmehr wie der übliche Ablauf der Auditierung entscheidend verbessert werden kann damit diese langfristig glaubhaft bleibt bzw. wird.[152]

Zunächst einmal müssen die Auditoren sehr viel Einfühlungsvermögen für ihre zu auditierenden Kunden aufbringen.[153] Dafür ist das Klammern an eine Frageliste wenig hilfreich. Sie sollten die Frageliste lediglich als Rahmenvorgabe begreifen, verstärkt auf die individuelle Situation des Unternehmens eingehen und diese dann in ihrer schriftlichen Dokumentation entsprechend reflektieren.[154] Das gilt insbesondere für Überwachungs- und Wiederholungsaudits. So schreibt *Frehr* treffend:[155] »*Das Auditteam muß seine Fragen dem Verlauf und den Erkenntnissen im Audit immer wieder anpassen*«.

6.4.4 Der sozialen Qualifikation des Auditors muß ein höheres Maß an Aufmerksamkeit geschenkt werden

Gerade in der für ein Unternehmen ungewöhnlichen Situation seiner Auditierung wird die psychologische Kompetenz eines Auditors besonders gefordert. Er muß in Lage sein, aktiv mit den Beteiligten zu kommunizieren und auf ihre Emotionen einzugehen [156] – nicht einfach nur abzufragen! Neben der fachlichen Qualifikation ist deshalb der Führungskompetenz und -fähigkeit bei der Bestellung eines Auditors größte Aufmerksamkeit zu widmen.[157] Dies wird vor allem auch von der Einsicht getragen, daß ein QM-System im wesentlichen von den Mitarbeitern eines Unternehmens bestimmt wird. Ein Auditor muß also die Fähigkeit besitzen, das Wissen und die Geisteshaltung der Unternehmensmitarbeiter während des Audits deutlich zum Vorschein zu bringen, damit diese hierdurch selbstständig auf bestehende Defizite in den Unternehmensabläufen aufmerksam werden. Der Auditor wird zum Moderator, zum »Lenker« der spezifischen Auditsituation. Aber selbst die Moderatorenfunktion könnte zu einem sog. »Coaching-Prozeß« erweitert werden. Die Auditierung strategisch verstanden, ist durchaus geeignet, als Spiegel der Leistungsfähigkeit eines Unternehmens zu fungieren. Die Auditoren zeigen sich dem Unternehmen als »Sparringpartner«, an denen das Unternehmen seine Qualitätsfähigkeit reflektieren könnte. Moderierte Audits könnten die Gewähr bieten, daß evtl. zu Tage tretende Schwachstellen tatsächlich von den Betroffenen beseitigt werden.[158] Es hat sich unter den Auditoren noch längst nicht die Erkenntnis durchgesetzt, daß Schwachstellen nur dann nachhaltig beseitigt werden, wenn die Betroffenen in die Problemlösung einbezogen werden. Daß die verstärkte Einbindung des zu Auditierenden der Schlüssel zum Auditerfolg ist, zeigt z.B. der Ansatz von *Motorola*. Dort wird im Rahmen des »Quality System Review (QSR)« der sog. »Participative Scoring Process (PSP)« angwendet. Dieser beinhaltet das enge Einbeziehen des zu Auditierenden in den Auditprozeß und in die punktuelle Bewertung durch den Auditor. Der auditierte Mitarbeiter bekommt dabei die Bewertung unmittelbar zur Kenntnis, kann dieser Zustimmen oder weitere Argumente vorbringen, warum seiner Ansicht nach eine höhere Bewertung gerechtfertigt sei.[159]

Der Auditor muß insofern die beteiligten Mitarbeiter aktiv in den Prozeß miteinbeziehen. Um derartig moderierte Audits durchführen zu können, wird die menschlich-soziale Kompetenz eines Auditors zukünftig stärker in den Vordergrund treten müssen. Dabei darf allerdings nicht außer acht gelassen werden, daß bis heute für die Qualifizierung von Auditoren mit o.g. Zielstellung keine hinreichende Ausbildung angeboten wird. Schon dadurch wird es ein langer Weg sein, bis sich die Praxis moderierter und gecoachter Audits durchsetzt.

So hat die *European Organization for Quality* (*EOQ*) zwar ein Konzept für die Qualifikation eines »Qualitätssystemauditors« (EOQ Quality Auditor) vorgestellt.[160] Der Geschäftführer der *Deutschen Gesellschaft für Qualität* (*DGQ*), *Fuhr,* räumt aber freimütig ein, daß die menschlich-sozialen Qualifikationen eines Auditors nur schwer trainierbar und kaum nachprüfbar seien.[161] Insoweit sollte man sich von – zudem europaweit harmonisierten – Ausbildungsprogrammen für Auditoren nicht allzuviel versprechen. Gleiches gilt nach Ansicht der Verfasser ebenso für das von Niveau und Inhalt her ähnlich gestaltete Lehrgangskonzept der *DGQ* zur Erlangung des *DGQ*-Fach-(Auditor)-Zertifikats.[162] Auch hier stellt sich die Frage: Am europäischen konsens- und anpassungsbedingten »Mittelmaß« orientieren, oder die Auditorenausbildung in der Bundesrepublik Deutschland zu einer insgesamt qualitativen Vorreiterrolle für Europa weiterentwickeln? Leider haben sich die Verantwortlichen für den ersten Weg entschieden, womit die Chance einer qualitativen Differenzierung gegenüber anderen Ländern zunächst aufgegeben wurde.[163] Auch die angestrebte Akkreditierung auf Basis der DIN ISO 45013 der Unternehmen, Gesellschaften und Vereine, die eine derartige Ausbildung anbieten, möglicherweise durch die *EOQ* selbst, dürfte die Qualität der Lehrgänge wenig beflügeln. Unter der Prämisse der Neutralität käme die *EOQ* als akkreditierende Stelle nach Ansicht der Verfasser kaum in Frage, möchte sie nicht ihre eigenen nationalen Mitgliedsgesellschaften, wie z.B. hierzulande die *DGQ* akkreditieren.[164] Darüber hinaus macht eine Akkreditierung zumindest in der Bundesrepublik Deutschland auf diesem Gebiet wenig Sinn, wenn nicht der Wettbewerb unter den ausbildenden Gesellschaften forciert wird bzw. qualifizierte Gesellschaften gegründet werden. Wie anspruchsvoll das Wissen und Können eines Auditors aber auch eines »Qualitätsmanagers bzw. -beauftragten« sein sollte, lassen die Themenstellungen innerhalb des Förderprogramms »Qualitätssicherung 1992-1996«, die mittlerweile angebotenen Vorlesungen und Übungen an den Universitäten und nicht zuletzt die Publikationen jener Unternehmen, die das gesamte Klavier des Qualitätsmanagements spielen können und deshalb nachweislich Spitzenklasse (Execellence) erlangt haben, erahnen.[165] Auch den Zertifizierungsgesellschaften hierzulande wurde die Möglichkeit genommen, sich gegenüber ihrer europäischen Konkurrenz mit besser qualifizierten Auditoren abzusetzen und die Auditierung »Made in Germany« zum deutschen Aushängeschild zu entwickeln. Letztlich wäre eine fundierte Qualifizierung der Auditoren ein Beitrag, dem Image, wie es britische Zertifizierer hierzulande innehaben, kraftvoll zu begegnen.[166] Wie kann sich aber ein Kunde schon jetzt vor unzureichend qualifizierten Auditoren schützen?[167] Denkbar wäre hier die Beurteilung der Auditoren durch den jeweiligen Kunden. Diese müßte in eine sog. »Auditoren-Ranking-Liste« einfließen. Langfristig käme es damit zur Dokumentierung eines individuellen Persönlichkeitsprofils jedes Auditors. An einer derartigen kundenorientierten Praxis müssen auch die Zertifizierungsgesellschaften selbst ein Interesse haben, so steht und fällt ihre Reputation am Markt doch mit dem Image ihrer Auditoren.

6.4.5 Externe Audits sollten stärker auf freiwilliger Auskunftsbasis beruhen

Dem Gedanken der moderierten Audits folgend, ist die Überlegung, ob die Praxis der Auditierung nicht auf einer freiwilligen Selbsteinschätzung des zu auditierenden Unternehmens beruhen sollte, sehr viel weitergehend.[168] Vorbild könnte hier der »Malcolm Baldrige National Quality Award« sein, wonach sich die Unternehmen zunächst selbst auditieren und die externen Auditoren dann diese Vorgaben lediglich stichprobenartig überprüfen (Site-Visite-Review). Zwar muß auch jetzt schon ein Unternehmen im Ablauf des Zertifizierungsprozederes zunächst einmal den Stand seines QM-Systems präsentieren, dies aber lediglich im Rahmen einer »Kurz-Frageliste« und der Dokumente zum QM-System selbst.[169] Dazu gehören das QM-Handbuch und nicht selten auch die einzelnen Verfahrensanweisungen. Demgegenüber brächte eine vorangehende vollständige Eigen-Auditierung eine wesentliche Entspannung während des anschließenden Audits, da sich ein Unternehmen bis dahin sehr viel intensiver mit seinem QM-System auseinandergesetzt hätte. Anhand der hierbei zusammengestellten Unterlagen hätte der externe Auditor im Moment des Audittermins bereits hinreichende Einblicke in die Qualitätsfähigkeit des Unternehmens. Seine Präsenz könnte sich auf die selektive Kontrolle der vom Unternehmen gemachten Aussagen beschränken. Die für den Kunden teuren Vor- und Nachaudits würden damit weitgehend der Verganganheit angehören, da Unternehmen nicht von vornherein einer vollen (kostenintensiven) Auditierung entgegensehen müßten.

Im Falle des Auditors, der ein derart vorbereitetes Audit führen und die Ergebnisse unmittelbar bewerten soll, käme es auch aus psychologischem Blickwinkel zu einer Lockerung. *Ehrhart* führte bereits aus, was die Crux des Zertifizierungsaudits ist: »*Mit der Aufgabe, vor Ort, im Angesicht des auditierenden Delinquenten entscheiden zu müssen, ob dieser die Prüfung bestanden habe oder nicht, ist auch der redlichste Mensch überfordert*«.[170] Bei einer intensiveren Selbsteinschätzung, mit entsprechend stichprobenartiger Überprüfung durch den Auditor, würde dieser zumindest weniger Gefahr laufen, in eine derartig peinliche Situation zu kommen, zumal ein wesentlicher Teil der Entscheidungsbasis und damit der Verantwortung für den möglichen Zertifizierungs(miß-)erfolg vom Unternehmen selbst getragen würde.

6.4.6 Schriftliche Unterlagen stehen im Mittelpunkt der eigentlichen Auditierung

Ein zertifizierbares QM-System entsprechend der DIN ISO 9001, 9002 oder 9003 muß schriftlich fixiert sein. Das grundlegende Dokument ist dabei das sog. Qualitätsmanagementhandbuch (QM-Handbuch)[171], in dem das gesamte System des Qualitätsmanagements festgehalten ist. Zusätzlich wird im QM-Handbuch auf gesonderte Regelwerke[172], in denen die einzelnen Verfahren dokumentiert sind, Bezug genommen. Es enthält ferner Übersichten über die mitgeltenden Arbeitsplatzbeschreibungen und Verfahrens-, Arbeits- und Prüfanweisungen. Gemeinsam beschreiben sie letztlich das QM-System.[173] Nach verbreiteter Ansicht soll es damit Antwort darauf geben, wer, wann, wie, womit Maßnahmen des Qualitätsmanagements durchzuführen hat.[174] Ob aber eine derartig voluminöse Dokumentation zur Qualitätsfähigkeit eines Unternehmens und zur Verbesserung der Wertschöpfung beiträgt, ist umstritten und soll an dieser Stelle nur skizzenhaft behandelt werden. Bemerkenswert ist der Befund einer Studie, die der Lehrstuhl Qualitätswissenschaft der *Technischen Universität Berlin* in Zusammenarbeit mit dem *RWTÜV* durchgeführt hat.[175] Anhand von 94 Berichten, die während des Zertifizierungsaudits in Unternehmen der Bundesrepublik Deutschland zwischen Mai 1992 und Juni 1993 protokolliert und schriftlich ausgearbeitet wurden, sollten die wesentlichen Schwierigkeiten bei der Einführung und im Umgang mit dem QM-System nach DIN ISO 9001 und 9002 aufgezeigt werden. Die Abbildung 47 gibt einen groben Überblick, bei welchen der 20 QM-Elementen – bezogen auf die DIN ISO 9001 – die häufigsten Abweichungen auftraten.

Die Ergebnisse sind:

- Auditoren beurteilen die Qualitätsfähigkeit eines Unternehmens vornehmlich nach der Vollständigkeit der ihnen präsentierten Dokumente. Die schriftliche Dokumentation ist damit die eigentliche Orientierung der Auditoren.

Bestätigt wurden diese Befunde durch eine weitere Untersuchung der Verfasser (siehe unter 5.1.3). Die schriftliche Befragung von 325 Leitern des Qualitätswesens zertifizierter Unternehmen der Bundesrepublik Deutschland im Zeitraum von Mai bis August 1993 ergab u.a. folgendes Ergebnis:[176] 65 Prozent der Befragten vertraten die Ansicht, daß

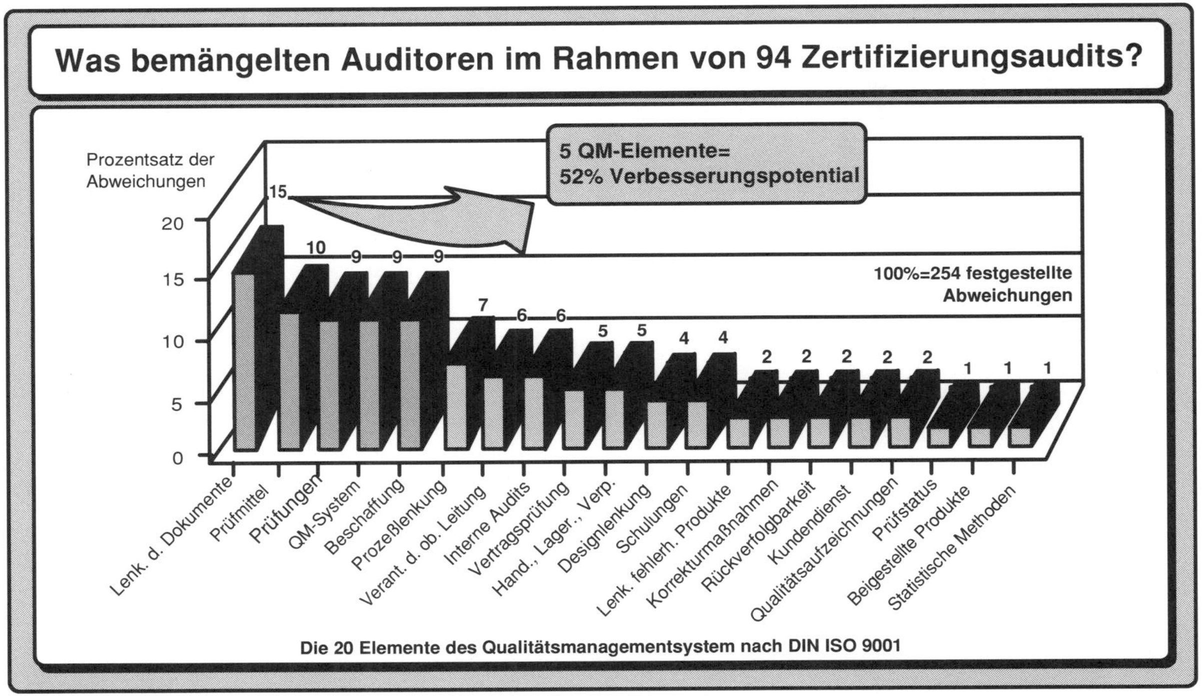

Abbildung 47: Prozentuale Verteilung der Abweichungen der QM-Systeme in 94 Unternehmen bezogen auf die Anforderungen der DIN ISO 9001

die Auditoren während des Zertifizierungsaudits hauptsächlich auf die Vollständigkeit der schriftlichen Dokumentation achteten. 116 Leiter des Qualitätswesens gaben zudem an, daß sich die Dokumentation als zu umfangreich darstellt und in den Unternehmensabläufen lähmend wirke. So konstatierte auch *Glaap* erst jüngst, die Dokumentation sei natürlich besonders leicht zu überprüfen, weshalb Auditoren ihr Augenmerk in erster Linie hierauf richteten.[177]

Angesichts dessen scheint die immer wieder in der Literatur von der Unternehmensseite eingebrachte Ansicht, wonach ein QM-System nach DIN ISO 9000 ff. im wesentlichen einen erheblichen bürokratischen Aufwand erfordert, bestätigt. Auch *Döttinger* sieht, daß das Errichten eines zertifizierbaren QM-Systems einen »Berg Papier« benötigt, der keinen wirtschaftlichen Nutzen erzielt.[178] Und *Haußmann* führt aus:[179] »*Die DIN ISO 9000 ff. betont dokumentierte Vorschriften, die geschaffen und eingehalten werden müssen. Ein Dritter könnte das QM-System sonst kaum zertifizieren.*« Und weiter »*...sie schreibt nicht nur vor, daß bestimmte Probleme gelöst sein müssen. Dagegen wäre nichts zu sagen. Sie schreibt auch die Lösung detailliert vor:...durch vollständige Dokumentation,...durch Audits von Dritten in ganz bestimmter Form,...mit diesen Aufzeichnungen über die Prüfmittelüberwachung usw. Auch wenn es eine Fehlinterpretation der Norm ist, sie führt bei vielen, die damit umgehen, zu einem Denken im Schema der Kommandowirtschaft: Man müsse nur genügend Vorschriften erlassen, und die brauche man dann nur sorgfältig einzuhalten, dann seien alle Probleme gelöst*«. In der Tat stellt sich die Frage, ob diese Dokumentationstiefe dem Zweck der Zertifizierung dienlich ist. Daß diesbezüglich ein erheblicher Klärungsbedarf in den Unternehmen besteht, belegen die Entwürfe der überarbeiteten Fassung der DIN ISO 9000 ff.[180] Zwar wird dort zur Dokumentationstiefe Stellung genommen, jedoch muß befürchtet werden, daß die Forderung nach Einführung und Aufrechterhaltung von Verfahrensanweisungen, wie sie in den Ausführungen zu QM-Systemen verlangt werden, lediglich der Bürokratie dienen.[181] Schon aus psychologischem Blickwinkel erscheint der Begriff der »Verfahrensanweisung« wenig motivierend. Wer möchte schon angewiesen werden? Ist es nicht vielmehr so, daß ein System von Prozeßbeschreibungen sachgerechter wäre?[182] Ziel hierbei müßte die Prozeßbeherrschung sein. Zudem ist das vielfach von Unternehmensberatern und Zertifizierern ins Feld geführte Argument, wonach nur ein dokumentierter »Ist-Zustand« als tatsächliche Basis für Verbesserungen angesehen werden könne, ein Trugschluß.[183]

Es ist für einen Auditor in der Regel keine Schwierigkeit, während des Audits ein Dokument zu entdecken, welches beispielsweise keine vollständigen Unterschriften trägt oder einen Änderungsstand/Datum etc. vermissen läßt. Insoweit erklären sich u.a. die 15 % Abweichungen in dem QM-Element »Lenkung der Dokumente«. Normalerweise wird aber ein Zertifikat trotz dieser Diskrepanz erteilt. Dieses Defizit gegenüber der Erwartungshaltung der Auditoren dürfte die Auskunftsbereitschaft der Mitarbeiter eher mindern. Kein Mitarbeiter wird dem Auditor etwas über seinen eigenen Arbeitsplatz berichten, was nicht bereits schriftlich fixiert ist, da sonst die Performance gegenüber der Norm nicht erfüllt sein würde. Letztlich bleibt dem Auditor nur übrig, das Dokument an sich zu bemängeln.

Des weiteren wurde festgestellt:

- Auditoren überprüfen vornehmlich einfach einzusehende Verfahren, ihren Ablauf und das Ergebnis.

So stellt das QM-Element »Prüfmittel« einen derartigen Baustein dar. Folgt man den Anforderungen, welche die Norm an diesen stellt, so wird schnell deutlich, daß die Kontrolle, ob Prüfmittel ausreichend gekennzeichnet sind, regelmäßig überprüft werden usw. relativ einfach ist. Sehr viel schwierger ist hingegen die Feststellung, ob Führungsprozesse qualitätsorientiert ausgestaltet und gehandhabt werden.

Diese Praxis der Auditierung muß sich damit letztlich den Vorwurf gefallen lassen, daß sie zur Einschränkung der Entfaltungsmöglichkeiten der Mitarbeiter in den Unternehmen mit beiträgt: Präventives Qualitätsmanagement baut auf einem eigenverantwortlichen Handeln und den Erfahrungen sowie der Motivation aller Mitarbeiter auf.[184] Diese Faktoren stehen in einem direkten Verhältnis zum Ausmaß der Identifikation der Mitarbeiter mit dem Unternehmen und seiner Qualitätskultur (vgl. Kapitel 2). Nach Ansicht der Verfasser droht eine ausführliche Dokumentation des normativen QM-Systems und der Verfahren die Kreativität der Mitarbeiter im Hinblick auf eine eigene Ausgestaltung der von ihnen zu verantwortenden Prozesse zu ersticken. Zwar schafft die Dokumentation Transparenz, doch auf die Gefahr hin, eine vermeintliche Ordnung zu zementieren. Damit läuft die heutige Praxis, QM-Systeme vornehmlich durch eine ausführliche Dokumentation nachzuweisen, den modernen Ansätzen der Organisations-, Führungs- und Qualitätswissenschaft entgegen. So argumentiert beispielsweise *Haußmann*, wenn auch plakativ:[185] »...*überholt ist auch die Grundeinstellung der ISO 9000. Man fordert ein System, das durch ein Handbuch und Verfahrensvorschriften vollständig beschrieben ist. Dabei gleicht der Wunsch, zukünftige Probleme zu beschreiben und zu lösen, dem Versuch, sich auf Vorrat zu rasieren. Selbst wenn es gelänge, eine Organisation perfekt zu beschreiben, und alle würden Dienst nach diesen Vorschriften machen, würde das nicht funktionieren. Der deterministische Ansatz zum Lösen organisatorischer Probleme ist theoretisch und praktisch längst widerlegt.*« Das beste Beispiel für die dringend gebotene Änderung der Auditierungskriterien ist in diesem Zusammenhang das QM-Element »Verantwortung der obersten Leitung«. Dort wird eine dokumentierte und auf allen Ebenen verwirklichte Qualitätspolitik gefordert. Daß die schriftliche Fixierung der Qualitätspolitik sich als relativ einfach darstellt, ist offensichlich. Doch wie wollen Auditoren die Verwirklichung eines qualitätsorientierten Führungsverständnisses oder den Identifikationsgrad eines Geschäftsführers mit dem QM-System feststellen? Vielleicht durch ein einstündiges Gespräch? Wohl kaum. Erinnert sei in diesem Zusammenhang an Arbeitshaltung und -verhalten, Wissen und Erfahrungen, kommunikatives Verhalten, soziales Verhalten, emotionales Verhalten, Problemlösungs- und Entscheidungsfindung, Führungsverhalten, Wertesysteme u.a.[186] An diesen wenigen, die Durchsetzung der Qualitätspolitik beeinflussenden Beispielen wird bereits deutlich, daß herkömmliche Klassifizierungen und standardisierte Fragemethoden praktisch nur selten geeignet sind, die Umsetzung der Qualitätspolitik tatsachengetreu zu erfassen. Letztlich wird die Umsetzung der Qualitätspolitik entscheidend durch die persönlichen Eigenschaften des Geschäftsführers bestimmt. Doch die nachweisbare Dokumentation dieser kann jedenfalls mit den bisher praktizierten Methoden überhaupt nicht erbracht werden. Darüber ist sich die Führungsforschung heute einig.[187] Ähnliches gilt z.B. für die von der Normenreihe offenbar grundsätzlich unterstellte Mißtrauensorganisation. Wie sonst ist es zu erklären, daß die Norm für »das Personal«, das Abwehrmaßnahmen gegen Fehlerquellen ergreifen soll, eine funktional-organisatorische Unabhängigkeit einfordert? Der Rückstand der Normen spiegelt sich darüber hinaus auch in der Forderung nach einem »Beauftragten der obersten Leitung« wider. Obwohl aus rechtlichem und wirtschaftlichem Blickwinkel heraus bereits umfangreich dargelegt wurde, daß die uneingeschränkte Verantwortung für das QM-System bei der Geschäftsführung liegt, beharrt die Norm auf der Benennung eines gesonderten Beauftragten. In den Ausführungen einer empirischen Erhebung der Unternehmensberatung *A.T. Kearny* zu Erfolgsfaktoren von QM-Systemen läßt sich nachlesen: »*Verantwortlich ist nicht nur ein sog. Qualitäts-Manager, sondern ein Mitglied der Geschäftsführung*«.[188] Offensichtlich, so muß anhand der wenigen Beispiele konstatiert werden, hinken Norm und Auditierung den modernen Organisations- und Führungsprämissen erheblich hinterher.[189]

6.5
Perspektiven für die Auditierung

Die Auditierung läßt sich nutzen: Sie zeigt dem Zulieferer die Leistungsstärke seines Qualitätsmanagements. Gegenüber dem Kunden dient sie als Beleg für die Fähigkeit des Zulieferers, eine gemeinsame Qualitäts- und Wertschöpfungspartnerschaft gewinnbringend aufbauen und unterhalten zu können. Damit sich dieser Nachweis nicht in unwesentlichen Allgemeinplätzen verliert, muß die Auditierung auf die spezifischen Stärken und Schwächen jedes einzelnen Unternehmens besonders eingehen. Das kann jedoch so lange nicht geschehen, wie sie sich an vorgefaßten Fragenkatalogen orientiert, die zudem wie im Falle der branchenneutralen DIN ISO 9000 ff. bereits seit mehr als sieben Jahren unverändert vorliegen. Den Endhersteller muß und kann nur interessieren, ob sein konkreter Zulieferer in der Lage ist, eine bestimmte Qualitätsfähigkeit zu erbringen.[190] Eine Individualisierung der Auditierung läßt sich insbesondere dadurch erreichen, daß von einem Grund-Fragenkatalog ausgehend je nach Branche zusätzliche Kriterien modulartig in diesen Eingang finden. Zulieferer brauchen dabei keine Sorge davor zu haben, originär unternehmensinterne Entwicklungen ihres Qualitätsmanagements würden hierdurch unkontrolliert an nicht berechtigte Personen weitergetragen werden. Selbst wenn hierdurch andere Unternehmen Gewinne erzielen würden, müßten sie diese vollständig an das geschädigte Unternehmen abführen. Das Wettbewerbsrecht bietet den Unternehmen eine verblüffend breite Palette an Rechtsschutzinstrumenten. Daß sie gegenwärtig noch wenig ausgespielt werden, liegt u.a. daran, daß sie in der klein- und mittelständisch geprägten Zulieferindustrie nur teilweise bekannt sind. Schon die Gefahr der Informationsweitergabe läßt sich aber durch die Zwischenschaltung neutraler Zertifizierungsgesellschaften eindämmen. Das Verhältnis zwischen überprüfendem Endhersteller und geprüftem Zulieferer ließe sich hierdurch entkrampfen. Den neutralen Zertifizierern kommt hierbei eine große Verantwortung zu. Da sie bei einer Auditierung eigene Sorgfaltspflichten gegenüber Zulieferern, Endherstellern und Kunden übernehmen, können sie sich bei einer Verletzung dieser Pflichten auch selbst regreßpflichtig machen. Hauptsächlich die Güte der Auditierung spielt hierbei die entscheidende Rolle. Es liegt deshalb im Interesse aller Beteiligten, die Leistungsfähigkeit der Auditierung laufend zu verbessern. Neben ihrer Individualisierung bieten im wesentlichen die folgenden Punkte Ansätze zur Verbesserung:

- eine bessere Qualifikation der Auditoren und deren Auswahl,
- ein Abrücken von der starren Frage-Antwort-Prüfung, hin zu einem moderierten Gesprächsforum,
- eine vorangehende umfangreiche Selbstprüfung der Zulieferer,
- die vertragliche Vereinbarung von Geheimhaltungspflichten und der Abwicklung etwaiger Regreßansprüche.

6.6 *Zusammenfassung*

Um Gewißheit über die Qualitätsfähigkeit von Zulieferern zu erlangen, sind diese umfangreichen Auditierungen ihrer Kunden (Endhersteller) ausgesetzt. Die Praxis der kundenspezifischen Auditierung fordert dabei einen erheblichen Aufwand, der in keinem Verhältnis zu ihrem wirtschaftlichen Nutzen steht. Nicht zuletzt dieser Erkenntnis folgend, setzt sich in verschiedenen Branchen bereits heute die Auditierung durch neutrale Zertifizierungsgesellschaften durch. Es ist jedoch nicht ausreichend, wenn sie auf der Grundlage veralteter und zu allgemein gehaltener Regelungswerke wie z. B. der DIN ISO 9000 ff. durchgeführt werden. Die Vergleichbarkeit der Ergebnisse von Auditierungen wird zwar bereichsübergreifend gefordert, ist für die Kunden (Endhersteller) aber nur insofern von Bedeutung, als sie sich auf ihre jeweilige Branche beschränkt. Daneben spielt auch der Schutz von Geschäfts- und Betriebsgeheimnissen eine wichtige Rolle. Der nahezu lückenlose Schutz durch das Wettbewerbsrecht gilt dabei auch für eine Auditierung, die individuelle Unternehmenscharakteristika würdigt. Um die Wirtschaftlichkeit der Auditierung im Ergebnis entscheidend zu verbessern, muß gerade auf branchen- und unternehmensspezifische Besonderheiten eingegangen werden. Die Verfasser geben hierzu vielfältige Anregungen.

Anmerkungen

1 Vgl. zur Anwendung gängiger Instrumente: Franke, H., (1988), S. 439 ff.
2 Siehe zu dieser Thematik z. B. Fröhling, O., (1993), S. 543 ff.; Wildemann, H., (1992a), S. 772 ff. Was das insgesamt für Unternehmen, die Dienstleistungen anbieten, bedeuten kann, haben insbesondere Reichheld und Sasser eindrucksvoll dargestellt: Reichheld, F. F., Sasser, W. E., (1991), S. 108 ff.
3 So auch Wildemann, H., (1991), S. 15.
4 Spremann, K., (1990), S. 561 ff.
5 Siehe näher, Wildemann, H., (1993), S. 34 ff.
6 Siehe hierzu auch Kamiske, G. F., Brauer, J.-P., (1993), S. 134-138, 162-166, oder Retting, H. W., (1988), S. 456 ff.
7 So auch schon Wildemann, H., (1991), S. 14.
8 Stellenweise auch mit »Qualitätsaudit« bezeichnet. Der Begriff des Audits stammt ursprünglich aus dem Lateinischen und wurde bei uns aus der angloamerikanischen Sprache übernommen. Audit heißt wörtlich übersetzt: Buchprüfung, Revision des Rechnungswesens oder Rechenschaftslegung. Vgl. auch Multhaupt, H., (1989). Exkurs: Der Auditor ist entsprechend dem Duden, Band 1, 19. Aufl., 1986: ein Beamter der röm. Kurie, Richter im kanonischen Recht; früher: öffentl. Ankläger bei einem Militärgericht. Demgegenüber kennt der Neue Brockhaus, Ausgabe 1973, das »Audit« nicht. Die Norm 8402, E.03.93, S. 36 versteht unter einem Qualitätsauditor: »*Eine zur Durchführung von Qualitätsaudits qualifizierte Person*«.
9 Zum Begriff »Audit« gehören neben dem Systemaudit auch das Verfahrens- und Produktaudit. Sowohl auf das Verfahrens- wie Produktaudit soll in diesem Kapitel jedoch nicht näher eingegangen werden. Verschiedene Autoren sprechen im Zusammenhang mit der Auditierung auch von einem Assessment.
10 Siehe auch DIN ISO 8402, E03.93, S. 35. Zu weiteren Arten von Audits siehe Willborn, W., (1987), S. 1 ff.
11 Siehe auch DIN EN 45012, S. 6.
12 Siehe auch Danzer, H. H., (1987), S. 297 ff.
13 Vgl. Herold, O., (1990), S. 207-241.
14 BGH, NJW – RR 1990, S. 414 (Kohlebürsten); BGH, VersR 1970, S. 469, 470 (Arbeitsbühne); Mertens, H.-J., (1986), § 823 Randnr. 198; Westphalen, F. v., (1985), Randnr. 3. Näher zur möglichen Methodik: Steckler, B., (1993), S. 1225, 1226 ff.
15 Dies wird insbesondere auch von der juristischen Literatur als das geeignetste Mittel zur Überprüfung des Zulieferanten angesehen: Schreiber, F., (1991), S. 173; Schmidt-Salzer, J., (1979), S. 1, 4; jeweils m.w.N. Anm.: Nach unserer Ansicht liegt dieser Umstand aber vornehmlich darin begründet, daß sich insoweit die rechtswissenschaftliche Diskussion noch nahezu überhaupt nicht mit Sinn und Zweck sowie Gestaltung eines Audits auseinandergesetzt hat.
16 Zirkel, H., (1990), S. 345-347.
17 Siehe hierzu so auch: Zinkmann, R. C., (1989), S. 114 f.; v. Westphalen, F., (1984), S. 529, 534.

18 Siehe auch Maas, R.A., Brown, J. O., Bossert, J. L., (1990).
19 Siehe auch Gaster, D., (1988), S. 910 ff.
20 Siehe z.B. DIN ISO 9001 v. Mai 1990, S. 6.
21 Entsprechend DIN ISO 8402, E03.92, S. 27, Anmerkung 3 versteht die Norm unter diesem Begriff: »*Die Leitung derjenigen Organisation, deren Qualitätsmanagementsystem einem Review unterworfen wird*«.
22 Entsprechend DIN ISO 8402, E03.92, S. 26: »*Eine formale Bewertung des Standes und der Angemessenheit des Qualitätsmanagementssystems in bezug auf die Qualitätspolitik sowie auf Zielsetzungen durch die oberste Leitung*«.
23 Teilweise auch mißverständlich als »Checkliste« bezeichnet.
24 So führen John und Müller über das 9. Qualitätsleiterforum '91 »TQM-Aufgabe des Führungskreises« kommentierend aus: »*Gerade mittelständische Unternehmen äußerten innerhalb der Podiumsdiskussion, daß sie vielfach von einer Horde von Auditoren heimgesucht würden. Sie bemängelten, daß Zertifizierung von verschiedenen Institutionen nötig seien, manche Kunden auf bestimmte Zertifikate bestünden. Allgemeine Schritte zur Beseitigung dieser Problematik sind von größter Wichtigkeit. Es zeigt sich auch, daß die DIN 9000er Reihe als Basis für Auditierung und Zertifizierung allenfalls eine Hilfskrücke darstellt*«.
25 Döttinger, K., (1993), S. 276.
26 So auch Michael, H., (1992), S. 65.
27 Klaiber, E., (1993), S. 265 ff.
28 Basis der Studie ist eine empirische Erhebung, die auf einer schriftlichen Befragung von 377 zertifizierten Unternehmen beruht. Vgl. die Ausführungen zur Studie: Gutberlet, Th., (1993), S. 3.
29 Warum die chemische Industrie im Bereich der zertifizierten Unternehmen nach DIN ISO 9001 und 9002 eine Vorreiterrolle spielt, läßt sich nach Ansicht des VCI durch deren Bedarf nach Erfüllung der neuesten Standards erklären. Anmerkung der Verfasser: Dennoch erscheint es wohl sinnvoll, zu prüfen, ob vermeintliche Standards überhaupt geeignet sind, das zu leisten, was man von ihnen erwartet. Wenn z.B. die DIN ISO 9001 sowieso nur eine Teilmenge bereits anderer eingeführter Standards ist, stellt sich wohl die Frage nach dem Sinn des Zertifikats. Fast scheint es, als solle das Zertifikat der chemischen Industrie als Imageaufbesserung dienen, die damit wohl etliche Schwierigkeiten hat. Vgl. hierzu Schuh, H., (1993), S. 25.
30 Der Kunde wird dabei auch als »Second-audit-party« bezeichnet.
31 Lediglich die chemische Industrie und die Elektroindustrie verzichteten zugunsten neutraler Zertifizierungsgesellschaften frühzeitig auf die individuelle Auditierung ihrer Zulieferer.
32 Wie aufwendig kundenspezifische Audits sein können, beschrieb anschaulich Schwan, R.C.G., (1991), S. 631 ff.
33 O.V., (1990a) und o.V. (1990b).
34 O.V., (1991), S. 3 ff.
35 Siehe z. B. zusammenfassend Schlott, S., (1993), S. 20.

36 Siehe insbesondere die Ausführungen von Kamiske, G. F., Malorny, Chr., (1993a), S. 46 ff., sowie Wildemann, H., (1992b), S. 17 ff. Vgl. in diese Richtung auch Möck, Chr., (1993), Vortragsmanusskript.

37 Teilweise ist sogar das Gegenteil der Fall. So haben sich die Fronten zwischen den Endherstellern und Zulieferern eher verhärtet, wie z. B. die Debatte in der Automobilindustrie, ob in vergangenen Jahren die Zulieferer oder die Hersteller die Produktivität stärker steigern konnten, zeigt. Neuere Ergebnisse zur Ertragssituation von Zulieferern und Herstellern für die Automobilbranche bei: Wildemann, H., (1993), S. 43.

38 Vgl. z.B. o.V., (1993a), S. 17.

39 So gibt es nach Kenntnis der Verfasser Unternehmen, die mehr als vierzig (!) Tage im Jahr kundenspezifische Auditoren im Unternehmen haben. Bläsing nennt Größenordnungen von bis zu 50 Arbeitstagen pro Jahr. Vgl. Bläsing, J. P., (1991), S. 10.

40 Siehe Wildemann, H., (1992c), S. 22.

41 Genannt seien in diesem Zusammenhang die erheblichen Personal- sowie Reisekosten. So hat Wildemann in einer Untersuchung folgende Zahlen vorgelegt: Ein Unternehmen mit 600 Zulieferern auditiert davon jährlich 480. Bei einem durchschnittlichen Kostensatz von DM 130,- je Mannstunde und einem Zeitbedarf von drei Tagen für ein Erstaudit und zwei Tagen für ein Wiederholungsaudit ergeben sich allein beim Abnehmer Personalkosten von 10 Millionen DM pro Jahr! Hinzu kommen Reisekosten, Kosten für Unterlagen und Software. Vgl. Wildemann, (1991), S. 28.

42 Vgl. Zink, K.-J., Schildknecht, R., Schmidt, A., (1991), S. 38, 39, 51.

43 Dieser wird im Abschnitt 6.4 näher erörtert.

44 Wildemann, H., (1992c), S. 22.

45 Weiterführend: Pfeifer, T., (1993), S. 155-171.

46 Wildemann, H., (1991), S. 15.

47 Siehe hierzu auch Bauer, C.-O., (1992), S. 82 ff.

48 Zu diesen Vermutungen vgl. Fehr, B., (1993), S. 14.

49 Besteht weitreichende Kenntnis seitens des Abnehmers über die Qualitätsfähigkeit eines Zulieferers, so kann der Abnehmer in der Regel seine eigenen Wareneingangskontrollaktivitäten und bei Just-in-Time-Anlieferung auch die Lageraktivitäten verringern bzw. einschränken, was wiederum die Transaktionskosten enorm senken kann. Vgl auch Picot, A., Dietl, H., (1990), S. 178 ff.

50 Vgl. o.V., (1991), S. 3 ff.

51 Siehe Kamiske, G. F., Malorny, Chr., (1993a), S. 46 ff.

52 Vgl. Schlott, S., (1993), S. 20.

53 So z.B. die Auffassungen von Zink, Schildknecht und Schmidt. Vgl. Zink, K.-J., Schildknecht, R., Schmidt, A., (1991), S. 22. Die Autoren nennen das Beispiel Ford, wo weiterhin auf der Grundlage der Q 101 auditiert werden soll.

54 Inwieweit trotz der Akkrediterung bei der TGA eine branchenspezifische Zertifizierstelle tatsächlich glaubwürdig im Sinne der Neutralität ist, soll hier nicht weiter ausgeführt werden. Es erscheint jedoch für einen Außenstehenden wenig »neutral«, wenn sich eine Branche ihre eigene Zertifizierungsstelle schafft und sodann die Unternehmen ihrer Branche zertifiziert.

55 Die neutralen Zertifizierer werden auch als »third-audit-party« bezeichnet.
56 So die Ergebnisse einer Studie von Price Waterhouse. Vgl. o.V., (1993b), S. 19.
57 Vgl. Zöller, W., Ziegler, A., (1992).
58 Demgegnüber publiziert Hansen 1993 folgende Zahlen: 30 % Chemie, 25 % Elektrotechnik und Elektronik und 20 % Maschinenbau. Vgl. Hansen, W., (1993), S. 171.
59 Stand November 1993.
60 Siehe Richtlinie 92/53EWG des Rates vom 18. Juni 1992 zur Änderung der Richtlinie 70/156EWG zur Angleichung der Rechtsvorschriften der Mitgliedsstaaten über die Betriebserlaubnis für Kraftfahrzeuge und Kraftfahrzeuganhänger, in: Amtsblatt der Europäischen Gemeinschaft, Nr. L 225/1 v. 10.08.1992.
61 In Europa besaß zum 01.07.1993 lediglich das VW-Werk Braunschweig das Zertifikat über die Konformität ihres QM-Systems mit der DIN ISO 9002. Vgl. Krassowski, G., (1993), S. 332.
62 Pfeifer, T., (1993), S. 8.
63 Siehe so auch Wildemann, H., (1992b), S. 17 ff.
64 Wildemann, H., (1993), S. 34 ff.
65 Siehe Schreiben (unveröffentlicht) der Ford Motor Company an ihre Zulieferer im Februar 1993.
66 Ehrhart, K.-J., (1990), S. 13.
67 So die gleichlautenden Äußerungen von TÜV CERT- und DQS-Auditoren gegenüber den Verfassern. Gleichwohl fungieren auch vermeintlich unabhängige Auditoren teilweise als Berater für die Einführung von QM-Systemen – wenn auch nicht in den Unternehmen, die von ihnen auditiert werden.
68 Steckler, B., (1993), S. 1225, 1230; Quittnat, J., (1989), S. 571, 572 f.
69 Nach Ansicht von Schreiber, F., (1991), S. 174, sind vertragliche Regelungen, die dem Endhersteller ein derartiges Informations- und Zutrittsrecht einräumen, wegen eines Verstoßes gegen § 9 Abs. 2 AGBG (Gesetz über die Allgemeinen Geschäftsbedingungen) unwirksam. Dagegen zu Recht: Schmidt, D., (1991), S. 144, 148 ff., 151; Quittnat, J., (1989), S. 571, 573.
70 Westphalen, F. v., (1985), Randnr. 9.
71 Vom »Geschäftsgeheimnis« wird allgemein gesprochen, wenn die kaufmännische Seite gemeint ist. »Betriebsgeheimnisse« werden dem technischen Bereich zugeordnet. Zusammengefaßt werden sie gelegentlich als »Wirtschaftsgeheimnis« tituliert. Jähnke, B., (1989), § 203 Randnr. 21; Otto, H., (1988), S. 125.
72 Speziell hierzu: BGHZ 38, 391 ff.; Dannecker, G., (1987), S. 1614, 1617 f.; Kraßer, R., (1977), S. 177, 185-191.
73 Kraßer, R., (1977), S. 177.
74 Albach, H., (1992), S. 238 f.
75 Näher: Häußer, E., (1993), S. 211 ff.
76 Stürner, R., (1985), S. 453; Pfister, B., (1974), S. 91 f.
77 Jähnke, B., (1989), § 203 Randnrn. 21-28; Kraßer, R., (1977), S. 177, 178.
78 BAG AP Nr. 7 zu § 611 BGB – Betriebsgeheimnis; Kraßer, R., (1977), S. 177, 179.
79 So zum Ganzen: Godin, H. v., (1974), S. 428 f. m.w.N.

80 VDA-Telegramm Nr. 39 (18.Jg.) v. 14.10.1987.

81 Die wohl detaillierteste und mit Nachweisen versehene Rechtsprechungsübersicht bringt Jähnke, B., (1989), § 203 Randnr. 29; siehe so aber auch: Eilers, S., Schröer, T., (1993), S. 1025, 1028, die zudem den Grundrechtscharakter des Betriebs- und Geschäftsgeheimnisses würdigen (S. 1027); Otto, H., (1988), S. 125; Stürner, R., (1985), S. 453.

82 Stärker, H., in: O.V. (1993c), S. 18.

83 Zur Praxis der Vertragsgestaltung zwischen Zulieferer - Endhersteller im Bereich der Automobilbranche: Zirkel, H., (1990), S. 345 ff.

84 Schmidt, D., (1991), S. 145, 151.

85 BAG, AP Nrn. 1 und 7 zu § 611 BGB - Betriebsgeheimnis; Kragler, P., bei: Heimsoeth, B., (1993), S. 4.

86 Vgl. so auch BGHZ 38, 391 (392 - 395) zum Geheimnisverrat ehemaliger leitender Angestellter.

87 Schmidt, D., (1991), S. 145, 151.

88 BGHZ 105, 24 (27); 85, 305 (312 f.); 63, 256 (259); 49, 84 (89); Heinrichs, H., (1993), Vorb. § 339 Randnr. 1.

89 Hübner, U., (1988), S. 441, 443.

90 BGHZ 38, 391 (393, 395 f.); BGHZ 17, 41 (50 f.); RGZ 144, 41 (53); Zeuner, A., (1985), § 823 Randnr. 126 m.w.N.

91 BGHZ 119, 20 ff. = NJW 1992, S. 2753, 2754 (Tchibo/Rolex II); Baumbach, A., Hefermehl, W., (1993), Einl. UWG Randnrn. 378-386, insb. 381; Stürner, R., (1985), S. 453, 455. Die früher h.M. wollte hingegen in diesen Fällen nur den entgangenen eigenen Gewinn als Berechnungsmethode zulassen; vgl. hierzu und zu den treffenden Gegenargumenten nach der nunmehr gewandelten h.M.: Kraßer, R., (1977), S. 177, 182.

92 Auch noch während eines bereits laufenden Prozesses kann der Kläger gegebenenfalls von einer Berechnungsmethode absehen und nach einer anderen vorgehen; BGH, ZIP 1993, S. 943, 944 (Kollektion"Holiday«); BGHZ 119, 20 ff. = NJW 1992, S. 2753, 2755 (Tchibo/Rolex II); zustimmend: Teplitzky, O., (1992), S. 821, 824.

93 BGH, GRUR 1962, S. 354, 356; Baumbach, A., Hefermehl, W., (1993), Einl. UWG Randnr. 400 m.w.N.

94 § 139 Abs.3 S.1 Patentgesetz (PatG). Stürner, R., (1985), S. 453, 456; OLG Düsseldorf, GRUR 1983, 745 ff. Stellt sich dann jedoch heraus, daß das Patent nicht verletzt ist, muß der klagende Patentinhaber die Kosten des Verfahrens tragen. Ausnahme: Der Beklagte hat dessen Verhalten provoziert. Näher: Kassebohm, K., (1994).

95 BAG, AP Nr. 4 zu § 611 BGB - Betriebsgeheimnis; im Fall selbst ging es um die Zahlung einer Lizenzgebühr.

96 BGH, ZIP 1993, S. 943, 944 (Kollektion »Holiday«); BGHZ 119, 20 ff. = NJW 1992, S. 2753, 2754 (Tchibo/Rolex II); letzterer Entscheidung zustimmend: Teplitzky, O., (1992), S. 821, 824. Siehe im übrigen so auch: Baumbach, A., Hefermehl, W., (1993), Einl. UWG Randnrn. 378 f., 382, 390, 392.

97 BGHZ 57, 116 (118 ff., insbesondere 120 bis 122) (Wandsteckdose II); bestätigt in BGH, ZIP 1993, S. 943, 945 f. (Kollektion »Holiday«) und in BGHZ 119, 20 ff. = NJW 1992, S. 2753, 2754 (Tchibo/Rolex II).

98 Vgl. nur BGHZ 17, 41 ff., wo im Tatbestand des Urteils der dem Fall zugrunde liegende Lizenzvertrag auszugsweise abgedruckt ist. Näher auch: Kraßer, R., (1977), S. 177, 183 ff.

99 BGH, NJW 1992, S. 2753, 2755 f. (Tchibo/Rolex II); BGH, NJW - RR 1990, S. 1377 (Lizenzanalogie); BGHZ 44, 372 (379 f.) (Meßmer Tee II).

100 BGHZ 119, 20 ff. = NJW 1992, S. 2753, 2755 f. (Tchibo/Rolex II).

101 Baumbach, A., Hefermehl, W., (1993), Einl. UWG Randnr. 383.

102 Häufig resultiert der (Gesamt-)Gewinn aber zusätzlich auch noch aus anderen Faktoren wie z.B. eigenes Marketing des Schädigers. Insofern ist regelmäßig nur ein Teil des Gesamtgewinns auf die Nutzung fremder Geschäfts- oder Betriebsgeheimnisse bzw. einen unlauteren Wettbewerb zurückzuführen; nur in dieser Höhe könnte dann auch der Teil des Verletzergewinns verlangt werden; vgl. BGH, ZIP 1993, S. 943, 945 (Kollektion »Holiday«); BGHZ 119, 20 ff. = NJW 1992, S. 2753, 2756 (Tchibo/Rolex II).

103 BGH, GRUR 1982, S. 420, 423. Sog. Stufenklage; hierzu: Kassebohm, K., (1994).

104 BGH, GRUR 1978, S. 52, 53; 1962, S. 354, 356 f.; 1958, S. 346, 348; 1957, S. 336.

105 BGH, GRUR 1958, S. 346, 348; Speziell zu (= für die Angabe von) Verkaufspreisen: BGH, GRUR 1978, S. 52, 53. Siehe auch Baumbach, A., Hefermehl, W., (1993), Einl. UWG Randnrn. 404-411; Stürner, R., (1985), S. 453, 456 ff.

106 Vgl. §§ 139, 140 a PatG.

107 Vgl. §§ 9, 10, 142 PatG.

108 Vgl. insbesondere Frey, P., (1993), S. 20.

109 Häußer, E., (1993), S. 211, 215, unter umfassender Würdigung der Statistiken hinsichtlich nationaler und internationaler Patentanmeldungen.

110 Vgl. zum Ganzen auch: Otto, H., (1988), S. 125 ff.; Kraßer, R., (1977), S. 177, 179 ff., letzterer auch noch in bezug auf die älteren gesetzlichen Regelungen.

111 Heimsoeth, B., (1993), S. 4; Rittner, F., (1993), S. 91 f.; Dannecker, G., (1987), S. 1614, 1615 f.; so auch schon Kraßer, R., (1977), S. 177.

112 Siehe zu dieser Aussage im Zusammenhang mit der Wirtschaftsspionage, Heinacher, P., (1993), S. 6.

113 Kragler, P., bei: Heimsoeth, B., (1993), S. 4.

114 Dannecker, G., (1987), S. 1614 ff.

115 O.V., (1993d), S. 13.

116 BGH, NJW - RR 1989, S. 394 f. (Wegereinigung); BGH, NJW 1976, S. 46, 47 (Entsorgung); Schreiber, F., (1991), S. 304; Schmidt-Salzer, J., (1979), S. 1 f.

117 Vereinzelt wird gefordert, es müsse zusätzlich dessen Bonität geprüft werden, damit jedenfalls ein Schadensersatzausgleich im Verhältnis Verbraucher - Auditierunternehmen gewährleistet ist. So: Mertens, H.-J., (1986), § 823 Randnrn. 197 und ders. (1980), S. 397, 405 f., 408 und dort in Fußnote 38. Dagegen: Schreiber, F., (1991), S. 306; Vollmer, L., (1977), S. 371, 375, m.w.N.

118 BGH, NJW - RR 1989, S. 394 f. (Wegereinigung); Schreiber, F., (1991), S. 305; Mertens, H.-J., ebenda, Randnr. 180; Schmidt-Salzer, J., (1979), S. 1, 2.

119 BGH, NJW - RR 1990, S. 406 (Expander) m.w.N.

120 BGH, NJW - RR 1989, S. 394, 395 (Wegereinigung). Es käme zur sog. Übernehmerhaftung; Mertens, H.-J., (1986), § 823 Randnr. 199.

121 Auch die veröffentlichten Entwürfe der sog. »Kurzzeit-Revision« der Normen 9000, 9001, 9002, 9003, 9004 vom Juni 1993 müssen in diesem Zusammenhang als unzureichend eingestuft werden.

122 Das erste QM-Systemaudit nach DIN ISO 9000 ff. in einem deutschen Unternehmen wurde nach Kenntnis der Verfasser 1985 durchgeführt. Siehe auch o.V., (1993e).

123 Vgl. Zink, K.-J., Schildknecht, R., Schmidt, A., (1991).

124 O.V., (1990c).

125 O.V., (1990d). Der TÜV CERT Fragenkatalog bildet einen besonderen Schwerpunkt im QM-Element »Prüfmittel«, während der DQS Katalog das QM-Element »Management-Aufgaben« besonders reflektiert.

126 Ergänzt ist der VDA-Fragenkatalog um vereinzelte Forderungen der DIN ISO 9001.

127 Nach Kenntnis der Verfasser plädieren auch vereinzelt Unternehmensberater dafür, diese Norm als Zertifizierungsgrundlage anzuwenden.

128 Vgl. beispielsweise Wildemann, H., (1992), S. 761 ff.

129 Siehe zu diesen näher: Tomys, A.-K., (1993), Dissertation TU-Berlin.

130 Das Punktesystem ist fünfstufig angelegt, von 20 = Im QM-System zufriedenstellend festgelegt und auch zufriedendstellend wirksam/nachgewiesen über 8, 6, 4 bis 0 = Nicht zufriedendstellend wirksam/nachgewiesen, unabhängig von der Vollständigkeit der Festlegung im QM-System.

131 Vgl. o.V., (1989). Der HDI kommt in einer Untersuchung der allgemeinen Anforderungen der Rechtsprechung zur Produkthaftung zu »mindestens« 24 Kriterien, die...*"zum Einhalten der rechtlichen Anforderungen an ihre Organisation berücksichtigen und – deren Erfüllen bei Schadensfällen – sie nachweisen müssen«*. In der DIN ISO 9001 sind davon nur sechs abgedeckt, in DIN ISO 9004 immerhin 16 der vom HDI ermittelten Anforderungen. Anmerkung der Verfasser: Die 24 Kriterien erheben sicherlich keinen Anspruch auf Vollständigkeit, wie der HDI auch richtigerweise anmerkt.

132 So auch Kamiske, G. F., Malorny, Chr., (1993b), S. 28.

133 So hat z. B. der Verband der chemischen Industrie an seine Mitglieder die Empfehlung gegeben, sich von der DQS zertifizieren zu lassen. Daß die Mitglieder dieser Empfehlung folgen, zeigt die hohe Anzahl der Zertifikate der DQS in dieser Branche. Gleichwohl konnte die Chance einer engen Zusammenarbeit zwischen dem Verband der chemischen Industrie und der DQS mit dem Ziel der Verbesserung der Auditierleistung wohl noch nicht hinreichend genutzt werden. Weitere wirtschaftliche Vorteile, die sich aus einer neutralen Zertifizierung ergeben, wurden bereits in Abschnitt 6.1.4 angesprochen.

134 So haben nach Ansicht der Verfasser die Zertifizierungsgesellschaften ein unterschiedliches Image am Markt, was die Gründlichkeit und Güte ihrer Audits angeht.

135 DIN ISO 10011 – Teil 3, Punkt 4.5.2, S. 6.

136 Siehe zu dem zweifelhaften Zusammenhang zwischen einem vermeintlichen Qualitätsniveau und der Auditierung: Möck, C., (1992), S. 193.

137 Hat beispielsweise ein Unternehmen 1987 sein QM-System nach ISO 9000 ff. zertifizieren lassen, so hat es bis heute jährlich (!) den gleichen Fragenkatalog durchzuarbeiten, interne Audits eingeschlossen. Nach Ansicht der Verfasser

ist allein aus diesem Grunde offensichtlich, daß ein zertifiziertes QM-System die Wettbewerbsfähigkeit nicht steigern muß.

138 Vgl. auch Bläsing, J. P., (1992), S. 10.

139 Die angloamerikanische Literatur spricht in diesem Zusammenhang von der notwendigen »value-added perspective« der Auditierung. Vgl. Dedhia, N. S., (1988), S. 49.

140 Vgl. so z.B. Warnecke, H. J., (1993), S. 11 ff., oder auch Ulrich, H., Probst, G.J.B., (1988).

141 Zu detaillierteren Ansätzen dieses siehe Horváth, P., Urban, G., (1991).

142 Wildemann, H., (1991), S. 39-41.

143 Vgl auch: Tomys, A.-K., (1993).

144 Siehe zumindest in Ansätzen auch Danzer, H. H., (1987), S. 615 ff. Vgl. auch Kapitel 2.

145 Verschiedene Autoren sehen bereits im klassischen Qualitätsaudit (basierend auf einem Fragenkatalog) ein Führungsinstrument begründet. So z.B. Cuntze, E.-O., (1992), S. 87 f.

146 Vgl. so z. B. das Seminar »Audit« v. 06.04.1992 und 21.09.1992 der Gesellschaft für Management und Technologie.

147 Siehe Möck, C., (1992), S. 193 f.

148 Vgl. Bläsing, J. P., (1991), S. 11.

149 Vgl. Dzus, G., Sykes, E., G., (1993), S. 109 ff.

150 So z.B. die Unternehmensberatung QSA-Mortiboys Ltd. in ihren »Staff Orientation Notes 1993«.

151 Dazu gibt es vielfältige Publikationen. Siehe z. B. Marschner, L., Wutz, A., (1987), S. 353 ff., oder Mustaphi, P., (1991), S. 17 f.

152 Erste Vorschläge, wie ein QM-Systemaudit durch einen neutralen Zertifizierer verbessert werden könnte, macht Ehrhart, K.-J., (1990), S. 13.

153 Siehe zu diesem Aspekt aus Sicht des Kunden auch Bläsing, J. P., (1991), S. 9-12, sowie (1992), S. 9-12.

154 Ein Beispiel: In fünf von sieben den Verfassern vorliegenden Auditfragebögen zur Erlangung des Zertifikats nach DIN ISO 9001 oder 9002 wird nach einem sog. »Sperregallager« gefragt. Tatsächlich gibt es für Sperregallager keine zwingende Notwendigkeit, zumal es sehr viel bessere Ansätze mit gleicher Zielrichtung (Effektivität) gibt. Während eines Zertifizierungsaudits bestand der Auditor sogar auf den Nachweis eines Sperregallagers, was jedoch aus Sicht des Unternehmens nicht notwendig erschien. In diesem Fall rief das Unternehmen sodann auch das Schiedsgericht der Zertifizierungsgesellschaft an.

155 Frehr, H.-U., (1993), S. 41.

156 Siehe aus Sicht des Auditors zu möglichen Ängsten und Schikanen von Mit arbeitern des zu auditierenden Unternehmens: Meier, A., Hauser, E., (1993), S. 79.

157 Nach Ansicht der Verfasser ist eine Norm wie die DIN ISO 10011 – Teil 2 »*Leitfaden für das Audit von Qualitätsmanagementsystemen – Qualifikationskriterien für Qualitätsauditoren*« in diesem Zusammenhang absurd. Dortige Ausführungen untergraben eher die Glaubwürdigkeit ernstgemeinter Normungsarbeit, als daß sie ihr nützen.

158 So auch Frehr, H.-U., (1993), S. 39 ff.

159 Vgl. Bobbit, Ch. E., (1993), S. 115 ff.

160 In diesem Zusammenhang soll folgendes angemerkt werden: Es erscheint den Verfassern unverantwortlich, davon zu sprechen, daß der Aufbau, die Lenkung bzw. das Management des QM-Systems von einem Qualitätsmanager zu übernehmen sei. Vielfach funktionieren die QM-Systeme unter wirtschaftlichen Prämissen gerade aus diesem Grund nicht. Das Management eines QM-Systems – das soll hier nochmals mit aller Deutlichkeit gesagt werden – obliegt dem Vorstandsvorsitzenden bzw. Geschäftsführer eines Unternehmens! Wenn die EOQ bzw. DGQ diese mit Qualitätsmanagern meinen sollte, wäre ihnen recht zu geben.

161 Vgl. Fuhr, H., (1993a), S. 328.

162 Ähnliche Ansicht vertritt Prof. Pfeifer, der bereits 1989 grundlegende Änderungen im Bereich der Aus- und Weiterbildung für die Qualitätssicherung forderte. Vgl. Pfeifer, T., (1989), S. 387 f.

163 Siehe hierzu Fuhr, H., Stumpf, T., (1993), S. 25 ff.

164 Andere Ansicht ist z.B. Fuhr, H. Vgl. Fuhr, H., (1993b), S. 88 f.

165 So reichen unter den Gesichtspunkten wirtschaftlich tatsächlich funktionierender QM-Systeme die heute angebotenen »Weiterbildungsinhalte« für die Weiterentwicklung eines QM-Systems auf Basis der DIN ISO 9000 ff., für die der »EOQ System Manager« verantwortlich sein soll, nach Ansicht der Verfasser längst nicht aus. Auch die Fähigkeit zum Aufbau eines zertifizierbaren QM-Systems kann angesichts bereits etwa 1000 in der Bundesrepublik Deutschland vergebenen Zertifikaten wohl keine originär herausragende Leistung sein, mit der man den Wettbewerb bestehen könnte.

166 Vgl. Michael, H., (1992), S. 65.

167 Die Möglichkeit eines Kunden, Auditoren z.B. aus Verwandtschafts- oder Befangenheitsgründen abzulehnen, wie sie die Zertifizierungsgesellschaften einräumen, scheint in diesem Zusammenhang nicht hinreichend.

168 Siehe hierzu aus unternehmerischer Sicht Weinacker, M., (1993), S. 271 ff.

169 In der Regel bekommt die zertifizierende Gesellschaft das QM-Handbuch sowie die QM-Verfahrensanweisungen vor dem eigentlichen Audit zur Durchsicht und Prüfung. Nach Ansicht der Verfasser ist es anhand dieser Unterlagen kaum möglich, auf die tatsächliche Fähigkeit eines QM-Systems zu schließen. Dazu bedarf es weit mehr Informationen, wie sie z. B. auch der »Malcolm Baldrige National Quality Award« fordert.

170 Und weiter: » *Bis es zum Schlußgespräch kommt, hat das auditierte Unternehmen bereits eine Unmenge Geld in die Prozedur gesteckt; während des Audits von mehreren Tagen haben sich die Mitarbeiter liebevoll um die Auditoren gekümmert und von ihrer angenehmsten menschlichen Seite gezeigt; offensichtlich fehlt zwar mancherlei, aber gewiß nicht der gute Wille. Und nun sitzt man dem Boss selbst gegenüber – der der Boss ist, weil er weiß, wie man mit Leuten wie diesen Auditoren umzugehen hat – man sitzt also dem Boss gegenüber und soll ihm ins Gesicht sagen, daß sein Verein durchgefallen ist? Ja, genau sie sagen es: Dergleichen kommt nicht vor. Es wird bei der höflichen Bitte bleiben, innerhalb angemessener Zeit / Frist einige Nachbesserungen zu belegen und damit hat es dann sein Bewenden*«. Ehrhard, K.-J., (1990), S. 13.

171 Entsprechend der DGQ-Schrift 11-04, Begriffe zum Qualitätsmanagement, S. 135, definiert sich der Begriff des QM-Handbuchs (auch QM-Darlegungs-Handbuch genannt) wie folgt: »*Ein Dokument, in dem die Qualitätspolitik dargelegt und das QM-System einer Organisation beschrieben ist*«.

172 Entsprechend der DGQ-Schrift 11-04, Begriffe zum Qualitätsmanagement, S. 38, definiert sich der Begriff der QM-Verfahrensanweisung wie folgt: »*Dokumentierte Festlegung eines Verfahrens, dessen Anwendungsergebnis die Qualität eines Angebotsprodukts beeinflußt*«.

173 So soll z.B. die Vobis Microcomputer AG mehr als tausend Seiten Anweisungen erstellt haben. Vgl. Koch. H., (1993), S. 118.

174 Siehe beispielsweise Pfeifer, T., (1993), S. 349.

175 Unveröffentlichte Studie der TU-Berlin/RWTÜV mit dem Titel: »*Analyse einschlägiger Auditabweichungsberichte zur Erlangung bzw. Aufrechterhaltung der QM-Systemzertifizierung und Herausarbeitung möglicher Verbesserungspotentiale*«.

176 Vgl. unveröffentlichte empirischer Untersuchung zum technischen Stand von QM-Systemen nach DIN ISO 9000 ff. in zertifizierten Unternehmen der Bundesrepublik Deutschland, angefertigt vom Lehrstuhl Qualitätswissenschaft der TU-Berlin, 1993.

177 Glaap, W., (1993), S. 130.

178 Vgl. Döttinger, K., (1993), S. 276.

179 Vgl. Haußmann, U., (1993a), S. 237, 241, 243.

180 Siehe DIN ISO 9001, Entwurf Juni 1993. Zu den vorgesehenen Änderungen in der DIN ISO 9000 ff. siehe Petrick, K., (1993), S. 210 ff.

181 In der Tat muß man sich fragen, ob in den Entwürfen 1993 der DIN ISO 9001, 9002, 9003 lediglich Verfahrensanweisungen verlangt werden oder auch die Verfahren selbst.

182 Der Begriff »Prozeß« beinhaltet Abläufe, Vorgänge und Tätigkeiten, wie letztere in Verfahrenanweisungen dokumentiert werden sollen. Es stellt sich unweigerlich die Frage, warum nicht auch Abläufe und Vorgänge der Dokumentation bedürfen?

183 Siehe zu solchen Aussagen beispielsweise Gutberlet, Th., (1993), S. 3.

184 Siehe Kreinsen, H. H., (1993), S. 16 ff.

185 Siehe Haußmann, U., (1993b), S. 322.

186 Siehe weiterführend Bayer, Th. O., (1993), S. 71 ff.

187 Vgl. Schettgen, P., (1991), S. 50 ff., oder Neuberger, O., (1985).

188 Siehe die zusammenfassenden Ausführungen von Naisbitt und Ziegler, in: Trendletter 4/92.

189 Siehe auch Ehrhart, K.-J., (1992), S. 81 ff.

190 Insoweit ist es fraglich, ob die in der Vision 2000 zur Entwicklung der Normenreihe DIN ISO 9000 ff. vertretene Ansicht nach Aufrechterhaltung branchenneutraler Zertifizierungsgrundlagen zweckmäßig ist. Vgl. Marquardt, D., u.a., (1990).

Zitierte Literatur

Albach, H., (1992): Protektion, Protektionismus, Preis- und Innovationswettbewerb, in: Gewerblicher Rechtsschutz und Urheberrecht (GRUR) 1992, S. 238 f.

Bauer, C.-O., (1992): Wirkungsvolle Qualitätsaudits, in: QZ 37 (1992) 2, S. 82-86

Baumbach, A., Hefermehl, W., (1993): Wettbewerbsrecht - Kommentar, 17. Auflage, München 1993

Bayer, Th., O., (1993): Manager auf dem Prüfstand, in: io management Zeitschrift 62 (1993) Nr. 6, S. 71-74

Bläsing, J. P., (1991): Ohne Audit kein Total Quality - Teil 1: Über das Grundsätzliche und die Macher, in: Readme.TQU, 7. Ausgabe 1991, S. 9-12

Bläsing, J. P., (1992): Ohne Audit kein Total Quality Management - Teil 2: Über das Machen und die Spielregeln, in: Readme.TQU, 8. Ausgabe 1992, S. 9-12

Bobbit, Ch. E., (1993): Conduct more effective Audits, in: Quality Progress, Oct. 1993, S. 115-117

Cuntze, E.-O., (1992): Das Qualitätsaudit - ein Führungsinstrument, in: QZ 37 (1992) 2, S. 87-88

Dannecker, G., (1987): Der Schutz von Geschäfts- und Betriebsgeheimnissen, in: Betriebs-Berater 1987, S. 1614 ff.

Danzer, H. H., (1987): Audit - A Centre of Future Quality Assurance, in: Tagungsband zum 31. Jahreskongreß der European Organization for Quality Control, München 1987, S. 297-606

Dedhia, N. S., (1988): Process audit system effectiveness, in: Total Quality Management, an IFS Executive Briefing, hrsg. v. Chase, R. L., Berlin, Heidelberg u.a. 1988, S. 49-55

Döttinger, K., (1993): Erfahrungen mit der Einführung von Qualitätsmanagementsystemen, in: Tagungsband Quality92, Stuttgart 1993, S. 276-281

Dzus, G., Sykes, E. G., (1993): How to survive ISO surveillance, in: Quality Progress, Oct. 1993, S. 109-112

Ehrhart, K.-J., (1990): Die Bewertung des Qualitätssicherungssystems durch die Unternehmensleitung, in: VDI Berichte 835 »Qualität erzeugen und sichern«, hrsg. v. Verein der Deutschen Ingenieure, Düsseldorf 1990, S. 5-16

Ehrhart, K. J., (1992): Das Qualitätssicherungssystem, ein Schritt auf dem Weg zu TQM, in: Tagungsband »Die Hohe Schule - Total Quality Management«, hrsg. v. Kamiske, G. F., Berlin 1992, S. 81-107

Eilers, S., Schröer, T., (1993): Der Schutz der betrieblichen Informationssphäre im Umweltinformationsgesetz, in: Betriebs-Berater 1993, S. 1025 ff.

Fehr, B., (1993): Amerikanische Untersuchung gegen López steht noch am Anfang, in: FAZ v. 21.08.1993, S. 14

Fröhling, O., (1993): Zur Ermittlung von Folgekosten aufgrund von Qualitätsmängeln, in: ZfB 63. Jg. (1993), Heft 6, S. 543-568

Franke, H., (1988): Qualitätssicherung von Zulieferungen, in: Handbuch der Qualitätssicherung, hrsg. v. Masing, W., 2. Auflage, Wien - München 1988, S. 437-453

Frehr, H.-U., (1993): Total Quality Management, München, Wien 1993

Frey, P., (1993): Aufwärtstrend bei japanischen Patenten ungebrochen, in: VDI nachrichten Nr. 35 v. 03.09.1993, S. 20

Fuhr, H., (1993a): Der Einfluß der Normen der Reihe ISO 9000 auf Qualitätssicherungssysteme bei der Aus- und Weiterbildung, in: DIN Mitteilung 72. Jg., 1993, Nr. 6, S. 327-331

Fuhr, H., (1993b): Creating Europes New Profession, in: European Quality (Special Showcase Edition), June 1993, S. 88-89

Fuhr, H., Stumpf, T., (1993): DCQ-Zertfikate - Ausbildungskonzept 2000, in: QZ 38 (1993) 1, S. 25-30

Gaster, D., (1988): Qualitätsaudits, in: Handbuch der Qualitätssicherung, hrsg. v. Masing, W., 2. Auflage, München - Wien 1988, S. 910-921

Glaap, W., (1993): ISO 9000 leichtgemacht: praktische Hinweise und Hilfen zur Entwicklung und Einführung von QS-Systemen, München - Wien 1993

Godin, H. Freiherr v., (1974): Wettbewerbsrecht, 2. Auflage, Berlin - New York 1974

Gutberlet, Th., (1993): Qualitätssicherungssystem - Pflicht oder Kür?, in: Produktion Nr. 25 v. 24.06.1993, S. 3

Hansen, W., (1993): Zertifizierung von Qualitätssicherungssystemen, in: Zertifizierung und Akkreditierung, hrsg. v. selbigen, München - Wien 1993, S. 151-171

Haußmann, U., (1993a): TQM - Naturgesetze bestimmen die Qualitätsorganisation, in: Tagungsband Quality93, Stuttgart 1993, S. 236-243

Haußmann, U., (1993b): Rasur auf Vorrat, in Manager magazin 10/1993, S. 322

Häußer, E., (1993): Schutzrechte als strategische Waffen im Wettbewerb, in: Gewerblicher Rechtsschutz und Urheberrecht (GRUR) 1993, S. 211 ff.

Heimsoeth, B., (1993): Wirtschaftsspionage boomt, in: VDI-Nachrichten Nr. 32 v. 13.08.1993, S. 4

Heinacher, P., (1993): Die deutschen Unternehmen sind für Spione wie Selbstbedienungsläden, in: Handelsblatt v. 31.08.1993, S. 6

Heinrichs, H., u. a., (1993): Palandt - Bürgerliches Gesetzbuch - Kommentar, 52. Auflage, München 1993

Herold, O., (1990): Drive durch Selbstaudits, in: Tagungsband 4. Qualitätsleiterforum, hrsg. v. Gesellschaft für Management und Technologie mbH, München 1990, S. 207-241

Horváth, P., Urban, G., (1991): Qualitäts-Controlling, Stuttgart 1991

Hübner, U., (1988): Haftungsprobleme bei der technischen Kontrolle, in: Neue Juristische Wochenschrift 1988, S. 441 ff.

Jähnke, B., u. a., (1989): Strafgesetzbuch - Leipziger Kommentar, 10. Auflage, Berlin - New York 1989

John, J. P., Müller, C., (1991): Qualität als Aufgabe des Führungskreises, in: DV-Management 2/91, S. 99-100

Kamiske, G. F., Brauer, J.-P., (1993): Qualitätsmanagement von A-Z, Wien - München 1993

Kamiske, G. F., Malorny, Chr., (1993a): Den Audit-Tourismus eindämmen, in: Beschaffung aktuell, 4/1993, S. 46-50

Kamiske, G. F., Malorny, Chr., (1993b): Beurteilung der Zulieferer durch neutrale Stelle bringt Vorteile, in: Handelsblatt v. 27.01.1993, S. 28

Kassebohm, K., (1994): Die Kostenentscheidung bei der Stufenklage, in: Neue Juristische Wochenschrift 1994 (in Druckvorbereitung)

Klaiber, E., (1993): Voraussetzungen für ein zertifizierbares Qualitätsmanage-

mentsystem, Ablauf der Zertifizierung, in: Tagungsband Quality93, Stuttgart 1993, S. 265-270
Koch, H., (1993): ISO-Star, in: manager magazin 8/1993, S. 119
Krassowski, G., (1993): Qualität planen, um Produktivität zu erreichen – VW-Werk Braunschweig: erste Fabrik eines europäischen Automobilherstellers mit Zertifikat nach DIN ISO 9000, in: QZ 38 (1993) 6, S. 332
Kraßer, R., (1977): Grundlagen des zivilrechtlichen Schutzes von Geschäfts- und Betriebsgeheimnissen sowie von Know how, in: Gewerblicher Rechtsschutz und Urheberrecht (GRUR) 1977, S. 177 ff.
Kreinsen, H. H., (1993): Barrieren in der betrieblichen Qualitätssicherung, in: VDI-Z, 135 (1993), Nr. 7, S. 16-18
Maas, R. A., Brown, J. O., Bossert, J. L., (1990): Supplier Certification – A Continuous Improvement Strategy, Milwaukee 1990
Marquardt, D., (1990): Eine Strategie zur Entwicklung internationaler Normen zu Qualitätsmanagement und Qualitätssicherung für die 90er Jahre (Vision 2000), Konzeptpapier, Berlin 1990
Marschner, L., Wutz, A., (1987): Optimale Vorbereitung eines Qualitätsaudits, in: QZ 32 (1987) 7, S. 353-356
Meier, A., Hauser, E., (1993): Vom Wert der QS-Zertifikate, in: io Management Zeitschrift, 62 (1993), Nr. 5, S. 76-80
Mertens, H.-J., (1980): Verkehrspflichten und Deliktsrecht, in: Versicherungsrecht 1980, S. 397 ff.
Mertens, H.-J., u. a., (1986): Münchener Kommentar zum Bürgerlichen Gesetzbuch Band 3: Schuldrecht Besonderer Teil 2. Halbband, 2. Auflage, München 1986
Michael, H., (1992): Sind QS-Systeme Feigenblatt oder Fortschritt, in: Das Papier, Heft 10A, 1992, S. 65-68
Möck, C., (1992): Keine Angst vor Audits, in: QZ 37 (1992) 4, S. 193-194
Möck, C., (1993): Die Rolle des QS-Audits im Rahmen von Zertifizierung, TQM und Lean Management, in: Tagungsband 11. Qualitätsleiterforum, hrsg. v. Gesellschaft für Management und Technologie mbH, München 1993, Vortragsmanuskript
Mustaphi, P., (1991): Developing an Auditing Technique, in: Journal of the European Organization for Quality, No 4/1991, S. 17-18
Neuberger, O., (1985): Führung, Stuttgart 1985
Otto, H., (1988): Verrat von Betriebs- und Geschäftsgeheimnissen, § 17 UWG, in: Zeitschrift für Wirtschaft, Steuer, Strafrecht (ZStW) 1988, S. 125 ff.
O.V., (1989): Qualitätssicherungssysteme, Normen und Grundsätze – H-III 10/89, hrsg. v. Haftpflichtverband der Deutschen Industrie Versicherungsverein auf Gegenseitigkeit, Hannover 1989
O.V., (1990a): Ford – Weltweite Qualitätssystem-Richtlinie Q-101, hrsg. v. Ford Motor Company, Corporate Quality Office, 1990
O.V., (1990b): Leitfaden – Systemüberprüfung und -bewertung, hrsg. v. Ford Motor Company, Corporate Quality Office, 1990
O.V., (1990c): Auditfragenliste, hrsg. v. Deutsche Gesellschaft zur Zertifizierung von Qualitätssicherungssystemen mbH, Frankfurt/Main 1990
O.V., (1990d): Auditfrageliste TÜV-Zertifizierungsgemeinschaft e. V. für die Zertifizierung von Qualitätssicherungssystemen, Köln 1990

O. V., (1991): Qualitätssicherungs-Systemaudit – Fragenkatalog, Bewertung der Ergebnisse, Band 6, hrsg. v. Verband der Automobilindustrie e. V., Frankfurt/Main 1991
O. V., (1993a): Autozulieferern droht der Zusammenbruch, Gespräch mit dem VDA-Geschäftsführer Martin Herzog, in: FAZ v. 03.02.1993, S. 17
O. V., (1993b): Qualitäts-Attest macht stark am Markt, in: VDI Nachrichten, Nr. 6 v. 12.02.1993, S. 19
O. V., (1993c): Die Zulieferer fürchten um ihr geistiges Eigentum, in: FAZ v. 13.09.1993, S. 18
O. V., (1993d): Lopez beschäftigt Amerikas Justizministerium, in: FAZ v. 02.08.1993, S. 13
O. V., (1993e): Vertrauen schaffen mit System, Unternehmenspublikation, hrsg. v. Carl Edelmann GmbH, Heidenheim 1993
Petrick, K., (1993): Das Qualitätsmanagementsystem als Grundlage eines TQM-Konzeptes, in: Tagungsband Quality93, Stuttgart, 1993, S. 210-235
Pfeifer, T., (1989): Systematische Ansätze auch im Bereich Aus- und Weiterbildung für Qualitätssicherung, in: QZ 34 (1989) 8, S. 387-388
Pfeifer, T., (1993): Qualitätsmanagement, München – Wien 1993
Pfister, B., (1974): Das technische Geheimnis how als Vermögensrecht, München 1974
Picot, A., Dietl., H., (1990): Transaktionskostentheorie, in: WiSt 1990, H. 4, S. 178-183
Quittnat, J., (1989): Qualitätssicherungsvereinbarungen und Produkthaftung, in: Betriebs-Berater 1989, S. 571 ff.
Reichheld, F. F., Sasser, W. E., (1991): Zero-Migration: Dienstleister im Sog der Qualitätsrevolution, in: Harvard manager, 4/1991, S. 108-116
Retting, H. W., (1988): Qualitätsbestätigte Lieferung, in: Handbuch der Qualitätssicherung, hrsg. v. Masing, W., 2. Auflage, Wien – München 1988, S. 455-483
Rittner, F., u. a., (1993): Wettbewerbs- und Kartellrecht, 4. Auflage, Heidelberg 1993
Schettgen, P., (1991): Führungspsychologie im Wandel, Wiesbaden 1991
Schlott, S., (1993): Noch immer prüft jeder Abnehmer für sich allein, in: Handelsblatt v. 21.07.1993, S. 20
Schmidt, D., (1991): Qualitätssicherungsvereinbarungen und ihr rechtlicher Rahmen, in: Neue Juristische Wochenschrift 1991, S. 144 ff.
Schmidt-Salzer, J., (1979): Die Bedeutung der Entsorgung- und der Schwimmschalter-Entscheidung des Bundesgerichtshofs für das Produkthaftungsrecht, in: Betriebs-Berater 1979, S. 1 ff.
Schreiber, F., (1991): Produkthaftung bei arbeitsteiliger Produktion, Karlsruhe 1991
Schuh, H., (1993): Chemie im Monolog – Ein Industriezweig tut sich schwer im Umgang mit der Öffentlichkeit, in: Die Zeit Nr. 34 v. 20.08.1993, S. 25
Schwan, R. C. G., (1991): Lieferanten-Audits als Element der vorbeugenden Qualitätssicherung, in: QZ 36 (1991) 11, S. 631-634
Spremann, K., (1990): Asymmetrische Information, in: ZfB 60. Jg. (1990), H. 5/6, S. 561-586
Steckler, B., (1993): Das Produkthaftungsrisiko im Rahmen von Just-in-time-Lieferbeziehungen, in: Betriebs-Berater 1993, S. 1225 ff.

Stürner, R., (1985): Die gewerbliche Geheimsphäre im Zivilprozeß, in: Juristen-Zeitung (JZ) 1985, S. 453 ff.

Teplitzky, O., (1992): Die jüngste Rechtsprechung des Bundesgerichtshofs zum wettbewerblichen Anspruchs- und Verfahrensrecht IV, in: Gewerblicher Rechtsschutz und Urheberrecht (GRUR) 1992, S. 821 ff.

Tomys, A.-K., (1993): Kostenorientiertes Qualitätsmanagement – Ein Beitrag zur Lösung der Qualiät-Kosten-Problematik, Dissertation Technische Universität Berlin 1993

Ulrich, H., Probst, G.J.B., (1988): Anleitung zum ganzheitlichen Denken und Handeln, in: Brevier für Führungskräfte, Bern – Stuttgart 1988

Vollmer, L., (1977): Haftungsbefreiende Übertragung von Verkehrssicherungspflichten, in: Juristen-Zeitung (JZ) 1977, S. 371 ff.

Weinacker, M., (1993): Organisationshilfen für ein funktionierendes Q-System, in: Tagungsband Quality 93, Stuttgart 1993, S. 271-275

Warnecke, H. J., (1993): Die »Fraktale Fabrik« – ein neuer Strukturansatz und seine Gestaltungselemente, in: Tagungsband 24. IPA-Arbeitssitzung, Stuttgart 1993, S. 10-24

Westphalen, F. Graf v., (1984): Einkaufsbedingungen und AGB-Gesetz, in: Zeitschrift für Wirtschaftsrecht (ZIP) 1984, S. 529 ff.

Westphalen, F. Graf v., u. a., (1985): Großkommentar zum AGB-Gesetz – Band III – A.4: Qualitätssicherungsvereinbarung, 2. Auflage, Heidelberg 1985

Willborn, W., (1987): Audit Standards – A Comparative Analysis, Milwaukee 1987

Wildemann, H., (1991): Auditierung als Führungsinstrument, in: Unterlagen zur 3. Arbeitskreissitzung »Qualität und Information – Strategien für den Wettbewerb, hrsg. v. selbigen, München 1991, S. 8-71

Wildemann, H., (1992a): Kosten- und Leistungsbeurteilung von Qualitätsmanagementsystemen, in: ZfB 62. Jg. (1992), Heft 7, S. 761-782

Wildemann, H., (1992b): Qualitätsentwicklung in F&E, Produktion und Logistik, in: ZfB 62. Jg. (1992), H.1, S. 17-41

Wildemann, H., (1992c): Risiken abbauen durch Information des Abnehmers über die Leistungsfähigkeit des Zulieferanten, in: Handelsblatt v. 01.06.1992, S. 22

Wildemann, H., (1993): Die Luft wird rauher – wie Zulieferer überleben können, in: Harvard Business manager 3/1993, S. 34-44

Zeuner, A., u. a., (1985): Bürgerliches Gesetzbuch – Kohlhammer Kommentar (Soergel/Siebert), 11. Auflage, Stuttgart u. a. 1985

Zink, K. J., Schildknecht, R., Schmidt, A., (1991): Konzepte zur Bewertung von Qualitätssicherungssystemen – Vergleichende Darstellung unterschiedlicher Ansätze auf Basis der DIN ISO 9000-9004, unveröffentlichte Studienarbeit der Universität Kaiserslautern 1991

Zinkmann, R. C., (1989): Die Reduzierung der Produkthaftungsrisiken: eine technisch-betriebswirtschaftliche Gestaltungsaufgabe, Berlin 1989

Zirkel, H., (1990): Das Verhältnis zwischen Zulieferer und Assembler – eine Vertragsart sui generis?, in: Neue Juristische Wochenschrift 1990, S. 345 ff.

Zöller, W., Ziegler, A., (1992): Qualität auf dem Prüfstand – Studie zur Erfassung des Stellenwertes und der Umsetzung von Total Quality Management in Deutschland, hrsg. v. PA Consulting Group, Frankfurt/Main 1992

7. Kapitel

Von der Wareneingangskontrolle zur Qualitäts- und Wertschöpfungspartnerschaft

Konsequenzen einer interdisziplinären Betrachtung zum Konfliktfeld der Wareneingangskontrollenaus wirtschaftlicher und juristischer Sicht

Managementinformation

Angesichts umfassender Maßnahmen zur Kostenreduktion in den Unternehmen selbst und mit ihren Zulieferern rückt die bereits in den siebziger Jahren in Deutschland geforderte Produktionsmanagementmethode »just-in-time« endlich wieder in das Zentrum der Überlegungen zu größerer Wertschöpfung – wenn auch unter dem Begriff »lean production«. Bei einer abnehmenden Fertigungstiefe von zuweilen nur noch 35 bis 40 Prozent steigt grundsätzlich auch die Anzahl der Schnittstellen in der Herstellungskette. Der dabei entstehende zusätzliche Aufwand an Kosten und Verwaltung bedarf eines intensiven Zuliefermanagements. Das gilt um so mehr, als nach dem Handelsgesetzbuch Wareneingangskontrollen für grundsätzlich sämtliche zugelieferten Teile erforderlich sind, will der Endhersteller nicht etwaiger Regreßansprüche gegen seine – möglicherweise – unzuverlässigen Zulieferer verlustig gehen.

Selbst eine vertragliche Handhabung im Rahmen von just-in-time Anlieferungen kann in der Regel nur zu einer kurzfristigen Verlängerung der Untersuchungs- und Rügepflichten auf wenige Tage nach der Lieferung führen. Reichten zwar nach der bisherigen Rechtsprechung Stichprobenprüfungen bei der Anlieferung größerer Stückzahlen aus, so muß sich der Endhersteller eines bewußt sein: Verlangt er eine Fehlerrate im parts per million (ppm) Bereich – wie dies zumindest in der Automobilbranche üblich ist -, so müßte er auch eine derartige Genauigkeit in seinen eigenen Untersuchungen erbringen. Eine solche Exaktheit läuft auf eine Vollprüfung hinaus. Der hierfür erforderliche Aufwand würde jedoch Sinn und Zweck eines just-in-time Verbunds geradezu konterkarieren. Insofern laufen Wareneingangskontrollen nach dem Verständnis des Handelsgesetzbuches an der zunehmenden Realität wirtschaftlicher Erfordernisse vorbei.

Sind Wareneingangskontrollen aber antiquierte Instrumentarien, einen raschen Warenverkehr zu gewährleisten, so stellt sich die Frage, was an ihre Stelle treten soll und kann. Wie die Praxis japanischer Unternehmen u.a. auch in Europa zeigt, weisen die erfolgversprechendsten Methoden im wesentlichen auf die Ansätze des modernen Qualitätsmanagements hin. Konkret bedeutet das eine Konzentration auf wenige, aber überdurchschnittlich leistungsfähige Zulieferer. Die Beziehungen zu diesen müssen darauf hinauslaufen, eine vertrauensvolle Partnerschaft aufzubauen, innerhalb deren gemeinsam fehlervermeidende und qualitätssichernde/-verbessernde Techniken entwickelt und praktiziert werden. Von der Entwicklung über die Produktion bis hin zur Montage kommt es zu einer immer engeren Verzahnung der Arbeitsabläufe zwischen den Unternehmen, die ihre Basis in synchronisierten Qualitätsmanagementsystemen findet. Es ist dabei abzusehen, daß sich Zulieferer von bloßen Teile- zu Systemanbietern weiterentwickeln müssen. Damit verbunden werden sie vielfach Angestellte des Endherstellers (wenigstens zeitweise) übernehmen und in dessen unmittelbarer Umgebung präsent sein müssen.

7.1
Einführung in die Problemstellung

Spätestens mit Erscheinen der MIT-Studie[1] des International Motor Vehicle Programme[2] über das Managementkonzept »fragile lean production«[3] ist der Qualitäts- und Produktivitätsvorsprung der japanischen Managementphilosophie unabhängig vom jeweiligen Unternehmensstandort[4] prägnant hervorgetreten. Während anfänglich die Auseinandersetzung mit der japanischen Herausforderung eher emotional und teilweise von einer pessimistischen Selbsteinschätzung geprägt war,[5] müssen nunmehr Bemühungen in den Vordergrund rücken, die Ursachen des japanischen Erfolges sachlich zu analysieren (sofern noch nicht vollständig ermittelt), um sodann erfolgversprechende Elemente zu kopieren und nach Möglichkeit zu verbessern.[6,7] Jegliche Strategie dieser Art muß sich hierzu an den individuell geprägten landesspezifischen kulturellen Rahmenbedingungen orientieren.[8] Gerade die Anwendung japanischer Managementinstrumente wie Total Quality Control[9,10], Kaizen[11] oder Just-in-Time[12,13] ist in diesem Zusammenhang nicht ausschließlich auf den eigenen Entwicklungs- und Produktionsprozeß fixiert, sondern erstreckt sich auch auf die Beziehung zu Zulieferern.[14]

Der wirtschaftliche Zwang, die Fertigungstiefe seitens der Endhersteller (Assembler, Kunde des Zulieferers) zu reduzieren (Outsourcing), führt insbesondere in der Automobil-, Elektro- und Maschinenbaubranche gegenwärtig dazu, daß sich Zulieferer von einfachen Teilelieferanten zu qualifizierten System- und Komponentenanbietern weiter-entwickeln müssen.[15] Parallel hierzu wird von ihnen zunehmend eine fertigungs- und montagesynchrone Anlieferung erwartet.[16] Soll es zu keinem Stillstand der Just-in-Time-Produktion kommen, bedarf es der termingerechten Anlieferung gleichbleibender Qualität. Bei einem Funktionieren dieses Systems müssen Wareneingangskontrollen grundsätzlich überflüssig werden. Auch die Tatsache, daß gegenwärtig von Zulieferern eine Qualitätsfähigkeit erwartet wird,[17] die sich im Bereich von 66 bis 1 parts per million (ppm), d. h. 66 bis 1 fehlerbehafteter : 1.000.000 fehlerfreien Produkten bewegt, macht Stichprobenuntersuchungen wirtschaftlich ineffektiv.[18] An diesem Punkt stößt die Reduktion von Wareneingangskontrollen allerdings auf die Besonderheiten nationalen Rechts:

Die Handelsbeziehungen innerhalb Deutschlands sind traditionell durch das zeitgleich mit dem Bürgerlichen Gesetzbuch (BGB) am 1. Januar 1900 in Kraft getretene Handelsgesetzbuch (HGB) geprägt. Es sind zwei dieser »alten« Paragraphen des HGB, die auch jetzt noch eine derartige Bedeutung haben, daß sie von wesentlichem Einfluß auf die Schnittstelle im Bereich zwischen Endhersteller und Zulieferer sind. Die Idee des Wegfalls einer Wareneingangskontrolle muß sich nicht nur im Falle etwaiger Rechtsstreitigkeiten an ihnen messen lassen. Es handelt sich dabei um die §§ 377, 378 HGB, die im Ergebnis eine unverzügliche Untersuchung der Ware verlangen. Anderenfalls geht der Kunde das Risiko des Verlustes seiner Gewährleistungsansprüche ein.[19] Insbesondere auch Just-in-Time-Anlieferungen bleiben hiervon nicht ausgenommen.

Den Unternehmen eröffnet sich somit ein schier unlösbares Dilemma: Aufgrund verspätet festgestellter Qualitätsmängel an Zulieferprodukten können immense Kosten – z.B. durch einen hiermit verbundenen Stillstand der Just-in-Time-Produktion, erforderliche Rückrufaktionen, imagebedingte Umsatzeinbrüche etc. – anfallen. Vom rechtlichen Aspekt her stellt sich die Frage, ob dem Endhersteller Regreßansprüche im Sinne einer Tragung dieser Ausfallkosten gegen den Zulieferer zustehen. Da Streitigkeiten in aller Regel in einer mangelhaften Qualität wurzeln,[20] ist darüber hinaus zu untersuchen, ob und wie aus wirtschaftlicher Sicht die Qualität von Zulieferteilen präventiv gesichert werden kann.

Im folgenden werden zunächst der primäre Regelungs-und Sinngehalt der §§ 377 und 378 HGB, sowie deren dogmatische Behandlung durch Rechtsprechung und Literatur behandelt. Sodann werden den juristischen Grundlagen wirtschaftliche Anforderungen komparativ gegenübergestellt. Als Konsequenz und in Fortführung der hierbei abgeleiteten Ergebnisse belegen die Verfasserer die Notwendigkeit verschiedener präventiv wirkender Methoden und Techniken der modernen Qualitätswissenschaft, sowie ihre zwingende Anwendung im Rahmen des Qualitätsmanagements.[21] Das Spannungsfeld zwischen der gesetzlichen Annahme umfassender Wareneingangskontrollen und den in der Praxis partiell existierenden Lieferbeziehungen ohne diese Kontrollen erlangt hierdurch eine weitgehende Auflösung.

7.2 *Einfluß der §§ 377, 378 HGB auf die Beziehung zwischen Zulieferer und Kunde*

7.2.1 Gesetzgeberische Intention und Bedeutung der Untersuchungs- und Rügeobliegenheit

Nach § 377 HGB gilt eine zugelieferte Ware vom Käufer als genehmigt, wenn er

1. den bei einer zumutbaren Untersuchung der Ware erkennbaren Mangel
2. nicht unverzüglich nach Ablieferung / Abnahme dem Verkäufer anzeigt, und
3. diesem zu erkennen gibt, daß er dessen Beseitigung fordert (sog. Untersuchungs- und Rügeobliegenheit).

Unterläßt er die Untersuchung und/oder die gegebenenfalls erforderliche Rüge, darf der Verkäufer (= Zulieferer) später eine Behebung des Mangels ablehnen. Der Käufer kann sich dementsprechend nicht mehr wirksam auf etwaige Gewährleistungsansprüche wie etwa Rückgängigmachung des Kaufes oder Schadenersatz berufen.[22] Diese Regelung ist dabei grundsätzlich stets dann anzuwenden, wenn es sich um ein beiderseitiges Handelsgeschäft handelt. Das ist der Fall, wenn es von Kaufleuten im Rahmen solcher Geschäfte vorgenommen wird, die zum Betrieb ihres Handelsgewerbes gehören. Zum Inhalt des § 377 HGB siehe Abbildung 48.

Der Intention dieser Genehmigungsfiktion[23] des Kunden liegt das auch schon vom Gesetzgeber des 19. Jahrhunderts anerkannte besondere Bedürfnis nach einer möglichst raschen und klaren Abwicklung des Handelsverkehrs zugrunde. Der Verkäufer muß aus betriebswirtschaftlichen Gründen unmittelbar nach Erfüllung seiner vertraglichen Pflichten wissen, ob seine Lieferung in Ordnung geht oder ob er sich noch weiter mit Reklamationen auseinanderzusetzen hat.[24] Ist die Ware nach Ansicht seines Kunden nicht einwandfrei, so soll er schon frühzeitig in die Lage versetzt werden, ihn entlastende Beweise zu sichern und gegebenenfalls rechtzeitig vortragen zu können.[25] Demgegenüber sieht z.B. das allgemein gültige Kauf- und Werkvertragsrecht

§ 377 HGB [Untersuchungs- und Rügepflicht]

(1) Ist der Kauf für beide Teile ein Handelsgeschäft, so hat der Käufer die Ware unverzüglich nach der Ablieferung durch den Verkäufer, soweit dies nach ordnungsmäßigem Geschäftsgange tunlich ist, zu untersuchen und, wenn sich ein Mangel zeigt, dem Verkäufer unverzüglich Anzeige zu machen.

(2) Unterläßt der Käufer die Anzeige, so gilt die Ware als genehmigt, es sei denn, daß es sich um einen Mangel handelt, der bei der Untersuchung nicht erkennbar war.

(3) Zeigt sich später ein solcher Mangel, so muß die Anzeige unverzüglich nach der Entdeckung gemacht werden; anderenfalls gilt die Ware auch in Ansehung dieses Mangels als genehmigt.

(4) Zur Erhaltung der Rechte des Käufers genügt die rechtzeitige Absendung der Anzeige.

(5) Hat der Verkäufer den Mangel arglistig verschwiegen, so kann er sich auf diese Vorschriften nicht berufen.

Abbildung 48: Text des § 377 HGB – Gesetzliche Grundlage zum Themenkomplex der Wareneingangskontrollen

des BGB vor, daß Mängelgewährleistungsansprüche erst innerhalb von 6 Monaten ab Ablieferung bzw. Abnahme verjähren; §§ 477, 638 BGB. Es war daher erforderlich, der grundsätzlich über diese Zeitspanne andauernden Ungewißheit des rechtlichen Schicksals der Lieferungen durch die gesetzliche Konstituierung von besonderen Untersuchungs- und Rügepflichten als Spezialregelung für kaufmännische Geschäftsbeziehungen entgegenzutreten.[26] Der Empfänger einer Ware sollte danach dazu angehalten werden, diese unverzüglich so umfassend und gründlich zu untersuchen, wie ihm dies nur möglich ist.

Ist diese Rechnung des Gesetzgebers aufgegangen? Die praktische Relevanz von Wareneingangskontrollen an der Schnittstelle Hersteller-Zulieferer stellt sich nach jüngsten empirischen Ergebnissen aus 40 Geschäftsbereichen von 32 Unternehmen der Bundesrepublik Deutschland wie folgt dar:[27]

- keine Eingangskontrolle: 0 %
- 100 prozentige Eingangskontrolle: 17,9 %
- Eingangskontrolle in Abhängigkeit von Produkt und Lieferant: 60,7 % [28]

Die Befunde lassen u. a. darauf schließen, daß die Bedeutung von Wareneingangskontrollen jedem belieferten Unternehmen bekannt ist. Potentiell laufen – mit Ausnahme von 17,9 % der Unternehmen, die eine vollständige Wareneingangskontrolle durchführen – dennoch immerhin 82,1 % der Unternehmen Gefahr, mangels entsprechend umfangreicher Durchführung dieser Kontrollen Gewährleistungsansprüche gegenüber ihren Zulieferern zu verlieren. 60,7 % der Unternehmen versuchen offensichtlich, die legislative Unterstellung einer Wareneingangskontrolle in einen wirtschaftlichen Konsens mit ihren produktionsspezifischen Prämissen zu führen. So hat beispielsweise *Xerox* seine Wareneingangskontrollen auf 15 % der angelieferten Produkte eingeschränkt, nachdem 85 % der Zulieferer 1989 eine Fehlerfreiheit von 99,97 % aller angelieferten Produkte nachweisen konnten. 1982 lag diese Meßgröße noch bei 92 %.[29]

Einen solchen Interessenausgleich hat der damalige Gesetzgeber hingegen ebensowenig gesehen, wie die vielfältigen Versuche der heutigen Praxis, diese gesetzlichen Regelungen vertraglich zu modifizieren und sie dem Einzelfall der jeweiligen Geschäfts- und Lieferbeziehung anzupassen. Bisher blieb es deshalb sowohl Rechtsprechung und (juristischer) Lehre als auch der Qualitätswissenschaft überlassen, hierzu kasuistisch Stellung zu beziehen.

7.2.2 Möglichkeiten einer vertraglichen Handhabung der §§ 377, 378 HGB

In der Praxis wird oftmals versucht, die strengen Anforderungen an die Rüge- und Untersuchungsobliegenheit durch besondere vertragliche Vereinbarungen aufzubrechen. Die Regelungen der §§ 377, 378 HGB können zwar tatsächlich durch eine einzelfallbezogene besondere vertragliche Vereinbarung beschränkt, abgemildert und u.U. auch gänzlich ausgeschlossen werden.[30] Sie sind demgegenüber aber bei Formularverträgen grundsätzlich von solcher Bedeutung, daß sie in ihrer Kernaussage nicht etwa im beliebigen Ermessen der Vertragspartner und damit zu deren beliebiger Disposition stünden, gegebenenfalls also (z.B. im Rahmen von Qualitätssicherungsvereinbarungen) abdingbar wären.[31] Von besonderer Relevanz ist dieser Umstand deshalb, weil praktisch der ganz überwiegende Teil des kaufmännischen Warenverkehrs mit derartigen Formularverträgen arbeitet. Es handelt sich hierbei um Verträge, denen sogenannte »Allgemeine Geschäftsbedingungen« zugrunde liegen. Die darin enthaltenen Vertragsbedingungen sind für eine Vielzahl von Verträgen (d.h. zunächst unabhängig vom jeweils zu tätigenden Einzelgeschäft) vorformuliert; § 1 AGB-Gesetz.[32]

In relativ engen Grenzen wird von manchen Autoren lediglich eine zeitliche Verzögerung der vorzunehmenden Wareneingangskontrollen (z.B. erst in der Fertigung oder Montage durch den »Werker« selbst) und ggf. Rügen befürwortet. Ohne daß die jüngere Rechtsprechung hierzu bisher detailliert Stellung genommen hätte, wird eine pauschale Ausdehnung der Untersuchungs- und Rügefrist auf zwei bis drei Wochen akzeptiert.[33] Auch hier wird es jedoch stets auf die besonderen Umstände des Einzelfalls ankommen. So kann eine dem Kunden auf den ersten Blick gewährte Verlängerung der Rügefrist leicht auf eine Benachteiligung für diesen hinauslaufen. Bereits das *Reichsgericht* hatte entschieden, daß z.B. die Vereinbarung einer achttägigen Rügefrist bei einer Lieferung von Gulaschkonserven unzulässig ist, wenn sich deren mangelhafte Sterilisierung naturgemäß erst Monate später herausstellt und zuvor von niemandem erkannt werden kann (sog. versteckter Mangel). Die Rüge muß/kann dann nämlich auch erst gemäß §§ 377, 378 HGB vom Moment der möglichen Erkennbarkeit an erfolgen.[34] Von diesem Zeitpunkt an dürfte sodann eine vertraglich gewährte Verlängerung der Rügefrist zu laufen beginnen.[35] Ähnlich hat etwa das Oberlandesgericht (OLG) Hamburg eine Rügefrist von drei Tagen bei nicht offensichtlichen Mängeln einer Rechenmaschine als unzulässig verworfen.[36,37]

Sind danach Wareneingangskontrollen vom Gesetzgeber quasi generell vorausgesetzt, so stellt sich zunächst die Frage, bis zu welchem Grad eine Qualitätsabweichung aus rechtlicher Sicht noch mit einer Wareneingangskontrolle erkannt und dementsprechend gerügt werden muß. Hierbei sind folgende Kategorien zu unterscheiden:

1. Lieferung mit nur marginalen Qualitätsdefiziten -
2. Mangelhafte Lieferung (§ 459 BGB) -
3. Falschlieferung.

7.2.3 Marginale Qualitätsabweichungen der Produkte – Informationspflicht des Zulieferanten

Eine Wareneingangskontrolle muß zumindest in der Lage sein, jedenfalls solche Qualitätsabweichungen aufzudecken, die als Mangel im Sinne des Mängelgewährleistungsrechts verstanden werden.[38] Im Umkehrschluß dazu müßte eine solche Kontrolle in der Regel aber auch nicht gründlicher sein und »nur« diese ausfindig machen.

Das bundesdeutsche Mängelgewährleistungsrecht orientiert sich diesbezüglich an § 459 BGB. Der »Mangel« ist danach als Oberbegriff für »Fehler« und das Nichtvorhandensein »zugesicherter Eigenschaften« der Sache zu verstehen. Nach Ansicht von Rechtsprechung und rechtswissenschaftlicher Literatur liegt wiederum ein »Fehler« gewöhnlich dann vor, wenn »*der tatsächliche Zustand der Kaufsache von dem Zustand abweicht, den die Vertragsparteien bei Abschluß des Kaufvertrages gemeinsam vorausgesetzt haben, und diese Abweichung den Wert der Kaufsache oder ihre Eignung zum vertraglich vorausgesetzten oder gewöhnlichen Gebrauch herabsetzt oder beseitigt.*« [39]

Demgegenüber definiert z.B. der Entwurf DIN ISO 8402, E03.92, S.2 »Mangel« wie folgt: »*Die Nichterfüllung einer beabsichtigten Forderung oder einer angemessenen Erwartung, und zwar für den Gebrauch einer Einheit, eingeschlossen eine die Sicherheit betreffende.*« Für den Bereich der §§ 377, 378 HGB ist freilich nur die Definition des § 459 BGB maßgeblich.

Geringere Qualitätsabweichungen als Mängel im Sinne von § 459 BGB müssen demgemäß grundsätzlich nicht besonders mittels einer derart exakten Wareneingangskontrolle untersucht werden. Auch solche Diskrepanzen können aber unter Umständen dem Käufer einen – insoweit ohne weiteres fortbestehenden – Mängelgewährleistungsanspruch gegen den Verkäufer geben. Der Verkäufer kann sich nämlich schon dann regreßpflichtig machen, wenn er seine Kunden im Rahmen einer laufenden Geschäftsbeziehung nicht über »nur« leichte Qualitätsveränderungen der gelieferten Ware informiert.[40] Das ist nach Ansicht des *Bundesgerichtshofes* (*BGH*) insofern von Bedeutung, als ein aus Sicht des Mängelgewährleistungsrechts noch unerheblicher Qualitätsverlust durchaus beachtliche Einbußen am Markt zur Folge haben kann, so beispielsweise wenn wiederum die Kunden seines Vertragspartners nicht bereit wären, auch nur geringe Qualitätsunterschiede hinzunehmen, und hierdurch Umsatzeinbußen entstünden. Der Verkäufer muß ihn danach über jegliche Differenzen der Qualitätswertigkeit der gelieferten Ware informieren. Tut er das schuldhaft nicht, so verletzt er vertragliche Nebenpflichten und macht sich gegebenenfalls schadensersatzpflichtig. Die Informationspflicht ist dabei nach Ansicht des *BGH* selbst dann gegeben, wenn die Produktqualität objektiv gesteigert wird und sich der Vertragspartner hierauf einstellen muß.[41] Siehe hierzu das sog. »Wellpappe-Urteil« des *BGH* in Abbildung 49.

Wenn die gelieferte Ware nun mit erheblicheren Qualitätsdefiziten behaftet war, so gelten darüber hinaus die nachfolgenden Regelungen:

7.2.4 Untersuchungs- und Rügepflichten bei der Falschlieferung

Wird nun eine mangelhafte Ware im Sinne des § 459 BGB geliefert, so muß diese gemäß § 377 HGB unverzüglich erkannt und gerügt werden. Anders ist die Situation aber, wenn der Abnehmer eine Ware erhält, die er so gar nicht bestellt hatte: In Fällen, in denen der Verkäufer etwas anderes als die vertraglich vereinbarte Ware liefert, dürfte eine Mängelgewährleistung schon von deren Charakter her nicht in Betracht kommen. Diese setzt nämlich schon begrifflich voraus, daß der Verkäufer zwar seinen Vertragspflichten »im großen und ganzen« nachkommt, dies aber nur mangelhaft, weshalb dem Käufer beispielsweise ein Anspruch auf Beseitigung des Mangels an der an sich richtigen Sache zu-

Anmerkungen zum "Wellpappe-Urteil"

Die Klägerin (=Herstellerin) lieferte der Beklagten über einen längeren Zeitraum Wellpappe einer bestimmten Qualität. Danach sollte die Pappe eine Testliner-Innendecke im Gewicht von 190 Gramm/Quadratmeter haben. Nach einiger Zeit stellte die Beklagte jedoch fest, daß diese nur ein tatsächliches Gewicht von 160 Gramm/Quadratmeter hatte. Dies hatte seinen Grund:

Die Klägerin hatte im Laufe der Zeit ihre Qualitäten zur Erhöhung des Berstdrucks verbessert und hierfür auch bessere Testliner-Qualitäten eingesetzt. Damit wurde trotz einer Verringerung des Gewichts eine gesteigerte Qualität der Wellpappe insgesamt erzielt.

Ein Mangel i.S.v. § 459 BGB lag wegen der objektiv gesteigerten Qualität nicht vor. Der BGH stellte aber klar, daß

1. ***den Verkäufer im Rahmen laufender Geschäftsbeziehungen eine vertragliche Nebenpflicht treffe, den Kunden über Änderungen der Produktbeschaffenheit unabhängig davon in Kenntnis zu setzen, ob diese zur Mangelhaftigkeit führen oder nicht. Es könne nämlich z. B. beim Kunden, der die Ware gegebenenfalls verarbeite, eine Umstellung seiner Maschinen erforderlich sein oder eine Information an die Abnehmer des Kunden, die wiederum bei ihm die Modifikation der Ware beanstanden könnten.***
2. ***Komme der Verkäufer dieser Verplichtung nicht nach, könne er sich schadenersatzpflichtig machen.***
3. ***Eine Untersuchungs- und Rügepflicht hinsichtlich derartiger Eigenschaftsdivergenzen, die noch unterhalb der Schwelle zu einem Mangel des § 459 BGB stünden, gebe es nicht.***

Quelle: BGH, VersR 1989, S. 1152 ff.

Abbildung 49: »Wellpappe-Urteil« – Informationspflicht über die Qualitätsbeschffenheit von Produkten

steht. Wird nun etwas gänzlich anderes (Falsch-/oder auch Aliudlieferung) geliefert, als vertraglich vereinbart gewesen ist, so ist der Verkäufer hier seiner vertraglichen Leistungspflicht noch in keiner Weise nachgekommen, so daß es juristisch gesehen schon an einer Lieferung der geschuldeten Ware fehlt, die überhaupt erst untersucht werden könnte.[42] Der Käufer könnte danach zeitlich unbegrenzt (und losgelöst von einer sofortigen Untersuchungs- und Rügenotwendigkeit) vom Verkäufer auf Lieferung der vereinbarten Ware (und gegebenenfalls auch Ersatz eines Verzugsschadens!) dringen. An dieser Stelle ergibt sich für die Rechtsprechung und juristische Lehre jedoch das fast unlösbare Abgrenzungsproblem, was noch als vertragsgemäße aber fehlerhafte Leistung gelten soll und was bereits als Falschlieferung.[43]

Abgrenzung »nur« mangelhafte Lieferung – Falschlieferung

Zu dieser Thematik hat der *BGH* 1975 die vieldiskutierte sog. »Wellstegträger-Entscheidung«[44] gefällt, die in Abbildung 50 dargestellt ist.

Nach Ansicht des *BGH* sei danach bei genormten Gegenständen ausschlaggebend, wie die allgemeine Verkehrsauffassung im Bereich der industriellen Produktion eine Differenzierung treffe. Generelle Maßstäbe ließen sich nicht aufstellen und richteten sich vielmehr nach den Besonderheiten der einzelnen Branche und des speziellen Liefergegenstandes. Konkret bedeutete diese zunächst sibyllinische Verklausulierung:

»*Handelt es sich – wie hier – um einen bestimmten Gegenstand industrieller Fertigung, der zwar in verschiedenen genormten Abmessungen angeboten, im übrigen aber in der gleichen Form, aus dem gleichen Material und zu demselben einheitlichen Verwendungszweck hergestellt wird, so stellen jedenfalls die Normabweichungen nach der Verkehrsauffassung nicht eine Falschlieferung aus einer anderen Warengattung dar; vielmehr sind sie, da sie von der vertraglich vorausgesetzten Beschaffenheit abweichen ..., lediglich fehlerhaft i.S.d. § 377 HGB und unterliegen daher der uneingeschränkten (Untersuchungs- und) Rügepflicht.*«[45]

Demgemäß dürfte der *BGH* beispielsweise bei einer Lieferung von DIN-A-5-Papier statt wie vereinbart DIN-A-4-Papier nicht davon ausgehen, daß etwas völlig Falsches geliefert wurde, sondern die richtige Ware, da sie sich in derselben Normenreihe bewegt. Die Ware wäre lediglich als mit Mängeln behaftet anzusehen, so daß eine unverzügliche Rüge zu erfolgen hätte; anderenfalls Mängelgewährleistungsansprüche nicht mehr durchsetzbar sein könnten.[46]

Die Lösung des *BGH* ist wegen der hier angedeuteten möglichen Konsequenzen im juristischen Schrifttum auf ganz überwiegende und berechtigte Ablehnung gestoßen.[47] Es ist zweifelhaft, ob der *BGH* eine solche Entscheidung auch heute noch treffen würde, zumal technische

Anmerkungen zum "Wellstegträger-Urteil"

Der Inhaber eines Bäckereibetriebs (=Kläger) wollte seine Backstube durch einen insgesamt 200 Quadratmeter großen Anbau mit Flachdach vergrößern. Wegen der für das Dach benötigten Wellstegträger wandte er sich an die beklagte Baustoffirma B. Nachdem diese zunächst die Dachkonstruktion hatte anfertigen lassen, bestellte sie bei einem Subunternehmen anstelle der in der Statik ausgewiesenen 40 cm hohen Wellstegträger versehentlich solche mit einer Höhe von 32 cm, welche beim Bau dann auch verwendet wurden. Nach der Fertigstellung des Anbaus zeigte sich, daß die Träger zu schwach waren und sich das Dach durchbog. Der Kläger verlangte daraufhin von der beklagten Firma Schadenersatz.

Der Inhaber des Bäckereibetriebs hatte eine unverzügliche Untersuchung und Rüge hinsichtlich der tatsächlich gelieferten Wellstegträger unterlassen.

Der BGH stellte klar, daß der Käufer gegebenenfalls durch Einschaltung einer sachkundigen Hilfsperson in eigener Regie dafür Sorge zu tragen hat, daß das gelieferte Material den von ihm gestellten Anforderungen entspricht. Der Kläger konnte somit nur dann Erfolg haben, wenn die Lieferung der 32 cm starken Wellstegträger rechtlich nicht als "schlechte" 40 cm Wellstegträger anzusehen waren, sondern etwas völlig "anderes" im Sinne einer Falschlieferung. Ersteres nahm der BGH aber an.

Quelle: BGH, NJW 1975, S. 2011, 2012

Abbildung 50: Das »Wellstegträger-Urteil« – BGH-Entscheidung zur Frage »mangelhafte Lieferung« oder »Falschlieferung«?

Produkte tendenziell zunehmend komplexere Strukturen aufweisen und aus einer immer größeren Anzahl von Einzelbauteilen bestehen, so daß sich durch das Zusammenwirken dieser auch das Ausfallrisiko erhöht. Dies macht eine engere Auslegung notwendig, was als Falsch- oder »nur« mangelhafte Lieferung zu gelten hat. Diese Rechtsansicht reflektiert auch die Auffassung der Qualitätswissenschaft, die Qualität u.a. in ontologischer Weise als ein Gesamtsystem von Eigenschaften begreift, das nur einwandfrei funktioniert, weil sich jede einzelne von ihnen fehlerfrei verhält und auch insgesamt beim Kunden der Eindruck der »Stimmigkeit« entsteht.[48] Berücksichtigt man zudem, daß Zulieferer in steigendem Maße gesamte Systeme oder Komponenten Just-in-Time anliefern,[49] so kommt es mehr denn je auf die Einhaltung der (vereinbarten) Spezifikationen an. Das gilt es insbesondere bei der Anwendung der §§ 377, 378 HGB zu berücksichtigen.

Die vom *BGH* verlangte Sicht der allgemeinen Verkehrsauffassung und die danach erfolgende Deduktion auf die Qualität eines einzelnen Teiles wird auch gerade durch die vertragsmäßige Bezugnahme auf bestimmte Normen relativiert. Es kommt sozusagen zu einer gattungsmäßigen Fixierung, welche die Maßangaben mit ihren Toleranzwerten limitiert. Daraus ergeben sich Differenzierungsmöglichkeiten von Mangel, fehlerhafter und fehlerfreier Lieferung. Ist eine Abweichung so groß, daß die Sache bereits einer anderen Größe innerhalb einer Normenreihe zugeordnet werden kann, handelt es sich nicht mehr um einen Mangel derselben Gattungssache, sondern um eine Falschlieferung.[50]

Im Umfeld industrieller Produktion gelingt es nach dieser Ansicht, durch eine vertragliche Bezugnahme auf bestimmte Methoden, Techniken und Normen den Gattungsbegriff (welche konkrete Ware geschuldet ist) weitgehend exakt zu definieren, was im Interesse der Rechtssicherheit grundsätzlich zu begrüßen ist.[51] Je spezifizierter diesbezügliche Qualitäts- und Qualitätssicherungsvereinbarungen ausgestaltet sind, desto näher liegt die Annahme, daß bei einer Abweichung des Zulieferers hiervon eine Falschlieferung vorliegt,[52] die den Kunden nicht schon zur unverzüglichen Untersuchung und Mängelrüge zwingt.

Weitere Beispiele für Falschlieferungen, die auch die Rechtsprechung als solche anerkannt hat, sind:
- Lieferung einer Werkzeugmaschine, eines Kraftfahrzeuges oder überhaupt eines anderen Markenartikels als vereinbart;[53]
- Lieferung von Winterweizen anstelle des vereinbarten Sommerweizens;[54]
- Lieferung von Inlandsschrott anstelle des vereinbarten Auslandsschrotts;[55]
- Magermilchpulver ist nicht frei von jeglichen Zusätzen, wie dies die

EWG-Agrarmarktordnung von der staatlichen Einfuhrstelle (Käuferin) verlangt hatte;[56]
- Glykolversetzter Wein wird als »Auslese« verkauft.[57]

Rüge- und Untersuchungspflichten bei genehmigungsfähigen Falschlieferungen

In Rechtsprechung und juristischer Literatur ist die Frage heftig umstritten, ob unter Umständen trotz vorgenannter Grundsätze selbst noch bei einer Falschlieferung den Kunden Untersuchungs- und Rügepflichten treffen können. Die Diskussion entzündet sich dazu am Regelungsgehalt und -charakter des § 378 HGB. Siehe hierzu Abbildung 51.

Nach herrschender Ansicht bewirkt die Vorschrift des § 378 HGB dabei jedenfalls in Grenzen eine Gleichstellung der Falschlieferung mit der mangelhaften Sache i.S.d. § 377 HGB.[58] Nur so sollen Differenzierungsschwierigkeiten zwischen Mangel und Falschlieferung vermieden werden können, die quasi zwangsläufig auftreten, wenn etwa keine vertragsmäßig exakte Festlegung der Qualitätsforderung[59] vorgenommen wurde.[60]

Nach § 378 2.Halbsatz HGB gilt das jedoch nur, wenn die gelieferte Ware nicht offensichtlich so erheblich von der Bestellung abweicht, daß in keiner Weise mit einer entsprechenden Genehmigung durch den Käufer gerechnet werden konnte. Es muß sodann die oftmals nicht minder schwierige Unterscheidung vorgenommen werden, ob die Falschlieferung noch als genehmigungsfähig i.S.v. § 378 HGB angesehen werden kann. Dabei ist die subjektive Sicht des Verkäufers, inwieweit er mit einer Genehmigung des Käufers rechnen darf, irrelevant. Allein ausschlaggebend ist das objektive Maß der Abweichung. Es ist bei objektiver Betrachtung unter Berücksichtigung der Verkehrssitte und der jeweiligen Handelsbräuche des Handelszweiges zu prüfen, ob der Käufer die Lieferung noch als ordnungsmäßig gelten lassen muß[61] oder ob ihr Behalten als Ausdruck der Annahme im Sinne einer verbindlichen Erfüllung von niemandem mehr erwartet werden konnte.[62] Im Rahmen dieser Entscheidung ist nach herrschender Ansicht insbesondere der geplante Verwendungszweck und der Gedanke des Schutzzwecks der Rügeobliegenheit[63] im Sinne der §§ 377, 378 HGB zu beachten.[64]

§ 378 HGB [Untersuchungs- und Rügepflicht bei Falschlieferung oder Mengenfehlern]

Die Vorschriften des § 377 finden auch dann Anwendung, wenn eine andere als die bedungene Ware oder eine andere als die bedungene Menge von Waren geliefert ist, sofern die gelieferte Ware nicht offensichtlich von der Bestellung so erheblich abweicht, daß der Verkäufer die Genehmigung des Käufers als ausgeschlossen betrachten mußte.

Abbildung 51: Text des § 378 HGB

7.2.5 Kernaussagen der Untersuchungs- und Rügeobliegenheit

Angesichts der hier zunächst erläuterten streng juristischen Dogmatik müßte grundsätzlich jedem Kunden geraten werden, sämtliche Lieferungen im kaufmännischen Geschäftsverkehr unverzüglich zu untersuchen und gegebenenfalls zu rügen, will er nicht seiner Gewährleistungsansprüche verlustig gehen. Hiervon gibt es in der Regel nur zwei Ausnahmen:

1. die Ware weicht nur sehr »geringfügig« von der vertraglich bestimmten Qualitätsanforderung ab oder ist gegebenenfalls von einer höheren Qualität,

2. es handelt sich um eine Falschlieferung, hinsichtlich deren objektiv niemand eine Genehmigung durch den Kunden erwarten konnte.

Die Annahme der zweiten Alternative ist um so wahrscheinlicher, je mehr der Kunde seinen Vertragspartner von der Notwendigkeit einer bestimmten Qualität der Ware in Kenntnis setzt und hieran bindet. Das kann durch eine (schriftliche wie mündliche) vertragliche Fixierung geschehen oder auch durch das verbindliche Verlangen nach der Anwendung konkreter qualitätssichernder Methoden und Techniken eines bestimmten Produktionsverfahrens, u.U. durch Verweis auf DIN- ISO - Normen, wie z.B.
- die Normenreihe DIN ISO 9000 ff., die Empfehlungen und Modelle zum Aufbau eines Qualitätsmanagementsystems beschreibt,
- die Normenreihe DIN ISO 10011, die Empfehlungen zur Durchführung von Audits gibt, sowie
- die Normenreihen DIN 55350 und DIN ISO 8402, die Begriffe der Qualitätssicherung und Statistik definieren.

Selbst wenn dies geschehen sollte, kann aber jedwede Einschränkung der (vollständigen) Wareneingangskontrolle langfristig nur dann sinnvoll sein, wenn sich die Vertragspartner auf das jeweilige Qualitätsniveau und -bewußtsein des anderen verlassen können. Eine solche Vertrauensbasis läßt sich wiederum nur schaffen, wenn eine gegenseitige Kenntnis und Akzeptanz der Qualitätsfähigkeit von Organisation, Prozessen und Produkten des Vertragspartners möglich ist. Das sprengt natürlich den Rahmen, den das HGB mit seinen §§ 377, 378 vorgibt. Vorraussetzung hierfür wären daher besondere vertragliche Vereinbarungen hinsichtlich des Aufbaus eines Qualitätsmanagementsystems (QM-System) des Vertragspartners. Allerdings müßte dann auch der Nachweis über die Wirksamkeit und Funktionsfähigkeit des QM-Systems entsprechend der vertraglichen Vereinbarung erbracht werden können. Dies kann z.B. durch das sog. Systemaudit erfolgen (vgl. Kapitel 6). Hierunter ist eine systematische und unabhängige Untersuchung zu verstehen, um festzustellen, ob die qualitätsbezogenen Tätigkeiten und die damit zusammenhängenden Ergebnisse den ins Auge gefaßten Anordnungen entsprechen und ob diese Anordnungen wirkungsvoll und geeignet sind, diese Ziele zu erreichen.[65] Das Systemaudit wird dabei entweder vom Kunden (kundenspezifisches Audit) oder von einer neutralen Zertifizierungsstelle (third-party-audit)[66] im Unternehmen des Zulieferers durchgeführt.[67] Der Zulieferer erhält bei bestandenem Audit (Erfüllung der vertraglichen Nachweisforderungen) ein Zertifikat. Nachweisforderungen können z.B. die Erfüllung der branchenneutralen Normen zur Darlegung des QM-Systems nach DIN ISO 9001, 9002 oder 9003 sein.[68] Daneben gibt es in vielen Branchen spezifische Anforderungen, wie z. B. den VDA-Fragenkatalog, der Merkmale eines QM-Systems in Unternehmen der Automobilbranche beschreibt und von allen führenden Automobilherstellern ausgearbeitet wurde.[69]

Können derartige Maßnahmen dann aber tatsächlich an die Stelle von aufwendigen Wareneingangskontrollen treten, ohne daß hierbei juristische und/oder wirtschaftliche Nachteile in Kauf zu nehmen wären? Im folgenden sollen hierzu neben den juristischen Kriterien die wirtschaftlichen Anforderungen an die Unternehmen dargestellt und Konsequenzen zum Gesamt-Themenkomplex »Wareneingangskontrolle« abgeleitet werden. Die Lösungsansätze genügen sowohl rechtlichen als auch betriebswirtschaftlichen Erfordernissen:

7.3 Endhersteller und Zulieferer im Anpassungszwang qualitativer und wirtschaftlicher Neuorientierung

7.3.1 Unternehmerisches Handeln im Blickwinkel von Qualität und Produktivität

Die wirtschaftlichen Anforderungen sind von der Notwendigkeit weitreichender Qualitäts- und Produktivitätsverbesserungen bei gleichzeitiger Senkung der Gesamtkosten geprägt.[70] Neben dem Abbau des Fehlleistungsaufwands[71] in sämtlichen Prozessen eines Unternehmens[72] tritt verstärkt das bereichs- und funktionsübergreifende Ziel »Qualität« in den Mittelpunkt unternehmerischen Handelns.[73,74]

Traditionelle Konzepte zur Produktivitäts- und Qualitätssteigerung orientieren sich vornehmlich an der Strategie:

1. Konzentration auf Arbeitsteilung und Automatisierung.
2. Prüfung der Qualität am fertiggestellten Produkt durch vom Produktionsprozeß abgekoppelte Spezialisten, d.h. organisatorische Trennung von Produktion und Qualität in Funktionsbereiche wie Fertigung und Qualitätswesen, (-kontrolle, -sicherung).[75]

Hierdurch waren temporär begrenzte Produktivitätssteigerungen zwischen 3 und 5 % bei einer Fehlerrate im Hundertstel-Bereich möglich.[76] So akzeptierten z.B. die amerikanischen und europäischen Automobilhersteller noch bis Mitte/Ende der achtziger Jahre, sowohl in ihrer eigenen Fertigung, als auch bei ihren Zulieferern, eine Ausschußquote von ein bis drei Prozent – also immerhin 10.000 bis 30.000 fehlerhafter Teile auf eine Million produzierter.[77] Zementiert wurde der hohe Fehleranteil durch die Anwendung des Anfang der vierziger Jahre in den USA entwickelten und in Deutschland übernommenen AQL-Stichprobensystems.[78] Dieses üblicherweise in allen Branchen vertraglich zwischen Hersteller und Zulieferer vereinbarte System erlaubt je nach abgesprochener Qualitätsgrenzlage einen maximalen Anteil fehlerhafter Teile in Prozent.[79,80] Werden somit von Herstellern Fehler in den Anlieferungen vorausgesetzt, ist unter diesen Voraussetzungen auch die Wareneingangskontrolle von immanenter Wichtigkeit.[81] Nicht zuletzt derartige Gestaltungsansätze (das Akzeptieren von Fehlern) verhinderten bisher weitgehend die Entwicklung eines umfassenden »Null-Fehler-Bewußtseins« sowohl bei Endherstellern als auch bei Zulieferern.[82] Schließlich lassen Fehlerraten in diesen Größenordnungen eine Just-in-Time Produktion nicht zu, da es praktisch ständig zu deren Stillstand aufgrund fehlerhafter Teile kommen würde.

In wettbewerbsintensiven Märkten ist o.g. Strategie längst nicht ausreichend. Sie beschränkt sich auf die Steigerung der Produktqualität durch einen vermehrten Prüfaufwand, der wiederum eine gesteigerte Zeit- und/oder Kostenbelastung mit sich bringt. Eine Erhöhung der Qualität ginge danach zu Lasten der Produktivität.[83]

In Anlehnung an das japanische Vorbild lassen sich demgegenüber Strategien entwickeln, wonach jährlich erheblich höhere Produktivitätssteigerungen, flankiert von Fehlerraten im zweistelligen »parts per million (ppm)-Bereich«, möglich sind.[84] Daß diese Größenordnungen realistisch sind, wurde nicht zuletzt durch Unternehmen wie *Xerox*, *Motorola* oder *Ford* vorzüglich demonstriert.[85] So erreichte beispielsweise *Motorola* zwischen 1989 und 1991 eine hundertfache Verbesserung der Prozeßqualität. In der Fertigung ist ein durchschnittliches Qualitätsniveau von 40 ppm etabliert, womit das Fehlerniveau in nur zwei Jahren um den Faktor 150 verringert wurde. Damit verbunden stieg die Produktivität um das Zehnfache.[86] Die *Audi AG* hat eine interne Studie durchgeführt, in der statistisch die Fehlerhäufigkeit japanischer und amerikanischer Zulieferteile verglichen wurde. Die Befunde: Die Produkte von 147 japanischen Zulieferern weisen eine Fehlerrate von durchschnittlich 10 ppm (0,001 Prozent) auf. Demgegenüber liegt die angelieferte Teile-Fehlerrate der 75 amerikanischen Zulieferer bei rund 1000 ppm (0,1 Prozent). Das bedeutet, daß beispielsweise die *Audi AG* bei amerikanischen – aber auch deutschen Zulieferern weitaus häufiger nachbessern muß als bei den Zulieferprodukten der Japaner.[87]

Veröffentlichungen wiesen diesbezüglich schon in den sechziger Jahren darauf hin, daß Qualität die Produktivität nicht belastet, sondern Voraussetzung für deren Steigerung ist.[88] Damit wurde der produktorientierte Qualitätsbegriff auf den Herstellungsprozeß ausgedehnt (vgl. Kapitel 2, Abschnitt 2.4.4). Steigende Prozeßqualität, die mit einem Abbau des Fehlleistungsaufwands verbunden ist,[89] mündet in höhere Effizienz des Produktionsablaufs und damit in geringere Produktionskosten (erreicht durch weniger Ausschuß).[90] Avisiert ist dabei eine durchgängige Just-in-Time-Produktion, geprägt durch qualitätsfähige, statistisch beherrschte Prozesse.[91]

Die Verringerung des Fehlleistungsaufwands muß in diesem Zusammenhang kontinuierlich im Sinne »ständiger Verbesserungen« (steady improvement – kaizen) erfolgen.[92] Sie müssen sowohl organisatorisch (z.B. durch Qualitätszirkel, funktionsübergreifende Qualitätsverbesserungsteams, Schulungsmaßnahmen etc.) als auch führungstechnisch (Beurteilung der Führungskompetenz nach Teamfähigkeit, Anzahl der umgesetzten Verbesserungsvorschläge, Anwendung der Qualitätstechniken als Führungsinstrumente etc.) in die Unternehmensabläufe integriert werden. So strebt *Motorola* das Ziel an, alle zwei Jahre die Fehlerrate um das Zehnfache zu reduzieren und das Meßsystem von ppm auf ppb (parts per billion) zu ändern.[93] Da das Erreichen derartiger Zielstellungen vom Willen und Können der gesamten Belegschaft abhängt, ergeben sich enorme Anforderungen an die Kompetenz der Führungskräfte. Als konzeptionelle Basis, um durchgängiges Just-in-

Time zu erreichen, müssen sie die Ansätze des Total Quality Management im Sinne eines Führungsmodells als zwingende Voraussetzung beherrschen, vorleben und konsequent anwenden (vgl. Kapitel 2).[94] Hierüber besteht nunmehr auch in der jüngeren deutschsprachigen Literatur weitgehende Einigkeit.[95]

Richtete sich danach sodann das Augenmerk der Endhersteller verstärkt auf die Verbesserung des Herstellungsprozesses, stellten sich in der Vergangenheit die Zukaufteile als schwächstes Glied in der (Qualitäts-) Kette heraus.[96] Seinen Grund hatte dies darin, daß Zulieferer von den Einkaufsabteilungen nicht nach ihrer Qualitätsfähigkeit, sondern maßgeblich nach dem Verkaufspreis ihrer Produkte beurteilt wurden.[97,98] Forderungen, daß Zulieferer bei gleichbleibender Preispolitik Fehlerraten im ppm-Bereich nachweisen und Just-in-Time anliefern sollen, führen gegenwärtig zu einer erheblichen Selektion innerhalb der Zulieferindustrie.[99] Beispielsweise machen *VW*, *Ford* und *Opel* ihren Zulieferern inzwischen Vorgaben in einer Größenordnung um 60 ppm.[100,101]

Endhersteller gehen zudem vermehrt dazu über, die Qualitätsfähigkeit und -leistung ihrer Zulieferer im Rahmen neuer Ansätze systematisch zu bewerten.[102] So kam es beispielweise bei nahezu allen Automobilherstellern zum Aufbau aufwendiger Lieferantenbewertungssysteme, die es ermöglichten, die Leistungsfähigkeit der Lieferanten transparent darzulegen, diese zu beurteilen und ihre Auswahl auf eine objektive und nachvollziehbare Basis zu stellen. Lieferanten, die hier besonders gut abschnitten, d.h. ihre Leistungsfähigkeit unter Beweis stellten, qualifizierten sich für die Verleihung einer Auszeichnung, z.B. VW Formel Q oder Ford Q1-Qualitätsauszeichnung. Die Bewertung selbst erfolgt stets anhand verschiedener Kriterien. So bewertet z.B. *VW* nach einen Punktesystem die[103]

- Qualitätsfähigkeit, Qualitätsleistung (Qualitätssicherung Kaufteile),
- Reaktionen bei Beanstandungen (Produktion),
- Liefertreue, Lieferflexibilität (Logistik),
- Termindisziplin, Kostendisziplin, Kommunikation (Einkauf),
- Entwicklungspotential und Entwicklungsleistung (Entwicklung und Forschung).

Dabei können unzureichende Einzelergebnisse nicht anderweitig kompensiert werden. Es gilt das sog. »Hürden-Prinzip«. *VW* versteht darunter, daß nur ein ganzheitlich hohes Qualitätsniveau in sämtlichen

Disziplinen ihren neu definierten Ansprüchen an eine partnerschaftliche Geschäftsbeziehung gerecht werden kann. Ähnlich die Bewertungsansätze von *Ford* oder *General Motors*. *Ford* bewertet folgende Kriterien:[104]

- Angemessenheit des Lieferanten-Qualitätssystems,
- Qualitätsbewußtsein der Führungskräfte und ihrer Einstellung zur Qualität mit den Elementen:
- Aufwand zur ständigen Leistungsverbesserung,
- Verständnis/Einstellung/Qualitätsplanung,
- Schulungen,
- Reaktionen beim Auftreten von Qualitätsbeanstandungen,
- Kontrolle und Durchführung.
- Fortdauernde Qualitätsleistung (Qualität von Produkten und Dienstleistungen).

Demgegenüber das Überprüfungverfahren von *General Motors*:[105]

- Betriebliche Leistung und Leistungsbereitschaft,
- Planungspraktiken und deren Dokumentation,
- Kostenbewußtsein, -überwachung und -reduzierung,
- Terminplanung und -erfüllung,
- Fähigkeiten in Produktionstechnik sowie Forschung und Entwicklung.

Die Bewertungskriterien machen deutlich, daß die Beurteilung, die Auswahl und der Umgang mit den Zulieferern nicht mehr alleinige Aufgabe der Einkäufer sein kann, sondern hierfür ein Team unterschiedlichster Fachleute aus verschiedenen Abteilungen herangezogen werden muß. Für ausgezeichnete Zulieferer ergeben sich eine Reihe von Chancen:[106]

- Positives Image im Vergleich zu Konkurrenten.
- Bevorzugter Lieferant:
  a) bei neuen Langfristabschlüssen,
  b) bei der Quotenfestlegung,
  c) für »Just-in-Time-Verbund«.
- Erst-/Alleinlieferant, wo sinnvoll und möglich
- Frühzeitige Einbindung in Neuentwicklungen.

Derartige Entwicklungen lassen sich ferner – wenn derzeit auch erst ansatzweise – in anderen Branchen als der Automobilindustrie beobachten. So spricht z. B. *IBM* vom Begriff des »Zuliefermanagement«, das als ein wesentliches Schlüsselement auf dem Weg zu höherer Qualität und niedrigeren Kosten gewertet werden kann. Langfristig kommt es zu neuen strukturellen Beziehungsgeflechten:

7.3.2 Signifikante Wettbewerbsveränderungen forcieren neue Beziehungsgeflechte zwischen Endhersteller und Zulieferer

Zur Gestaltung der Beziehungen zwischen Endhersteller und Zulieferer stehen im wesentlichen zwei Modelle zur Auswahl:[107]

1. Im klassischen westlichen Modell bestimmen Angebot und Nachfrage das Geschäft. Aus Sicherheitsgründen und auch um den Preis der Zukaufteile zu vergleichen, wird das gleiche Zukaufteil von verschiedenen Lieferanten erworben. Diese haben ohne eigene Entwicklungsleistungen nach vorgegebenen Konstruktionszeichnungen (Blaupausen) zu arbeiten. Jährlich erfolgen Preis- und Abrufmengen-Verhandlungsrunden mit dem Anspruch des Endherstellers, kurzfristig Umschichtungen vorzunehmen. Die organisatorische Struktur ist in Abbildung 52 skizziert.
2. Das japanische Modell orientiert sich an nur einem Systemlieferanten und langfristigen Bindungen. Damit verbunden ist die Auflage ständiger Verbesserungen der Qualität bei gleichzeitiger Kostenreduktion. Die Entwicklungsressourcen als zusätzliche Leistung des Lieferanten werden in diejenigen des Endherstellers integriert,[108] vom Zulieferer werden Anregungen zu Innovationen erwartet. Just-in-Time-Anlieferungen sind genauso vorausgesetzt wie die Forderung nach Benennung eines hochrangigen, für die Qualität verantwortlichen Ansprechpartners.[109] Organisatorische Aspekte des japanisch geprägten Modells sind in Abbildung 53 dargestellt.

Die japanische Variante verfolgt im Gegensatz zum westlichen Modell den Ansatz, fertigungs- und montagesynchrone Anlieferungen nicht nur auf eine Verkürzung der Materialläger vom Hersteller zum Lieferanten zu beschränken, sondern beinhaltet darüber hinaus »wahres« Just-in-Time, d.h. durchgängig von der Fertigung des Lieferanten über die Anlieferung, die Montage und Fertigung des Endherstellers bis zum Vertrieb an den Kunden.[110] So zeigt z.B. eine Studie der *Boston Consulting Group* zur Verbreitung von Just-in-Time-Strategien, daß in Eu-

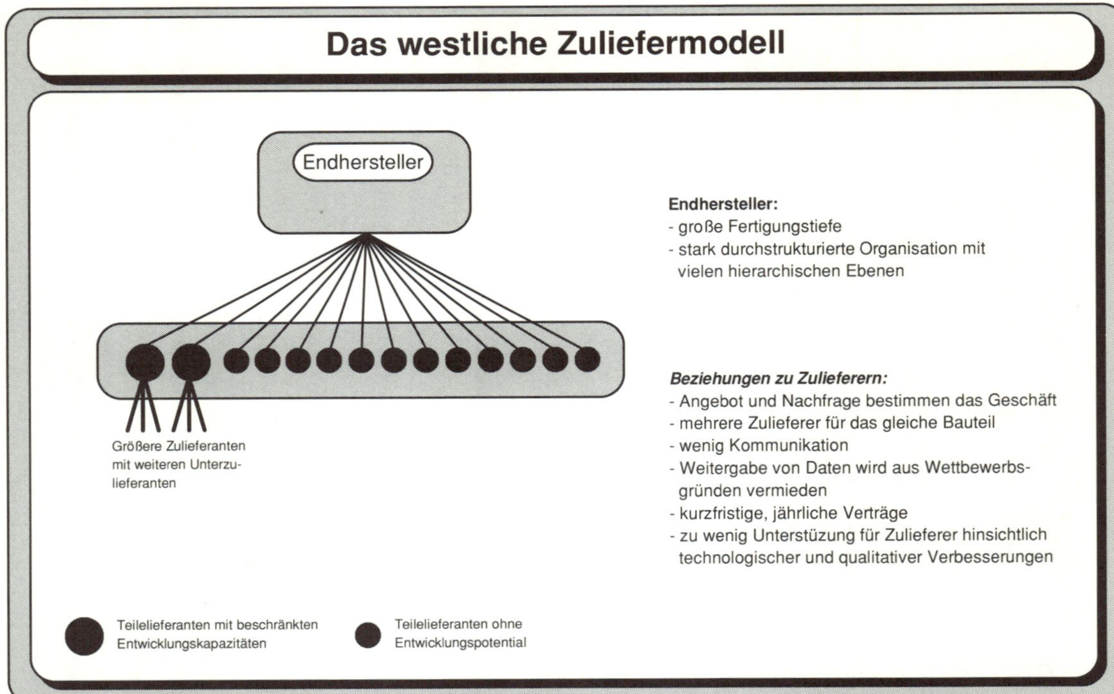

Abbildung 52: Organisatorische und strukturelle Aspekte des westlichen Zuliefermodells

ropa lediglich neun Hersteller »wahres« Just-in-Time beherrschen. In der Automobilindustrie ist es nur das *Nissan-Werk* in Sunderland/England.[111]

Folgendes Szenario kann im Verlaufe der neunziger Jahre erwartet werden. Steigende Überkapazitäten und sinkende Nachfrage oder einfach rechtzeitige Vorsorge werden den Verdrängungswettbewerb unter den Zulieferern verschärfen:

- Aufgrund der Rationalisierungsbestrebungen der Endhersteller kommt es bei gleichzeitig wachsendem Wertschöpfungsanteil der Zulieferanten zu einem verstärkten Abbau der Fertigungstiefe.[112] Prognosen gehen davon aus, daß der Zulieferanteil bis zum Jahr 2000 in der Elektroindustrie bei 50%, in der Automobilindustrie bei 40% und in der Maschinenbauindustrie bei 45% liegen wird.[113] Wegweisend hat etwa die *Porsche AG* ihre Fertigungstiefe auf lediglich 22 Prozent reduziert.
- Im Zuge der Anstrengungen zum »single sourcing« wird es wenige, aber große Zulieferunternehmen geben (first-tier-supplier).[114] So hat beispielweise *Xerox* die Anzahl der Zulieferer von 5000 auf ca. 400 innerhalb von fünf Jahren verringert, *Miliken* reduzierte sie zwischen 1981 und 1988 von 9300 auf 2667.[115] Für die deutsche Automobilindustrie werden von den Herstellern folgende Zahlen genannt:[116] Die *VW AG* strebt zukünftig nur noch mit 100 der derzeitigen 1500 Zulieferer Geschäftsbeziehungen an. Die *BMW* und *Audi AG* haben vor, auf etwa die Hälfte ihrer jeweils 900 Zulieferer zu verzichten, während die *Ford AG* bis 1994 die Zahl der Zulieferer von etwa 900 auf 600 verringern wird. Was das »single sourcing« angeht, ist die *Adam Opel AG* beispielhaft: Dort wurden 1993 bereits 91 Prozent aller Zukaufteile – je nach Zulieferteil – von nur einem Hersteller bezogen. Dieser Wert soll bis auf 98 Prozent ausgebaut werden. Auch die weiteren Automobilhersteller streben ähnliche Größenordnungen an. Bei der *Audi AG* werden heute beriets 90 Prozent »single sourcing« angeliefert, bei *BMW* etwa 2/3 des Einkausfvolumens.
- Zulieferunternehmen wandeln sich von Teile- zu Systemlieferanten mit eigenen Entwicklungskapazitäten und wiederum separaten Zulieferern (second-tier-supplier). Unter den Zulieferern entsteht eine eigenständige Hierarchie.[117]
- So wie die Endhersteller multinational operieren, werden auch die

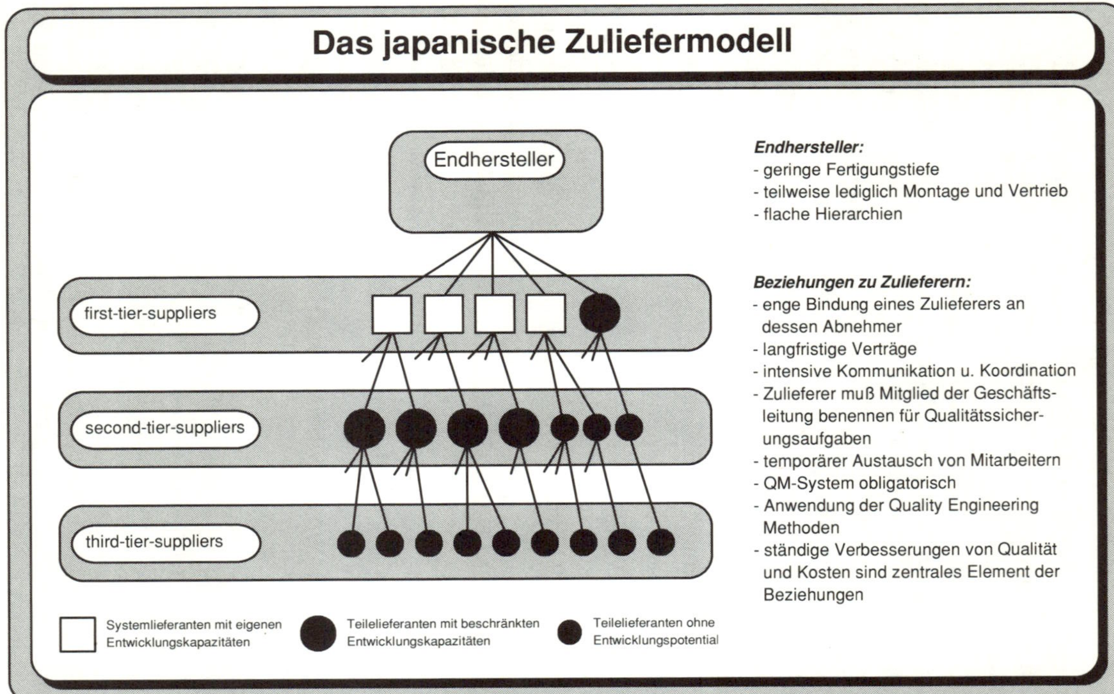

Abbildung 53: Organisatorische und strukturelle Aspekte des westlichen Zuliefermodells

first-tier-supplier auf mehreren Märkten (Europa, Amerika, Asien) präsent sein müssen.[118]

- Systemlieferanten qualifizieren sich durch Spitzenleistungen in Entwicklung und Herstellung, durch ständige Verbesserungen und Innovationen auf beiden Gebieten.[119]
- Die Beherrschung und Anwendung von Quality Engineering Methoden wie
  - »Quality Function Deployment (QFD)« [120],
  - »Fehlermöglichkeits- und -einflußanalyse (FMEA)« [121],
  - »Design of Experiments (DOE)« [122],
  - »Statistische Prozeßregelung (SPC)« [123] etc.

  sowie der schlanken fragile lean Produktionsmanagementmethode in Verbindung mit Just-in-Time-Produktion und -Zulieferung ist notwendige Voraussetzung.[124]
- Die Beziehungen zwischen Endhersteller und Systemlieferanten bedürfen langfristiger Regelungen.[125] Das erkennen mittlerweile auch die Automobilhersteller an. So entwickelt die *VW AG* den sog. »Dauervertrag« und die *Audi AG* den »Life-Time-Vetrag«. Bei der *BMW AG* sollen heute bereits 1/3 der Zuliefer-Bestellungen über Langzeitverträge zwischen 2 und 5 Jahren Laufzeit abgewickelt werden.[126] Auch die anderen Hersteller sehen eine eindeutige Tendenz in Richtung Langzeitverträge mit einer angestrebten Laufzeit über einen gesamten Modellzyklus.
- Ausbalanciert werden muß die Problematik, ob ein Systemlieferant mehrere End-hersteller mit gleichen bzw. ähnlichen Teilen beliefern kann (Entwicklungsideen verschiedener Kunden können die Entwicklungsgeschwindigkeit erhöhen), ohne daß die Originalität – die Handschrift – der verschiedenen Marken verloren geht, oder ob in Zukunft ein Systemlieferant nur an einen Endhersteller liefern können soll (mit geringen Mengen an die Konkurrenz).[127]

7.4
Schlußfolgerungen für die Perspektiven der Wareneingangskontrolle und der Partnerschaft im Qualitäts- und Wertschöpfungsverbund

In Beziehungen, wie sie eben skizziert wurden, herrschen zwischen den einzelnen am Herstellungsprozeß beteiligten Parteien starke Abhängigkeitsverhältnisse. Ist ein Partner – um seine originäre Qualitätsfähigkeit gewährleisten zu können – auf die Zuverlässigkeit des/der anderen angewiesen, erscheint es zwingend, gemeinschaftlich Konzepte zur Qualitätssicherung zu erarbeiten und auszugestalten.[128] Unabdingbare Voraussetzung derartiger Abhängigkeit ist die gegenseitige Respektierung im Sinne einer Partnerschaft zum Vorteil beider. Dabei greift eine Reduktion qualitätssichernder Maßnahmen allein auf die Vornahme/Durchführung von Wareneingangskontrollen zu kurz. Verlangt der Kunde Anlieferungen mit Fehlerraten im ppm-Bereich, müßte dieser nach den §§ 377, 378 HGB die Ware auch auf eine Genauigkeit im ppm-Bereich untersuchen. Bei Anlieferungen mit Losgrößen > 1.000.000 Teile würde das einen Prüfaufwand voraussetzen, der, zumal mangels Zeit bei Just-in-Time-Produktion, wirtschaftlich nicht zu vertreten wäre. Da Anlieferungen in der Regel kleinere Losgrößen beinhalten, ist das Entdecken eines möglichen Fehlers im ppm-Bereich durch ein Stichprobenverfahren nicht möglich. Auch die einschlägige Literatur zu dieser Problematik erkennt an, daß Stichprobenprüfungen lediglich Fehleranteile in einer Bandbreite von 2 bis 5 % sicherstellen können, vorausgesetzt, die Fehlerart ist überhaupt bekannt, d.h. sie wird vom Prüfer/Prüfverfahren erwartet.[129]

So wird auch ausgleichend – um gegebenenfalls unzumutbare Ergebnisse zu vermeiden – von der juristischen Literatur bei der Auslegung der §§ 377, 378 HGB hinsichtlich der erforderlichen Genauigkeit der Prüfungen berücksichtigt:[130]

- Kosten,
- Zeitaufwand,
- Erforderlichkeit:
  a) technischer Kenntnisse,
  b) technischer Vorbereitungen,

c) der Hinzuziehung Dritter (Experten im Prüf- und Untersuchungsbereich),
- Die Möglichkeit, ob bei bestimmungsgemäßer Weiterverarbeitung besonders hohe Mangelfolgeschäden (d.h. solche an anderen Sachen als der Ware selbst) entstehen können.

Die Rechtsprechung erkennt dies ebenfalls an. Zwar wurde zur ppm-Fehlerrate noch keine Gerichtsentscheidung bekannt, es soll aber z.B. bei einer Lieferung von 5000 Konservendosen Apfelmus eine Stichprobenuntersuchung von 10 Dosen ausreichend sein,[131] bei einer Lieferung von 2400 Dosen Champignons eine Überprüfung von fünf bis sechs Dosen.[132] Wird eine Ware in Stapeln geliefert, so müssen Stichproben aus sämtlichen Stapeln entnommen werden.[133] Bei der Lieferung einer Maschine ist eine stichprobenweise Fertigung der mit der Maschine herzustellenden Erzeugnisse unter vergleichbaren Bedingungen wie bei einer serienmäßigen Produktion erforderlich.[134] Der *BGH* stellte jedoch klar, daß dies teilweise nur unter Berücksichtigung des Umstandes gilt, daß der geprüfte Warenanteil nach der Entnahme wertlos wurde. Es ist stets eine individuelle Interessenabwägung vorzunehmen.[135] Insgesamt ist die Grenze nach dem Waagschalenprinzip von Erforderlichkeit zugunsten des Schutzes des Kunden einerseits und Zumutbarkeit hinsichtlich des wirtschaftlich Möglichen andererseits zu ermitteln.

Eben diese rechtlich und wirtschaftlich unabdingbare Situation verschärft sich bei der Lieferung komplexer Systeme. Werden z. B. komplette Achsen angeliefert, so ist eine vollständige Überprüfung der vereinbarten Qualitätsforderungen aufgrund der Vielzahl von erforderlichen Prüfungen im Rahmen der Eingangskontrolle nicht mehr zu bewältigen. Die klassische Wareneingangskontrolle am Werktor des Kunden ist insofern überholt. Als Konsequenz hieraus ergibt sich, daß sie durch präventiv wirkende qualitätssichernde Maßnahmen in der Sphäre des Zulieferers sowie an der Schnittstelle Hersteller-Zulieferer ergänzt bzw. ersetzt werden muß. Insofern bedarf es heute qualitätssichernder und -fördernder Aktivitäten, die unter der Prämisse, daß Zulieferer einen zunehmend größeren Wertschöpfungsanteil bei neuen Produkten einbringen, sich auch auf deren Leistungsanteil erstrecken müssen.[136] Auf der Basis verschiedener Gestaltungsansätze der Qualitätswissenschaft lassen sich im Rahmen des Qualitätsmanagements folgende Lösungen ableiten:

Synchronisiertes Qualitätsmanagementsystem zwischen Endhersteller und Zulieferer

Kern der Überlegungen ist der Aufbau und die dynamische Fortentwicklung eines Qualitätsmanagementsystems (QM-System). Ist dieses installiert, dient es als Fundament für Prozeß- und Produktverbesserungen. Dabei wirkt es funktionsübergreifend auf alle Bereiche des Unternehmens und ist insofern mit dem Einsatz der gesamten Belegschaft verknüpft. Es spiegelt die Aufbau- und Ablauforganisation eines Unternehmens wider und zeichnet sich durch qualitätsfähige Unternehmensprozesse aus. Seiner Definition nach handelt es sich bei dem QM-System um die Organisationsstruktur, Verantwortlichkeiten, Verfahren, Prozesse und erforderlichen Mittel für die Verwirklichung des Qualitätsmanagements.[137] Der Umfang des QM-Systems richtet sich nach der Intensität der Hersteller-Zulieferer-Beziehung. Ist beispielsweise der Zulieferer in Produktneuentwicklungen des Herstellers auf Basis der »Simultanen Produktentwicklung« integriert, so bedarf es umfangreicher qualitätssichernder Maßnahmen im Entwicklungsbereich beider Partner, um Informations- und Schnittstellenverluste zu vermeiden.[138] Hingegen benötigt der klassische Teilelieferant, der nach vom Hersteller angefertigter Konstruktionszeichnung (Blaupause) fertigt, lediglich ein QM-System in seinem Fertigungsbereich.

Das QM-System wird im sog. Qualitätsmanagement-Handbuch (QM-Handbuch) dokumentiert und löst das traditionelle Organisationshandbuch ab.[139] Es ist als Referenzschrift für eine Partnerschaft anzusehen, in der sämtliche Tätigkeiten, Verantwortungen, Befugnisse etc., aber auch unternehmenspolitische Grundsätze schriftlich dargelegt sind. Bezüglich der Rahmengestaltung eines QM-Systems hat sich in nahezu allen Branchen die Normenreihe DIN ISO 9000 ff. durchgesetzt. Sie zeigt zwar anerkannte Empfehlungen für den Aufbau eines unternehmensweiten QM-Systems auf; gleichwohl kann sie nur als Anstoß in die richtige Richtung im Sinne eines Minimalstandards verstanden werden.

Zweckmäßigerweise sollte das QM-System des Zulieferers mit dem des Endherstellers synchronisiert, d.h. nach abgestimmten Gesichtspunkten aufgebaut sein.[140]

Anwendung der Qualitätstechniken

Die Anwendung der Quality Engineering Methoden hilft, Fehler schon im Vorfeld ihrer möglichen Entstehung zu erkennen und zu vermeiden.

Das gilt nicht nur für die Phase der Fertigung an sich, sondern in ebensolchem Maße für den Entwicklungs- und Konstruktionsprozeß (vgl. Abbildung 35). Daß eine enge Zusammenarbeit gerade bei Entwicklungsleistungen dringend notwendig ist, zeigen die Ergebnisse verschiedener Studien:[141] 75% aller Produktfehler entstehen bereits in der Entwicklungs- und Planungsphase der Produkte. Diese werden jedoch zu 80% erst nach der Fertigung oder im Einsatz beim Kunden erkannt und auch erst dort behoben. Die Kosten für die Beseitigung der Fehlleistungen sind erheblich. Untersuchungen ergaben Einsparungsmöglichkeiten von bis zu 30% des Umsatzes.[142] Eine Ausschöpfung dieses Potentials muß Zielrichtung und Ansporn zu engerer Zusammenarbeit sein. Insofern ist die Qualitätsplanung, -lenkung und -sicherung schon im Entwicklungsstadium anzusetzen.

Periodische System- und Produktaudits

Die regelmäßige Durchführung von System- und Produktaudits zur objektiven Feststellung des Qualitätsniveaus (vgl. Kapitel 6).[143] Der glaubhafte Nachweis über die Wirksamkeit des QM-Systems sorgt für Vertrauen in das Erbringen einer Leistung definierter Qualität. Insofern stellen Audits ein wichtiges Instrument in der Kette qualitätssichernder Techniken dar, da sie die Unsicherheit seitens des Herstellers über die vorherrschende Qualitätsfähigkeit des Zulieferers weitgehend abbauen.[144] So ist z. B. der Audit-Fragenkatalog die Basis jedes Systemaudits, nach dem das QM-System überprüft wird. Dieser orientiert sich (je nachdem wer auditiert) entweder an der branchenneutralen Normenreihe DIN ISO 9000 ff. oder an den spezifischen Forderungen der Kunden. Gängige Praxis ist die Durchführung des Audits beim Zulieferer durch eigene Mitarbeiter, sog. ausgebildete Auditoren des Kunden.[145] Inzwischen bieten zunehmend auch neutrale Stellen diesen Service an.[146] Hinsichtlich der Überprüfungsperiode sind bei kundenspezifischen Audits keine allgemeingültigen Ansätze erkennbar: So überprüft *Polaroid* das QM-System seiner Zulieferer halbjährlich, *Hewlett Packard* je nach Wichtigkeit der anzuliefernden Teile halb- bis ganzjährlich und *BMW* nennt Zeiträume zwischen 18 und 36 Monaten, je nach Zulieferer.[147] Die Zulieferer werden über ihr Abschneiden unmittelbar unterrichtet. Darauf aufbauend werden sodann gemeinsam mögliche Verbesserungen diskutiert. Wird das Audit von einer neutralen Stelle durchgeführt, so sind jährliche Intervalle üblich.[148]

Im Gegensatz zum Systemaudit dient das Produktaudit dazu, anhand einer produktspezifischen Checkliste die Qualität des Produkts aus der Sicht des Kunden zu beurteilen. Besonders bei der Herstellung und Anlieferung komplexer Systeme oder Komponenten zeigt das Produktaudit seine Leistungsfähigkeit, da es eine ausgewogene Gewichtung der Erfüllung von Qualitätsforderungen bei sehr unterschiedlichen Merkmalsgruppen zuläßt.[149] Im allgemeinen führt der Zulieferer das Produktaudit in seiner Sphäre durch und übermittelt seinen Kunden mit den angelieferten Produkten die Ergebnisse des Produktaudits.

Einsatz unternehmensübergreifender CAQ Rechnersysteme
Die Installation einer rechnerunterstützten Datenbasis im Sinne des Computer Aided Quality (CAQ), die Zulieferer und Hersteller informationstechnisch verknüpft. So zieht die Forderung nach uneingeschränkter Transparenz der Qualitätsfähigkeit des Zulieferers die unmittelbare Bereitstellung und Abrufmöglichkeit weitreichender Daten nach sich.[150] Beispielhaft für eine geeignete Datenbasis ist hierbei die neue STEP-Norm (ISO 10303) zum computergestützten Austausch von Produktionsdaten zu nennen.[151] Dabei handelt es sich um einen Standard, der erstmals den Austausch von produktrelevanten Konstruktions- und Fertigungsdaten zwischen unterschiedlichen CAD-Systemen (Computer Aided Design) vereinheitlicht. So machte in der Vergangenheit der Austausch der Daten zwischen den etwa 110 verschiedenen CAD-Systeme erhebliche Schwierigkeiten zwischen den Partnern, mit der Folge von kosten- und zeitintensiver Nacharbeit. Um diese Nachteile zu vermeiden, sind standardisierte Datenschnittstellen unausweichlich. Gleiches wird zukünftig für CAQ-Systeme gelten. So wird es z.B. durch die rechnerunterstützte Anwendung der statistischen Prozeßregelung (SPC) in naher Zukunft möglich sein, daß der Endhersteller, vorausgesetzt er ist über eine Datenleitung mit den Rechnersystemen des Zulieferers gekoppelt, die Qualitätsfähigkeit der Produktionsprozesse beim Zulieferer »real-time« (im Sinne von unmittelbar) abrufen kann. Ebenso können über derartige Vernetzungen Produktionsfreigaben von seiten des Herstellers unmittelbar dem Zulieferer überspielt werden. Weitläufig steuert der Endhersteller die Just-in-Time-Produktion beim Zulieferer. Auch die Dateneinspeisung des im Team erarbeiteten »House of Quality« als Ergebnis der Quali-

tätstechnik QFD (Quality Function Deployment) in das CAD-System des Zulieferers wäre durchaus denkbar.

Kommunikation und Vertrauen

Der Aufbau kooperativer Strukturen, die eine gemeinschaftliche Kommunikation in den Mittelpunkt stellen und als Forum zur Problemlösung dienen. So entwickelte *VW* z.B. das Lieferantenforum, um gemeinsame Strategien zur Steigerung von Qualität und Produktivität sowie zur schnelleren fehlerfreien Einführung neuer Produkte zu entwikkeln.[152] An diesem Forum nehmen – neben den Vertretern verschiedenster Bereiche von *VW* – die jährlich mit der Qualitätsauszeichnung *Formel Q* bedachten Zulieferer teil. Neben Vorträgen, Diskussionsrunden und Workshops sollen Leitsätze zur partnerschaftlichen Zusammenarbeit formuliert und Qualitätssicherungsvereinbarungen erarbeitet werden.[153] *Ford* befragt jährlich in einer vertraulichen Umfrage seine Lieferanten nach ihren Bedürfnissen und ihren Erfahrungen hinsichtlich der Zusammenarbeit.[154] All diese Maßnahmen dienen dem Aufbau echter Partnerschaften mit der Zielstellung, Qualitäts-, Kosten- und Organisationsentwicklung kooperativ auszurichten und so die Qualitäts- und Kostenpotentiale besser auszuschöpfen. Weitere Beispiele einer engen Zusammenarbeit sind z.B. die PICOS-Workshops der *Opel AG* oder das TANDEM-Kooperationskonzept der *Mercedes Benz AG*. Beide Konzepte stellen keine »Vorgaben« sondern den Dialog mit dem Zulieferer in den Mittelpunkt ihrer Bemühungen um ständige Qualitätsverbesserung und Produktivitätssteigerung.[155]

Aus Sicht der sich verschärfenden Wettbewerbserfordernisse sind die skizzierten aktuellen Beispiele zwar notwendige, jedoch längst nicht hinreichende Schritte. So ist es beispielsweise bei *Honda* seit 1970 üblich, Zulieferer, die an Produktneuentwicklungen beteiligt sind, in Entwicklungsteams vor Ort im »*Honda Research & Development Center*« arbeiten zu lassen.[156] Daß die »Simultane Produktentwicklung« durch derartiges Vorgehen gefördert, und der Änderungsaufwand, aufgrund mangelnder Kommunikation und Abstimmung zwischen Hersteller und Zulieferer praktisch vermieden wird, ist offensichtlich.

Schulungen

Die regelmäßige Schulung und Unterstützung der Zulieferer in den Techniken des Quality Engineering sowie anderer qualitätsbezogener

Maßnahmen, um diese in die Lage zu versetzen, die Anforderungen der Just-in-Time-Produktion und -Anlieferung zu beherrschen.[157] Da letztlich sämtliche Zulieferer diese Anforderungen demnächst erfüllen müssen, allein um überhaupt noch liefern zu dürfen, ergibt sich schon aus dem enormen Qualifizierungsbedarf ein erheblicher Markt für Schulungsveranstaltungen. Nicht zuletzt unter diesem Gesichtspunkt gründen Groß-Unternehmen eigene Gesellschaften, die sich ausschließlich mit der Qualifizierung der Mitarbeiter der Mutter-Gesellschaft und ihren Zulieferern beschäftigen. Auch hier sind die Automobilhersteller Vorreiter dieser Entwicklungstendenz. So ging das mittlerweile auch in der Bundesrepublik Deutschland tätige *American Supplier Institute* aus der *Ford Motor Company* hervor, während die noch junge *TQM-Schule* eine Ausgliederung der *VW AG* ist. In Frankreich hat der Automobilhersteller *Renault* im Februar 1989 das *Institut Renault de la Qualité* gegründet und zum Beratungs- sowie Ausbildungszentrum seiner TQM-Aktivitäten erklärt. Als Vorbildfunktion dieser »Schulen« dient häufig die amerikanische *Motorola University* des *Motorola* Konzerns in Schaumburg bei Chicago. Sämtliche Gesellschaften bieten ein umfangreiches Qualifizierungsangebot für Zulieferer an. Um einen Einblick in die Breite eines TQM-Qualifizierungsprogramms zu geben, sollen im folgenden die Anregungen des Leiters der Wolfsburger TQM-Schule, *Sörensson*, knapp wiedergegeben werden:[158]

1. Als Einleitung des Änderungsprozesses im Unternehmen: ein interaktiver Workshop zur Bewußtseinsbildung und Verhaltensbeeinflussung über die Themen Veränderung und Umsetzung von TQM. Durchführung als Flächenbrand durch die Führungsschichten, »top-down« und leicht abgewandelt in Kaskadenform.
2. Breite Information an alle Führungskräfte über Prozesse, Werkzeuge und über Qualifizierungsmaßnahmen zu diesem Thema.
3. Schulung und Training bezüglich systematischer, interaktiver Problemlösung und die damit verbundenen einfachen Werkzeuge (7 Qualitätswerkzeuge) für »alle« Mitabeiter des Unternehmens als Voraussetzung für einen Verbesserungsprozeß.
4. Beginn oder Beschleunigung des Verbesserungsprozesses im Unternehmen, sowohl »top-down« als auch »bottom-up«, ausgelöst durch Festlegung und Veröffentlichung der Strategie und Ziele des Unternehmens.

5. Seminare und Workshops für Führungskräfte über Prozesse und Werkzeuge.
6. Schulung, Training, Beratung und Coaching der Mitarbeiter bezüglich Methoden und Werkzeuge. Durchführung zielgruppenspezifisch und »just-in-time«, d.h. dann, wenn die Werkzeuge tatsächlich benötigt werden.
7. Laufende Verbesserungsarbeit, spezielle Verbesserungsprojekte.
8. Information über Projekte, Verbesserungsergebnisse und Qualifizierungsmaßnahmen.
9. Erteilung und Veröffentlichung von Anerkennungen und Belohnungen für Verbesserungen.
10. Weiterentwicklung des Prozesses und der Qualifizierungsmaßnahmen.

Daß diese Schritte einen langfristig angelegten Qualifizierungsprozeß bedeuten, ist offensichtlich. Dennoch läßt sich gegenwärtig auch (vereinzelt) der umgekehrte Weg beobachten.

Vor dem Hintergrund der publizierten Erfolge der sog. »López-Teams« der *VW AG*,[159] die innerhalb einer Woche Probleme aufdecken, analysieren und unmittelbare Verbesserungsschritte einleiten und begleiten,[160] wird dieses Konzept derzeit auch von Unternehmensberatern angeboten. Der Begriff »Genesis« (grundlegende Effektivitätsverbesserung nach einer Schulung in schlanker Produktion und Zulieferung) steht für einen einwöchigen praxisnahen Workshop, der Methoden und Vorgehensweisen zur Schaffung kurzfristiger »schlanker« Strukturen offerieren soll.[161] Den Mitgliedern eines interdisziplinär zusammengesetzten Teams wird am ersten Tag die nötige methodische Kompetenz (Problemlösungstechniken) vermittelt. Dies können z.B. die 7 Qualitätswerkzeuge sein (vgl. Abbildung 35). Bereits der zweite Tag ist gekennzeichnet durch die systematische Anwendung dieser Techniken bei der Suche nach möglichen Problemen. Sind diese identifiziert, werden sie mittels Datensammlung und -analysen untermauert. Am dritten Tag wird eine eingehende Ursachenanalyse betrieben und Maßnahmen zur Verbesserung abgeleitet. Der vierte Tag dient der unmittelbaren Umsetzung der Maßnahmen. Am fünften Tag werden die Ergebnisse schriftlich fixiert. Der kurzfristige Erfolg dieser Teams ist beachtlich. So publiziert *Wildemann*, daß in 21 Fällen 30 Prozent Produktivitätssteigerung, 40 bis 50 Prozent Durchlaufzeitreduzierung, 30 bis 50 Prozent Bestandssenkung, bis zu 50 Prozent Nacharbeitverringerung und 20 bis 50 Prozent Flächeneinsparungen erzielt worden seien. Daß jedoch eine derartige Vorgehensweise nicht neu ist, zeigt beispielsweise der Bürogerätehersteller *Xerox*.[162] Dort werden bereits seit 1987 sog. »Quality Improvement Teams« mit dem Ziel der kurzfristigen Prozeßverbesserung beschäftigt. Ihnen steht ein Baukasten mit bewährten Problemlösungstechniken und eine systematische, mittlerweile erprobte Vorgehensweise zur Verfügung. Durch den standardisierten Ablauf lassen sich die Teams flächendeckend in sämtlichen Bereichen eines Unternehmens einsetzen mit dem Ziel der konsequenten Eliminierung nicht wertschöpfender Tätigkeiten. Dies erfordert häufig den Umbau ganzer Prozeßabläufe. Sind dabei tiefgreifende Prozeßveränderungen notwendig, die sog. Kernprozesse betreffen, d.h. funktionsübergreifend wirksam werden, kommt es bei *Xerox* zu längerfristig angelegten »Engineering-Teams«, die aus Mitgliedern aller betroffenen Bereiche bestehen. Ähnliche Ansätze verfolgt auch *AT & T* mit dem Konzept der sog. »Key Business Process Teams«.[163] Kennzeichend für die Ansätze ist auch die intensive Einbeziehung der Zulieferer in diese Konzepte.

Es bleibt allerdings bei den Unternehmen hierzulande – insbesondere bei den Zulieferern – abzuwarten, inwieweit es aufgrund des kurzfristigen Vorgehens (einwöchige Teams), langfristig zu tatsächlichen Qualitäts- und Produktivitätssteigerungen kommt. Zwar ist es wohl richtig, daß jene Wettbewerber im Vorteil sind, die in der Lage sind, die wirtschaftlich dringend benötigten schlanken Strukturen schneller einzuführen als ihre Konkurrenten. Jedoch ist fraglich, ob eine konzentrierte Vorgehensweise, wie sie beim Genesis-Konzept verfolgt wird, die Lerngeschwindigkeit bei den Mitarbeitern und dem Unternehmen als Ganzem realiter erhöht. Um eine durchgreifende Weiterqualifizierung bei den Mitarbeitern und Zulieferern anzustreben, erscheint ein langfristig ausgerichteter Qualifizierungsprozeß in jeder Hinsicht notwendig. Gleichwohl müssen kurzfristig wirksame Maßnahmen zur Effizienzsteigerung nicht unittelbar im Widerspruch zu einem langfristig ausgerichteten Qualifizierungsprozeß stehen. Gerade nach einer Qualifizierungsmaßnahme sollte Mitarbeitern verstärkt Gelegenheit gegeben werden, ihr neu erworbenes Wissen – evtl. in Pilotprojekten – auszuprobieren und anzuwenden. Hier können einwöchig anberaumte Teams sicherlich eine wertvolle Rolle spielen. So sind die Quality Improvement Teams bei *Xerox* eingebettet in ein langfristig angelegtes Konzept des Prozeßmanagements, das u.a. für sämtliche der 28.000 Mitarbeiter und der Zulieferer intensives Training beinhaltet.[164] Insofern können kurzfristig agierende Teams immer nur einen Teil umfangreicher Maßnahmen spielen. Dazu gehört das »Policy-Deployment« ebenso wie »self-assessment« oder »Just-in-time-Techniken« u.a., die erst in der Summe und bei konsequenter Anwendung ein Unternehmen und seine Zulieferer auf Höchstleistung trimmen.

In der Anlaufphase einer derartigen Kooperation ist der Zeit- und Kostendruck auf den Zulieferer hinsichtlich der Einführung solcher Maßnahmen besonders groß. Er bedarf daher der Unterstützung durch den Endhersteller. Schon um dieses Engagement wirtschaftlich zu rechtfertigen, gehört es aus Sicht des Endherstellers zu seinem originären Interesse, den Zulieferer langfristig an sich zu binden. Dazu trägt auch eine gemeinsame Zielkostenplanung für neue Produktentwicklungen sowie für jährliche Maßnahmen zwecks Qualitätssteigerung und Kostensenkung im Einflußbereich des Zulieferers bei. Attraktiv kann dies für die Zulieferindustrie gleichwohl nur dann sein, wenn sie entgegen ihrer früheren und weitläufig noch bestehenden Rolle als gleichberechtigter Partner akzeptiert wird. Beispeilhaft sind die Unternehmensgrundsätze von *TRW Repa Alfdorf* (Automobilzulieferer; Airbags und Sicherheitsgurte), in denen es heißt:[165]

»Unsere Lieferanten als Partner! Lieferanten sind Partner, die auch zum Erfolg unseres Unternehmens beitragen. Wir arbeiten deshalb nur mit den besten Lieferanten zusammen und beziehen sie aktiv in unsere Entwicklungsteams mit ein.«

Gemeinsam wird hierdurch eine Qualitäts- und Wertschöpfungspartnerschaft erzielt, die einen beiderseitigen wirtschaftlichen Nutzen garantiert. Auch der ursprünglichen gesetzgeberischen Intention nach einer forcierten Abwicklung des Handelsverkehrs wird nach Ansicht der Verfasser durch derartige Vorgehensweisen und ihre Dokumentati on Genüge getan. Durch eine solche präventive partnerschaftliche Qualitätssicherung sinkt – quasi als Nebeneffekt – nämlich schon das Interesse des Endherstellers an einer Wareneingangskontrolle im Sinne der §§ 377, 378 HGB. Dies belegt nicht zuletzt auch eine neuere Studie der Unternehmensberatung *McKinsey & Company, Inc.*, in der über mehrere Jahre hinweg Maschinenbau- jeweils untereinander bezüglich ihrer Erfolgsfaktoren verglichen wurden. Das Ergebnis: Erfolgreiche Unternehmen haben verhältnismäßig enge Zulieferbeziehungen gestalten können, innerhalb derer sie auf eine Wareneingangskontrolle weitgehend verzichten. Eine solche wird im Sinne einer Qualitätsprüfung vom Zulieferer selbst durchgeführt.[166]

7.5 *Zusammenfassung*

Wareneingangskontrollen bedeuten eine enorme zeitliche, organisatorische und finanzielle Belastung der in einem Herstellverbund integrierten Unternehmen. Gleichwohl kann auf diese nicht ohne weiteres verzichtet werden. Die §§ 377, 378 HGB unterstellen diese. Der hieraus erwachsende vermeintliche Nachteil für den Standort Deutschland im Rahmen moderner Produktions- und Managementmethoden wie »lean production« oder »just-in-time« läßt sich gleichwohl durch konsequentes Qualitätsmanagement und dessen Strategien vermeiden. Sie sind auf eine präventive Fehlervermeidung bereits in der Sphäre des Zulieferanten angelegt. Erfolg und Verbreitung erzielen diese freilich nur, wenn sämtliche an der Wertschöpfungskette beteiligten Parteien eine vertrauensvolle Partnerschaft aufbauen.

Anmerkungen

1 Womack, J. P., Jones, D. T., Roos, D., (1991).

2 Siehe hierzu die Originalunterlagen der IMVP-International Motor Vehicle Program, Massachusetts Institute of Technology, Working Papers 1986-1989, unveröffentlicht.

3 »Fragile lean production« bedeutet wörtlich übersetzt »zerbrechliche/magere Produktion« im Sinne von »verantwortungsbewußt/schlank«. Damit wird ausgedrückt, daß es sich um eine Produktionsweise handelt, die Puffer aller Art, wie beispielsweise Materialläger, Maschinenkapazitäten, Ersatzpersonal etc. vermeidet. Puffer kompensieren grundsätzlich Probleme in negativer Weise, da Ressourcen gebunden werden – sie verdecken Probleme. Stehen keine Puffer zur Verfügung, müssen Probleme systematisch beseitigt werden. Dies setzt zum einen Mitarbeiter mit hohem Problemlösungsbewußtsein voraus, die entsprechend ihrer verantwortungsbewußten Aufgabe auch gut aus- und weitergebildet sein müssen, zum anderen eine Unternehmensführung, die auf die Beseitigung von Fehlern drängt. In diesem Sinne ist das Wort »fragile« zu deuten. Siehe hierzu Kamiske, G. F., (1991a), S.3 ff.; ferner ebenso aus juristisch geprägter Sicht: Schmidt-Salzer, J., (1992), S. 1866 ff.

4 Der Qualitäts- und Produktivitätsvorsprung wurde nicht nur für Unternehmen in Japan aufgezeigt, sondern weitgehend auch für europäische und amerikanische Unternehmen mit japanischem Management. Siehe Womack, J. P., Jones, D. T., Roos, D., (1991).

5 Nach Ansicht der Autoren erscheinen Erklärungsmodelle, wonach »fragile lean production« auf eine Reihe gesellschaftspolitischer und religiöser Besonderheiten der Asiaten zurückzuführen ist, eher als westliche Bankrotterklärung denn als entschlossener Aufbruch, den Japanern nachzueifern, die Wettbewerbsfähigkeit zu erhalten bzw. wiederzugewinnen. Näher: Warnecke, H.-J., (1992), S. 24 ff.

6 Nach Ansicht der Autoren taten die Japaner in den 50er und 60er Jahren auch nichts anderes, als die westlichen Produktionstechniken minuziös zu studieren, zu adaptieren, schrittweise zu verbessern und letztendlich zu individualisieren; siehe hierzu Sullivan, J. J., (1992), S. 66 ff.

7 So ist es hauptsächlich amerikanisches »Know-how«, das die Japaner in den 50er Jahren importiert und an ihre Kultur angepaßt haben. Wesentlichen Anteil hatten die von der »Union of Japanese Scientists and Engineering (JUSE)« nach Japan geholten Amerikaner »Deming« und später »Juran«, die japanische Manager die Grundlagen der qualitätsorientierten Unternehmensführung lehrten. Dies spiegelt sich in der weltweit anerkannten, jährlich von der JUSE international vergebenen Auszeichnung für hervorragend geführte Unternehmen, dem sog. »Deming Application Prize«, wieder, siehe hierzu Suze, K., (1985); vgl. auch Kilian, C. S., (1988), S. 119 ff.

8 Siehe hierzu Gerken, G., (1992), S. 408.

9 Im angloamerikanischen und deutschen Sprachraum auch mit Total Quality Management bezeichnet. Zur Definition von Total Quality Management siehe Entwurf DIN ISO 8402, E.03.1992, S. 25, wo es heißt: »*Auf die Mitwirkung*

aller ihrer Mitglieder beruhende Führungsmethode einer Organisation, die Qualität in den Mittelpunkt stellt und durch Zufriedenstellung der Kunden auf langfristigen Geschäftserfolg sowie auf Nutzen für die Mitglieder der Organisation und für die Gesellschaft zielt.«

10 Vgl. Feigenbaum, A. V., (1961); siehe auch Ishikawa, K., (1985).

11 »Kaizen« bedeutet wörtlich übersetzt »kontinuierliche Verbesserungen«, vgl. Masaaki, I., (1992), S. 2 ff.

12 »Just-in-Time« wird als gleichwertiger Begriff zu »fragile lean production« verstanden, siehe hierzu o.V., (1992a), S. 7.

13 Siehe hierzu besonders: Shingo, S., (1989); Ohno, T., (1988); Ohno, T., Mito, S., (1988); Schonberger, R., (1986).

14 Vgl. hierzu beispielsweise, Clark, K. B., Fujimoto, T., (1991).

15 Wildemann unterscheidet vier Typen von Zulieferern: Typ A: Teilefertiger, Typ B: Produktionsspezialist, Typ C: Entwicklungspartnerschaften, Typ D: Wertschöpfungspartnerschaften, siehe Wildemann, H., (1992a), S. 398 f.

16 Kamiske, G. F., Malorny, Chr., (1991b), S. 153 ff.; Schmidt-Salzer, J., (1992), S. 1866, 1875 f.

17 Qualitätsfähigkeit ist definiert als Eignung einer Organisation oder ihrer Elemente zur Realisierung einer Einheit, die Qualitätsforderung an diese Einheit zu erfüllen. Elemente der Organisation sind z.B. Personen, Verfahren, Prozesse, Maschinen, siehe DIN 55350, Teil 11, E11.1992, S. 8.

18 Der Nachweis der Qualitätsfähigkeit im ppm-Bereich wird durch den sog. Prozeßfähigkeitsindex Cpk im Rahmen der Statistischen Prozeßregelung (SPC-Statistical Process Control) erbracht. Der Cpk-Wert ist ein Maß für das Verhältnis von fehlerbehafteten zu fehlerlosen Teilen. Heute fordern z.B. Automobilhersteller von ihren Zulieferanten Cpk-Werte zwischen 1,33 und 1,67, was einer Fehlerquote von 66 bis 1 fehlerhaftes Teil zu einer Million fehlerlosen Teilen entspricht, vgl. hierzu Sullivan, L. P., (1991), S. 681 ff.; siehe auch Malorny, Chr., (1992).

19 Dabei kann es sich um die Rückgängigmachung des Kaufes (Wandlung) oder die Herabsetzung des Kaufpreises (Minderung), §§ 462, 480 BGB, handeln. In Betracht kommt auch die Geltendmachung von Schadensersatzansprüchen, die dem Kunden infolge der mangelhaften Lieferung entstanden sind, vgl. §§ 463, 480 BGB.

20 Qualität ist die Gesamtheit von Merkmalen einer Einheit bezüglich ihrer Eignung, festgelegte und vorausgesetzte Erfordernisse zu erfüllen, siehe DIN ISO 8402, E 03.92, S. 14.

21 Qualitätsmanagement ist: Alle Tätigkeiten der Gesamtführungsaufgabe, welche die Qualitätspolitik, Ziele und Verantwortungen festlegen sowie diese durch Mittel wie Qualitätsplanung, Qualitätslenkung, Qualitätssicherung und Qualitätsverbesserung im Rahmen des Qualitätsmanagementsystems verwirklichten, siehe DIN ISO 8402, E 03.92, S. 22.

22 Brüggemann, D., (1970), § 377 Vorbem. 1; ders. (1983), § 377 Randnrn. 1 und 3.

23 Unterläßt der Kunde eine Rüge, wird gesetzlich fingiert, er habe die Ware gebilligt.

24 BGH, NJW 1991, S. 2633, 2634 f.

25 BGH, NJW 1975, S. 2011, 2012; siehe auch BGH, NJW 1990, S. 1290, 1292: Mängelanzeige bei EDV-Programmen und Drucker durch Leasingnehmer, der BGH bejahte hier sogar eine analoge Anwendung der Regelung des § 377 HGB auf den nicht-kaufmännischen Leasingnehmer!; Schmidt, K., (1987), S. 702.

26 Emmerich, V., (1989), § 377 Randnrn. 1 bis 9; Hefermehl, W., (1982), § 377 Randnrn. 1, 10; Brüggemann, D., (1970) § 377 Vorbem. 1.

27 Wildemann, H., (1992b), S. 19, S. 38-39.

28 Die Prozentzahlen beziehen sich auf den Anteil der gültigen Antworten.

29 O.V., (1990a), S. 2 ff.

30 Baumbach, A., Duden, K., Hopt, H. J., (1989), § 377 Anm. E m.w.N. So könnte z.B. die Untersuchungs- und Rügepflicht der §§ 377, 378 HGB zwischen dem Zulieferer und Hersteller gänzlich ausgeschlossen werden, wenn dies beiden im Rahmen einer Just-in-Time-Produktion sinnvoll erscheint; vgl. hierzu: Nagel, B., (1988), S. 2294 und derselbe (1991), S. 327 jeweils m.w.N.

31 Hefermehl, W., (1982), § 377 Randnr. 81; BGH, NJW 1991, S. 2633 ff., wonach das formularmäßige Abbedingen der unverzüglichen Untersuchungs- und Rügepflicht grundsätzlich unwirksam ist (im Fall selbst ging es um die Lieferung ranziger Salami). Zustimmend: Zirkel, H., (1990), S. 345, 347. Siehe aber auch Emmerich, V., (1989), § 377 Randnr. 64 m.w.N., wonach die Wirkungen des § 377 HGB generell sowohl verschärft als auch abgemildert werden können. Noch weitergehend wurde die Möglichkeit der Abbedingung in den dreißiger Jahren gesehen; hierzu: Gadow, W., (1933), § 377 Randnrn. 32 bis 37.

32 Gesetz zur Regelung des Rechts der Allgemeinen Geschäftsbedingungen vom 9. Dezember 1976.

33 Schmidt, D., (1991), S. 144, 149 f.; Hensen, H. D., (1989), § 11 Nr. 10 f. Randnrn. 70, 76; Brüggemann, D., (1970), § 377 Randnr. 5 i.V.m. 113; Emmerich, V., (1989), § 377 Randnrn. 22 bis 24: grundsätzlich eine Woche für die Untersuchung, danach unverzügliche (d.h. ohne schuldhaftes Zögern) Rüge (Randnrn. 48 f., 52).

34 Bei: Capelle, K. H., Canaris, C. W., (1989), S. 326 f.

35 Hensen, H. D., (1989), § 11 Nr. 10 f. Randnrn. 76.

36 OLG Hamburg, MDR 1974, S. 577, 578; vgl. ferner: BGH, NJW – RR 1986, S. 52 f.: Verkürzung der Frist zur Rüge auf die Zeit unmittelbar bei Abnahme der Ware auch für den Fall, daß es sich um »versteckte Mängel« handelt.

37 Zum Ganzen auch: Capelle, K.H., Canaris, C.W., (1989), S. 326 f.; Baumbach, A., Duden, K., Hopt, H. J., (1989), § 377 Anm. E, jeweils m.w.N.

38 BGH, VersR 1989, S. 1152, 1153 und zustimmend: Teichler, M., (1989), S. 1154.

39 Putzo, H., (1993), § 459 Randnr. 8. Diese Definition ist im einzelnen äußerst umstritten und kann an dieser Stelle nur einen ersten Hinweis bedeuten. Weiterführend: Westermann, H. P., (1987), § 459 Randnrn. 410 ff., § 469 Randnr. 8; Brüggemann, D., (1970), § 377 Randnrn. 42 bis 58; Hefermehl, W., (1989), § 377 Randnrn. 17 bis 52.

40 In diesen Fällen müßte sodann keine schon unverzügliche Rüge erfolgen. Der Kunde könnte sich vielmehr 6 Monate, ggf. sogar 30 Jahre, mit der Geltendmachung seiner Ansprüche Zeit lassen; §§ 477, 195 BGB.

41 Teichler, M., (1991), S. 428, 430, folgert – wohl zu weitgehend – daraus sogar, daß der BGH die Rüge- und Untersuchungsobliegenheit nur noch so weit gehen läßt, daß, vorbehaltlich einer anders lautenden vertraglichen Vereinbarung, lediglich geprüft werden müsse, ob die bestellte Ware oder etwas gänzlich anderes geliefert werde.

42 Zu der beachtlichen Rechtsfolgenproblemtik und den Weichenstellungen, die an diesem Punkt besonders zu beachten sind, siehe insbes. Knöpfle, R., (1989), S. 871, 872 ff. m.w.N.

43 Brüggemann, D., (1977), S. 198, 199.

44 BGH, NJW 1975, S. 2011 f.

45 BGH, NJW 1975, S. 2011.

46 So gibt auch Marburger die Maßskala der A-Reihe für Papierformate nach DIN 476 als Beispiel: Würden 5000 Blatt Schreibmaschinenpapier, weiß, 70 g/m2, DIN A 4 bestellt und 5000 Blatt Schreibmaschinenpapier, weiß, 70 g/m2, DIN A 5 geliefert, könne nur eine Falschlieferung in Betracht kommen; Marburger, P., (1976), S. 638, 641.

47 Schmidt, K., der insoweit aber die Einschränkung macht, daß dies nur gelte, wenn das Normenmaß vom Kunden definiert wurde; (1987), S. 711; Marburger, P., (1976), S. 640; Westermann, H. P., (1987), § 459 Randnr. 19 f.; zustimmend aber Capelle, K. H., Canaris, C. W., (1989), S. 328.

48 Schiele, O. H., (1990), S. 11.

49 Unter Komponenten sind beispeilsweise komplette Front- oder Heck-Schürzen mit Leuchteinheiten zu verstehen, einbaufertige Bremssysteme, komplette Achsen, Lenkeinheiten, Sitze, u.s.w., vgl. hierzu: Bell, G.J., (1992), 2. Vortrag. Der Begriff wird insofern mittlerweile auch von der Rechtsprechung verwandt, vgl. OLG München, VersR 1992, S. 1135 f.: »Komponente« als Synonym für zugelieferte Bremseinrichtungen von Schienenfahrzeugen.

50 Marburger, P., (1976), S. 640; Westermann, H. P., (1987), § 459 Randnr. 27; Hefermehl, W., (1982), § 378 Randnr. 5.

51 Mit Brüggemann, D., könnte man auch sagen: Eine andere Handelsklasse ist in der Tat eine andere Ware; Eier der Handelsklasse A sind keine schlechten Eier der Handelsklasse B, auch wenn es sich – wie der BGH meinen könnte – um einen Gegenstand in der gleichen Form, aus dem gleichen Material und zu demselben Verwendungszweck handelt; Brüggemann, D., (1970), S. 199. Auch Fabricius stellt insoweit auf die Handelsüblichkeit ab, die jedenfalls dann zur Falschlieferung führe, wenn es eine andere Warengattung mit den tatsächlich festgestellten Merkmalen gibt. So insbesondere, wenn z.B. das Mischungsverhältnis einer Substanz nicht der vertraglich vereinbarten entspricht und der prozentuale Substanzgehalt dazu führt, daß der Handelsverkehr hier von einer anderen Warengattung spräche; Fabricius, F., (1964), S. 46, 52.

52 Emmerich, V., (1989), § 378 Randnr. 8 f.; Hefermehl, W., (1982), § 378 Randnr. 5 jeweils mit weiteren Beispielen.

53 So auch jüngst BGH, NJW – RR 1992, S. 1076 f.: Verschraubungen eines anderen Herstellers als des vereinbarten; OLG Düsseldorf, DB 1956, S. 687: Das Gericht gab als Beispiel den Unterschied zwischen der Lieferung eines PKW »Opel« anstelle eines »Mercedes«.

54 BGH, NJW 1968, S. 640 f.; Besprechung dieses Falles bei Schreiber, K., (1986), S. 444 ff., der eine nicht genehmigungsfähige Lieferung annimmt; dagegen: Westermann, H. P., (1987), § 459 Randnr. 22.

55 BGH, NJW 1969, S. 787 f.

56 BGH, NJW 1986, S. 659 ff.

57 BGH, NJW 1989, S. 218 ff.

58 Hefermehl, W., (1982), § 377 Randnrn. 28, 33 und § 378 Randnrn. 3, 30; Emmerich, V., (1989), § 378 Randnr. 1; Capelle, K. H., Canaris, C. W., (1981), S. 328; RGZ 86, 90 (92 f.): Statt wie vereinbart Krawamatta-Seide, wurde vom Verkäufer Sendai-Seide geliefert, die aus einer anderen Region Japans stammte und u.U. weniger wertvoll sowie von anderer Qualität war. Das RG nahm hier an, daß es sich um eine genehmigungsfähige andere Gattung handelte. Bestätigt in: BGH, DB 1992, S. 207 ff.: Granulat entsprach nach der Behauptung des Klägers nicht der vereinbarten Qualität. Zustimmend auch: Baumbach, A., Duden, K., Hopt, K. J. (1989), § 378 Randnr. 1 C; Westermann, H. P., (1987), § 459, Randnrn. 20 f., 23; Hüffer, U., (1981), S. 143, 145. Diese Interpretierung der ratio legis dagegen ablehnend: Knöpfle, R., (1989), S. 875; Marburger, P., (1983), S. 1, 9; Fabricius, F., (1964), S. 51.

59 Zu diesem Begriff: DIN ISO 8402, E 03.92, wonach es sich hierbei um eine Formulierung der Erfordernisse oder deren Umsetzung in einer Serie von quantitativ und qualitativ festgelegten Forderungen an die Merkmale einer Einheit zur Ermöglichung ihrer Realisierung und Prüfung handelt.

60 Kropshofer, B., (1991), §§ 377, 378 Randnrn. 20 bis 22.

61 BGH, NJW 1975, S. 2011 f.: Wellstegträger-Fall; Baumbach, A., Duden, K., Hopt, K. J. (1989), § 378 Randnr. 1 B; Westermann, H. P., (1987), § 459 Randnr. 21; Schreiber, K., (1986), S. 444 ff.

62 BGH, BB 1960, S. 1262: Pfeffer mit 50% wertloser Kokosschalenbeimischung; Hefermehl, W., (1982), § 378 Randnrn. 3, 24 ff.

63 Hierzu oben unter Abschnitt 7.2.1.

64 Marburger, P., (1976), S. 4 f. m.w.N.; a.A.: Fabricius, F., (1964), S. 49 ff.

65 DIN ISO 8402, E03.92, S. 35.

66 Die formale Kompetenz der neutralen Zertifizierungsstellen leitet sich aus der Akkreditierung bei der Trägergemeinschaft für Akkreditierung (TGA) ab. Zum 1. Juli 1993 waren sechzehn Zertifizierungsstellen akkreditiert: siehe Aufstellung (Liste) der akkreditierten Zertifizierer, o.V., (1993a). Siehe auch Kapitel 5.

67 Zur Frage, ob der Kunde selbst oder eine neutrale Zertifizierungsstelle besser geeignet ist, das QM-System eines Zulieferers zu auditieren, siehe Kamiske, G. F., Malorny Chr., (1993a), S. 28.

68 Welche der drei Normen (9001, 9002 oder 9003) nachgewiesen werden muß, hängt von der Produkt- und Aufgabenstruktur eines Unternehmens ab, vgl. DIN ISO 9000, S. 10-11.

69 O.V., (1991a), S. 35 ff.

70 Vgl. Womack, J. P., Jones, D. T., Roos, D., (1991); Siehe beispielweise auch Drucker, P. F., (1991a), S. 69 ff.; Peters, T. (1987).

71 Der Begriff des Fehlleistungsaufwands wurde geprägt von Masing, W., siehe hierzu: derselbe, (1988), S. 11 f. Weitere Präzisierung bei Kamiske, G. F., Tomys, A.-K., (1993b), S. 41.

72 Vgl. Kamiske, G. F., Tomys, A.-K., (1990a), S. 444 ff.; siehe auch Kamiske, G. F., (1992a), S. 122 f.

73 Siehe hierzu o.V., (1990b), Jahresbericht 1991-1992 der European Foundation for Quality Management (EFQM), S. 4 ff.; siehe besonders auch: Pfeifer, T. u.a., (1990), S. 3-4, S. 102-144.

74 Qualität wird heute als mehrdimensionaler Begriff verstanden, der über die klassische Produktdimension weit hinausgeht. So verstehen Zink und Schildknecht darunter die Qualität der Produkte und Dienstleistungen, der Prozesse und die Qualität der Arbeitsbedingungen und Umwelt- bzw. Umfeldbeziehungen. Demgegenüber definieren Kamiske und Malorny den Begriff Qualität in vier Ebenen: Qualität des Unternehmens, der Prozesse, der persönlichen Arbeit und der Produkte. Siehe Zink, K.J., Schildknecht, R., (1992), S. 721; Kamiske, G. F., Malorny, Chr. (1992b), S. 10.

75 Zur Problematik dieser Strategie Wildemann, H., (1990), S. 309-310.

76 Bowles, J., Hammond, J., (1991).

77 Burt, D. N., (1990), S. 73; siehe auch Walker, R., (1992), S. 9.

78 Das AQL (Acceptable Quality Level) Stichprobensystem definiert die annehmbare Qualitätsgrenzlage einer Serie von Teilen. Diese annehmbare Qualitätsgrenzlage wird definiert als der maximale Anteil fehlerhafter Einheiten in Prozent, der für die Stichprobenprüfung als befriedigende durchschnittliche Herstellqualität angesehen wird, siehe Franzkowski, R., (1980), S. 276.

79 Siehe dazu die amerikanische Norm: MIL-STD-414, Sampling procedures and tables for inspection by variables for present defective, Washington 25, D.C.: Superintendent of Documents, U.S., Government Printing Office (1957).

80 Eine ausführliche Interpretation zur Bedeutung des AQL-Wertes wurde von Geiger gegeben. Geiger, W., (1973), S. 289 ff.

81 Spitzner, W., (1991), S. 627 ff.

82 Unter einem »Null-Fehler-Bewußtsein« wird der Ansatz verstanden, Prozesse und Produkte mit dem Ziel »Null-Fehler« ständig zu verbessern, siehe hierzu Crosby, P. B., Quality is Free, (1979), S. 45 ff.; oder auch Esser, K. P., Emmerich, L., (1992), S. 55.

83 Kamiske, G. F., (1990b), S. 5 ff.

84 So äußerte z.B. Massaaki Imai auf einem Seminar in London: In Japan haben wir einen Punkt ereicht, wo Führungskräfte in der Größenordnung von parts per million diskutieren. Wenn es noch eine Führungskraft gibt, die bei Ausfallraten in Prozent denkt, gehört sie ins Museum.

85 Steeples, M. M., (1992), S. 3-8.

86 O.V., (1992c), S. 1.

87 Berreth, K., (1993), Vortragsmanuskript.

88 Vgl. Deming W. E., (1964).

89 So kommt z.B. die Unternehmensberatung Holgar Schaar & Partner zu dem Ergebnis, daß bis zu 30% des Umsatzes in europäischen und amerikanischen Unternehmen für die Beseitigung von Fehlern aufwenden. In ähnlicher Größenordnung bewegen sich auch die Ergebnisse einer McKinsey-Studie., siehe Schaar, H., (1992), S. 37 ff.; Child, P. u.a., (1991), S. 73.

90 Vgl. Kamiske, G. F., (1990b), S. 6.

91 Kennzeichen qualitätsfähiger, statistisch beherrschter Prozesse ist der Nachweis der Fehlerrate im ppm-Bereich mit Hilfe des Prozeßfähigkeitsindex Cpk. Bei einem beherrschten Prozeß ändern sich die Parameter der Verteilung der Merkmalswerte des Prozesses praktisch nicht oder nur in bekannter Weise oder in bekannten Grenzen. Siehe DIN 55350, Teil 33, E10.1991, S. 3.

92 Masaaki, I., (1992).

93 O.V., (1992c), S. 2.

94 Kamiske, G. F., Malorny, Chr., (1992b), S. 274 ff.

95 Schildknecht, R., (1992); Seghezzi, H. D., (1992); Oess, A., (1989); Zink, K. J., (1992).

96 Priessnitz, H., (1986), S. 1.

97 Vgl. Schmidt-Cotta, R.-R., (1992); oder o.V., (1992d), S. 18.

98 Siehe hierzu Deming, W. E., (1986), S. 35-44.

99 Vgl. Goutard, N., (1990), S. 23.

100 Böndel, B., (1992), S. 25.

101 Aus der Zusammenarbeit mit verschiedenen Unternehmen zur Problematik, ppm-Fehlerraten zu erreichen, wissen wir, daß bisher diese Vorgaben nicht durchgängig bei allen Zulieferungen angewendet und eingehalten werden können. In der Tat stellt sich die Frage, wie Zulieferer, die bisher Fehlerraten im Prozent-Bereich aufwiesen, ohne weiteres nunmehr Fehlerraten im ppm-Bereich erbringen sollen. Gleichwohl sind die Vorgaben als richtungweisend zu verstehen, denen in den nächsten Jahren alle Zulieferer genügen müssen. Lösungsansätze zu dieser Problematik siehe unter Abschnitt 4.

102 Bockelmann, D., (1991), S. 219 ff.

103 Bockelmann, D., (1991), S. 264.

104 O.V., (1990b), S. 5 ff.

105 Burt, D.N., (1990), S. 75.

106 Bockelmann, D., (1991), S. 267.

107 Vgl. Kamiske, G. F., Malorny, Chr., (1991b), S. 157.

108 Clark, K. B., Fujimoto, T., (1990), S. 119 ff.

109 Vgl. z.B., o.V., (1988a), S. 5; o.V., (1988b), S. 4; o.V., (1991b), S. 4.

110 Hirschbach, O. (1992), S.34.

111 Naisbitt, J., Ziegler, A., (1991), S. 6.

112 Vgl. Kubota, H., Witte, H., (1990), S. 383 ff.

113 Siebenlist, J., (1992), S. 1.

114 Vgl. Burt, D. N., (1990). S. 72.

115 O.V., (1991c), S. 105, 106.

116 Vgl. Schwarz, P., (1993), S. 8

117 Vgl. Daum, M., Piepel, U., (1992), S. 40 ff.

118 Vgl. Park, S.-J., (1992), 10. Vortrag.

119 Vgl. Gruber, F. J., (1992), S. 20.

120 Quality Function Deployment (QFD) ist eine Planungsmethode, welche die Kundenanforderungen (in deren Umgangssprache) in die jeweilig bereichsspezifischen Verständniskriterien eines Unternehmens zu übersetzen versucht. Das soll in jeder Phase von einem geplanten Produkt bis zu dessen tatsächlicher Herstellung geschehen, siehe Akao, Y., (1992), S. 15 ff., oder auch King, B., (1989), Kapitel 1, S. 4.

121 Failure Mode and Effects Analysis (FMEA) ist eine Methode, potentielle Fehler bei der Entwicklung und Fertigung/Montage eines Produktes oder bei neuen Fertigungsverfahren zu erfassen und durch geeignete Maßnahmen zu vermeiden, siehe o.V., (1989), S. 29.

122 Design of Experiments (DOE) ist eine Methode, die Parameter eines Produktes oder Prozesses vor Beginn der Serienfertigung zu optimieren, siehe Wu, Y., Moore, W. H., (1986).

123 Die Statistische Prozeßregelung ist ein auf mathematisch-statistischen Grundlagen basierendes Instrument, um einen bereits optimierten Prozeß durch kontinuierliche Beobachtung und gegebenenfalls Korrekturen auch in diesem Zustand zu halten, siehe Rinne, H., Mittag, H. J., (1989), S. 4 ff.

124 Vgl. Drucker, P. F., (1991b), S. 9 ff..

125 Burt, D. N., (1990), S. 72.

126 So die Ergebnisse einer Umfrage des VDI bei den Automobilherstellern der Bundesrepublik Deutschalnd 1993. Vgl. Schwarz, P., (1993), S. 8.

127 Schützdeller, K., (1991), 6. Vortrag.

128 Wildemann, H., (1992a), S. 391 ff.; siehe auch Wildemann, H., (1988).

129 Beispielsweise Ebeling, J. (1988), S. 10.

130 Baumbach, A., Duden, K., Hopt, K. J. (1989), § 377 Anm. F.

131 RGZ 106, 359 (362).

132 BGH, BB 1977, S. 1019 f.

133 OLG München, BB 1954, S. 144.

134 Hefermehl, W., (1982), § 377 Randnrn. 69 f.; Brüggemann, D., (1970), § 377 Anm. 14 f., jeweils mit weiterer Rechtsprechungsübersicht.

135 BGH, BB 1977, S. 1019 f.

136 Wildemann, H., (1992c), S. 25.

137 DIN ISO 8402, E03.92, S. 25.

138 Wildemann, H., (1992d), S. 24.

139 Das Qualitätsmanagement-Handbuch ist ein Dokument, in dem die Qualitätspolitik dargelegt und das Qualitätsmanagementsystem einer Organisation beschrieben ist, siehe DIN ISO 8402, E03.92, S. 28.

140 Malorny, Chr. u.a., (1993), S. 269 ff.

141 O.V., (1992e), S. 8.

142 Vgl. o.V., (1991d), S. 7 f., Seghezzi, H. D., Berger, H., (1992), S. 37, Seghezzi, H. D., Fries, S., Reiner, Th., (1992), S. 55-56. Schaar, H., (1992), S. 37 ff.

143 Swan, R., (1992), S. 631 ff.

144 Wildemann, H., (1992e), S. 15.

145 Wildemann, H., (1992f), S. 22.

146 Siehe bereits oben unter Abschnitt 2.4.3.

147 Burt R. N., (1990), S. 77 und Schwarz, P., (1993), S. 8

148 Pärsch, G., (1991), S. 679.

149 O.V., (1983), S. 14 ff.

150 Bläsing, J.P., (1990).

151 O.V., (1993b), S. 19.

152 Bockelmann, D., (1991), S. 236.

153 Rothermel, H., (1992), S. 38.

154 Burt, D. N., (1990), S.79.

155 Vgl. Schwarz, P., (1993), S. 8
156 Howard, R., (1990), S. 96.
157 Burt, D. N., (1990), S.73.
158 Vgl. Sörensson, P.-A., (1993), S. 284 f.
159 VW werksintern auch als »Kontinuierlicher Verbesserungsprozeß (KVP) hoch zwei« bezeichnet.
160 Vgl. Buteweg, J., (1993).
161 O.V., (1993c).
162 Vgl. Mercer, D. S., Judkins, P. E., (1990), S. 297 ff.
163 O.V., (1991c), S. 59 ff.
164 Vgl. Fournier, B., (1993), S. 32 ff.
165 O.V. (1992f), S. 11.
166 Rommel, G., u.a., (1993), S. 66.

Zitierte Literatur

Akao, Y., (1992): QFD, Quality Function Deployment – Wie die Japaner Kundenwünsche in Qualitätsprodukte umsetzen, Landsberg/Lech, 1992

Baumbach, A., Duden, K., Hopt, K. J., (1989): Handelsgesetzbuch, 28. Auflage, München 1989

Bell, G. J., (1992): Changing Structure of European Components Industry, in: Tagungsband »Wertschöpfungspartner Zulieferer-Hersteller«, hrsg. v. Meinig, W., Menk, M., München, 1992, 2. Vortrag

Berreth, K., (1993): Qualitätsforderungen für Zulieferer aus Sicht der Automobilindustrie, Vortrag auf dem »Erstes Heibronner Qualitätsforum« v. 17. Juni 1993, Heilbronn 1993, Vortragsmanuskript

Bläsing, J. P., (1990): Computer Aided Quality Management, Braunschweig, Wiesbaden 1990

Bockelmann, D., (1991): Eine neue Qualität der Beziehung zwischen Lieferanten und ihren deutschen Großkunden, in: »Die Hohe Schule – Management für Qualität und Produktivität – Die Zulieferindustrie im Blickpunkt«, hrsg. v. Kamiske, G. F., Berlin, 1991 S. 219-271

Böndel, B., (1993): Gegenseitige Abhängigkeit in Zukunft immer stärker, in: Handelsblatt v. 27. Jan. 1992, S. 25

Bowles, J., Hammond, J., (1991): Beyond Quality – How 50 Winning Companies use continous improvement, New York 1991

Brüggemann, D., (1977): Grundfragen der Falschlieferung nach bürgerlichem Recht und nach Handelsrecht, in: Juristische Arbeitsblätter (JA) 1977, S. 198 ff.

Burt, D. N., (1990): Hersteller helfen ihren Lieferanten auf die Sprünge, in: Harvard manager, 1/1990, S. 73-79

Buteweg, J., (1993): Bei VW rationalisieren sich die Arbeiter selbst weg, in: Der Tagesspiegel v. 11.08.1993

Canaris, C. W., Schilling, W., Brüggemann, D. u.a., (1983): Handelsgesetzbuch – Staub/Großkommentar (Vierter Band), 4. Auflage, Berlin 1983

Capelle, K. H., Canaris, C. W., (1989): Handelsrecht, 21. Auflage, München 1989

Child, P. u.a., (1991): SMR Forum: The Management of Complexity, in: Sloan Management Review, 3/1991, S. 73 ff.

Clark, K. B., Fujimoto, T., (1990): The Power of Product Integrity, in: Harvard Business Review Nov./Dez. 1990, S. 107-118

Clark, K. B., Fujimoto, T., (1991): Product Development Performance – Strategy, Organization and Management in the World Auto Industry, Boston 1991

Crosby, P. B., (1979): Quality is Free, New York 1979

Daum, M., Piepel, U., (1992): Lean production – Philosophie und Realität, in: io-Management Zeitschrift 1/1992, S.40-47

Deming, W. E., (1964): Recent advances in the statistical control of quality in Japan, in: Proceedings of the American Society for Quality Control, Washington 1964

Deming, W. E., (1986): Out of the Crisis, Cambridge, Mass. 1989

Drucker, P. F., (1991a): The New Productivity Challenge, in: Harvard Business Review, Nov./Dez. 1991, S. 69-79

Drucker, P. F., (1991b): So funktioniert die Fabrik von morgen, in: Harvard manager 1/1991, S. 9-18
Ebeling, J., (1988): Qualität auf neuen Wegen, 3. Auflage, hrsg. v. BMW AG, München 1988, S.10
Emmerich, V. u.a. (1989): Guttentag - Handelsgesetzbuch (Vierter Band), Berlin 1989
Esser, K. P., Emmerich, L., (1992): Eine neue Unternehmenskultur als Voraussetzung für Total Quality Management, in: »Die Hohe Schule - Total Quality Management, Fallbeispiele erfolgreicher deutscher Unternehmen mit Strategien zur Zukunftssicherung«, hrsg. v. Kamiske, G., Berlin 1992, S. 39-80
Etzel, G., Klopshofer, B. u.a., (1991): Gemeinschaftskommentar zum Handelsgesetzbuch, 4. Auflage - Loseblattsammlung, Berlin, (Stand 1991)
Fabricius, F., (1964): Schlechtlieferung und Falschlieferung beim Kauf, in: Juristische Schulung (JuS) 1964, S. 46 ff.
Feigenbaum, A. V., (1961): Total Quality Control, Toronto, London 1961
Fournier, B., (1993): The Rank Xerox Quality Jouney, in: European Quality (special showcase edition), Juni 1993, S. 32-35
Franzkowski, R., (1990): Annahmeprüfung mit Stichproben, in Handbuch der Qualitätssicherung, hrsg. v. Masing, W., München 1990, S. 263-294
Gadow, W., Heinicken, E., Bondi, F., Pinner, A., (1933): Staubs Kommentar zum Handelsgesetzbuch, 14. Auflage, Berlin 1933
Geiger, W., (1973): Bedeutung des AQL-Wertes des ABC-STD-105, in: Qualität und Zuverlässigkeit 6/1972, S. 115-116
Gerken, G., (1992): Das, was die Japaner erfolgreich macht, können wir nicht nachmachen. Deshalb »Soft-Management« statt »Lean-Management«, in: Marketing-Journal 5/1992, S. 408-415
Goutard, N., (1990): Ein Blutbad unter den Automobilzulieferern, in: Finanz und Wirtschaft v. 11. Juli 1990, S. 23
Gruber, F. J., (1992): Neues Selbstverständnis der Zulieferer ist gefordert, in: Handelsblatt v. 2. Sept 1992, S. 20
Hefermehl, W., Geßler, E., Schröder, G., Hildebrandt, W., (1982): Schlegelberger - Handelsgesetzbuch (Fünfter Band), 5. Auflage, München 1982
Hirschbach, O., (1992): Japanischer Erfolg - europäisches Versagen?, in: Beschaffung aktuell 12/92, S. 33-37
Howard, R., (1990): Can small business help countries compete?, in: Harvard Business Review Nov./Dez. 1990, S. 88-103
Hüffer, U., (1981): Rechtsfragen des Handelskaufs, in: Juristische Arbeitsblätter (JA) 1981, S. 143 ff.
Ishikawa, K., (1985): What is Total Quality Control?, New York 1985
Kamiske, G. F., Tomys, A.-K., (1990a): Qualitäts- und Fehlerkosten in einer neuen Betrachtungsweise, in: Zeitschrift für wirtschaftliche Fertigung, 8/1990, S. 444-447
Kamiske, G. F., (1990b): Qualität und Produktivität, in: Zeitschrift für wirtschaftliche Fertigung, 1/1990, S. 5-7
Kamiske, G. F., (1991a): Die Überlegenheit der »schlanken« Produktionsmanagementmethode, in: »Die Hohe Schule - Management für Qualität und Produktivität - Die Zulieferindustrie im Blickpunkt«, hrsg, v. Kamiske, G. F., Berlin 1991, S. 3-15

Kamiske, G. F., Malorny, Chr., (1991b): Der Strukturwandel der Zulieferindustrie, in: »Die Hohe Schule – Management für Qualität und Produktivität – Die Zulieferindustrie im Blickpunkt«, hrsg. v. Kamiske, G. F., Berlin 1991, S. 153-166

Kamiske, G. F., (1992a): Das untaugliche Mittel der Qualitätskostenrechnung, in: Qualität und Zuverlässigkeit, 3/1992, S. 122-123

Kamiske, G. F., Malorny, Chr., (1992b): Total Quality Management – Ein bestechendes Führungsmodell mit hohen Anforderungen und großen Chancen, in: Zeitschrift Führung + Organisation 5/1992, S. 274-278

Kamiske, G. F., Malorny, Chr., (1993a): Beurteilung der Zulieferer durch einen neutrale Stelle bringt Vorteile, in: Handelsblatt v. 27. Januar. 1993, S. 28

Kamiske, G. F., Tomys, A.-K., (1993b): Qualitätsmanagement verbessert den Wirkungsgrad der Produktion, in: Zeitschrift für wirtschaftliche Fertigung 1/1993, S. 41-43

Kilian, C. S., (1988): The World of W.E. Deming, Washington 1988, S. 119, 159

King, B., (1989): Better Design in half the Time – Implementing QFD, Methun, MA 1989

Knöpfle, R., (1989): Aliud-Lieferung beim Gattungskauf – Nichterfüllungs- oder Gewährleistungsrecht?, in: Neue Juristische Wochenschrift (NJW) 1989, S. 871 ff.

Kubota, H., Witte, H., (1990): Strukturvergleich des Zulieferwesens in Japan und in der Bundesrepublik Deutschland, in: Zeitschrift für Betriebswirtschaft 4/1990, S. 383-406

Malorny, Chr., (1992): Vorbeugen statt reparieren – Die wichtigsten Qualitätstechniken, Schrift der »Berliner Qualitätsgespräche«, hrsg. v. Kamsike, G. F., Malorny, Chr., Berlin, 1992

Malorny, Chr., u.a. (1993): Qualitätsmanagementsysteme nach DIN ISO 9000 ff. – Wo liegen die Schwierigkeiten, in: Qualität und Zuverlässigkeit 5/1993, S. 269-274

Marburger, P., (1976): Technische Normen, Gattungsbegriff und Rügelast, in: Juristische Schulung (JuS) 1976, S. 638 ff.

Marburger, P., (1983): Die Sachmängelhaftung beim Handelskauf, in: Juristische Schulung (JuS) 1983, S. 1 ff.

Masaaki, I., (1992): Kaizen – Der Schlüssel zum Erfolg der Japaner im Wettbewerb, New York 1986

Masing, W., (1988): Fehlleistungsaufwand, in: Qualität und Zuverlässigkeit, 1/1988, S. 11-12

Masing, W., (1991): Qualitätssicherung als gemeinsame Aufgabe von Zulieferant und Abnehmer, in: Qualität und Zuverlässigkeit 9/1991, S. 521-523

Mercer, D. S., Judkins, P. E., (1990): Rank Xerox: A Total Quality Process, in: Managing Quality, hrsg. v. Dale, B. G., Plunkett, J. J., Hertfordshire 1990, S. 297-307

Naisbitt, J., Ziegler, A., (1991): Kurzkommentar: Studie der Boston Consulting Group zur Verbreitung von Just-in-Time in der europäischen Industrie, in: Trendletter 4/1991, S. 6

Nagel, B., (1988): Der Lieferant On-Line – Unternehmensrechtliche Probleme der Just-in-Time-Produktion am Beispiel der Automobilindustrie, in: Der Betrieb (DB) 1988, S. 2291 ff.

Nagel, B., (1991): Schuldrechtliche Probleme bei Just-in-Time-Lieferbeziehungen, in: Der Betrieb (DB) 1991, S. 319 ff.
Oess, A., (1989): Total Quality Management – Die Praxis des Qualitätsmanagement, Wiesbaden 1989
Ohno, T., (1988): Toyota Production System – Beyond Large-Scale Production, Cambridge 1988
Ohno, T., Mito, S., (1988): Just-in-Time for Today and Tomorrow, Cambridge 1988
O.V., (1983): Produktaudit bei Automobilherstellern und Zulieferanten, Band 5, hrsg. v. Verband der Automobilindustrie e.V., Frankfurt/Main 1983
O.V., (1988a): Quality Control Standard for Suppliers, hrsg. v. Mazda Motor Corporation, 1988 Edition
O.V., (1988b): General Agreement for Quality Assurance, hrsg. v. Honda Motor Co., Ltd. Saitama Factory Sayama Plant 1988
O.V., (1989): Sicherung der Qualität vor Serieneinsatz, Band 4, hrsg. v. Verband der Automobilindustrie e.V., Frankfurt/Main, 1989
O.V., (1990a): Product Delivery Process Overview, Unternehmenspublikation, hrsg. v. Xerox Corporation, Rochester, New York 1990
O.V., (1990b): Leitfaden Weltweites Qualitätsbewertungssystem, Unternehmenspublikation, hrsg. v. Ford Corporation Quality Office, Dearborn/Köln 1990
O.V., (1991a): Qualitätssicherungs-Systemaudit – Fragenkatalog, Bewertung der Ergebnisse, Band 6, hrsg. v. Verband der Automobilindustrie e.V., Frankfurt/Main 1991
O.V., (1991b): Supplier Quality Assurance Manual for Purchased Parts, hrsg. v. Toyota Motor Manufacturing (UK) Ltd. Juni, 1991
O.V., (1991c): AT&T – Leading the Quality Initiative, Implementing a Business Quality System, Unternehmenspublikation, hrsg. v. AT&T – Customer Information Center, Indianapolis, 1991
O.V., (1991d): Zwischenbetrieblicher Vergleich – Kennzahlen und Informationen zur Qualitätssicherung, hrsg. v. Verband Deutscher Maschinen- und Anlagenbauer e.V., Frankfurt/Main 1991
O.V., (1992a): Customer First – TQC at Toyota Motor Corporation, Unternehmenspublikation, hrsg. v. TQC Promotion Dvision, Tokyo 1992
O.V., (1992b): Jahresbericht der European Foundation for Quality Management (EFQM), hrsg. v. EFQM, Eindhoven 1992
O.V., (1992c): Six Sigma: 1992 und danach, Unternehmenspublikation, hrsg. v. Motorola GmbH, Darmstadt 1992
O.V., (1992d): Gereizte Stimmung bei den Zulieferern der Automobilindustrie, in: FAZ v. 7. Dez. 1992, S. 18
O.V., (1992e): Programm Qualitätssicherung – Pressedokumentation, hrsg. v. Bundesministerium für Forschung und Technologie, Bonn 26. März 1992
O.V., (1992f): Unser Weg zu mehr Qualität bei Repa, Unternehmenspublikation der TRW Repa GmbH Alfdorf, hrsg. v. derselben, Alfdorf 1992
O.V., (1993a): Aufstellung der akkreditierten Zertifizierer in der Bundesrepublik Deutschland, hrsg. v. Trägergemeinschaft für Akkreditierung (TGA), Frankfurt/Main 1993
O.V., (1993b): Autoindustrie spart 100 Mill. DM pro Jahr – Datenautausch, Wettbewerbsfähiger mit STEP, in: Handelsblatt v. 06.10.1993, S. 19

O.V., (1993c): Der López-Effekt ist keine Hexerei, man muß ihn nur systematisch anstreben, in: Handelsblatt v. 22.09.1993
Pärsch, G., (1991): Nachweis eines Qualitätssicherungssystems, in: Qualität und Zuverlässigkeit 12/1991, S. 677-680
Park, S.-J., (1992): Wieviel Entwicklung müssen sich mittelständische Zulieferer im Ausland leisten?, in: Tagungsband »Europäisches Automobil-Forum«, Landsberg/Lech 1992, 10. Vortrag
Peters, T., (1987): Thriving on Chaos, New York 1987
Pfeifer, T. u.a., (1990): Rahmenkonzept Qualitätssicherung, Untersuchung zur Qualitätssicherung – Stand und Bewertung, Empfehlungen von Maßnahmen, Studie im Auftrag des Bundesministeriums für Forschung und Technologie, hrsg. v. Rationalisierungs-Kuratorium der Deutschen Wirtschaft e.V., Eschborn 1990
Priessnitz, H., (1986): Der Zulieferer: das schwächste Glied in der Kette, in: Blick durch die Wirtschaft v. 3.Oktober 1986, S 1
Putzo, H., u.a. (1993): Bürgerliches Gesetzbuch – Kommentar, 53. Auflage, München 1993
Rinne, H., Mittag, H. J., (1989): Statistische Methoden der Qualitätssicherung, München, Wien 1989
Rommel, G. u.a., (1993): Einfach überlegen, Stuttgart 1993
Rothermel, H., (1992): Schlüssel zur Zusammenarbeit, in: Automobilproduktion Spezial, Mai 1992, S. 38
Schaar, H., (1992): Die ganzheitliche Unternehmensentwicklung unter den Aspekten des Total Quality Management, in: »Die Hohe Schule – Total Quality Management, Fallbeispiele erfolgreicher deutscher Unternehmen mit Strategien zur Zukunftssicherung«, hrsg. v. Kamiske, G., Berlin 1992, S. 37-69
Schiele, H. O., (1990): Qualität – ein System von Eigenschaften, Schrift zum Kongreß: »Initiative Qualität – Themen & Thesen«, Eschborn 1990, S. 7-10
Schildknecht, R., (1992): Total Quality Management – Konzeption und State of the Art, Frankfurt/Main 1992
Schmidt, D.,(1991): Qualitätssicherungsvereinbarungen und ihr rechtlicher Rahmen, in: Neue Juristische Wochenschrift (NJW) 1991, S. 144 ff.
Schmidt, K., (1987): Handelsrecht, 3. Auflage, Köln 1987
Schmidt-Cotta, R.-R., (1992): Die Automobilindustrie setzt Zulieferer wirtschaftlich unzumutbar unter Druck, in: Handelsblatt v. 8. Sept. 1992, S. 23
Schmidt-Salzer, J., (1992): Massenproduktion, lean production und Arbeitsteilung – organisationssoziologisch und rechtlich betrachtet, in: Betriebs-Berater (BB) 1992, S. 1866 ff.
Schonberger, R., (1986): World Class Manufacturing – The Lessons of Simplicity, New York, London 1986
Schreiber, K., (1986): Die Falschlieferung beim Gattungskauf, in: Juristische Ausbildung (JURA) 1986, S. 444 ff.
Schützdeller, K., (1991): Just-in-Time Beschaffung im dynamischen Umfeld, in: Tagungsband »Beschaffungsmarketing«, Frankfurt/Main 1991, 6. Vortrag
Schwarz, P., (1993): Autohersteller: Bremsmanöver, in: VDI Nachrichten Nr. 28 v. 16. Juli 1993, S. 8
Seghezzi, H. D., (1992): Top Management and Quality, München 1992

Seghezzi, H. D., Berger, H., (1992): Kein Grund zur Selbstzufriedenheit, in: Technische Rundschau, Heft 15, 1992, S. 34-37
Seghezzi, H. D., Fries, S., Reiner, Th., (1992): Es ist noch ein weiter Weg zum Qualitätsmanagement, in: io Management Zeitschrift 5/1992, S. 52-56
Shingo, S., (1989): A Study of the Production System from an Industrial Engineering Viewpoint, Cambridge 1989
Siebenlist, J., (1992): Konjunkturtief der Abnehmer setzt Zulieferer unter Druck, in: VDI Nachrichten v. 11. Dez. 1992, S. 1
Sörensson, A.-P., (1993): TQM-Schulungsprogramm, in: Tagungsband »Die Hohe Schule – Führen mit Qualität«, hrsg. v. Kamiske, G. F., Berlin 1993, S. 275-287
Steeples, M. M., (1992): The Corporate Guide to the Malcolm Baldrige National Quality Award, Milwaukee 1991
Spitzner, W., (1991): Defizite in der Eingangsprüfung, in: Qualität und Zuverlässigkeit 11/1991, S. 627-630
Sullivan, J. J., (1992): Japanese Management Philosophie: From the Vacuous to the Brilliant, in: California Management Review, 4/1992, S. 66-85
Sullivan, L. P., (1991): Der Erfolgreiche setzt Maßstäbe – Gefahren und Chancen für die nordamerikanische Automobil- und Zulieferindustrie im Wettbewerb mit der japanischen Konkurrenz, in: Qualität und Zuverlässigkeit, 12/1991, S. 681-686
Suze, K., (1985): Deming-Prize 35 – The 35th Anniversary of the Deming Prize Establishment, Tokyo 1985
Swan, R., (1992): Lieferanten-Audit als Element der vorbeugenden Qualitätssicherung, in: Qualität und Zuverlässigkeit 11/1991, S. 631-634
Teichler, M., (1991): Qualitätssicherung und Qualitätssicherungsvereinbarungen, in: Betriebs-Berater (BB) 1991, S. 428 ff.
Teichler, M., (1989): Anmerkung zu BGH Urteil v. 31.05.1989 (VIII ZR 140/88), in: Versicherungsrecht (VersR) 1989, S. 1154
Ulmer, P, Brandner, H. E., Hensen, H. D., Schmidt, H., (1989): AGB-Gesetz, 6. Auflage, Köln 1989
Walker, R., (1992): Rank Xerox – Management Revolution, in: Long Range Planning 1/1992, S. 9-21
Warnecke, H.-J., (1992): Industrielle Produktion im Umbruch – Wertewandel als Chance begreifen, in: Tagungsband »Produktionstechnisches Kolloquium Berlin«, hrsg. v. Spur, G., Berlin, 1992, S. 24-37
Westermann, H. P., Ulmer, P. u.a., (1988): Münchener Kommentar zum Bürgerlichen Gesetzbuch – Band 3 – Schuldrecht – Besonderer Teil – 1. Halbband (§§ 433 – 651 k), 2. Auflage, München 1988
Wildemann, H., (1988): Produktionssynchrone Beschaffung, 2. Auflage, München 1988
Wildemann, H., (1990): Kundennahe Produktion und Zulieferung: Eine empirische Bestandsaufnahme, in: Deutsche Betriebswirtschaft 3/1990, S. 309-331
Wildemann, H., (1992a): Entwicklungsstrategien für Zulieferunternehmen, in: Zeitschrift für Betriebswirtschaft 4/1992, S. 391-413
Wildemann, H., (1992b): Qualitätsentwicklung in F&E, Produktion und Logistik, in: Zeitschrift für Betriebswirtschaft 1/1992, S. 17-41
Wildemann, H., (1992c): Neue Aufteilung der Wertschöpfungs- und Innovationskette zur Produktherstellung, in Handelsblatt v. 25. Mai 1992, S. 25

Wildemann, H., (1992d): Produkte sollten Eigenschaften besitzen, die der Kunde in der Nutzungs- und Entsorgungsphase erwartet, in Handelsblatt v. 11. Mai 1992, S. 24
Wildemann, H., (1992e): Arbeitsunterlagen zur 3. Sitzung »Qualität und Information – Strategien für den Wettbewerb«, hrsg. v. Wildemann, H., München 1992
Wildemann, H., (1992f): Risiken abbauen durch Information des Abnehmers über die Leistungsfähigkeit des Zulieferanten, in: Handelsblatt v. 1. Juni 1992, S. 22
Womack, J. P., Jones, D. T., Roos, D., (1991): Die zweite Revolution in der Autoindustrie, Frankfurt/Main 1991
Wu, Y., Moore, W. H., (1986): Quality Engineering, Product and Process Optimization, Dearborn 1986
Würdinger, H., Röhricht, V., Brüggemann, D., u. a., (1970): Handelsgesetzbuch – Großkommentar (Vierter Band), 3. Auflage, Berlin 1970
Zink, K. J., (1992): Qualität als Managementaufgabe (Total Quality Management), 2. Auflage, Landsberg/Lech 1992
Zink, K. J., Schildknecht, R., (1992): Total Quality Management: Bausteine einer umfassenden Qualitätsförderung, in: Qualität und Zuverlässigkeit 12/1992, S. 720-724.
Zirkel, H., (1990): Das Verhältnis zwischen Zulieferer und Assembler – Eine Vertragsart sui generis?, in: Neue Juristische Wochenschrift (NJW) 1990, S. 345 ff.

Stichwortregister

Angaben zu den Autoren:

Christian Malorny, Dipl.-Ing., geb 1965, studierte Maschinenbau an der Technischen Universität Berlin. Seit 1991 ist er dort wissenschaftlicher Assistent am Bereich Qualitätswissenschaft, Institut für Werkzeugmaschinen und Fertigungstechnik (IWF) des Produktionstechnischen Zentrums. Er beschäftigt sich mit Fragen zur qualitätsorientierten Mitarbeiter- und Unternehmensführung mit dem Schwerpunkt des Total Quality Managements.

Rechtsreferendar *Kristian Kassebohm*, geb. 1965, studierte Rechtswissenschaft an der Freien Universität Berlin. Seit 1992 ist er Referendar am Kammergericht (Berlin). Seine Arbeitsschwerpunkte sind das Zivilrecht, Handels- und Gesellschaftsrecht, Arbeitsrecht.